"十二五"普通高等教育本科国家级规划教材

普通高等教育精品教材

东北财经大学会计学系列教材

国家重点学科

国家级特色专业 / 国家级一流本科专业

国家级一流本科课程 / 国家级课程思政示范课程

5th Edition

第5版

Auditing

审 计

（精编版）

刘明辉　祁渊　主编

东北财经大学出版社

Dongbei University of Finance & Economics Press

大连

图书在版编目（CIP）数据

审计：精编版 / 刘明辉，祁渊主编. —5版. —大连：东北财经大学出版社，2025.1. —（东北财经大学会计学系列教材）. —ISBN 978-7-5654-5541-4

Ⅰ. F239

中国国家版本馆 CIP 数据核字第 2025LL7891 号

东北财经大学出版社出版

（大连市黑石礁尖山街 217 号　邮政编码　116025）

网　　　址：http://www.dufep.cn

读者信箱：dufep@dufe.edu.cn

大连天骄彩色印刷有限公司印刷　　东北财经大学出版社发行

幅面尺寸：185mm×260mm　字数：545 千字　印张：22.75　插页：1

2025 年 1 月第 5 版　　　　　　　　2025 年 1 月第 1 次印刷

责任编辑：李　彬　周　慧　　　　　责任校对：赵　楠

封面设计：张智波　　　　　　　　　版式设计：原　皓

定价：52.00 元

教学支持　售后服务　联系电话：（0411）84710309

版权所有　侵权必究　举报电话：（0411）84710523

如有印装质量问题，请联系营销部：（0411）84710711

东北财经大学会计学系列教材编委会

卷 首 语

谁都不能否认，经济与会计的关系越来越密切，尤其是经济全球化的趋势让全世界的会计准则制定机构都走上了会计准则的国际趋同和等效之路；谁也不能否认，中国的会计改革紧跟国家和世界经济发展的步伐，尤其是20世纪90年代初至今，会计改革经历了与国际接轨、趋同和等效的阶段；谁都必须承认，会计人才的培养要适应经济与社会的发展变化，尤其要适应社会主义市场经济建设的需要。另外，一整套优秀的系列教材对于培养会计人才的重要性是显而易见的，尤为重要的是教材必须紧跟时代进步的节奏，把握好经济与会计发展的脉搏。

纵观"东北财经大学会计学系列教材"的生命线会发现，她之所以能常青，正是上述认识指引的硕果。

20世纪90年代初，我们编写了东北财经大学第1套会计学系列教材，其奉行的理念是：积数十年教材编写之经验，融十几位教授之心血，编系列精品教材。我们一直坚持这样的原则，前后共出版过4套系列教材，每一套系列教材都修订过若干次，总销量近千万册，其"足迹"遍布祖国的大江南北。在30多年中，东北财经大学会计学系列教材伴随着一批又一批的大学生成长，并且以教材编写为契机，在高等学府中培养了一代又一代的教师精英。

从时间上来推算，本套会计学系列教材是30多年中的第5套。本套会计学系列教材的第1版诞生于2007年1月，正好踏着2006年财政部发布"企业会计准则"体系的节拍。在此期间，我们又理解和掌握了更新的会计准则与规范，积累和运用了更多的专业知识，尤其是对于新商科建设和数智人才培养对会计教材提出的新要求有了更深刻的认识。鉴于此，我们才有了这一次的修订，并以新版的形式呈现在读者面前。

东北财经大学会计学系列教材坚持以习近平新时代中国特色社会主义思想为指导，深入贯彻党的二十大精神，全面贯彻党的教育方针，落实立德树人根本任务。本次修订的主要依据是财政部最近几年来修订或发布的企业会计、行政事业会计、税收、财务管理、管理会计等方面的法规：

·就企业会计准则而言，2017年以来，财政部发布修订后的《企业会计准则第22号——金融工具确认和计量》《企业会计准则第23号——金融资产转移》《企业会计准则第14号——收入》《企业会计准则第7号——非货币性资产交换》等8项准则，印发了《企业会计准则解释第13号》《企业会计准则解释第14号》，这些准则及其解释公告对财务会计类教材影响比较大；同时，我们根据2019年度一般企业财务报表格式对相关内容进行了调整。

·从管理会计来看，财政部发布了《管理会计基本指引》，分3批发布了34项《管理会计应用指引》，不仅有利于加强管理会计指引体系建设，还将对制定案例示范起统领作用。

·从成本会计来看，继《企业产品成本核算制度（试行）》发布后，财政部又发布了《企业产品成本核算制度——石油石化行业》《企业产品成本核算制度——钢铁行业》《企业产品成本核算制度——电网经营行业》等，对大中型石油化工企业等的成本核算业务进行规范。

• 从审计来看，中国会计准则、审计准则与国际会计准则和审计准则持续趋同；内部控制审计指引出台；会计师事务所组织形式不断创新；会计师事务所做大做强战略实施和注册会计师执业领域不断拓展；风险导向审计模式进一步推广等；中国注册会计师协会借鉴国际审计准则研究的最新成果，修订并增加了审计报告相关准则。

• 财政部和国家档案局联合发布的新《会计档案管理办法》，自2016年1月1日起施行。

• 财政部和国家税务总局发布《关于调整增值税税率的通知》，自2018年5月1日起执行。

这些对会计学系列教材建设都提出了新的挑战。同时，数智经济时代的到来，也对会计学教材建设提出了新要求。

在修订的过程中，我们更加注重提升教材配套平台建设的质量：

• 关于习题与案例。按照修订后的教材内容更新习题与案例。一是加大习题量，适当提高习题的难度。二是更换部分案例，使案例与实践更加贴近，学生通过案例的学习得到进一步启发。三是配置阶段性综合习题，根据内容模块设置习题，便于学生综合性地理解和掌握相关章节的知识，循序渐进，达到深入学习的效果。

• 关于电子课件。电子课件的制作摒弃了复制主教材各级标题的简单做法，由各主教材的作者亲自主持制作，这样能更好地把握授课内容，对各章节的内容进行更深入的讲解和逻辑勾勒，真正起到辅助和深化的作用。

• 关于教学大纲。本套教材配有电子版教学大纲，为教师提供课时分配、重难点提示、教学结构等参考信息，进一步方便教师教学。

• 关于慕课资源。《基础会计》《中级财务会计》《高级财务会计》《管理会计》等书的配套慕课在中国大学MOOC平台上播放。其中，《管理会计》配套慕课获评"首批国家级线上线下混合式一流本科课程"。

• 关于在线组卷。东北财经大学出版社网站的"会员中心"提供"在线组卷"功能，本套书所有教材都可以在线组卷，所有题目都来自教材的配套习题。

• 关于课程思政。为了适应新时代会计教学改革的需要，本版教材尝试融入课程思政教学等相关知识，这既是对教材知识体系的必要补充，也进一步体现了教材应担负的立德树人使命，更是为人工智能环境下会计教学形式的创新创造条件。

为保证质量，我们陆续推出新版东北财经大学会计学系列教材，分别有：《基础会计》《中级财务会计》《高级财务会计》《成本会计》《管理会计》《财务管理》《会计信息系统》《内部控制》《财务分析》《财务分析（数智版）》《会计学》《审计》《审计（精编版）》，共计13种。值得一提的是，截至目前：

• 入选"十二五"普通高等教育本科国家级规划教材的有7种，普通高等教育"十一五"国家级规划教材的有4种，"十二五"普通高等教育本科省级规划教材的有9种；

• 入选普通高等教育精品教材的有1种；

• 荣获全国优秀畅销书奖的有6种，省级优秀畅销书奖的有6种；

• 所支撑的课程获得国家级精品课程称号的有5种，所支撑的课程获得省级精品课程称号的有6种；

• 获得国家级精品资源共享课称号的有5种，获得省级精品资源共享课称号的有2种；

•荣获2020年首届辽宁省教材建设奖优秀教材奖的有4种；

•荣获2021年首届全国教材建设奖全国优秀教材奖的有1种。

由于我们的时间和精力有限，教材中难免存在缺点乃至谬误，我们恳请广大读者批评指正。

每次修订仅仅是一个新的起点，而不是终点，我们将随着经济的发展与会计环境的变化不断修订，使东北财经大学会计学系列教材紧随时代步伐，及时反映学科的最新进展。

东北财经大学会计学系列教材编委会

第五版前言

本书第4版出版发行后，我国审计环境不断发生变化：财会监督、审计监督在党和国家监督体系中的地位不断提高；中国会计准则、审计准则与国际会计准则和审计准则持续趋同；有关中国自主审计知识体系的研究成果日益丰富；审计技术方法日新月异；课程思政和教学改革的路径和方法接续创新；公司法、审计法、会计法等相关法律法规相继修订；习近平总书记关于审计工作的重要指示、批示和系列重要讲话精神日益深入人心；尤其是党的二十届三中全会的召开，《中共中央关于进一步全面深化改革 推进中国式现代化的决定》的发布，为审计工作提出了很多新挑战、新任务，也为审计工作提供了诸多新机遇。为了适应审计环境的变化，体现审计理论研究和审计实务创新的最新成果，以高水平的审计教材建设推进审计课程思政改革，我们对本书进行了重新修订。

本次修订的主要内容有：

（1）贯彻落实课程思政和教学改革的要求，及时反映行业发展现状和监管要求变化，对第一章至第二章、第五章涉及的注册会计师行业相关数据及监管要求、法律责任等进行了全面更新，彰显标准意识和国家意识，蓄养职业精神与家国情怀。

（2）充分体现注册会计师职业准则、守则及应用指南修订的最新成果，对第三章至第四章、第六章至第十章等章节进行了全面修订，对其他相关章节进行了一致性修订。

（3）适应会计准则的变化，对第三篇交易循环审计相关章节进行了全面修订。

本书主编包括东北财经大学教授、博士生导师、中国注册会计师协会审计准则委员会委员、财政部会计准则委员会咨询专家、审计署国家审计准则委员会咨询专家、中国会计学会审计专业委员会原主任委员、财政部会计名家刘明辉教授，教育部课程思政示范课程负责人、国家级一流线上本科课程负责人、全国教学创新大赛一等奖获得者东北财经大学祁渊教授。具体分工为：第一章、第二章由刘明辉、祁渊负责编写；第三章由刘明辉、袁歆负责编写；第四章、第五章由刘明辉、张婷婷负责编写；第六章由刘明辉、姜博负责编写；第七章由刘明辉、王宇负责编写；第八章由樊子君、王宇负责编写；第九章、第十章由曲明负责编写；第十一章、第十二章由祁渊负责编写；第十三章由史德刚、张婷婷负责编写；第十四章由史德刚、曲明负责编写；第十五章由史德刚、姜博负责编写；第十六章由史德刚、袁歆负责编写；第十七章由史德刚、王宇负责编写；第十八章由史德刚、韩艳锦、刘明辉负责编写；全书由刘明辉教授、祁渊教授负责校核、总纂、定稿。

本书作为"十二五"普通高等教育本科国家级规划教材中的精品教材，得到了广大高校师生的普遍认同和广泛采用。很多任课教师和学界同仁为本书的不断完善提出了建设性的意见和建议，对此，我们表示由衷的感谢！书中如果存在不足和瑕疵，恳请读者指正。

作　者
2024年8月

目录

第二篇　审计程序与审计技术

第一篇 审计、鉴证与注册会计师职业

第一章

审计与鉴证概论

第一节 审计与鉴证业务的产生和发展

一、注册会计师审计的产生

注册会计师审计是商品经济发展到一定程度时，随着企业财产所有权与经营权分离而产生的。通常认为，注册会计师审计产生于资本主义工业革命时代，而其萌芽则可以追溯到16世纪。

16世纪，威尼斯城的航海贸易日益发达并出现了早期的合伙企业。在合伙企业中，通常只有少数几人充当执行合伙人，负责企业的经营管理，其他合伙人则只出资而不参加经营管理。非执行合伙人需要了解合伙企业的经营情况和经营成果，执行合伙人也希望能证实自己经营管理的能力与效果，因此双方都希望能从外部聘请独立的会计专业人员来承担查账和监督工作。这些会计专业人员所进行的查账与监督，可以被看作注册会计师审计的最初萌芽。

1720年，英国爆发了南海公司破产事件，公司股东和债权人遭受了巨大的经济损失。会计师查尔斯·斯内尔受议会聘请对其会计账目进行了检查，并以"会计师"的名义出具了一份"查账报告书"，指出南海公司的财务报告存在严重的舞弊行为，这标志着独立会计师——注册会计师的正式诞生。随后，为保护投资者和债权人的利益，监督股份公司的经营管理，英国议会于1844年颁布了《公司法》，规定股份公司必须设立监事来审查会计账簿和报表，并将审查结果报告给股东。次年又对《公司法》进行了修订，规定股份公司必要时可以聘请会计师协助办理审计业务。该法案使公司有了聘请外部审计人员的选择权，从而有力地促进了独立会计师职业的发展。其间，英国政府对一批独立会计师进行了资格确认。

1853年，爱丁堡会计师协会在苏格兰成立，标志着注册会计师审计职业的诞生。1862年修订的《公司法》又确定会计师为法定的公司破产清算人，进一步明确了独立会计师的法律地位。

二、注册会计师审计的发展

商品经济的发展不仅促成了审计的产生，而且不断推动审计向前发展。国家审计和内部审计如此，注册会计师审计也不例外。从审计对象的演变过程来看，注册会计师审计可以分为会计账目审计、资产负债表审计和财务报表审计三个阶段。

（一）会计账目审计阶段

该阶段大致从19世纪中叶至20世纪初，其中，英国审计模式占据主导地位。在此阶段，注册会计师审计的主要特点是：审计逐渐由任意审计转变为法定审计；审计的目的在于查错防弊，保护企业财产的安全完整；审计的方法是对会计账目进行逐笔的详细审计；审计报告的使用人主要是企业股东。

（二）资产负债表审计阶段

该阶段大致包括20世纪的前30年。其间，全球经济发展中心由欧洲转向美国。当时企业筹资主要依靠银行贷款解决。银行通常要求借款人提供经独立会计师审核的资产负债表，以判断企业的偿债能力。企业也希望借助独立会计师对其资产负债表进行审查，以更好地获取银行信用。因此，资产负债表审计成为此阶段独立会计师的主要业务。注册会计师审计的基本特点是：审计对象由会计账目扩大到资产负债表；审计的主要目的在于通过审查资产负债表来判断企业的信用状况；审计方法从详细审计初步转向抽样审计；审计报告的使用人除企业股东外，更突出了债权人的需要。

（三）财务报表审计阶段

该阶段大致从20世纪30年代至今。20世纪30年代后，美国证券市场得到快速发展，为保护投资者的权益，美国的《1934年证券交易法》规定，上市公司必须向证券交易管理部门报送经过审查的资产负债表和损益表。为顺应这种需要，注册会计师审计从资产负债表审计逐步扩大到财务报表审计。在此阶段，注册会计师审计的主要特点为：审计对象转为企业的全部财务报表及相关资料；审计的主要目的在于对财务报表发表审计意见；审计范围扩大到与测试相关的内部控制制度；抽样审计和计算机辅助审计技术逐渐被运用；审计报告的使用人进一步扩大，包括股东、债权人、潜在的投资者、证券交易机构、政府及社会公众；注册会计师审计准则体系不断建立和完善；注册会计师资格考试和认证制度逐步推行。

三、审计模式的演进

审计模式是审计导向性目标、范围和方法等要素的组合，它规定了如何分配审计资源、如何控制审计风险、如何规划审计程序、如何收集审计证据、如何形成审计结论等内容。审计环境的不断变化和审计理论水平的不断提高，促进了审计模式和方法的不断发展和完善。截至目前，一般认为，审计模式和方法的演进经历了账项导向审计阶段、内控导向审计阶段和风险导向审计阶段。

(一) 账项导向审计阶段

该阶段大致从19世纪中叶到20世纪40年代。最初的账项导向审计以查错防弊为主要目的，详细审查公司的全部账簿和凭证，即检查各项分录的有效性和准确性、账簿记录的加总和过账是否正确、总账和明细账是否一致。经过一段时间后，企业规模日渐增大，审计范围也不断扩大，审计师已无法全面审查企业的会计账目，客观上要求改变原有的审计模式。注册会计师审计开始转向以财务报表为基础进行抽查，审计方式由顺查法改为逆查法，即通过先审查资产负债表有关项目，再有针对性地抽取凭证进行详细检查。在此阶段，抽查的数量仍然很大，但由于采取以判断抽样为主的方法，审计师仍难以有效揭示企业财务报表中可能存在的重大错弊。

(二) 内控导向审计阶段

20世纪40年代以后，随着经济的发展，财务报表的外部使用者越来越关注企业的经营管理活动，日益希望审计师全面了解企业的内部控制情况，审计目标逐渐从查错防弊发展到对财务报表发表审计意见。经过长期的审计实践，审计师们也发现内部控制制度与财务信息质量具有很大的相关性。如果内部控制制度健全有效，财务报表发生错误和舞弊的可能性就小，财务信息的质量就更有保证，审计测试范围也可以相应缩小；反之，就必须扩大审计测试范围，抽查更多的样本。为顺应这种要求并提高审计工作效率，账项导向审计逐渐发展为内控导向审计，即通过了解和评价被审计单位的内部控制制度，评估审计风险，制订审计计划并确定审计实施的范围和重点，在此基础上进行实质性测试，获取充分、适当的审计证据，从而提出合理的审计意见。实施内控导向审计，大大提高了审计工作的效率和质量，但客观上也增加了审计风险。

(三) 风险导向审计阶段

随着经济环境的变化，社会公众日益对审计人员寄予更高的期望，要求审计人员担负更大的责任。20世纪70年代以来，审计诉讼案件有增无减，深入研究、防范和降低审计风险成为审计职业界的重要任务。为合理地防范和降低审计风险并降低审计成本，注册会计师审计逐渐从内控导向审计发展到风险导向审计。在此阶段，审计人员在考虑审计风险时，不仅考虑会计系统和控制程序，还考虑控制环境。换句话说，风险导向审计既关注和评估企业内部控制风险，又关注和评估企业经营所面临的外部风险。通过对审计风险的量化和模型化，确定审计证据的数量，使审计风险的控制更加科学有效。风险导向审计是适应现代社会高风险的特性，为量化审计风险、减轻审计责任、提高审计效率和审计质量所做的一种尝试。风险导向审计的出现，有助于审计人员有效地控制审计风险，提高审计工作的效率和效果，因而越来越受到注册会计师的青睐，标志着注册会计师审计发展到了一个新阶段。

四、鉴证业务的产生与发展

"鉴证业务"(assurance service) 也称"保证服务"、"认证业务"或"可信性鉴证业务"。它是20世纪90年代中后期国际会计师行业对注册会计师专业鉴证性服务的一个新的概括和提法，既是注册会计师专业服务产品向纵深开发的结果，也是注册会计师专业服务从"审计"向"鉴证"的一次重大跨越。

最早有组织地致力于鉴证业务的研究与开发的是美国注册会计师协会（AICPA），1993年AICPA探讨并指出了审计的未来发展方向是鉴证业务。1994年AICPA成立了鉴证业务特别委员会（SCAS），对审计的发展进行专门研究。此后，AICPA成立了鉴证业务执行委员会（ASEC），对鉴证业务的具体执业准则、有待发展的鉴证业务进行系统的研究。加拿大的特许会计师协会（CICA）和澳大利亚的会计职业组织等也成立了相关机构进行鉴证业务的研究。

1993年5月，美国注册会计师协会在新墨西哥州圣达菲（Santa Fe）召开了审计/保证会议，这次会议注意到了用户对审计和其他鉴证服务需求的下降，以及用户对鉴证业务的范围和效用方面的不满，并决定开发一项广阔的计划，重塑鉴证业务的未来，以增加其价值。为此，AICPA于1994年正式成立了以毕马威（KPMG）合伙人Robert K.Elliott为主席的临时性机构"鉴证业务特别委员会"（SCAS，通称为Elliott委员会）。1996年年底，该委员会通过网站发布了翔实的报告（通称为Elliott报告）。1997年，AICPA成立了一个永久性的机构"鉴证业务执行委员会"（ASEC），Ronald S.Cohen、Robert L.Bunting、Susan C.Rucker、Thomas E.Wallance等先后担任主席。值得特别提到的是，美国注册会计师职业界于1998年发布的《CPA远景报告：2011年及以后》在展望未来的五大核心服务领域时，"保证与信息真实性"服务位列第一。

加拿大特许会计师协会（CICA）于1995年8月组建了以KPMG合伙人Axel N.Thesberg为主席的"鉴证业务工作组"（TFAS），旨在开发和实施一项拓展鉴证业务的计划，并确保注册会计师（CA）在保证领域的优势。TFAS于1995年12月、1997年6月分别向CICA管理委员会（BOG）提交了一份中期报告，1998年1月发表了最终报告。CICA根据最终报告的建议成立了"鉴证业务发展委员会"（ASDB）。

AICPA和CICA之间就鉴证业务的研究，尤其是新鉴证业务产品的开发方面进行了密切的合作。AICPA和CICA合作开发的鉴证业务领域包括：风险评估（risk assessment）、业绩计量（performance measurement）、系统质量（systems quality）、电子商务（e-commerce）、养老（eldercare），尤其是针对电子商务鉴证业务产品的网誉认证（webtrust）和信息系统可靠性鉴证业务产品系统认证（systrust），联合开发了一系列原则与标准。

澳大利亚注册会计师协会（ASCPA）与澳大利亚特许会计师协会（ICAA）于1997年成立了以安永合伙人Stuart Alford为主席的鉴证业务联合工作组（JASTF）。JASTF于当年12月发布了一份报告，讨论了未来发展的一些关键问题，并提议成立研究与创新委员会（RIB）。RIB于1998年7月成立，直至1999年4月ASCPA宣布退出。1999年6月，澳大利亚会计研究基金会管理委员会宣布将审计准则委员会（ASB）更名为审计和保证准则委员会（AuASB）。

国际会计师联合会（IFAC）下属的审计实务委员会（IAPC）于1997年8月发布了一份名为《信息可靠性报告》的征求意见稿，得到了积极回应。IAPC在进行重大修改之后，于1999年3月以"鉴证业务"为名重新发布了征求意见稿，并最终于2000年6月正式发布了《鉴证业务国际准则》，为鉴证业务提供了总体框架，并针对高保证程度业务规定基本原则和主要程序。2002年，IAASB（国际审计和鉴证准则委员会）重新划分CPA的业务类型，并将ISAE100分拆为《鉴证业务的国际框架》和ISAE 2000《鉴证对象为历史财务信息之外的鉴证业务》。2003年，IAASB发布上述两个文件的征求意见稿，建议取代ISAE 100《鉴证业务》并废止ISA 120《审计准则的国际框架》。2005年1月，IAASB正式发布了ISAE 3000《除历史财务信息审计和审阅之外的鉴证业务》。此后，IAASB定期更新相关准则，并汇总发布《国际质量管理、审计、审阅、其他鉴证业务和相关服务公告手册》（Handbook of International Quality Management, Auditing, Review, Other Assurance, and Related Services Pronouncements）。

近年来，可持续发展报告（ESG）鉴证成为社会各界关注度很高的鉴证业务。2015年第21届联合国气候大会通过《巴黎协定》，可持续发展信息的披露得到前所未有的重视，中国也提出了新达峰目标和碳中和愿景。在欧盟委员会发布《公司可持续发展报告指令》、美国证券交易委员会发布《上市公司气候数据信息披露规则》提案后，国际可持续准则理事会（ISSB）2023年6月正式发布了两项国际财务报告可持续披露准则，于2024年1月1日正式生效，并规定企业的可持续披露报告应与财务报告一并发布。这意味着可持续发展信息披露与鉴证的规则正在形成。目前，提供可持续发展报告（ESG）鉴证的机构不限于会计师事务所，鉴证标准也不一而足，包括国际审计与鉴证准则理事会（IAASB）《国际鉴证业务准则第3000号（修订版）——除历史财务信息审计或审阅以外的鉴证业务》（ISAE3000）、《国际鉴证业务准则第3410号——温室气体报表鉴证业务》（ISAE3410）和《AA1000审验标准V3》等标准。IAASB计划在2024年底正式发布《可持续鉴证准则第5000号——可持续鉴证业务的一般要求》（ISSA5000），或将促进可持续发展报告（ESG）鉴证标准的统一。[①]与此同时，我国也在加快制定可持续发展报告披露准则和可持续发展报告鉴证准则。

IAASB将提高全球审计和鉴证准则的一致性和质量，反映审计和鉴证在促进世界经济信任方面的关键作用，列为《2024—2027年战略和工作计划》。我国注册会计师行业正在通过准则更新、事务所一体化管理、信息化建设和人才培养，与相关部门协同发力，持续不断地推进审计与鉴证业务的高质量发展。

五、中国注册会计师审计与鉴证的发展

中国的注册会计师审计始于辛亥革命以后。当时，一批爱国学者积极倡导创建中国的注册会计师审计事业。1918年，北洋政府颁布了我国第一部注册会计师审计法规——《会计师暂行章程》。同年，谢霖先生获准成为中国第一位注册会计师，并创办了第一家注册会计师审计机构——正则会计师事务所。1925年，上海首先成立了会计师公会。到1947年，中国的注册会计师审计事业已经初具规模。然而，由于政治经济的落后，旧中国的注册会计师审计业务发展缓慢，远未能发挥注册会计师审计的应有作用。中华人民共和国成立初期，在我国国民经济恢复过程中，注册会计师审计曾发挥了积极作用。在社会主义改造完成以后，由于照搬苏联高度集中的计划经济模式，我国的注册会计师审计陷入了长时期的停滞状态。

改革开放以后，我国逐渐从计划经济体制转向市场经济体制，并出现了国有、集体、外资以及个体私营经济等多种所有制经济形式，股票、债券等资本市场也得到了快速发展，注册会计师审计随着经济的发展而得到了恢复和发展，其发展大致分为以下四个阶段：

（一）恢复重建阶段（1980—1991年）

党的十一届三中全会作出了实行改革开放的历史性决策，为了吸引外资、改善投资环境，按照国际通行做法，我国建立了注册会计师独立审计制度。1980年颁布的《中外合资经营企业所得税法施行细则》规定，合资经营企业在向税务机关报送所得税申报表和会计决

---

① 北京注册会计师协会行业发展战略委员会ESG课题组.中国ESG可持续信息鉴证的现状与建议 [J].新理财，2024（7）：62-66.

算报表时，应附送注册会计师查账报告。1980年12月，财政部发布了《关于成立会计顾问处的暂行规定》，标志着我国注册会计师制度得到了恢复重建。1986年7月，国务院颁布《中华人民共和国注册会计师条例》，确立了注册会计师行业的法律地位，到1988年年底，注册会计师发展到3 000人，会计师事务所250家，业务领域仍以外商投资企业为主。1988年11月，中国注册会计师协会成立，注册会计师行业开始步入政府监督和指导、行业协会自我管理的轨道。

在注册会计师事业发展的同时，我国另一支注册会计师审计队伍——注册审计师也从无到有发展壮大起来。1986年，全国有审计事务所189家，从业人员1 600人；1990年，有审计事务所2 322家，注册审计师7 273人；1993年11月，中国注册审计师协会成立；1995年，审计事务所已发展到3 828家。

（二）规范发展阶段（1991—1998年）

1990年11月和1990年12月，上海证券交易所和深圳证券交易所相继成立，标志着我国资本市场的初步形成。1991年12月，首次举办注册会计师全国统一考试，为注册会计师专业化、规范化发展奠定了坚实的人才基础。1991年至1993年，中国注册会计师协会先后发布检查验证会计报表规则等7个执业规则，规范注册会计师执业行为。1993年10月31日，第八届全国人民代表大会常务委员会第四次会议通过了《中华人民共和国注册会计师法》（以下简称《注册会计师法》），财政部和中国注册会计师协会先后制定发布了注册会计师注册、事务所审批、境外所临时执业等14项行业管理制度，注册会计师行业在法治化的轨道上大步向规范化方向发展。

1995年6月，中国注册会计师协会（以下简称"中注协"）与中国注册审计师协会实现联合，开创了统一法律规范、统一执业标准、统一监督管理的行业发展新局面，为行业的规范发展奠定了良好的基础。"两个协会"联合后，注册会计师行业的规范化发展主要体现在四个方面：一是1997年拉开了行业清理整顿工作的序幕；二是1998年启动了行业体制改革工作；三是中注协分别于1996年10月和1997年5月加入亚太会计师联合会（CAPA）和国际会计师联合会（IFAC），并与50多个境外会计职业组织建立了友好合作和交往关系；四是注册会计师审计准则制定工作基本完成，执业规范体系基本形成。1995—2003年，中注协先后制定了6批注册会计师审计准则，包括1个准则序言、1个注册会计师审计基本准则、28个注册会计师审计具体准则和10个注册会计师审计实务公告、5个执业规范指南，此外，还包括3个相关基本准则（职业道德基本准则、质量控制基本准则和后续教育基本准则），共计48个项目。

（三）体制创新阶段（1998—2004年）

1998年至1999年年底，在财政部领导下，注册会计师行业全面开展并完成了会计师事务所的脱钩改制工作，会计师事务所实现了与挂靠单位在"人事、财务、业务、名称"四个方面的彻底脱钩，改制成为以注册会计师为主体发起设立的自我约束、自我发展、自主经营、自担风险的真正意义上的市场中介组织。会计师事务所脱钩改制，彻底改变了行业的责权利关系，为注册会计师实现独立、客观、公正执业奠定了体制基础，极大地释放和激发了会计师事务所的活力。

（四）国际发展阶段（2005年至今）

2004年年底，中国注册会计师协会召开第四次会员代表大会，会议明确提出开放国内市场和进军国际市场并举的国际化发展思路。一是以培养国际化人才为重点，全面实施行业人才战略。二是以实现国际趋同为目标，深入推进准则国际趋同战略。三是以会计师事务所"走出去"为标志，大力推进做大做强战略。

2005年开始，按照财政部领导关于着力完善我国注册会计师审计准则体系，加速实现与国际准则趋同的指示，中国注册会计师协会拟订了22项准则，对26项准则进行了必要的修订和完善，并于2006年2月15日由财政部发布，自2007年1月1日起在所有会计师事务所施行。这些准则的发布，标志着我国已建立起一套适应社会主义市场经济发展要求，顺应国际趋同大势的中国注册会计师执业准则体系。

2007年，财政部启动注册会计师行业做大做强战略，发布《关于推动会计师事务所做大做强的意见》和《会计师事务所内部治理指南》，并协调九部委发布《关于支持会计师事务所扩大服务出口的若干意见》；发布《中国注册会计师胜任能力指南》；促成会计师事务所民事侵权责任司法解释的发布实施；在布鲁塞尔举行中国注册会计师统一考试欧洲考区的首次考试；签订内地与中国香港审计准则等效的联合声明。

2008年，建立行业诚信信息监控系统；与英格兰及威尔士特许会计师协会签署两会间职业资格考试部分科目互免协议；发布注册会计师考试制度改革方案；制定发布《关于规范和发展中小会计师事务所的意见》和《关于改进和加强协会管理和服务工作的意见》；研究推进行业党建工作。

2009年10月3日，国务院办公厅正式转发《财政部关于加快发展我国注册会计师行业若干意见的通知》（国办发〔2009〕56号），明确提出了加快发展注册会计师行业的指导思想、基本原则、主要目标和具体措施。这是改革开放以来经国务院同意、由国务院办公厅转发的关系到注册会计师行业改革与发展全局的第一个文件。这一纲领性文件有力地推动了注册会计师行业的跨越式发展。

2009年年初，为应对审计环境的重大变化，实现与国际审计与鉴证准则的持续趋同，中注协启动了审计准则修订工作，共涉及38个准则项目。经过一年多的努力，历经两次公开征求意见，2010年10月31日，中国审计准则委员会审议通过修订后的新审计准则，2010年11月1日由财政部正式发布，定于2012年1月1日起施行。

2016年12月23日，财政部印发《在审计报告中沟通关键审计事项》等12项中国注册会计师审计准则（新审计报告准则）。本次发布的12项审计准则，最为核心的1项是新制定的《中国注册会计师审计准则第1504号——在审计报告中沟通关键审计事项》，该准则要求在上市公司的审计报告中增设关键审计事项部分，披露审计工作中的重点难点等审计项目的个性化信息。其中，要求注册会计师说明某事项被认定为关键审计事项的原因、针对该事项是如何实施审计工作的。该准则仅适用于上市实体的审计业务。除该准则外，"对财务报表形成审计意见和出具审计报告""在审计报告中发表非无保留意见""在审计报告中增加强调事项段和其他事项段""与治理层的沟通""持续经营""注册会计师对其他信息的责任"等6项准则属于作出实质性修订的准则，另外5项准则属于为保持审计准则体系的内在一致性而作出相应文字调整的准则，这11项准则中，有的条款是仅对上市实体审计业务的规定，有的条款是对所有被审计单位（包括上市实体和非上市实体）审计业务的规定。为确保新审计报告准则能够平稳顺利实施，采取分批、分步骤实施的方案，即自 2017 年 1 月 1 日起，首先在 A+H 股公司以及纯 H 股公司按照中国注册会计师审计准则执行的审计业务中实施；自 2018 年 1 月 1 日起扩大到所有被审计单位，其中，主板、中小板、创业板上市公司，IPO 公司，新三板公司中的创新层挂牌公司，以及面向公众投资者公开发行债券的公司执行新审计报告准则的所有规定，对其他企业的审计暂不执行仅对上市实体审计业务的规定。同时，允许和鼓励提前执行新审计报告准则。

2019 年，为了满足资本市场改革与发展对高质量会计信息的需求，保持我国审计准则与国际准则的持续全面趋同，规范和指导注册会计师应对审计环境和注册会计师利用内部审计人员的工作、应对违反法律法规行为、财务报表披露审计等方面审计实务的新发展，中国注册会计师协会修订了《中国注册会计师审计准则第 1101 号——注册会计师的总体目标和审计工作的基本要求》等 18 项审计准则，现予批准印发，于 2019 年 7 月 1 日起施行。

2021 年，为了贯彻落实《国务院办公厅关于进一步规范财务审计秩序 促进注册会计师行业健康发展的意见》（国办发〔2021〕30 号）中"持续提升审计质量"和"完善审计准则体系"的要求，规范和指导注册会计师开展实务工作，保持我国审计准则与国际准则的持续动态趋同，中国注册会计师协会修订了《中国注册会计师审计准则第 1601 号——审计特殊目的财务报表的特殊考虑》《中国注册会计师审计准则第 1603 号——审计单一财务报表和财务报表特定要素的特殊考虑》《中国注册会计师审计准则第 1604 号——对简要财务报表出具报告的业务》等 3 项审计准则，现予批准印发，于 2022 年 1 月 1 日起施行。

2022 年，为了更有效地识别和评估重大错报风险，应对与商誉减值等复杂会计估计相关的审计风险，有效识别财务舞弊，提高审计质量，中国注册会计师协会修订了《中国注册会计师审计准则第 1211 号——重大错报风险的识别和评估》《中国注册会计师审计准则第 1321 号——会计估计和相关披露的审计》等两项审计准则，并对《中国注册会计师审计准则第 1101 号——注册会计师的总体目标和审计工作的基本要求》等 23 项准则进行了一致性修订，于 2023 年 7 月 1 日起施行。

2022 年 4 月，财政部与瑞士联邦审计监管局（FAOA）正式启动中瑞审计准则与审计监管等效互评工作，经多轮问答和充分沟通，认可瑞士审计准则和审计监管与中方等效。2022 年 11 月，财政部发布了《关于中瑞审计准则与审计监管等效的公告》，声明瑞士审计准则及其认可的国际审计准则与中华人民共和国审计准则等效；对于分别在瑞士联邦和中华人民共和国注册成立并对经济主体财务报表出具审计报告的会计师事务所，瑞士联邦与中华人民共和国的审计监管体系等效。2023 年 12 月，中俄财政部签署《关于中俄审计准则及监管等效备忘录》，便利中俄两国跨境资本流动以及债券发行，推进审计监管交流合作。

第二节 审计概念与种类

一、审计概念

美国会计学会（American Accounting Association，AAA）在 1973 年《基本审计概念报

告》中将审计定义如下：

"审计是一个客观地获取和评价与经济活动和经济事项的认定有关的证据，以确认这些认定与既定标准之间的符合程度，并把审计结果传达给有利害关系的用户的系统过程。"

简单地说，审计是对有关经济活动和经济事项的一些说法加以验证的意思。如财务报表就是企业的管理层表示认定主张的一种方式，企业通过发布财务报表来认定其财务状况、经营成果和现金流量等情况。这些认定是否真实，就需要审计人员加以验证。如何进行验证呢？应当将这些认定同有关的标准进行比较，看它是否与既定的标准相符并判断其相符合的程度。在验证过程当中，特别强调审计人员应当收集证据，没有证据就不能发表意见；而且在收集证据时必须保持系统性和客观性，以保证审计的质量。最后，审计的结论必须以一定的方式传达给使用者，审计过程才算完成。

为了更好地理解上述定义，以下就其中的几个关键术语做进一步的解释：

1. 经济活动和经济事项的认定

引起被审计单位的资产、负债、所有者权益及收入和费用发生增减变化的活动就是经济活动，或称交易事项（transactions）。被审计单位有关经济环境和经济事项的认定是审计的对象，它可以是公司的财务报表，也可以是某一建造合同的总成本等。

2. 客观地获取和评价证据

客观意味着没有偏见，这不仅是对信息获取方法的质量要求，也是对审计人员的道德要求。审计证据是审计人员用来确定被审计的认定与既定标准是否一致的资料。获取和评价证据是审计的中心环节，客观地获取和评价证据要求对被审计单位有关认定的形成基础加以审查，并对其结果加以公正的评估，不因支持或反对作此认定的个人或单位而有所偏差或持有任何偏见。

3. 系统的过程

系统的过程指的是合理的、有序的、有组织的步骤或程序，审计是一种遵循顺序、逻辑严密的活动，这就要求审计的事前规划必须详细周到，执行过程必须合乎顺序，传达结果的报告必须用词明确且准时送达。

4. 与既定标准相符合的程度

既定的标准是指判断认定时所采用的衡量标准，这些标准可能是立法机关所制定的规则，或管理层所制定的预算或绩效衡量标准，也可能是财务会计委员会或其他权威机构所定的一般公认会计原则。符合的程度就是将被审计单位所作的认定与既定标准相比较，验证两者的接近程度。

5. 审计结果

审计结果是基于对证据的分析与评价而得出的对认定与结果的一致程度的评价。审计结果的传达通常采用书面报告的形式，如财务报表审计报告。

6. 有利害关系的用户

审计服务的对象并不限于被审计的单位或审计的委托人，可能是所有有利害关系的用户，包括股东、债权人、证券交易机构、税务金融机构及潜在投资者等。

审计的系统化过程如图1-1所示。

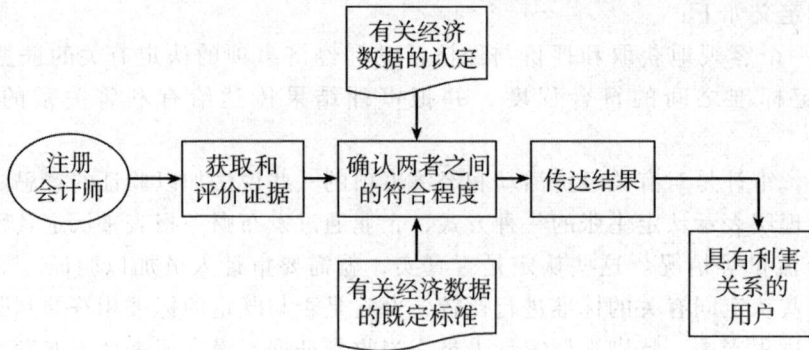

图1-1　审计的系统化过程

二、审计种类

为了能正确理解与掌握不同的审计形态，有必要按照一定的标准，对审计予以科学地分类。审计分类的标准很多，例如，按审计主体的不同，可以划分为国家审计、内部审计和注册会计师审计；按审计范围的不同，可以划分为全面审计和局部审计、综合审计与专题审计；按审计时间的不同，可分为事前审计和事后审计、期中审计和期末审计、定期审计和不定期审计；按审计地点的不同，可分为就地审计、送达审计和远程网络审计；按审计动机的不同，可分为法定审计和任意审计等。本节的论述将按照审计的目的、内容的不同，对审计进行分类，包括财务报表审计、合规审计和经营审计三类。

（一）财务报表审计

财务报表审计，亦称会计报表审计，是对被审计单位的财务报表（如资产负债表、利润表、所有者权益（或股东权益）变动表和现金流量表）、财务报表附注及相关附表进行的审计。这种审计的目的在于查明被审计单位的财务报表是否按照一般公认会计原则（在我国，是指适用的《企业会计准则》和相关会计制度，下同），公允地反映其财务状况、经营成果和现金流量情况。

财务报表审计是近代股份公司出现后，由于公司的所有权和经营权的分离，以及股份的社会化而逐渐发展起来的一种审计方式。在西方国家，从名义上讲，财务报表审计是保护股东权益的一种手段，但从实际效果来看，财务报表审计所涉及的范围包括了与被审计单位有财务联系的各个方面。例如，美国注册会计师协会颁布的《审计准则说明书》就详细规定了审计人员所应考虑的有关事项。财务报表审计是现代审计中理论最完备、方法最先进的一种审计方式。

（二）合规审计

合规审计，是为查明和确定被审计单位财务活动或经营活动是否符合有关法律、法规、规章制度、合同、协议和有关控制标准而进行的审计。由注册会计师或税务审核人员就企业所得税结算申报书是否遵从税法的规定申报而进行的审计，是合规审计的典型例子。我国开展的财经法纪审计，如对严重违反国家现金管理规定、银行结算规定、成本开支范围规定、税法规定等行为所进行的审计，也是一种合规审计。其主要目的是检查财经纪律执行情况，揭露违法乱纪行为，如偷税漏税、乱挤乱摊成本、擅自提价涨价、滥发实物奖金、公款旅游、请客送礼、贪污盗窃、行贿受贿等。由于违反财经纪律手段的特殊性，审计机构应采取不同的审计对策。按照有关规定，审计机关对违反财经纪律的单位和个人有权予以经济制裁；对严重违法乱纪人员，有权向有关部门建议予以行政纪律处分；对触犯国家刑律的，有权提请司法机关依法惩处。开展财经法纪审计对于维护财经纪律的严肃性，保证和推动改革开放的深入进行，保护国家、企业和个人三者的正当权益有特殊意义。

（三）经营审计

经营审计是为了评价某个组织的经济活动在业务、经营、管理方面的业绩，找出改进的机会并提出改善的建议，而对一个组织的全部或部分业务程序与方法进行的检查。经营审计的独立性要求不像财务报表审计那么严格，此外，内部审计人员、国家审计人员或注册会计师都可以执行经营审计。经营审计的结果以一定的报告形式传达给用户，但这种报告的形式与内容随着约定任务的情况不同而有非常大的差别。经营审计的用户通常为被审计单位，而且经营审计报告很少被第三方所利用。

表1-1列示了财务报表审计、合规审计和经营审计三种不同审计类型的差异。

表1-1　　　　　**财务报表审计、合规审计和经营审计三种不同审计类型的差异**

审计类型	认定的性质	既定标准	审计报告的性质	示例
财务报表审计	企业个体的财务报表信息	一般公认会计原则	财务报表是否公允的意见	上市公司年度财务报表审计
合规审计	认定或资料是否遵照政策、法令、法律、规定及规章等	管理层的政策、法律、规定或第三方的要求	发现偏差的汇总及对合规程度的保证	财经法纪审计
经营审计	活动或执行的资料	管理层或法令设立的目标	观察到的效率或效果；改进的建议	经济效益审计

三、审计人员的种类

审计人员是审计活动的执行者，根据其所服务的单位在审计组织体系中的位置的不同，审计人员可以分为社会审计组织中的注册会计师、国家审计机关中的国家审计人员和部门、单位内部审计机构中的审计人员。

（一）注册会计师

注册会计师是依法取得注册会计师资格证书，并接受委托从事审计和会计咨询、会计服务的执业人员。凭借他们所受的教育、训练以及其所拥有的经验，注册会计师有资格执行上述各种专业服务，注册会计师的客户可能包括各类企业、非营利组织、政府机构及个人。同医生、律师等专业人员一样，注册会计师也是以公费基础来提供服务的。在我国，注册会计师必须在会计师事务所执业，他们在其中的角色同律师在律师事务所的角色有许多相似的地方，但是注册会计师在进行审计及报告结果时必须与客户保持独立，而律师则可在为客户提供法律服务时，立场偏向客户。

（二）国家审计人员

国家审计人员是指国家审计机关中接受政府委托，依法行使审计监督权，从事审计业务的人员。他们对包括各级政府机构、国家金融机构、国有企事业单位以及其他有国家资产的单位的财政、财务收支的真实性、合法性、效益性进行综合性的经济监督活动。国家审计是世界各国审计的最初形态，中国最早的国家审计人员是西周的宰夫①。现代国家审计不仅在审计体制上更加完善，而且在审计理论和实务方面有了许多发展，绩效审计、环境审计、3E审计等的逐步开展对国家审计人员的素质提出了更高的要求。我国的国家审计人员实行专业技术资格制度，审计署和省级审计机关建立专业技术资格考试、评审制度。审计专业技术资格分为初级（审计员、助理审计师）资格，中级（审计师）资格，高级（高级审计师）资格。审计机关录用的审计人员必须经过培训合格后，才能独立承办审计业务。国家审计人员既从事合规审计、经营审计，也从事与财务报表有关的审计。

（三）内部审计人员

内部审计人员是指部门、单位设置的独立的内部审计机构中，专职从事审计工作的人员。内部审计有助于强化企业内部控制、改善企业风险管理、完善公司治理结构，促进企业目标的实现。内部审计的范围和目标因被审计单位的规模、组织结构和管理层需求的不同而存在很大差异。内部审计通常包括下列一项或多项活动：监督内部控制和风险管理；检查财务信息和经营信息；评价经营活动的效率和效果；评价对法律法规、其他外部要求以及管理层政策、指示和其他内部要求的遵守情况等。内部审计同样应当具有独立性才能发挥最大的控制功能。然而，内部审计人员受雇于企业，限于劳资关系的固有约束，内部审计人员不能具有像注册会计师那样强的独立性。

第三节　鉴证业务的含义与类别

一、鉴证业务的定义

鉴证业务是指注册会计师对鉴证对象信息提出结论，以增强除责任方之外的预期使用者对鉴证对象信息信任程度的业务。

上述定义可从以下方面加以理解：

（1）鉴证业务的用户是"预期使用者"，即鉴证业务可以用来有效地满足预期使用者的需求；

（2）鉴证业务的目的是提高信息的质量或内涵，增强除责任方之外的预期使用者对鉴证对象信息的信任程度，即以适当保证或提高鉴证对象信息的质量为主要目的，而不涉及为如何利用信息提供建议；

（3）鉴证业务的基础是独立性和专业性，通常由具备专业胜任能力和独立性的注册会计师来执行，注册会计师应当独立于责任方和预期使用者；

（4）鉴证业务的"产品"是鉴证结论，注册会计师应当对鉴证对象信息提出结论，该结论应当以书面报告的形式予以传达。

二、鉴证对象与鉴证对象信息

鉴证对象信息是按照标准对鉴证对象进行评价和计量的结果，如责任方按照会计准则和

---

① 官名，我国是世界上最早产生审计的国家之一，早在三千多年前的西周就已经设立负责审计的官员，称之为宰夫。

相关会计制度（标准）对其财务状况、经营成果和现金流量（鉴证对象）进行确认、计量和列报（包括披露，下同）而形成的财务报表（鉴证对象信息）。在注册会计师提供的鉴证业务中，存在多种不同类型的鉴证对象，相应地，鉴证对象信息也具有多种不同的形式，主要包括：

（1）当鉴证对象为财务业绩或状况（如历史或预测的财务状况、经营成果和现金流量）时，鉴证对象信息是财务报表；

（2）当鉴证对象为非财务业绩或状况（如企业的运营情况）时，鉴证对象信息可能是反映效率或效果的关键指标；

（3）当鉴证对象为物理特征（如设备的生产能力）时，鉴证对象信息可能是有关鉴证对象物理特征的说明文件；

（4）当鉴证对象为某种系统和过程（如企业的内部控制或信息技术系统）时，鉴证对象信息可能是关于其有效性的认定；

（5）当鉴证对象为一种行为（如遵守法律法规的情况）时，鉴证对象信息可能是对法律法规遵守情况或执行效果的声明。

鉴证对象信息应当恰当反映既定标准运用于鉴证对象的情况。如果没有按照既定标准恰当反映鉴证对象的情况，鉴证对象信息可能存在错报，而且可能存在重大错报。

三、鉴证业务的类别

（一）基于责任方认定的业务和直接报告业务[①]

按照鉴证对象信息是否以责任方认定的形式为预期使用者所获取，鉴证业务可分为基于责任方认定的业务和直接报告业务。

在基于责任方认定的业务中，责任方对鉴证对象进行评价或计量，鉴证对象信息以责任方认定的形式为预期使用者获取。如在财务报表审计中，被审计单位管理层（责任方）对财务状况、经营成果和现金流量（鉴证对象）进行确认、计量和列报（评价或计量）而形成的财务报表（鉴证对象信息）即为责任方的认定，该财务报表可为预期使用者获取，注册会计师针对财务报表出具审计报告。这种业务属于基于责任方认定的业务。

在直接报告业务中，注册会计师直接对鉴证对象进行评价或计量，或者从责任方获取对鉴证对象评价或计量的认定，而该认定无法为预期使用者所获取，预期使用者只能通过阅读鉴证报告获取鉴证对象信息。如在内部控制鉴证业务中，注册会计师可能无法从管理层（责任方）获取其对内部控制有效性的评价报告（责任方认定），或虽然注册会计师能够获取该报告，但预期使用者无法获取该报告，注册会计师直接对内部控制的有效性（鉴证对象）进行评价并出具鉴证报告，预期使用者只能通过阅读该鉴证报告获得内部控制有效性的信息（鉴证对象信息）。这种业务属于直接报告业务。

基于责任方认定的业务和直接报告业务的区别主要表现在以下四个方面：

（1）预期使用者获取鉴证对象信息的方式不同。在基于责任方认定的业务中，预期使用者可以直接获取鉴证对象信息（责任方认定）。在直接报告业务中，可能不存在责任方认定，即便存在，该认定也无法为预期使用者所获取。预期使用者只能通过阅读鉴证报告获取有关的鉴证对象信息。

---

① 刘明辉，胡波. 两类鉴证业务之辨析：基于责任方认定的业务与直接报告业务 [J]. 中国注册会计师，2006（6）：37-39.

（2）注册会计师提出结论的对象不同。在基于责任方认定的业务中，注册会计师提出结论的对象可能是责任方认定，也可能是鉴证对象。在直接报告业务中，无论责任方认定是否存在、注册会计师能否获取该认定，注册会计师在鉴证报告中都将直接对鉴证对象提出结论。

（3）责任方的责任不同。在基于责任方认定的业务中，责任方对鉴证对象信息负责，可能同时要对鉴证对象负责。在直接报告业务中，责任方仅对鉴证对象负责。

（4）鉴证报告的内容和格式不同。在基于责任方认定的业务中，鉴证报告的引言段通常会提供责任方认定的相关信息，进而说明其所执行的鉴证程序并提出鉴证结论。在直接报告业务中，注册会计师直接说明鉴证对象、执行的鉴证程序并提出鉴证结论。

（二）合理保证的鉴证业务与有限保证的鉴证业务①

按照鉴证业务的保证程度不同，鉴证业务可分为合理保证的鉴证业务和有限保证的鉴证业务。

合理保证的鉴证业务的目标是注册会计师将鉴证业务风险降至该业务环境下可接受的低水平，以此作为以积极方式提出结论的基础。如在历史财务信息审计中，要求注册会计师将审计风险降至该业务环境下可接受的低水平，对审计后的历史财务信息提供高水平保证（合理保证），在审计报告中对历史财务信息采用积极方式提出结论。这种业务属于合理保证的鉴证业务。

有限保证的鉴证业务的目标是注册会计师将鉴证业务风险降至该业务环境下可接受的水平，以此作为以消极方式提出结论的基础。如在历史财务信息审阅中，要求注册会计师将审阅风险降至该业务环境下可接受的水平（高于历史财务信息审计中可接受的低水平），对审阅后的历史财务信息提供低于高水平的保证（有限保证），在审阅报告中对历史财务信息采用消极方式提出结论。这种业务属于有限保证的鉴证业务。

合理保证的鉴证业务和有限保证的鉴证业务的区别主要表现在以下几个方面：

（1）目标不同。合理保证的目标是将鉴证业务风险降至具体业务环境下可接受的低水平，以此作为以积极方式提出结论的基础，并对鉴证后的信息提供高水平的保证。有限保证的目标是将鉴证业务风险降至具体业务环境下可接受的水平，以此作为以消极方式提出结论的基础，并对鉴证后的信息提供低于高水平的保证，但该保证水平应当是一种有意义的保证水平，即能够在一定程度上增强预期使用者对鉴证对象信息的信任。

（2）证据的收集程序不同。在合理保证的鉴证业务中，为了能够以积极方式提出结论，注册会计师应当通过一个不断修正的、系统化的执业过程，获取充分、适当的证据。与合理保证的鉴证业务相比，有限保证的鉴证业务在证据收集程序的性质、时间和范围等方面是有意识地加以限制的，主要采用询问和分析程序获取证据。

（3）所需证据的数量和质量不同。注册会计师需要获取充分、适当的证据作为其对鉴证对象提供某种水平保证的基础。相对于有限保证的鉴证业务而言，合理保证的鉴证业务提供的保证程度相对较高，相应地，对证据数量和质量的要求也就更为严格。

（4）鉴证业务风险不同。鉴证业务风险通常体现为重大错报风险和检查风险。在重大错报风险一致的情况下，鉴证业务风险主要取决于检查风险。而检查风险的高低取决于注册会计师所实施的证据收集程序的性质、时间和范围。由于有限保证的鉴证业务的证据收集程序

① 刘明辉，徐正刚. 注册会计师鉴证业务中的保证概念［J］. 财务与会计，2006（11）：55-57.

在上述方面受到有意识的限制，因此，其检查风险高于合理保证的鉴证业务。相应地，有限保证的鉴证业务的风险水平高于合理保证的鉴证业务的风险水平。

（5）鉴证对象信息的可信性不同。与有限保证的鉴证业务相比，注册会计师在合理保证的鉴证业务中实施的证据收集程序更为系统和全面，收集的证据更充分，提供的保证水平更高，相应地，鉴证后的鉴证对象信息也更为可信。

（6）提出结论的方式不同。合理保证和有限保证鉴证业务提供的保证鉴证业务水平不同，鉴证后鉴证对象信息的可信性也不同，为了使预期使用者能够清楚地了解两者的区别，两者提出结论的方式也不同。合理保证的鉴证业务要求注册会计师以积极方式提出结论，有限保证的鉴证业务要求注册会计师以消极方式提出结论。

应当指出的是，对于某项具体鉴证业务而言，其保证水平一般都是事先约定好的，而不是根据注册会计师的工作执行情况确定的。当然，如果业务环境变化影响到预期使用者的需求，或预期使用者对该项业务的性质存在误解时，注册会计师也可以应委托人的要求，考虑同意变更业务的保证水平。在实务工作中，保证水平的确定取决于法律法规和执业准则的要求，以及注册会计师的职业判断。

正确理解鉴证业务准则中的保证概念，首先要将它们与"绝对保证"的概念作以区分。这里，对绝对保证、合理保证和有限保证作以界定是有必要的。绝对保证是指注册会计师对鉴证对象信息整体不存在重大错报提供百分之百的保证。合理保证是一个与积累必要的证据相关的概念，它要求注册会计师通过不断修正的、系统的执业过程，获取充分、适当的证据，对鉴证对象信息整体提出结论，提供一种高水平但非百分之百的保证。与合理保证相比，有限保证在证据收集程序的性质、时间和范围等方面受到有意识的限制，它提供的是一种适度水平的保证。可以看出，三者提供的保证水平逐次递减。前文已经区分过合理保证和有限保证，因此，这里关键是要区分绝对保证与合理保证。正确理解合理保证与绝对保证的关系，有助于减少注册会计师承担不必要的责任的风险。

由于下列因素的存在，将鉴证业务风险降至零几乎不可能，也不符合成本效益原则：

（1）选择性测试方法的运用。注册会计师要在合理的时间内以合理的成本完成鉴证任务，通常只能采用选取特定项目和抽样等选择性测试的方法对被鉴证单位的信息进行检查。选取特定项目实施鉴证程序的结果不能推断至总体；抽样也可能产生误差，在采用这两种方法的情况下，都不能百分之百地保证鉴证对象信息不存在重大错报。

（2）内部控制的固有局限性。例如，在决策时的人为判断可能出现错误和由于人为失误而导致内部控制失效；内部控制可能由于两个或更多的人员进行串通或管理层凌驾于内部控制之上，而使内部控制被规避。小型企业拥有的员工通常较少，限制了其职责分离的程度，业主凌驾于内部控制之上的可能性更大。

（3）大多数证据是说服性的而非结论性的。证据的性质决定了注册会计师依靠的并不是完全可靠的证据。不同类型的证据，其可靠程度存在差异，即使是可靠程度最高的证据也有其自身的缺陷。例如，对应收账款进行函证，虽然提供的证据相对比较可靠，但受到被询证者是否认真对待询证函、是否能够保持独立性和客观性、是否熟悉所函证事项等诸多因素的影响。尽管注册会计师在设计询证函时要考虑这些因素，但是很难百分之百地保证函证结果的可靠性。

（4）在获取和评价证据以及由此得出结论时涉及大量的判断。在获取证据时，注册会计师可以选择获取何种类型和何种来源的证据；获取证据之后，注册会计师要依据职业判断，对其充分性和适当性进行评价；最后依据证据得出结论时，更是离不开注册会计师的职业判断。

（5）在某些情况下，鉴证对象具有特殊性。例如，鉴证对象是矿产资源的储量、艺术品的价值、计算机软件开发的进度等。

（三）审计、审阅与其他鉴证业务

按照鉴证对象信息和保证程度的不同，鉴证业务可分为历史财务信息审计、历史财务信息审阅和其他鉴证业务。

历史财务信息审计是指鉴证对象信息为历史财务信息的合理保证鉴证业务。在历史财务信息审计业务中，注册会计师作为独立第三方，运用专业知识、技能和经验对历史财务信息进行审计并以积极方式发表专业意见，旨在提高财务报表的可信赖程度。财务报表审计业务即为一种典型的历史财务信息审计业务。财务报表审计的目标是注册会计师通过执行审计工作，对财务报表的下列方面发表审计意见：（1）财务报表是否按照适用的会计准则和相关会计制度的规定编制；（2）财务报表是否在所有重大方面公允反映被审计单位的财务状况、经营成果和现金流量。由于审计存在固有限制，审计工作不能对财务报表整体不存在重大错报提供绝对保证。

历史财务信息审阅是指鉴证对象信息为历史财务信息的有限保证鉴证业务。在历史财务信息审阅业务中，注册会计师作为独立第三方，运用专业知识、技能和经验对历史财务信息进行审阅并以消极方式发表专业意见，旨在提高财务报表的可信赖程度。传统的财务报表审阅业务即一种典型的历史财务信息审阅业务。财务报表审阅的目标，是注册会计师在实施审阅程序的基础上，说明是否注意到某些事项，使其相信财务报表没有按照适用的会计准则和相关会计制度的规定编制，未能在所有重大方面公允反映被审阅单位的财务状况、经营成果和现金流量。在财务报表审阅业务中，要求注册会计师将审阅风险降至该业务环境下可接受的水平（高于财务报表审计中可接受的低水平），对审阅后的财务报表提供低于高水平的保证（即有限保证），在审阅报告中对财务报表采用消极方式提出结论。

其他鉴证业务是指除历史财务信息审计和审阅业务以外的鉴证业务，如预测性财务信息审核、内部控制审核、风险管理鉴证、网誉认证等。其他鉴证业务的保证程度分为合理保证和有限保证。有限保证的其他鉴证业务的风险水平高于合理保证的其他鉴证业务的风险水平。

四、鉴证业务与相关服务的区别

相关服务，是相对于鉴证服务而言的，是指那些由注册会计师提供的、除了鉴证服务以外的其他服务，主要包括：

1. 对财务信息执行商定程序

对财务信息执行商定程序的目标是注册会计师对特定财务数据、单一财务报表或整套财务报表等财务信息执行与特定主体商定的具有审计性质的程序，并就执行的商定程序及其结果出具报告。

注册会计师执行商定程序业务，仅报告执行的商定程序及其结果，并不提出鉴证结论。报告使用者自行对注册会计师执行的商定程序及其结果作出评价，并根据注册会计师的工作得出自己的结论。

2.代编业务

代编业务的目标是注册会计师运用会计而非审计的专业知识和技能，代客户编制一套完整或非完整的财务报表，或代为收集、分类和汇总其他财务信息。

注册会计师执行代编业务使用的程序并不旨在也不能对财务信息提出任何鉴证结论。

咨询服务是为个人或组织提供信息使用建议的专业服务。与鉴证服务相比，其具有以下三个基本特征：

（1）咨询服务以信息的使用为主要目标，而不涉及信息质量，也不对咨询业务所使用的信息加以保证。

（2）咨询服务一般是咨询服务的提供者与客户之间的两方契约。

（3）专业性是咨询服务的基础。

注册会计师提供的专业服务包括鉴证业务和相关服务，两者的区别主要体现在以下几个方面：

（1）业务涉及的关系人不同。相关服务通常只涉及两方关系人，即客户和提供相关服务的注册会计师；而鉴证业务通常涉及三方关系人，即责任方、预期使用者及提供鉴证业务的注册会计师。

（2）业务关注的焦点不同。相关服务关注的焦点主要是信息的生成、编制或对如何利用信息作出决策提供建议，而鉴证业务关注的焦点是适当保证和提高鉴证对象信息的质量，通常不涉及信息的利用。

（3）工作结果不同。相关服务的工作结果不对信息提供可信性保证，而鉴证业务的工作结果是注册会计师以书面形式提出的结论，该结论能对鉴证对象信息提供某种程度的可信性保证。

（4）独立性要求不同。相关服务通常不对提供服务的注册会计师提出独立性要求，而鉴证业务要求注册会计师必须独立于鉴证业务中的其他两方。

注册会计师在确定某项业务是适合作为鉴证业务还是适合作为相关服务时，应当根据执业准则的要求，着重考虑客户寻求服务的目的。如果客户的要求只涉及信息的编制和利用或就某一事项寻求建议或意见，那么注册会计师将此业务作为相关服务是恰当的。但是，如果客户需要注册会计师对特定事项以书面报告的形式提供保证，则此业务应当被作为鉴证业务。

□ 复习思考题

1.为什么注册会计师审计的萌芽会出现在16世纪的威尼斯，但是真正的发展却是在英国？

2.审计模式是如何演变的？风险导向审计与内控导向审计的本质区别有哪些？

3.如何理解审计和鉴证的定义？

4.审计有哪些种类？

5.注册会计师、国家审计人员和内部审计人员的资格认可、独立性有何不同？

6.合理保证的鉴证业务和有限保证的鉴证业务有何区别？如何确定鉴证业务的保证程度？

7.鉴证业务与相关服务有何区别？

第二章

注册会计师管理

第一节 注册会计师

一、注册会计师考试与注册制度

注册会计师行业的高质量发展，离不开具有专业胜任能力的行业人才梯队。注册会计师考试和注册制度是加强新时代注册会计师行业人才管理的关键环节，是注册会计师制度的重要内容之一，它是一系列选拔注册会计师的措施、制度的总称。目前，世界上许多国家为了保证审计工作质量，保护投资者合法权益，维护注册会计师职业在公众心目中应有的权威性，都相继制定了较为完善的注册会计师考试和注册制度。

我国于1991年开始组织全国注册会计师统一考试。通过考试，一大批优秀人才加入了注册会计师队伍。现就我国注册会计师考试制度的具体内容予以介绍。

（一）报考条件

根据《注册会计师法》和《注册会计师全国统一考试办法》的规定，符合下列条件的中国公民，可以报名参加注册会计师全国统一考试：①具有完全民事行为能力；②具有高等专科以上学校毕业学历，或者具有会计或者相关专业中级以上技术职称。有下列情形之一的人员，不得报名参加注册会计师全国统一考试：①因被吊销注册会计师证书，自处罚决定之日起至申请报名之日止不满5年者；②以前年度参加注册会计师全国统一考试因违规而受到停考处理期限未满者。

港澳台地区居民及外国人，具有完全民事行为能力，申请参加中华人民共和国注册会计师考试专业阶段考试必须具备下列条件之一：具有中华人民共和国教育行政主管部门认可的高等专科以上学校毕业的学历；已取得港澳台地区或外国法律认可的注册会计师资格（或其他相应资格）。港澳台地区居民及外国人，具有完全民事行为能力，且已取得注册会计师全国统一考试专业阶段考试合格证，可以申请参加注册会计师全国统一考试综合阶段考试。符合上述条件的报考人员，还必须提供如下有效证明：

（1）报名人员合法身份的有效证件（护照、身份证等）。

（2）报名人员获得的中华人民共和国教育行政主管部门认可的高等专科以上学校的学历证书，或港澳台地区或者外国法律认可的注册会计师资格（或者其他相应资格）证书。

（二）考试组织

财政部成立注册会计师考试委员会（以下简称财政部考委会），组织领导注册会计师全国统一考试工作。财政部考委会设立注册会计师考试委员会办公室（以下简称财政部考办），组织实施注册会计师全国统一考试工作，并负责确定考试组织工作原则，制定考试工作方针、政策，审定考试大纲，确定考试命题原则，处理考试组织工作的重大问题，指导地方考委会工作。财政部考办设在中国注册会计师协会。

各省、自治区、直辖市财政厅（局）成立地方注册会计师考试委员会（以下简称地方考委会），组织领导本地区注册会计师全国统一考试工作。地方考委会设立地方注册会计师考试委员会办公室（以下简称地方考办），组织实施本地区注册会计师全国统一考试工作，贯彻、实施财政部考委会的决定，处理本地区考试组织工作的重大问题。地方考办设在各省、自治区、直辖市注册会计师协会。

（三）考试范围

考试范围在考试大纲中确定。考试大纲由全国考试办公室提出，经全国考试委员会审定发布。考试划分为专业阶段考试和综合阶段考试。考生在通过专业阶段考试的全部科目后，才能参加综合阶段考试。专业阶段考试设会计、审计、财务成本管理、公司战略与风险管理、经济法、税法6个科目；综合阶段考试设职业能力综合测试1个科目。具有会计或者相关专业高级技术职称的人员，可以申请免予专业阶段考试1个专长科目的考试。按互惠原则与境外会计师组织达成相互豁免部分考试科目协议范围内的人员，可以免予部分科目考试。

考试为闭卷，采用计算机化考试方式或者纸笔考试方式。考试实行百分制，60分为成绩合格分数线。专业阶段考试的单科考试合格成绩5年内有效。对在连续5个年度考试中取得专业阶段考试全部科目考试合格成绩的考生，财政部考委会颁发注册会计师全国统一考试专业阶段考试合格证书。综合阶段考试科目应在取得注册会计师全国统一考试专业阶段考试合格证书后5个年度考试中完成。对取得综合阶段考试科目考试合格成绩的考生，财政部考委会颁发注册会计师全国统一考试全科考试合格证书。

（四）注册登记

根据《注册会计师法》的规定，注册会计师考试全科成绩合格的，均可取得注册会计师资格，在政府、企业、一切经济单位工作的人员均可按规定在取得注册会计师资格后，申请加入注册会计师协会成为非执业会员，但不能执业。注册会计师依法执行业务，应当取得财政部统一制定的中华人民共和国注册会计师证书（以下简称注册会计师证书）。具备下列条件之一，并在中国境内从事审计业务工作2年以上者，可以向省级注册会计师协会申请注册：（1）参加注册会计师全国统一考试成绩合格；（2）经依法认定或者考核具有注册会计师资格。

申请注册者，如果有下列情形之一，受理申请的注册会计师协会不予注册：（1）不具有完全民事行为能力的；（2）因受刑事处罚，自刑罚执行完毕之日起至申请注册之日止不满5年的；（3）因在财务、会计、审计、企业管理或者其他经济管理工作中犯有严重错误受行政处罚、撤职以上处分，自处罚、处分决定生效之日起至申请注册之日止不满2年的；（4）受吊销注册会计师证书的处罚，自处罚决定生效之日起至申请注册之日止不满5年的；（5）因以欺骗、贿赂等不正当手段取得注册会计师证书而被撤销注册，自撤销注册决定生效之日起至申请注册之日止不满3年的；（6）不在会计师事务所专职执业的；（7）年龄超过70周岁的。

已取得注册会计师证书的人员，如果注册后出现以下情形之一，准予注册的注册会计师协会撤销注册，收回注册会计师证书：（1）完全丧失民事行为能力的；（2）受刑事处罚的；（3）自行停止执行注册会计师业务满1年的；（4）以欺骗、贿赂等不正当手段取得注册会计师证书的。

注册会计师有下列情形之一的，由所在地的省级注册会计师协会注销注册：（1）依法被撤销注册，或者吊销注册会计师证书的；（2）不在会计师事务所专职执业的。

中国注册会计师协会的外籍非执业会员符合条件者，可申请注册成为中国注册会计师。

二、注册会计师业务范围

《注册会计师法》规定，注册会计师依法承办审计业务和会计咨询、会计服务业务。审计业务属于法定业务，非注册会计师不得承办。在审计业务中又包括以下4种：（1）审查企业会计报告；（2）验证企业资本；（3）办理企业合并、分立、清算事宜中的审计业务；（4）办理法律、行政法规规定的其他审计业务。通常会计咨询、会计服务业务包括代理记账、税务代理及管理咨询等业务。

从目前的发展趋势来看，会计师事务所的审计业务比重在日益下降，业务范围向着多样化方向发展，非审计鉴证业务和相关服务的种类越来越多，例如，预测性财务信息审核、内部控制鉴证、风险管理鉴证、养老鉴证、系统鉴证、网誉认证等其他鉴证业务，以及代编财务信息、执行商定程序和税务咨询、管理咨询等相关服务。目前最显著的特征是，在全球范围内，会计师事务所的管理咨询服务得到了蓬勃发展，例如，前"四大"会计公司的管理咨询收入比重已经超过了审计服务的收入比重。因为随着经营环境的逐步改变，市场对拥有丰富经验和专业知识的注册会计师提出了更多的要求，而且由于审计业务已经趋于成熟，因此成长的空间有限，会计师事务所的发展必然需要拓展更广泛的业务领域。在实务工作中，我国现阶段注册会计师的经营业务主要包括：

（1）审计等鉴证业务。包括但不限于：审查企业财务报表；审计企业内部控制；验证企业资本；企业合并、分立、清算事宜中的审计业务；对医疗卫生机构、大中专院校及基金会等非营利组织的财务报表进行审计；提供农村财务公开鉴证服务；提供企业社会责任履行、风险管理、信息系统、低碳减排、投资绩效、市场监督、体制改革、社会管理等方面的鉴证服务；基建预决算鉴证审核；司法会计鉴定；法律、行政法规规定的其他审计鉴证业务。

（2）会计咨询、会计服务业务。包括但不限于：设计会计制度；担任会计顾问；为企事业单位提供内部控制、战略管理、并购重组、资信调查、业绩评价、投资决策、政府购买服务等会计管理咨询服务；代理公司注册；代理报关；代理招投标；代理记账；代理企业进行市场调查、尽职调查、社会责任调查、职工社会保障调查；项目可行性研究和项目评价；培训财会人员；其他会计咨询与服务业务。

（3）受托管理与事务所业务相关的工程造价、管理咨询、税务咨询等专业服务公司。

（4）担任企业破产清算的管理人，提供破产管理相关事项的服务。

（5）法律法规规定和委托人委托的其他业务。

三、注册会计师继续教育

由于市场经济的快速发展，企业的经济业务和经营管理日趋复杂，社会对审计的期望也越来越高。为顺应这种需要，审计理论和方法也不断地向前发展，为此，注册会计师应不断地更新知识结构，提高专业素质和执业水平。如今，世界各主要国家都非常注重加强注册会计师继续教育，并制定了相应的继续教育制度。我国也于1996年颁布了《注册会计师职业后续教育基本准则》，2006年和2010年分别制定了《中国注册会计师继续教育制度》和《中国注册会计师协会非执业会员继续教育暂行办法》。2021年中国注册会计师协会对这两项制度进行修订，自2022年1月起施行。下面简要介绍2021年修订的《中国注册会计师继续教育制度》的内容：

（一）继续教育的内容和形式

注册会计师继续教育的内容主要包括：

（1）会计准则及国家其他有关财务会计法规。为了对被审计单位财务报表发表合理的审计意见，注册会计师必须熟悉企业会计准则及国家其他有关财务会计法规，包括企业会计准则及其具体准则、企业会计制度等。

（2）执业准则和其他职业规范。为保证和提高注册会计师执业质量，中国注册会计师协会拟定和发布了一系列职业规范，具体包括审计准则、审阅准则、其他鉴证业务准则、相关服务准则、职业道德守则、会计师事务所质量管理准则和注册会计师继续教育制度。这些职业规范，是对注册会计师执业资格、执业行为的具体规定，注册会计师必须学习和掌握。

（3）与执业有关的其他有关法规。主要指与注册会计师执业有关的经济法律、法规和行政规章，如《会计法》《注册会计师法》《公司法》《证券法》等法律、最高人民法院规定及相关司法解释，以及国务院及其主管部门发布的行政法规和部门规章。

（4）执业所需的其他知识与技能。为壮大会计师事务所规模，提高其业务收入，注册会计师在做好传统审计业务的同时，应当利用其专业优势不断扩展业务领域。因此，注册会计师需要了解和掌握多种知识及技能，如信息和通信技术、商业策略与管理等。

注册会计师继续教育可以采取多种形式，例如，参加各级注册会计师协会举办或认可的专业培训、专业课程进修、专题研讨会；参加所在事务所的专业研讨与培训；公开出版专业著作或发表专业论文；承担专业课题研究并取得研究成果；个人专业学习与实务研究等。

（二）继续教育的组织和实施

继续教育由中国注册会计师协会及地方注协负责组织和实施。

中国注册会计师协会的主要职责包括：制定注册会计师继续教育规划和制度；组织开发注册会计师继续教育课程体系；编制并组织实施注册会计师年度继续教育工作要点；指导和评价地方注协的继续教育工作；监督和指导事务所内部培训资格的认定，并进行抽查；举办及委托举办各类培训；全国注册会计师继续教育组织管理的其他职责。

地方注册会计师协会在其上级协会的指导下，根据继续教育制度及其他相关要求，组织和实施本地区的继续教育。其职责在于：结合本制度制定本地区继续教育实施办法；根据中注协注册会计师年度继续教育工作要点，编制并组织实施本地区年度继续教育计划；组织本地区注册会计师参加中注协举办及委托举办的各类培训；开展注册会计师普及性、本地化、特色化培训工作；结合本制度制定本地区事务所内部培训资格认定管理办法，审核认定本地区事务所内部培训资格，并报中注协备案；指导、监督、评价本地区事务所内部培训工作；地方注协应当通过行业管理信息系统，动态报备培训相关材料和数据，包括：继续教育实施办法、年度继续教育计划、具体实施情况、年度培训总结等；本地区注册会计师继续教育组织管理的其他职责。

事务所负责本所注册会计师继续教育的组织管理工作，并提供必要的学习条件和经费保障。具体包括：建立健全本所注册会计师继续教育办法；编制本所注册会计师年度继续教育计划；组织本所注册会计师参加注册会计师协会举办或委托举办的各类培训；开展多种形式的内部培训；本所继续教育组织管理的其他职责。

（三）继续教育的检查和考核

为了有效开展和落实注册会计师继续教育工作，制度中规定由中国注册会计师协会及其地方组织负责检查和考核注册会计师的继续教育情况。注册会计师继续教育每年为一个考核周期，每年接受继续教育累计不得少于40个学时。有关职业道德的培训，每个周期不得少于4个学时。面授培训，每个周期不少于16个学时。遇有不可抗力因素影响面授培训，经中注协批准可由网络录播培训代替。对当年未完成规定继续教育学时的注册会计师，由地方注协进行公告，并按照《注册会计师任职资格检查办法》相关规定处理。

四、注册会计师行业高端人才培养

我国注册会计师行业恢复重建四十多年来，始终坚持党对人才工作的全面领导，坚持人才战略引领行业发展，行业人才建设取得巨大成绩：形成了一套基本涵盖行业人才"选、用、管、育、留"各环节的制度体系和工作体系；建立了一支高端人才为引领、广大注册会计师和从业人员为中坚，注册会计师专业方向院校后备人才和注册会计师考试报名人员为后备的梯次化人才队伍。2021年以来，中国注册会计师协会根据《注册会计师行业发展规划（2021—2025年）》《关于加强新时代注册会计师行业人才工作的指导意见》（财会〔2022〕21号）精神和《财政部高层次财会人才素质提升工程实施方案》《财政部高层次财会人才素质提升工程（中青年人才培养——注册会计师班）实施方案》的具体要求，组织开展高层次财会人才素质提升工程，为行业高质量发展选拔、培养了大批中青年人才。

第二节　会计师事务所

一、会计师事务所的设立与审批

（一）国外会计师事务所的组织形式

会计师事务所是注册会计师依法承办业务的机构。从世界范围来看，会计师事务所的形式包括独资制、普通合伙制、有限责任合伙制、股份有限公司制等四类形式。

（1）独资制。独资制会计师事务所，是指注册会计师个人独立开办的事务所。其特点是：个人出资并承担无限责任，能适应中小企业代理记账、税务代理等一般性需要，但难以承接综合业务，因此制约了其长远发展。

（2）普通合伙制，即由两位或多位注册会计师合伙设立的会计师事务所。其特点在于：

多人共同出资，并以各自财产对合伙事务所债务承担无限责任；由于利益共享，能有效扩展业务，扩大规模；但任何合伙人的执业行为都会影响整个事务所的生存和发展，因而风险较大。

（3）有限责任合伙制，即多个合伙人通过设立有限责任公司的方式来组建事务所。其显著特点是：事务所以其资产对债务承担有限责任，但各合伙人对个人执业行为承担无限责任。该方式结合了合伙制与公司制会计师事务所的优点，既能壮大会计师事务所规模，又能促进注册会计师关注审计风险，因而得到国际注册会计师职业界的认可。

（4）股份有限公司制，即通过设立股份有限公司方式组建事务所。它的特点有：执业的注册会计师认购事务所股份，并以其股份为限对本所债务承担有限责任；该方式能迅速扩大事务所规模，业务扩展较快；但由于风险均摊，不利于注册会计师关注职业风险。

（二）我国会计师事务所的组织形式

《注册会计师法》规定，不准个人设立独资会计师事务所，只批准有限责任会计师事务所和合伙会计师事务所。根据 2019 年 1 月 2 日财政部修订的《会计师事务所执业许可和监督管理办法》，会计师事务所可以采用普通合伙、特殊普通合伙或者有限责任公司形式。会计师事务所从事证券服务业务和经法律、行政法规规定的关系公众利益的其他特定业务，应当采用普通合伙或者特殊普通合伙形式，接受财政部的监督。

注册会计师可以发起设立有限责任会计师事务所。有限责任会计师事务所是指由注册会计师出资发起设立、承办注册会计师业务并负有限责任的社会中介机构。在以有限责任方式设立的情况下，会计师事务所以其全部资产对其债务承担责任，会计师事务所的出资人承担的责任以其出资额为限。它有别于由合伙人按照出资比例或者协议以各自的财产承担无限连带责任的合伙会计师事务所。

会计师事务所可以由注册会计师合伙设立。合伙设立的会计师事务所，债务由合伙人按出资比例或者协议的约定，以各自的财产承担责任，合伙人对会计师事务所的债务承担无限连带责任。申请设立小型会计师事务所，原则上应当采用普通合伙组织形式，合伙人依法对合伙企业债务承担无限连带责任。小型会计师事务所，是指规模较小、主要提供相关专项服务的会计师事务所。

为了贯彻落实国务院办公厅《转发财政部关于加快发展我国注册会计师行业若干意见的通知》（国办发〔2009〕56 号），推动大中型会计师事务所采用特殊普通合伙组织形式，促进我国会计师事务所做大做强，财政部于 2010 年 7 月 21 日印发财会〔2010〕12 号文件《关于印发〈财政部　工商总局关于推动大中型会计师事务所采用特殊普通合伙组织形式的暂行规定〉的通知》，文件要求大型会计师事务所应当于 2010 年 12 月 31 日前转制为特殊普通合伙组织形式；鼓励中型会计师事务所于 2011 年 12 月 31 日前转制为特殊普通合伙组织形式。采用特殊普通合伙组织形式的会计师事务所，一个合伙人或者数个合伙人在执业活动中因故意或者重大过失造成合伙企业债务的，应当承担无限责任或者无限连带责任，其他合伙人以其在合伙企业中的财产份额为限承担责任。合伙人在执业活动中非因故意或者重大过失造成的合伙企业债务以及合伙企业的其他债务，由全体合伙人承担无限连带责任。

二、会计师事务所的组织结构

会计师事务所的组织结构是其内部管理机构的组成形式，一个科学合理的组织结构，能便于会计事务所的日常管理，提高工作效率和工作质量。在我国，会计师事务所的组织结构大致有两种，即所长负责制和董事会领导下的主任会计师负责制。在实行所长负责制的事务所里，所长对本所工作负全面责任，副所长协助所长工作；事务所可根据需要设置若干业务部门，分别负责不同的工作；设立主任会计负责业务承接、人员安排、督促检查和报告初审等日常工作。在实行董事会领导下的主任会计师负责制的会计师事务所里，董事会为事务所最高权力机构，主任会计师负责日常业务，在机构设置上，因事务所规模、业务特点不同而有所差别。

合伙会计师事务所在其机构设置上有如下特征：一是可以设立有限责任合伙人；二是可以设立合伙人管理委员会，由若干主要合伙人组成。管理委员会推举其中一名合伙人担任负责人。管理委员会负责人即为会计师事务所负责人。不设立合伙人管理委员会的合伙会计师事务所，可由全体合伙人对会计师事务所的重大问题集体作出决定，并推举主任会计师一人担任会计师事务所负责人，主任会计师必须由合伙人担任。

无论哪种类型的会计师事务所，其内部工作人员的分工都大体一致，即实行主任会计师（或所长、总经理）、部门经理、项目经理（或业务经理）三级管理制度。其中，主任会计师全面负责事务所工作，处理和决定所有重大事项；部门经理负责处理和决定本部门审计或咨询业务的接洽、质量管理、人员安排、指导和复核及其他重要事项；项目经理负责委派本项目小组的具体工作、检查助理人员工作底稿及工时记录、拟订各种审计方案和计划、就审计或咨询工作中的问题与客户进行协调等。

2022年财政部印发了《会计师事务所一体化管理办法》。根据该办法的要求，会计师事务所应当建立实施统一的人员管理制度，制定统一的人员聘用、定级、晋升、业绩考核、薪酬、培训等方面的政策与程序并确保有效执行。会计师事务所的人员业绩考核、晋升和薪酬政策应当坚持以质量为导向，将质量因素作为人员考评、晋升和薪酬的重要因素。

三、会计师事务所的业务承接

在我国，注册会计师不能以个人名义承办业务，而必须由会计师事务所统一接受委托。接受委托时，应在业务约定书中明确承办业务的种类、范围，以及双方的责任，以避免客户对注册会计师所履行的职责误解，然后，根据业务的性质选派适当的注册会计师担任该项工作，并制订审计计划。注册会计师在实施审计工作时，应依照具体情况，不断修订审计计划，达到业务约定书所要求的目的；完成审计工作时，应出具审计报告。审计报告除应由注册会计师本人签署外，还必须加盖会计师事务所的公章。注册会计师承办业务时，由会计师事务所按照收费标准统一收费。

会计师事务所在承办业务时，由于委托人不同，其被授予的权限也不同。在接受国家机关委托办理的业务时，根据业务的需要，注册会计师有权查阅有关财务会计资料和文件，查看业务现场和设施，向有关单位和个人进行调查与核实；接受其他委托人的委托时，需要查阅资料、文件和进行调查的，则应按照依法签订的业务约定书的约定办理。

第三节 注册会计师协会

中国注册会计师协会是注册会计师的全国性、行业性社会团体，成立于1988年11月，是在财政部党组领导下开展行业管理和服务的法定组织，依据《注册会计师法》和《社会团体登记管理条例》的有关规定设立，承担着《注册会计师法》赋予的职能和协会章程规定的职能。协会接受财政部、民政部的业务指导和监督管理，其宗旨是坚持以马克思列宁主义、毛泽东思想、邓小平理论、"三个代表"重要思想、科学发展观、习近平新时代中国特色社会主义思想为指导，以服务国家建设为主题，以诚信建设为主线，服务协会会员，监督会员遵守职业道德守则和执业准则规则，依法实施注册会计师行业服务管理，协调行业内外部关系，维护公众利益和会员合法权益，推动行业科学发展。

截至 2023 年 12 月 31 日，中注协有单位会员（会计师事务所）10 665 家（包括分所）；个人会员超过 36 万人，其中，注册会计师 102 017 人，非执业会员 262 514 人；全行业从业人员 40 万人。中注协现有资深会员 3 308 人，名誉会员 17 人。注册会计师行业服务于包括 5 000 余家 A 股上市公司在内的 420 万家以上企业、行政事业单位。中注协分别于 1996 年 10 月和 1997 年 5 月加入亚太会计师联合会（CAPA）和国际会计师联合会（IFAC），并与 50 多个境外会计师职业组织建立了友好合作和交往关系。

一、中国注册会计师协会的业务范围

中国注册会计师协会的业务范围有：拟订注册会计师执业准则、规则，监督、检查实施情况；制定行业管理规范；制定注册会计师审计数据规范、行业管理服务数据规范和会员电子证照等团体标准；教育会员及从业人员遵守行业相关法律法规，组织开展行业诚信建设，督促行业履行社会责任；组织对注册会计师的任职资格、注册会计师和会计师事务所的执业情况进行检查，对违规行为予以惩戒或实施自律监管措施；组织实施注册会计师全国统一考试；组织、推动会员培训工作和行业人才建设工作；组织业务交流，开展理论研究，提供技术支持；开展注册会计师行业宣传；协调行业内、外部关系，支持会员依法执业，维护会员合法权益；代表中国注册会计师行业开展国际交往活动；组织实施注册会计师行业信息化建设；指导省、自治区、直辖市注册会计师协会工作；办理法律、行政法规规定和国家机关委托或授权的其他有关工作。业务范围中属于法律法规规章规定须经批准的事项，依法经批准后开展。

二、中国注册会计师协会会员

（一）会员种类

中国注册会计师协会的会员分为个人会员和单位会员。参加注册会计师全国统一考试全科合格者和原有依照规定考核合格者，可申请成为协会个人会员。注册会计师应当加入协会，为执业会员；其他个人会员为非执业会员。依法批准设立的会计师事务所，可申请成为协会单位会员。其中，依法取得中国注册会计师执业证书的，为执业会员。符合协会规定条件的个人会员，经理事会批准，可授予协会资深会员称号。对注册会计师行业作出重大贡献的有关知名人士，经有关方面推荐，由理事会批准，可授予协会名誉会员称号。

（二）会员的权利和义务

中国注册会计师协会的会员拥有一定的权利和义务。

1.中国注册会计师协会个人会员享有下列权利：

（1）协会的选举权和被选举权；

（2）对协会给予的惩戒提出申诉；

（3）参加协会举办的学习和培训活动；

（4）参加协会举办的有关专业研究和经验交流活动；

（5）获得协会提供的有关资料；

（6）通过协会向有关方面提出意见和要求；

（7）监督协会工作，提出批评和建议；

（8）监督协会的会费收支；

（9）依照规定申请退出协会。

2.中国注册会计师协会个人会员应当履行下列义务：

（1）遵守协会章程；

（2）执行协会决议；

（3）遵守会员职业道德守则；

（4）遵守协会纪律；

（5）接受协会的监督、管理；

（6）按规定交纳会费；

（7）完成规定的继续教育；

（8）自觉维护注册会计师职业声誉，维护会员间的团结；

（9）承担协会委托的任务。

中国注册会计师协会执业会员除应当履行前款规定的义务外，还应当履行遵守执业准则、规则的义务。

会员拒不履行义务的，以及不再具备会员资格的，理事会可劝其退会或予以除名。

三、协会权力机构和常设办事机构

（一）权力机构

协会最高权力机构为全国会员代表大会。全国会员代表大会每届5年，每5年召开1次。因特殊情况需提前或者延期换届的，须由理事会表决通过，报财政部审查同意后，报民政部批准。延期换届不超过1年。全国会员代表大会代表采取选举、协商和特邀的办法产生，其产生办法，由上一届理事会决定，报财政部审查同意。全国会员代表大会的职权是：制定和修改协会章程；决定协会的工作目标；制定和修改理事、常务理事、负责人产生办法；选举和罢免理事、监事；审议理事会的工作报告；审议监事会的工作报告；制定和修改会费管理办法，审议收支报告；决定协会名称变更事宜；决定协会终止事宜；决定协会其他重大事宜。

全国会员代表大会选举理事若干人组成协会理事会。理事会是全国会员代表大会的执行机构，在全国会员代表大会闭会期间领导协会开展工作，对全国会员代表大会负责。理事人数不超过240人。理事会与全国会员代表大会任期相同，每届5年，与全国会员代表大会同时换届。理事可以连选连任。理事会每年至少召开1次会议，情况特殊的，可采用通讯形式召开。通讯会议不得决定常务理事和负责人的调整。理事会对全国会员代表大会负责，其职权是：执行全国会员代表大会的决议；选举和罢免常务理事、会长、副会长和秘书长；决定资深会员、名誉会员等荣誉性职务的设立及人选；筹备召开全国会员代表大会；向全国会员代表大会报告工作和收支情况；决定分支机构、代表机构、办事机构和专门委员会等所属机构的设立、变更、终止、人选组成和工作规则；决定副秘书长、各所属机构主要负责人的人选；领导协会所属机构开展工作；审议行业发展规划；审议年度工作报告和工作计划；审议、批准协会制定的重要管理制度；根据全国会员代表大会的授权，在届中增补、罢免部分理事，最高不超过原理事总数的1/5；决定其他重大事项。

理事会全体会议选举会长1名、副会长5~9名、秘书长1名，常务理事若干名。常务理事从理事中选举产生，人数不超过理事的1/3。常务理事会于理事会闭会期间行使理事会职权。会长代表协会，召集和主持理事会、常务理事会会议，监督、检查全国会员代表大会、理事会、常务理事会决议的落实情况，向全国会员代表大会、理事会、常务理事会报告工作。副会长、秘书长协助会长开展工作。会长、秘书长不得兼任其他社会团体的会长、秘书长，会长和秘书长不得由同一人兼任。协会可以设常务副会长1名，常务副会长可以兼任秘书长。

协会设立监事会，监事任期与理事任期相同，每届5年，期满可以连任。监事会由7名监事组成。监事会设监事长1名，副监事长2名，由监事会推举产生。协会的会长、副会长、秘书长、理事、常务理事和协会的财务管理人员不得兼任监事。监事列席理事会、常务理事会会议，并对决议事项提出质询或建议；对理事、常务理事、负责人执行协会职务的行为进行监督，对严重违反协会章程或者全国会员代表大会决议的人员提出罢免建议；检查协会的收支报告，向全国会员代表大会报告监事会的工作和提出建议；对理事、常务理事、负责人、协会的财务管理人员损害协会利益的行为，要求其及时予以纠正；向财政部、民政部以及税务等部门反映协会工作中存在的问题；决定其他应由监事会审议的事项。

（二）常设执行机构

协会设立秘书处，秘书处是协会办事机构，负责实施全国会员代表大会、理事会、常务理事会的相关决议、决定，承担协会日常工作。协会设秘书长1名、副秘书长若干名。秘书长和副秘书长由财政部推荐，理事会表决通过。秘书长为协会的法定代表人。秘书长主持秘书处日常工作，副秘书长协助秘书长工作。秘书处各职能部门的设置，由秘书长提出方案，经理事会审议后，报财政部批准。

目前，中注协秘书处设15个职能部门，包括：党委办公室（综合部）、考试部（财政部注册会计师考试委员会办公室）、注册部、继续教育部、专业标准与技术指导部、业务监管部、研究发展部、国际及港澳台事务部、行业党建工作部（全国注册会计师资产评估师行业党校校务委员会办公室）、统战群工部、期刊编辑部、信息技术部、人事部（纪委办公室）、财务部、服务部。

（三）专门委员会与专业委员会

理事会设若干专门委员会。专门委员会是理事会履行职责的专门工作机构，对理事会负责。截至2024年，理事会现有11个专门委员会，分别为战略与财务委员会、会员管理与服务委员会、行业人才工作委员会、审计准则委员会、职业道德准则委员会、专业指导委员会、惩戒委员会、申诉委员会、法律与权益维护委员会、中小会计师事务所委员会、行业信息化委员会。

理事会设若干专业委员会。2024年，理事会设立11个专业委员会即专业技术指导委员会，负责处理行业发展中的专业技术问题，对理事会负责，分别为战略与财务委员会、会员管理与服务委员会、行业人才工作委员会、审计准则委员会、职业道德准则委员会、专业指导委员会、惩戒委员会、申诉委员会、法律与权益维护委员会、中小会计师事务所委员会、行业信息化委员会。各专门委员会、专业委员会的设置、调整、具体职责和运作规则，以及委员的聘任和解聘，由秘书长提出方案，理事会批准。

（四）地区注册会计师协会

各省、自治区、直辖市注册会计师协会是中国注册会计师协会的地方组织，其章程由当地会员代表大会依法制定，并报协会和当地政府主管行政机关备案。

省、自治区以下成立注册会计师协会，须经省级注册会计师协会批准，报中国注册会计师协会备案，其组织运行、职责权限，依照国家法律、行政法规及所在地省级协会的规定办理。

第四节 注册会计师的行业管理

一、注册会计师的行业管理体制概述

在中国式现代化建设的进程中，注册会计师在维护社会经济秩序、保护公众和投资者权益中日益发挥重要的作用。为促进注册会计师事业的高质量发展，加强注册会计师的行业管理就显得十分必要。因此，各国政府和注册会计师职业自身都制定相应的机制，加强注册会计师行业管理，以维护职业形象，提高从业人员的业务素质和执业水平。

根据各国政府介入程度的不同，注册会计师的行业管理体制基本上可以分为三类：

（一）政府干预型

政府干预型的管理体制，是指在发挥注册会计师行业自我管理的基础上，政府部门具有较大的影响和作用的管理体制。目前，实行政府干预型管理体制的国家主要有日本、德国、荷兰、瑞典、法国、意大利等。在这种体制下，政府部门通过制定一系列法律、法规，来强化注册会计师的行业管理和监督，能够有效地对国民经济实施宏观调控。行业组织通过与政府部门的相互合作，制定和执行合理有效的执业规范，保证和提高注册会计师的执业质量，维护职业声誉。

（二）行业自律型

行业自律型管理体制，是指政府在注册会计师行业管理中较少发挥作用，主要依靠行业自我管理的管理体制。实行这种管理体制的国家主要有美国、加拿大、英国、澳大利亚、阿根廷等。在这种体制下，由会计职业组织直接根据审计环境和审计实务的发展，制定相应的准则和规章，来规范和约束注册会计师的执业行为，保证注册会计师的执业质量，推动注册会计师行业的公平竞争，因而能够有效地促进注册会计师行业的发展。其局限性在于管理力度不如政府干预型体制大，特别是难以有效地处理违规会计师事务所，在一定程度上制约了行业的稳步发展。

（三）政府干预与行业自律结合型

政府干预与行业自律结合型，是指在注册会计师管理中，政府管理与行业自我管理并重的管理体制，以我国最为典型。在该体制下，国家通过立法规范注册会计师行业，有关的政府部门发布行政性规章和命令对注册会计师行业进行管理和监督。同时，充分发挥注册会计师协会的职能，对注册会计师实行行业管理，引导和促进审计事业的发展。

二、中国注册会计师的行业管理

近年来，我国在颁布法律法规对注册会计师行业进行监管的同时，充分发挥行业协会的职能，有力地保障和促进了注册会计师行业的健康发展。

（一）外部管理

（1）法律规范。《注册会计师法》是我国注册会计师行业管理的主要法律。该法规定了注册会计师考试与注册、注册会计师业务范围和规则、会计师事务所管理、行业协会以及法律责任等内容。在我国，会计师事务所和注册会计师执行审计业务、政府有关部门及行业协会对注册会计师行业实施管理必须遵守该法的规定。

此外，《中华人民共和国公司法》、《中华人民共和国证券法》、《中华人民共和国刑法》和最高人民法院的司法解释等也有对会计师事务所和注册会计师的法律责任的规定。例如，2022年最高人民法院发布的《关于审理证券市场因虚假陈述引发的民事赔偿案件的若干规定》，为追究证券虚假陈述行为的民事赔偿责任提供了明确的原则和边界，强化了注册会计师行业的标准意识。

（2）行政管理。我国有权对注册会计师行业进行行政管理的部门主要有财政部门、市场监管部门、税务部门和证监会。其中：①国务院财政部门和省级人民政府财政部门，负责对注册会计师行业进行监督和指导，包括对注册会计师和会计师事务所的执业行为进行监督和收费管理，对注册会计师和会计师事务所执业过程中的违法和违规行为进行相应的处罚；②市场监督管理部门，可以依法对会计师事务所进行工商登记、对其业务范围进行监督；③税务部门，主要对会计师事务所进行税务登记、税收征收和管理工作；④证监会，可会同财政部对注册会计师和会计师事务所从事证券、期货相关业务实施管理和监督，包括对注册会计师和会计师事务所从事证券、期货相关业务的资格进行确认，对其执业行为进行监督检查等；⑤审计署，2021年修订的《审计法》第三十三条规定，社会审计机构审计的单位依法属于被审计单位的，审计机关按照国务院的规定，有权对该社会审计机构出具的相关审计报告进行核查。

例如，2023年中共中央办公厅、国务院办公厅印发的《关于进一步加强财会监督工作的意见》要求会计师事务所建立健全事前评估、事中跟踪、事后评价管理体系，强化质量管理责任。2021年国务院办公厅《关于进一步规范财务审计秩序促进注册会计师行业健康发展的意见》指出，要加强会计师事务所一体化管理，出台一体化管理办法，建立可衡量、可比较的指标体系。

（二）行业自我管理

我国注册会计师行业自我管理的组织是各级注册会计师协会。中国注册会计师协会是我国注册会计师行业的全国性组织，省级注册会计师协会是其地方组织。在国务院财政部门的领导下，中国注册会计师协会通过制定审计准则和其他职业规范，组织注册会计师考试与培训，规范注册会计师的执业行为，提高审计工作的质量，有力地维护了审计职业的声誉，促进了审计事业的快速健康发展。当然，随着社会经济的不断发展，审计环境也会不断变化，作为行业自律组织的注册会计师协会也必须进行相应的改革和完善，以更好地发挥其行业自律职能，为社会主义市场经济发展服务。

例如，2024年，中国注册会计师协会为贯彻落实准则闭环管理工作机制要求，引导注册会计师有效控制审计风险，提高审计质量，制定《商业银行信贷业务预期信用损失审计指引》。2022年，中国注册会计师协会印发《中国注册会计师行业人才胜任能力指南》，对注册会计师行业人才的胜任能力进行全面系统指导，以更好服务中国式现代化建设。

□ 复习思考题

1. 如何成为中国注册会计师协会的会员？取得注册会计师资格应具备哪些条件？
2. 我国允许设立哪些形式的会计师事务所？都需具备哪些条件？
3. 中国注册会计师的业务范围有哪些？注册会计师的执业领域发展趋势如何？
4. 中国注册会计师协会有哪些职责？
5. 中国注册会计师行业管理体制是什么样的？

第三章

注册会计师执业准则

第一节　注册会计师执业准则概述

注册会计师执业准则（practising standards）是指注册会计师在执行业务的过程中所应遵守的职业规范，包括业务准则和质量管理准则。

一、注册会计师执业准则的作用

执业准则的根本作用在于保证注册会计师执业质量，维护社会经济秩序，为构建高水平社会主义市场经济体制护航。此外，执业准则的制定、颁布和实施，对于增强社会公众对注册会计师职业的信任、合理区分客户管理层的责任和注册会计师责任，客观评价注册会计师执业质量、保护责任方及各利害关系人的合法权益，以及推动审计理论的发展均有一定的作用。具体地说，执业准则的作用主要表现在以下几个方面：

（1）制定、实施执业准则，为衡量和评价注册会计师执业质量提供了依据，从而有助于注册会计师执业质量的提高。

在市场经济社会中，一种商品能否取信于社会的关键在于它的质量，一项服务能否取信于社会同样取决于它的质量。审计和鉴证工作能否满足社会的需求和取信于社会，关键也是质量。由于审计和鉴证业务质量对维护责任方、社会公众的利益以及提高注册会计师职业的社会地位都有直接的联系，因此，无论是被审计单位、社会公众还是注册会计师职业界本身都需要一个衡量评价注册会计师执业质量的标准，即执业准则。注册会计师执业准则对注册会计师执行业务应遵循的规范做了全面规定，既涵盖了鉴证业务和相关服务等业务领域，又为质量管理提供了标准。其中的审计准则对财务报表审计的目标和一般原则、审计工作的基本程序和方法，以及审计报告的基本内容、格式和类型等都做了详细规定。只要注册会计师遵照执业准则的规定执行业务，执业质量就有保证。另外，执业准则是注册会计师实践经验的总结和升华，它的实施有助于注册会计师理论和实务水平的提高。

（2）制定、实施执业准则，有助于规范审计工作，维护社会经济秩序。

市场经济的要素之一是平等，一切市场经济参与者都不能因权力、地位不同而形成差异，行政权力如果与经济交易结合在一起，就会破坏市场经济秩序，无法实现经济资源的合理配置。从一定意义上说，审计工作作为一种经济监督，其经济后果或多或少总是会使一部分人受益，而使另一部分人受损，这种受益和受损的幅度需要加以限制，限制的手段便是执业准则。前已述及，执业准则是审计工作自由度和统一度的平衡结果，这种结果的本质作用便是规范审计工作，维护社会经济秩序。建立了注册会计师执业准则，就确立了注册会计师的执业规范，使注册会计师在执行业务的过程中有章可循。比如，执业准则规范了在审计业务中注册会计师如何签订审计业务约定书，如何编制审计计划，如何实施审计程序，如何记录审计工作底稿，如何与治理层进行沟通，如何利用其他实体的工作，如何出具审计报告，以及如何控制审计质量等，执业准则也对注册会计师从事财务报表审阅、其他鉴证业务和相关服务进行了规范。这就使注册会计师在执行业务的每一环节都有了相应的依据和标准，从而规范了注册会计师的行为，可以减少注册会计师选择政策、程序和方法的自由度，避免注册会计师随意发表审计意见。

（3）制定、实施执业准则，有助于增强社会公众对注册会计师职业的信任。

执业准则的制定和实施反映了注册会计师职业的成熟度。过去几十年中，当许多国家正式颁布执业准则后，注册会计师职业的声望都大大提高了。这表明审计界有信心公开明确它的标准，并使从业人员遵循这些标准。

注册会计师行业担负着对会计信息质量进行鉴证的重要职能，客观上起着维护社会公众利益的作用。中国注册会计师执业准则体系立足于维护公众利益的宗旨，充分研究和分析了新形势下资本市场发展和注册会计师执业实践面临的挑战与困难，强化了注册会计师的执业责任，细化了对注册会计师揭示和防范市场风险的指导。其中，审计准则要求注册会计师强化审计的独立性，保持应有的职业谨慎态度，遵守职业道德规范，切实贯彻风险导向审计理念，提高识别和应对市场风险的能力，更加积极地承担对财务报表舞弊的发现责任，始终把对公众利益的维护作为审计准则的衡量标尺。中国注册会计师执业准则体系的实施，必将提升注册会计师的执业质量，加强会计师事务所的质量管理和风险防范，为提高财务信息质量，降低投资者的决策风险，维护社会公众利益，实现更有效的资源配置，推动经济发展和保持金融稳定发挥重要作用。

另外，由于执业准则为衡量和评价注册会计师执业质量提供了依据，这就使社会公众可以通过对注册会计师的某项审计工作结果进行评价，看它是否符合执业准则，是否达到令他们满意的程度，只有注册会计师的执业质量令人满意，注册会计师的工作才能令人信任。正如爱德华·斯坦泼与莫里斯·穆尼兹在合著的《国际审计标准》一书中所说的："只有假定那些信任人员意见的人确信注册会计师是按照最高的准则去做他的工作的，注册会计师才能完成对财务报表提供可信任的职责。"①

（4）制定、实施执业准则，有助于维护会计师事务所和注册会计师的正当权益，使得他们免受不公正的指责和控告。

注册会计师的责任并非毫无限制，工作结果也不可能在任何条件下都绝对地正确。执业准则中规定了注册会计师的工作范围，注册会计师只要能严格按照执业准则的要求执业，就算是尽到了职责。当审计委托人与注册会计师发生纠纷并诉诸法律时，执业准则就成为法官判明是非、划清责任界限的重要依据。

（5）制定、实施执业准则，有助于推动审计与鉴证理论的研究和现代审计人才的培养。

执业准则是注册会计师实践经验的总结和升华，已成为审计与鉴证理论的一个重要组成

① 斯坦泼，穆尼兹. 国际审计标准 [M]. 李天民，译. 北京：中国财政经济出版社，1983：2.

部分。在执业准则制定过程中，必然会激发各种理论的争论、探讨，从而带动理论研究。随着执业准则的制定、修订和实施，一些理论方面的争论就会消除，认识上和实践上的分歧就会趋于统一。执业准则颁布以后，审计学界仍然要围绕着如何实施准则和怎样达到准则的要求展开细致的工作和研究，不断改进完善这些准则。因此，审计理论水平会随着执业准则的制定实施不断得以提高。注册会计师执业质量和理论水平的提高，无疑会带动审计教育水准的提高，这样必然会有助于培养现代化的审计人才，推动审计事业的进一步发展。

应当指出的是，大多数人只注意到了执业准则的种种作用和优点，很少有人分析执业准则可能带来的负面作用。其实，任何事物都是矛盾的统一体，执业准则也不例外，执业准则有积极作用，也有消极作用。在充分认识执业准则积极作用的同时，探讨其可能带来的负面效应，对于正确理解和认识准则，合理运用准则是大有裨益的。

执业准则的负面效应主要表现在以下几个方面：①执业准则可能导致僵化，人为缩小注册会计师职业判断的范围；②报告使用者往往认为依据执业准则审定的财务报表是确实可靠的；③执业准则可能源于社会或政治压力，致使会计师职业受到操纵；④执业准则可能抑制批评性思想、建设性思想的发展；⑤准则越多，注册会计师的执业成本越高。

二、中国注册会计师执业准则的基本体系

1994年以来，中国注册会计师执业准则建设经历了从无到有，从零星到系统完备，从不成熟到成熟，从摸着石头过河，到借鉴、学习、模仿西方准则，与国际准则全面持续趋同，中国注册会计师执业准则建设成就斐然。中国注册会计师执业准则建立与发展的历程划分为萌芽期（查账验证规则阶段）、初创期（独立审计准则建立阶段）、完善期（执业准则建立阶段）、成熟期（执业准则国际趋同阶段）四个阶段。影响执业准则制定与发展的主要因素包括政治、经济和法律环境的变化、资本市场的发展、投资者和公众期望的提高、信息技术的发展、会计准则的发展、职业准则的持续趋同等；推动执业准则发展的基本力量包括中国注册会计师职业界、国际审计与鉴证准则制定机构（IAASB）、国家权力机构（尤其是财政部门和证券监督部门）和投资者与社会公众等多个方面。执业准则的发展史，也是审计与鉴证理论建立与完善的历史，也是注册会计师业务拓展过程的缩影，也是职业准则国际接轨、协调、趋同和等效的演进历程。目前，我国已经建立一套切合中国市场经济发展需要的、与国际准则持续趋同的执业准则体系。

中国注册会计师执业准则体系包括鉴证业务准则、相关服务准则和会计师事务所质量管理准则。为了便于社会公众理解，有时将执业准则简称为"审计准则"。中国注册会计师执业准则体系和业务准则体系的构成如图3-1和图3-2所示。

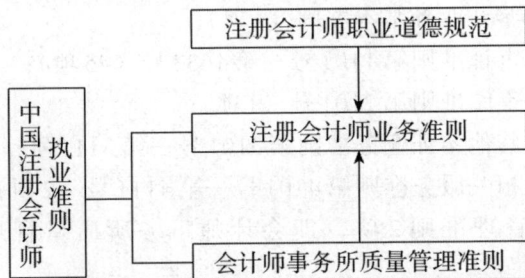

图3-1　中国注册会计师执业准则体系

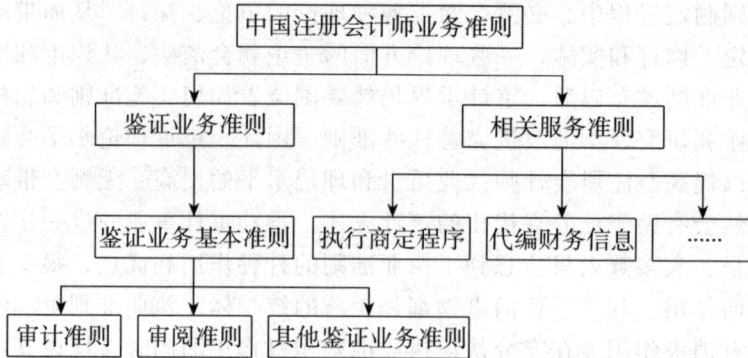

图3-2　中国注册会计师业务准则体系

鉴证业务准则（general assurance standards）是指注册会计师在执行鉴证业务的过程中所应遵守的职业规范。鉴证业务准则由鉴证业务基本准则统领，按照鉴证业务提供的保证程度和鉴证对象的不同，分为中国注册会计师审计准则、中国注册会计师审阅准则和中国注册会计师其他鉴证业务准则（以下分别简称审计准则、审阅准则和其他鉴证业务准则）。其中，审计准则是整个执业准则体系的核心。

审计准则（auditing standards）是注册会计师执行历史财务信息审计业务所应遵守的职业规范。在提供审计服务时，注册会计师对所审计信息是否不存在重大错报提供合理保证，并以积极方式提出结论。

审阅准则（review standards）是注册会计师执行历史财务信息审阅业务所应遵守的职业规范。在提供审阅服务时，注册会计师对所审阅信息是否不存在重大错报提供有限保证，并以消极方式提出结论。

其他鉴证业务准则（other assurance standards）是注册会计师执行历史财务信息审计或审阅以外的其他鉴证业务所应遵守的职业规范。注册会计师执行其他鉴证业务，根据鉴证业务的性质和业务约定的要求，提供有限保证或合理保证。

相关服务准则（related services standards）是注册会计师代编财务信息、执行商定程序、提供管理咨询等其他服务所应遵守的职业规范。在提供相关服务时，注册会计师不提供任何程度的保证。

质量管理准则（quality management standards）是会计师事务所在执行各类业务时应当遵守的质量管理政策和程序，是对会计师事务所质量管理提出的制度要求。

目前，中国注册会计师执业准则体系共包括53项准则，其中，中国注册会计师业务准则51项，包括：

（1）中国注册会计师鉴证业务基本准则（1项）；

（2）中国注册会计师审计准则第1101号—第1633号（45项）；

（3）中国注册会计师审阅准则第2101号（1项）；

（4）中国注册会计师其他鉴证业务准则第3101号—第3111号（2项）；

（5）中国注册会计师相关服务准则第4101号—第4111号（2项）；

会计师事务所质量管理准则2项，即会计师事务所质量管理准则第5101号—5102号（2项）。

在注册会计师执业准则体系中，准则编号由4位数组成。其中，千位数代表不同类别的准则："1"代表审计准则；"2"代表审阅准则；"3"代表其他鉴证业务准则；"4"代表相关服务准则;"5"代表质量管理准则。百位数代表某一类别准则中的大类。以审计准则为例,我们将审计准则分为6大类,分别用1至6表示。"1"代表一般原则与责任;"2"代表风险评估与应对;"3"代表审计证据;"4"代表利用其他主体的工作;"5"代表审计结论与报告;"6"代表特殊领域审计。十位数代表大类中的小类。个位数代表小类中的顺序号。例如,第1311号,千位数的"1"表示审计准则,百位数的"3"表示审计证据大类,十位数的"1"表示获取审计证据的某一小类,个位数的"1"表示某类审计程序的序号。

第二节　中国注册会计师业务准则

中国注册会计师业务准则体系由鉴证业务准则和相关服务准则构成。其中,鉴证业务准则由鉴证业务基本准则统领,按照鉴证业务提供的保证程度和鉴证对象的不同,分为审计准则、审阅准则和其他鉴证业务准则。

一、中国注册会计师鉴证业务基本准则

《中国注册会计师鉴证业务基本准则》的目的在于规范注册会计师执行鉴证业务,明确鉴证业务的目标和要素,确定中国注册会计师审计准则、中国注册会计师审阅准则、中国注册会计师其他鉴证业务准则适用的鉴证业务类型。该准则共9章60条,主要对鉴证业务的定义与目标、业务承接,以及鉴证业务的三方关系、鉴证对象、标准、证据、鉴证报告等鉴证业务的要素等方面进行了阐述。注册会计师执行历史财务信息审计业务、历史财务信息审阅业务和其他鉴证业务时,应当遵守该准则,以及依据该准则制定的审计准则、审阅准则和其他鉴证业务准则。如果一项鉴证业务只是某项综合业务的构成部分,该准则仅适用于该业务中与鉴证业务相关的部分。如果某项业务不存在除责任方之外的其他预期使用者,但在其他所有方面符合审计准则、审阅准则或其他鉴证业务准则的要求,注册会计师和责任方可以协商运用该准则的原则。但在这种情况下,注册会计师的报告中应注明该报告仅供责任方使用。

注册会计师执行司法诉讼中涉及会计、审计、税务或其他事项的鉴证业务时,除有特定要求者外,应当参照该准则办理。

某些业务可能符合鉴证业务的定义,使用者可能从业务报告的意见、观点或措辞中推测出某种程度的保证,但如果满足下列所有条件,注册会计师执行这些业务不必遵守该准则:

(1)注册会计师的意见、观点或措辞对于整个业务而言仅是附带性的;

(2)注册会计师出具的书面报告被明确限定为仅供报告中所提及的使用者使用;

(3)与特定预期使用者达成的书面协议中,该业务未被确认为鉴证业务;

(4)在注册会计师出具的报告中,该业务未被称为鉴证业务。

二、中国注册会计师审计准则

中国注册会计师审计准则共包括45项,用以规范注册会计师执行历史财务信息的审计业务。审计准则涉及审计业务的一般原则与责任、风险评估与应对、审计证据、利用其他主体的工作、审计结论与报告、特殊领域审计6个方面。

(一) 一般原则与责任

规范审计业务的一般原则与责任的准则具体包括《中国注册会计师审计准则第1101号——注册会计师的总体目标和审计工作的基本要求》《中国注册会计师审计准则第1111号——就审计业务约定条款达成一致意见》《中国注册会计师审计准则第1121号——对财务报表审计实施的质量管理》《中国注册会计师审计准则第1131号——审计工作底稿》《中国注册会计师审计准则第1141号——财务报表审计中与舞弊相关的责任》《中国注册会计师审计准则第1142号——财务报表审计中对法律法规的考虑》《中国注册会计师审计准则第1151号——与治理层的沟通》《中国注册会计师审计准则第1152号——向治理层和管理层通报内部控制缺陷》《中国注册会计师审计准则第1153号——前任注册会计师和后任注册会计师的沟通》9项。

《中国注册会计师审计准则第1101号——注册会计师的总体目标和审计工作的基本要求》共6章38条,指出注册会计师的总体目标是,对财务报表整体是否不存在舞弊或错误导致的重大错报获取合理保证,使得注册会计师能够对财务报表是否在所有重大方面按照适用的财务报告编制基础编制发表审计意见;按照审计准则的规定,根据审计结果对财务报表出具审计报告,并与管理层和治理层沟通,并且从定义、财务报表审计、总体目标、要求(与财务报表审计相关的职业道德要求、职业怀疑、职业判断、审计证据和审计风险、按照审计准则的规定执行审计工作)等方面进行了阐述。

《中国注册会计师审计准则第1111号——就审计业务约定条款达成一致意见》共4章21条,主要对定义、目标、要求(审计的前提条件、就审计业务约定条款达成一致意见、连续审计、审计业务约定条款的变更、业务承接时的其他考虑)等方面进行了规范。

《中国注册会计师审计准则第1121号——对财务报表审计实施的质量管理》的目的在于规范注册会计师对财务报表审计实施质量管理程序的具体责任,以及项目质量复核人员的责任。该准则共4章53条,主要从定义、目标、要求(管理和实现审计质量的领导责任,相关职业道德要求,客户关系和审计业务的接受与保持,业务资源,业务执行,监控与整改,对管理和实现高质量承担总体责任,审计工作底稿)等方面对财务报表审计业务的质量管理进行了规范。

《中国注册会计师审计准则第1131号——审计工作底稿》共4章20条,主要规范了定义、目标、要求(及时编制审计工作底稿,记录实施的审计程序和获取的审计证据,审计工作底稿的归档)。

《中国注册会计师审计准则第1141号——财务报表审计中与舞弊相关的责任》共5章52条,对定义、目标、要求(职业怀疑,项目组内部的讨论,风险评估程序和相关活动,识别和评估舞弊导致的重大错报风险,应对评估的舞弊导致的重大错报风险,评价审计证据,无法继续执行审计业务,书面声明,与管理层和治理层的沟通,向被审计单位之外的适当机构报告舞弊,审计工作底稿)方面进行了规范。

《中国注册会计师审计准则第1142号——财务报表审计中对法律法规的考虑》旨在规范注册会计师在财务报表审计中对法律法规的考虑。该准则共5章31条,主要对定义、目标、要求(注册会计师对被审计单位遵守法律法规的考虑,识别出或怀疑存在违反法律法规行为时实施的审计程序,对识别出的或怀疑存在的违反法律法规行为的沟通和报告,审计工作底稿)方面进行了规范。注册会计师接受专项委托,对被审计单位遵守特定法律法规进行单独测试并出具报告的鉴证业务不适用这一准则。

《中国注册会计师审计准则第1151号——与治理层的沟通》共4章24条。该准则主要对定义、目标、要求（沟通的对象，沟通的事项，沟通的过程，审计工作底稿）方面进行了规范。

《中国注册会计师审计准则第1152号——向治理层和管理层通报内部控制缺陷》旨在规范注册会计师向治理层和管理层恰当通报在财务报表审计中识别出的内部控制缺陷。该准则共5章13条，主要对定义、目标、要求作出了规范。

《中国注册会计师审计准则第1153号——前任注册会计师和后任注册会计师的沟通》旨在规范前任注册会计师和后任注册会计师在财务报表审计中的沟通责任。该准则共5章19条，分别对定义、目标、要求（接受委托前的沟通，接受委托后的沟通，发现前任注册会计师审计的财务报表可能存在重大错报时的处理）进行了规范。

（二）风险评估与应对

对风险评估与应对进行规范的审计准则共有6项，包括《中国注册会计师审计准则第1201号——计划审计工作》《中国注册会计师审计准则第1211号——重大错报风险的识别和评估》《中国注册会计师审计准则第1221号——计划和执行审计工作时的重要性》《中国注册会计师审计准则第1231号——针对评估的重大错报风险采取的应对措施》《中国注册会计师审计准则第1241号——对被审计单位使用服务机构的考虑》《中国注册会计师审计准则第1251号——评价审计过程中识别出的错报》。

《中国注册会计师审计准则第1201号——计划审计工作》共4章13条，分别从目标、要求（项目组关键成员的参与、初步业务活动、计划活动、审计工作底稿、首次审计业务的补充考虑）等方面提供了指引。

《中国注册会计师审计准则第1211号——重大错报风险的识别和评估》共5章36条。该准则从定义、目标、要求（风险评估程序和相关活动，了解被审计单位及其环境、适用的财务报告编制基础，了解被审计单位内部控制体系各要素，识别和评估重大错报风险，审计工作底稿）方面进行了规范。

《中国注册会计师审计准则第1221号——计划和执行审计工作时的重要性》旨在规范注册会计师在计划和执行财务报表审计工作时运用重要性概念。该准则共5章15条，分别从定义、目标、要求（计划审计工作时确定重要性和实际执行的重要性，审计过程中修改重要性水平，审计工作底稿）等方面进行了阐述。

《中国注册会计师审计准则第1231号——针对评估的重大错报风险采取的应对措施》共5章31条，从定义、目标、要求（总体应对措施，进一步审计程序，控制测试，实质性程序，财务报表列报的恰当性，评价审计证据的充分性和适当性，审计工作底稿）等方面进行了详细阐述。

《中国注册会计师审计准则第1241号——对被审计单位使用服务机构的考虑》共5章31条，对定义、目标、要求（了解服务机构提供的服务，应对评估的重大错报风险，审计报告）等方面进行了阐述。

《中国注册会计师审计准则第1251号——评价审计过程中识别出的错报》旨在规范注册会计师评价识别出的错报对审计的影响以及未更正错报对财务报表的影响。该准则共5章17条，对定义、目标、要求（累积识别出的错报，随着审计的推进考虑识别出的错报，沟通和更正错报，评价未更正错报的影响，书面声明，审计工作底稿）进行了规范。

（三）审计证据

审计证据是注册会计师发表审计意见的基础。与审计证据有关的审计准则共有11项，包括《中国注册会计师审计准则第1301号——审计证据》《中国注册会计师审计准则第1311号——对存货、诉讼和索赔、分部信息等特定项目获取审计证据的具体考虑》《中国注册会计师审计准则第1312号——函证》《中国注册会计师审计准则第1313号——分析程序》《中国注册会计师审计准则第1314号——审计抽样》《中国注册会计师审计准则第1321号——会计估计和相关披露的审计》《中国注册会计师审计准则第1323号——关联方》《中国注册会计师审计准则第1324号——持续经营》《中国注册会计师审计准则第1331号——首次审计业务涉及的期初余额》《中国注册会计师审计准则第1332号——期后事项》《中国注册会计师审计准则第1341号——书面声明》。

《中国注册会计师审计准则第1301号——审计证据》旨在规范财务报表审计中审计证据的构成，明确注册会计师设计和实施审计程序以获取充分、适当的审计证据的责任。该准则共4章15条，主要对定义、目标、要求（充分、适当的审计证据，用作审计证据的信息，选取测试项目以获取审计证据，审计证据之间存在不一致或对审计证据可靠性存有疑虑）进行了规范。

《中国注册会计师审计准则第1311号——对存货、诉讼和索赔、分部信息等特定项目获取审计证据的具体考虑》旨在规范注册会计师在财务报表审计中对存货、诉讼和索赔、分部信息等特定项目的某些方面获取充分、适当的审计证据的具体考虑。该准则共4章14条，对目标、要求（存货、诉讼和索赔、分部信息）进行了规范。

《中国注册会计师审计准则第1312号——函证》旨在规范注册会计师按照《中国注册会计师审计准则第1231号——针对评估的重大错报风险采取的应对措施》和《中国注册会计师审计准则第1301号——审计证据》的规定使用函证程序，以获取相关、可靠的审计证据。该准则共5章24条，主要对定义、目标、要求（函证程序，管理层不允许寄发询证函，实施函证程序的结果，消极式函证，评价获取的审计证据）进行了规范。本准则不适用于注册会计师对被审计单位诉讼和索赔事项实施询问程序。

《中国注册会计师审计准则第1313号——分析程序》共5章8条。该准则阐述了定义、目标、要求（实质性分析程序，有助于形成总体结论的分析程序，调查分析程序的结果）的规定。

《中国注册会计师审计准则第1314号——审计抽样》共5章25条，旨在规范注册会计师在实施审计程序时使用审计抽样。该准则说明了定义、目标、要求（样本设计、样本规模和选取测试项目，实施审计程序，偏差和错报的性质与原因，推断错报，评价审计抽样结果）。

《中国注册会计师审计准则第1321号——会计估计和相关披露的审计》旨在规范注册会计师在财务报表审计中与会计估计（包括公允价值会计估计）和相关披露有关的责任。该准则共5章36条，对定义、目标、要求（风险评估程序和相关活动，识别和评估重大错报风险，应对评估的重大错报风险，与会计估计相关的披露，可能存在管理层偏向的迹象，实施审计程序之后的总体评价，书面声明，与治理层、管理层以及其他相关机构和人员的沟通，审计工作底稿）作出了规范。

《中国注册会计师审计准则第1323号——关联方》旨在规范注册会计师在财务报表审计

中对关联方及其交易的责任。该准则共5章30条，分别对定义、目标、要求（风险评估程序和相关工作，识别和评估与关联方关系及其交易相关的重大错报风险，针对与关联方关系及其交易相关的重大错报风险的应对措施，评价识别出的关联方关系及其交易的会计处理和披露，书面声明，与治理层的沟通，审计工作底稿）等方面进行了详细阐述。

《中国注册会计师审计准则第1324号——持续经营》旨在规范注册会计师在财务报表审计中与管理层编制财务报表时运用持续经营假设相关的责任。该准则共3章25条，从目标、要求（风险评估程序和相关活动，评价管理层的评估，询问超出管理层评估期间的事项或情况，识别出事项或情况时实施追加的审计程序，审计结论，对审计报告的影响，与治理层沟通，严重拖延对财务报表的批准）等方面进行了规范。

《中国注册会计师审计准则第1331号——首次审计业务涉及的期初余额》旨在规范注册会计师在执行首次审计业务时对期初余额的责任。该准则共5章16条，阐述了定义、目标、要求（审计程序，审计结论和审计报告）。

《中国注册会计师审计准则第1332号——期后事项》共4章20条，旨在规范注册会计师在财务报表审计中对期后事项的责任。准则主要针对定义、目标、要求（财务报表日至审计报告日之间发生的事项，注册会计师在审计报告日后至财务报表报出日前知悉的事实，注册会计师在财务报表报出后知悉的事实）等方面进行了说明。

《中国注册会计师审计准则第1341号——书面声明》共4章19条，从定义、目标、要求（提供书面声明的管理层，针对管理层责任的书面声明，其他书面声明，书面声明的日期和涵盖的期间，书面声明的形式，对书面声明可靠性的疑虑以及管理层不提供要求的书面声明）方面进行了规范。

（四）利用其他主体的工作

涉及利用其他主体的工作的审计准则共有3项，包括《中国注册会计师审计准则第1401号——对集团财务报表审计的特殊考虑》《中国注册会计师审计准则第1411号——利用内部审计人员的工作》《中国注册会计师审计准则第1421号——利用专家的工作》。

《中国注册会计师审计准则第1401号——对集团财务报表审计的特殊考虑》旨在规范主审注册会计师执行集团审计时的特殊考虑，特别是涉及组成部分注册会计师的特殊考虑。该准则共5章64条，对定义、目标、要求（责任，集团审计业务的承接与保持，总体审计策略和具体审计计划，了解集团及其环境、集团组成部分及其环境，了解组成部分注册会计师，重要性，针对评估的风险采取的应对措施，合并过程，期后事项，与组成部分注册会计师的沟通，评价审计证据的充分性和适当性，与集团管理层和集团治理层的沟通，审计工作底稿）等方面进行了规范。

《中国注册会计师审计准则第1411号——利用内部审计人员的工作》旨在规范注册会计师在获取充分、适当的审计证据时利用内部审计人员的工作，明确注册会计师利用内部审计人员的工作的责任。该准则共5章38条，对定义、目标、要求（确定是否利用、在哪些领域利用以及在多大程度上利用内部审计的工作，利用内部审计工作，确定是否利用、在哪些领域利用以及在多大程度上利用内部审计人员提供直接协助，利用内部审计人员提供直接协助，审计工作底稿）等方面进行了规范。

《中国注册会计师审计准则第1421号——利用专家的工作》共4章16条，对定义、目标、要求（确定是否利用专家的工作，审计程序的性质、时间安排和范围，专家的胜任能力、专业素质和客观性，了解专家的专长领域，与专家达成一致意见，评价专家工作的恰当性，在审计报告中提及专家）进行了规范。

（五）审计结论与报告

涉及审计结论与报告的审计准则共有6项，包括《中国注册会计师审计准则第1501号——对财务报表形成审计意见和出具审计报告》《中国注册会计师审计准则第1502号——在审计报告中发表非无保留意见》《中国注册会计师审计准则第1503号——在审计报告中增加强调事项段和其他事项段》《中国注册会计师审计准则第1504号——在审计报告中沟通关键审计事项》《中国注册会计师审计准则第1511号——比较信息：对应数据和比较财务报表》《中国注册会计师审计准则第1521号——注册会计师对其他信息的责任》。

《中国注册会计师审计准则第1501号——对财务报表形成审计意见和出具审计报告》共4章46条，规范了注册会计师对财务报表形成审计意见，以及作为财务报表审计结果所出具的审计报告的格式和内容。该准则说明了定义、目标、要求（对财务报表形成审计意见，审计意见的类型，审计报告，与财务报表一同列报的补充信息）。

《中国注册会计师审计准则第1502号——在审计报告中发表非无保留意见》对注册会计师出具非无保留意见的审计报告进行了规范，共4章31条。该准则对定义、目标、要求（应当发表非无保留意见的情形，确定非无保留意见的类型，非无保留意见审计报告的格式和内容，与治理层的沟通）进行了规范。

《中国注册会计师审计准则第1503号——在审计报告中增加强调事项段和其他事项段》旨在规范注册会计师在审计报告中增加强调事项段和其他事项段，以传递必要的补充信息。该准则共4章13条，规范了定义、目标、要求（审计报告中的强调事项段，审计报告中的其他事项段，与治理层的沟通）。

《中国注册会计师审计准则第1504号——在审计报告中沟通关键审计事项》对上市实体审计报告中增加关键审计事项部分、沟通关键审计事项进行了规范。关键审计事项，是指注册会计师根据职业判断认为对当期财务报表审计最为重要的事项。该审计准则共4章18条。该准则主要从定义、目标、要求（确定关键审计事项，沟通关键审计事项，与治理层的沟通，审计工作底稿）方面进行了规范。

《中国注册会计师审计准则第1511号——比较信息：对应数据和比较财务报表》旨在规范注册会计师在财务报表审计中对比较数据的责任，共5章23条。该准则从定义、目标、要求（审计程序，审计报告：对应数据，审计报告：比较财务报表）方面进行了规范。

《中国注册会计师审计准则第1521号——注册会计师对其他信息的责任》共4章25条，用于规范定义、目标、要求（获取其他信息，阅读并考虑其他信息，当识别出似乎存在重大不一致或知悉其他信息似乎存在重大错报时的应对，当注册会计师认为其他信息存在重大错报时的应对，当财务报表存在重大错报或注册会计师对被审计单位及其环境的了解需要更新时的应对，报告，审计工作底稿）。

（六）特殊领域审计

与特殊领域审计有关的审计准则共有10项，包括《中国注册会计师审计准则第1601号——审计特殊目的财务报表的特殊考虑》《中国注册会计师审计准则第1602号——验资》《中国注册会计师审计准则第1603号——审计单一财务报表和财务报表特定要素的特殊考虑》《中国注册会计师审计准则第1604号——对简要财务报表出具报告的业务》《中国注册会计师审计准则第 1611 号——商业银行财务报表审计》《中国注册会计师审计准则第 1612 号——银行间函证程序》《中国注册会计师审计准则第 1613 号——与银行监管机构的关系》《中国注册会计师审计准则第 1631 号——财务报表审计中对环境事项的考虑》《中国注册会计师审计准则第 1632 号——衍生金融工具的审计》《中国注册会计师审计准则第 1633 号——电子商务对财务报表审计的影响》。这些审计准则涵盖了对特殊行业、特殊性质的企业和企业特殊业务、特殊事项的审计。

《中国注册会计师审计准则第 1601 号——审计特殊目的财务报表的特殊考虑》共 5 章 16 条，对定义、目标、要求（业务承接时的考虑，计划和执行审计工作时的考虑，形成审计意见和出具报告时的考虑）进行了规范。

《中国注册会计师审计准则第 1602 号——验资》以规范注册会计师执行验资业务、明确工作要求为目标，共 5 章 36 条。该准则从签订业务约定书、制订验资计划、实施审验程序和记录验资工作底稿以及验资报告等方面进行了说明。准则指出，注册会计师在执行验资业务时不应孤立地使用该准则，而应当将该准则与相关审计准则结合使用。

《中国注册会计师审计准则第 1603 号——审计单一财务报表和财务报表特定要素的特殊考虑》共 5 章 20 条，对定义、目标、要求（业务承接时的考虑，计划和执行审计工作时的考虑，形成审计意见和出具报告时的考虑）进行了规范。

《中国注册会计师审计准则第 1604 号——对简要财务报表出具报告的业务》共 5 章 38 条。该准则对定义、目标、要求（业务的承接，程序的性质，意见的格式，工作的时间安排和期后事项，对简要财务报表出具的审计报告，对审计报告分发或使用的限制，提醒阅读者关注编制基础，比较信息，与简要财务报表一同列报的未审计的补充信息，含有简要财务报表的文件中的其他信息，与注册会计师相关联）进行了规范。

《中国注册会计师审计准则第 1611 号——商业银行财务报表审计》用于规范注册会计师执行商业银行财务报表审计业务，共 7 章 56 条。该准则从接受业务委托，计划审计工作，了解和测试内部控制，实质性程序，以及审计报告等多个环节对商业银行财务报表审计进行了说明。注册会计师在执行商业银行财务报表审计业务时，也应当将该准则与相关审计准则结合使用。

《中国注册会计师审计准则第 1612 号——银行间函证程序》共 5 章 14 条，从询证函的编制与寄发、函证的内容、回函的评价等几个方面规范了注册会计师在商业银行财务报表审计中实施银行间函证程序。

《中国注册会计师审计准则第 1613 号——与银行监管机构的关系》共 6 章 37 条，旨在明确在商业银行财务报表审计中商业银行治理层、管理层和注册会计师的责任，促进注册会计师与银行监管机构之间的理解与合作，提高审计的有效性。该准则重点说明了以下几个方面：商业银行治理层和管理层的责任，注册会计师的责任，注册会计师与银行监管机构的关系，协助完成特定监管任务时的补充要求。该准则既适用于注册会计师执行商业银行财务报表审计业务，也适用于接受银行监管机构委托执行专项业务。

《中国注册会计师审计准则第 1631 号——财务报表审计中对环境事项的考虑》共 5 章 40 条，从实施风险评估程序时对环境事项的考虑，针对评估的重大错报风险实施审计程序时对环境事项的考虑，以及出具审计报告时对环境事项的考虑等方面，对注册会计师在财务报表审计中对被审计单位环境事项的考虑进行了规范。

《中国注册会计师审计准则第 1632 号——衍生金融工具的审计》旨在规范注册会计师针

对与衍生金融工具相关的财务报表认定计划和实施审计程序。该准则共12章66条，对衍生金融工具及活动，管理层和治理层的责任，注册会计师的责任，了解可能影响衍生活动及其审计的因素，了解内部控制，控制测试，实质性程序，对套期活动的额外考虑，管理层声明，以及与管理层和治理层的沟通等若干方面作出了规定。

《中国注册会计师审计准则第1633号——电子商务对财务报表审计的影响》共7章34条，从知识和技能的要求，对被审计单位电子商务的了解，识别风险，对内部控制的考虑，以及电子记录对审计证据的影响等方面加以阐述，以规范注册会计师在财务报表审计中对被审计单位电子商务的考虑。

三、中国注册会计师审阅准则

执业体系中只有一项审阅准则，即《中国注册会计师审阅准则第2101号——财务报表审阅》。该准则共7章31条，对审阅范围和保证程度、业务约定书、审阅计划、审阅程序和审阅证据、结论和报告等进行了重点说明，以规范注册会计师执行财务报表审阅业务。

四、中国注册会计师其他鉴证业务准则

其他鉴证业务准则共有2项，包括：《中国注册会计师其他鉴证业务准则第3101号——历史财务信息审计或审阅以外的鉴证业务》和《中国注册会计师其他鉴证业务准则第3111号——预测性财务信息的审核》。

《中国注册会计师其他鉴证业务准则第3101号——历史财务信息审计或审阅以外的鉴证业务》共10章77条，旨在规范注册会计师执行历史财务信息审计或审阅以外的鉴证业务，即其他鉴证业务。该准则从承接与保持业务，计划与执行业务，利用专家的工作，获取证据，考虑期后事项，形成工作记录，编制鉴证报告，其他报告责任等方面对注册会计师执行其他鉴证业务作出了规定。

《中国注册会计师其他鉴证业务准则第3111号——预测性财务信息的审核》共9章30条，用于规范注册会计师执行预测性财务信息审核业务。该准则从保证程度，接受业务委托，了解被审核单位情况，涵盖期间，审核程序，列报和审核报告等方面进行了说明。

五、中国注册会计师相关服务准则

中国注册会计师执业准则体系中的相关服务准则共有2项，包括：《中国注册会计师相关服务准则第4101号——对财务信息执行商定程序》和《中国注册会计师相关服务准则第4111号——代编财务信息》，分别为注册会计师执行商定程序和代编财务信息这两项服务提供了指引。两项准则分别从业务约定书，计划、程序与记录，报告等方面对注册会计师执行商定程序和代编财务信息业务进行了规范。注册会计师执行这两项相关服务都没有独立性要求，且出具的报告不发表任何鉴证意见。

第三节　会计师事务所质量管理准则

健全完善的质量管理制度是保证会计师事务所及其人员遵守法律法规的规定、中国注册会计师职业道德规范以及中国注册会计师执业准则的基础。中国注册会计师执业准则体系中

包括三项质量管理准则，即《会计师事务所质量管理准则第5101号——业务质量管理》、《会计师事务所质量管理准则第5102号——项目质量复核》以及《中国注册会计师审计准则第1121号——对财务报表审计实施的质量管理》。前两项从会计师事务所层面上进行规范，适用于包括财务报表审计和审阅、其他鉴证业务和相关服务业务；后一项从执行审计项目的负责人层面上进行规范，仅适用于财务报表审计业务。这三项准则联系紧密，前两项是后一项的制定依据。《会计师事务所质量管理准则第5101号——业务质量管理》系统地总结了近些年审计失败的经验教训，旨在规范会计师事务所建立并保持有关财务报表审计和审阅、其他鉴证和相关服务业务的质量管理制度。该准则共4章106条，包括定义、目标、要求（运用和遵守相关要求，质量管理体系的要素以及对质量管理体系的记录）。

一、相关术语定义

《会计师事务所质量管理准则第5101号——业务质量管理》涉及以下相关术语：

（1）质量管理体系，是指会计师事务所设计、实施和运行的系统，旨在为以下方面提供合理保证：

① 会计师事务所及其人员按照法律法规和职业准则的规定履行职责，并根据这些规定执行业务；

② 会计师事务所和项目合伙人出具适合具体情况的业务报告。

（2）合理保证，是指高度、但非绝对的保证。

（3）质量目标，是指会计师事务所在其质量管理体系的各组成要素方面期望达到的结果。

（4）质量风险，是指一种具有合理可能性会发生的风险，这种风险一旦发生，将单独或连同其他风险对质量目标的实现产生不利影响。

（5）应对措施，就会计师事务所质量管理体系而言，是指会计师事务所为了应对质量风险而设计和实施的政策和程序。其中：

① 政策，是指会计师事务所为应对质量风险而作出的应当或不应当采取某种措施的规定，这种规定可能以成文的方式存在，也可能通过讯息予以明示，或者暗含于行动或决策中。

② 程序，是指为执行政策而采取的行动。

（6）会计师事务所质量管理体系的缺陷，是指会计师事务所质量管理体系的设计、实施或运行无法合理保证实现其目标的情况。当存在下列情况之一时，表明会计师事务所质量管理体系存在缺陷：

① 未能设定某些质量目标，而这些质量目标对实现质量管理体系的目标是必要的；

② 未能识别或恰当评估一项或多项质量风险；

③ 未能恰当设计和采取应对措施，或者应对措施未能有效发挥作用，导致一项应对措施或者多项应对措施的组合未能将相关质量风险发生的可能性降低至可接受的低水平；

④ 质量管理体系的某些方面缺失，或者某些方面未能得到恰当的设计、实施或有效运行，导致会计师事务所未能遵守本准则的某些要求。

（7）发现的情况，是指通过实施监控活动和外部检查获取的，与质量管理体系设计、实施和运行相关的信息，或者从其他相关来源积累的信息，这些信息表明质量管理体系可能存在一项或多项缺陷。

（8）外部检查，是指外部监管机构针对会计师事务所质量管理体系或者会计师事务所执行的业务开展的检查或调查。

（9）职业准则，是指中国注册会计师鉴证业务基本准则、中国注册会计师审计准则、中国注册会计师审阅准则、中国注册会计师其他鉴证业务准则、中国注册会计师相关服务准则和会计师事务所质量管理准则。

（10）相关职业道德要求，注册会计师在执行财务报表审计业务、财务报表审阅业务、其他鉴证业务和相关服务业务时，应当遵守的职业道德原则和要求，包括独立性要求（如适用）。

（11）职业判断，是指在职业准则框架下，运用相关知识、技能和经验，就会计师事务所质量管理体系设计、实施和运行作出的适当、知情的行动决策。

（12）业务工作底稿，是指注册会计师对已执行的工作、获取的结果和得出的结论作出的记录。

（13）上市实体，是指其股份、股票或债券在法律法规认可的证券交易所报价或挂牌，或在法律法规认可的证券交易所或其他类似机构的监管下进行交易的实体。

（14）网络，是指由多个实体组成，旨在通过合作实现下列一个或多个目的的联合体：
① 共享收益、分担成本；
② 共享所有权、控制权或管理权；
③ 执行统一的质量管理政策和程序；
④ 执行同一经营战略；
⑤ 使用同一品牌；
⑥ 共享重要的专业资源。

（15）网络事务所，是指该会计师事务所所在网络中的其他会计师事务所或实体。

（16）服务提供商，是指会计师事务所外部的个人或组织，该个人或组织提供资源供会计师事务所质量管理体系利用或在执行业务时利用。服务提供商不包括会计师事务所所在的网络、网络事务所，也不包括网络中的其他组织或架构。

（17）人员，是指会计师事务所的合伙人和员工。对于非合伙制会计师事务所，合伙人是指类似职位的人员。

（18）员工，是指合伙人以外的专业人员，包括会计师事务所的内部专家。

（19）项目组，是指执行某项业务的所有合伙人和员工，以及为该项业务实施程序的所有其他人员，但不包括外部专家，也不包括为项目组提供直接协助的内部审计人员。

（20）项目合伙人，是指会计师事务所中负责某项业务及其执行，并代表会计师事务所在出具的报告上签字的合伙人。

（21）项目质量复核，是指在报告日或报告日之前，项目质量复核人员对项目组作出的重大判断及据此得出的结论作出的客观评价。

（22）项目质量复核人员，是指会计师事务所中实施项目质量复核的合伙人或其他类似职位的人员，或者由会计师事务所委派实施项目质量复核的外部人员。

二、业务质量管理的目标和要求

1.业务质量管理的目标

会计师事务所的目标是建立并保持质量管理制度，以合理保证：

（1）会计师事务所及其人员遵守职业准则和适用的法律法规的规定；

（2）会计师事务所和项目合伙人出具适合具体情况的报告。

2.业务质量管理的要求

质量管理准则的要求旨在使会计师事务所能够实现本准则的目标。正确运用这些要求被人们预期可以为实现目标提供充分的依据，但由于实际情况变化很大，且无法预料，会计师事务所应当考虑是否存在特殊事项或情况，要求其建立除本准则要求外的政策和程序，以实现质量管理的目标。会计师事务所应当遵守质量管理的所有要求，除非在某些情况下，准则中的某项要求与会计师事务所执行的财务报表审计和审阅、其他鉴证及相关服务业务不相关。

会计师事务所内部负责建立并保持质量管理制度的人员应当了解会计师事务所质量管理准则的全部内容以及应用指南，以理解其目标并恰当遵守其要求。

三、业务质量管理的要素

会计师事务所应当建立一套质量管理体系。质量管理体系包括针对下列要素而制定的政策和程序，应当形成书面文件，并传达至全体人员：

（1）会计师事务所的风险评估程序；

（2）治理和领导层；

（3）相关职业道德要求；

（4）客户关系和具体业务的接受与保持；

（5）业务执行；

（6）资源；

（7）信息与沟通；

（8）监控和整改程序。

四、风险评估程序

会计师事务所应当设计和实施风险评估程序，以设定质量目标，识别和评估质量风险。在识别和评估质量风险时，会计师事务所应当了解可能对实现质量目标产生不利影响的事项或情况，包括相关人员的作为或不作为、会计师事务所的性质和具体情况、会计师事务所业务的性质和具体情况。同时，考虑可能对实现质量目标产生哪些不利影响，以及不利影响的程度。会计师事务所应当设计并采取应对措施，以应对质量风险。设计和采取应对措施的方式，应当根据并针对相关质量风险的评估结果及得出该评估结果的理由。会计师事务所采取的应对措施，应当包括本准则明确规定的应对措施。

五、治理和领导层

会计师事务所应当制定政策和程序，培育以质量为导向的内部文化。这些政策和程序应当要求会计师事务所主任会计师或同等职位的人员对质量管理制度承担最终责任，并受会计师事务所主任会计师或同等职位的人员委派，具有充分、适当的经验和能力的人员负责质量管理制度运作，以及给予其必要的权限，以履行其职责。

六、相关职业道德要求

会计师事务所应当制定政策和程序，以合理保证会计师事务所及其人员遵守相关职业道德要求，以及合理保证会计师事务所及其人员和其他受独立性要求约束的人员（包括网络事务所的人员）保持相关职业道德要求规定的独立性。

这些政策和程序应当使会计师事务所能够：①向会计师事务所人员以及其他受独立性要求约束的人员传达独立性要求。②识别和评价对独立性产生不利影响的情形，并采取适当的行动消除这些不利影响；或通过采取防范措施将其降至可接受的水平；或者如果认为适当，在法律法规允许的情况下解除业务约定。③项目合伙人向会计师事务所提供与客户委托业务相关的信息（包括服务范围），以使会计师事务所能够评价这些信息对保持独立性的总体影响。④会计师事务所人员立即向会计师事务所报告对独立性产生不利影响的情形，以便会计师事务所采取适当行动。⑤会计师事务所收集相关信息，并向适当人员传达，以便会计师事务所及其人员能够容易确定是否满足独立性要求；会计师事务所能够保持和更新与独立性相关的记录；会计师事务所能够针对识别出的、超出可接受水平的对独立性产生的不利影响采取适当的行动。

会计师事务所应当制定政策和程序，以合理保证能够获知违反独立性要求的情况，并能够采取适当行动予以解决。这些政策和程序应当包括：①会计师事务所人员将注意到的、违反独立性要求的情况立即报告给会计师事务所；②会计师事务所将识别出的违反这些政策和程序的情况，立即传达给需要与会计师事务所共同处理这些情况的项目合伙人、需要采取适当行动的会计师事务所和网络内部的其他相关人员以及受独立性要求约束的人员；③项目合伙人、会计师事务所和网络内部的其他相关人员以及受独立性要求约束的其他人员，在必要时立即向会计师事务所告知他们为解决有关问题而采取的行动，以使会计师事务所能够决定是否应当采取进一步的行动。

会计师事务所应当至少每年一次向所有需要按照相关职业道德要求保持独立性的人员获取其已遵守独立性政策和程序的书面确认函。

会计师事务所应当制定下列政策和程序：①明确标准，以确定长期委派同一名合伙人或高级员工执行某项鉴证业务时，是否需要采取防范措施，将因密切关系产生的不利影响降至可接受的水平；②对所有上市实体财务报表审计业务，按照相关职业道德要求和法律法规的规定，在规定期间届满后轮换项目合伙人、项目质量复核人员，以及受轮换要求约束的其他人员。

七、客户关系和具体业务的接受与保持

会计师事务所应当制定有关客户关系和具体业务接受与保持的政策和程序，以合理保证只有在下列情况下，才能接受或保持客户关系和具体业务：①能够胜任该项业务，并具有执行该项业务必要的素质、时间和资源；②能够遵守相关职业道德要求；③已考虑客户的诚信，没有信息表明客户缺乏诚信。

如果在接受业务后获知某项信息，而该信息若在接受业务前获知，可能导致会计师事务所拒绝该项业务，会计师事务所应当针对这种情况制定保持具体业务和客户关系的政策和程序。这些政策和程序应当考虑：①适用于这种情况的职业责任和法律责任，包括是否要求会计师事务所向委托人报告或在某些情况下向监管机构报告；②解除业务约定或同时解除业务

约定和客户关系的可能性。

八、业务执行

会计师事务所应当制定政策和程序，以合理保证按照执业准则和适用的法律法规的规定执行业务，使会计师事务所和项目合伙人能够出具适合具体情况的报告。这些政策和程序应当包括：与保持业务执行质量一致性相关的事项，监督责任，复核责任。

会计师事务所在安排复核工作时，应当由项目组内经验较丰富的人员复核经验较少的人员的工作。会计师事务所应当根据这一原则，确定有关复核责任的政策和程序。

1.咨询

会计师事务所应当制定政策和程序，以合理保证：就疑难问题或争议事项进行适当咨询；能够获取充分的资源进行适当咨询；咨询的性质和范围以及咨询形成的结论得以记录，并经过咨询者和被咨询者的认可；咨询形成的结论得到执行。

2.项目质量复核

会计师事务所应当制定政策和程序，要求对特定业务实施项目质量复核，以客观评价项目组作出的重大判断以及在准备报告时得出的结论。

这些政策和程序应当包括下列要求：对所有上市实体财务报表审计实施项目质量复核；制定标准，据此评价所有其他的历史财务信息审计和审阅、其他鉴证和相关服务业务，以确定是否应当实施项目质量复核；对所有符合（前述）"制定标准"的业务实施项目质量复核。

会计师事务所应当制定政策和程序，以明确项目质量复核的性质、时间和范围。这些政策和程序应当要求，只有完成项目质量复核，才能签署业务报告。这些政策和程序要求项目质量复核包括下列工作：就重大事项与项目合伙人进行讨论；复核财务报表或其他业务对象信息及拟出具的报告；复核选取的与项目组作出的重大判断和得出的结论相关的业务工作底稿；评价在准备报告时得出的结论，并考虑拟出具报告的恰当性。

针对上市实体财务报表审计，会计师事务所应当制定政策和程序，要求实施的项目质量复核包括对下列事项的考虑：项目组就具体业务对会计师事务所独立性作出的评价；项目组是否已就涉及意见分歧的事项，或者其他疑难问题或争议事项进行适当咨询，以及咨询是否得出结论；选取的用于复核的业务工作底稿，是否反映项目组针对重大判断执行的工作，以及是否支持得出的结论。

会计师事务所应当制定政策和程序，以满足下列要求：安全保管业务工作底稿并对业务工作底稿保密；保证业务工作底稿的完整性；便于使用和检索业务工作底稿。

会计师事务所应当制定政策和程序，以使业务工作底稿的保存期限满足会计师事务所的需要和法律法规的规定。对历史财务信息审计和审阅业务、其他鉴证业务，会计师事务所应当自业务报告日起对业务工作底稿至少保存10年。如果组成部分业务报告日早于集团业务报告日，会计师事务所应当自集团报告日起对组成部分业务工作底稿至少保存10年。

九、资源

会计师事务所应当制定政策和程序，以合理保证拥有足够的具有胜任能力和必要素质并承诺遵循职业道德基本原则的人员，以使：①会计师事务所按照执业准则和适用的法律法规的规定执行业务；②会计师事务所和项目合伙人能够出具适合具体情况的报告。

关于业务委派，会计师事务所应当采取以下措施：

①会计师事务所应当对每项业务委派至少一名项目合伙人，并制定政策和程序，明确下列要求：将项目合伙人的身份和作用告知客户管理层和治理层的关键成员；项目合伙人具有履行职责所要求的适当的胜任能力、必要素质和权限；清楚界定项目合伙人的职责，并告知该项目合伙人。

②会计师事务所应当制定政策和程序，委派具有必要胜任能力和素质的适当人员，以便：按照执业准则和适用的法律法规的规定执行业务；会计师事务所和项目合伙人能够出具适合具体情况的报告。

十、信息与沟通

针对获取、生成和利用与质量管理体系有关的信息，为了支持质量管理体系的设计、实施和运行，会计师事务所的信息系统应当能够识别、获取、处理和维护来自内部或外部的相关、可靠的信息，为质量管理体系提供支持；会计师事务所的文化应当认同并强化会计师事务所人员与会计师事务所之间，以及这些人员彼此之间交换信息的责任；会计师事务所内部以及各项目组之间应当能够交换相关、可靠的信息。

在制定相关的政策和程序方面，会计师事务所应当明确在执行上市实体财务报表审计业务时，与治理层沟通质量管理体系是如何为持续高质量地执行业务提供支撑的；会计师事务所在何种情况下向外部各方沟通与质量管理体系相关的信息是适当的；会计师事务所进行外部沟通时应当沟通哪些信息，以及沟通的性质、时间安排、范围和适当形式。

十一、监控和整改程序

会计师事务所应当制定监控政策和程序，以合理保证与质量管理制度相关的政策和程序具有相关性与适当性，并正在有效运行。监控过程应当包括：持续考虑和评价会计师事务所质量管理制度；要求委派一名或多名合伙人，或会计师事务所内部具有充分、适当的经验和权限的其他人员负责监控过程；要求执行业务或实施项目质量复核的人员不参与该项业务的检查工作。其中：

①持续考虑和评价会计师事务所质量管理制度应当包括：周期性地选取已完成的业务进行检查，周期最长不得超过3年；在每个周期内，对每名项目合伙人，至少检查一项已完成的业务。

②会计师事务所应当评价在监控过程中注意到的缺陷的影响，并确定缺陷是否属于下列情况之一：该缺陷并不必然表明会计师事务所的质量管理制度不足以合理保证会计师事务所遵守执业准则和适用的法律法规的规定，以及会计师事务所和项目合伙人出具适合具体情况的报告；该缺陷是系统性的、反复出现的或其他需要及时纠正的重大缺陷。

③会计师事务所应当将实施监控程序注意到的缺陷以及建议采取的适当的补救措施，告知相关项目合伙人及其他适当人员。

④针对注意到的缺陷，建议采取的适当补救措施应当包括：采取与某项业务或某个人员相关的适当补救措施；将发现的缺陷告知负责培训和职业发展的人员；改进质量管理政策和程序；对违反会计师事务所政策和程序的人员，尤其是对反复违规的人员实施惩戒。

⑤会计师事务所应当制定政策和程序，以应对下列两种情况：实施监控程序的结果表明出具的报告可能不适当；在执行业务过程中遗漏了应实施的程序。这些政策和程序应当要求会计师事务所确定采取哪些进一步的行动以遵守执业准则和适用的法律法规的规定，并考虑

是否征询法律意见。

⑥会计师事务所应当至少每年一次将质量管理制度的监控结果，向项目合伙人及会计师事务所内部的其他适当人员通报。这种通报应当足以使会计师事务所及其相关人员能够在其职责范围内及时采取适当的行动。通报的信息应当包括：对已实施的监控程序的描述；实施监控程序得出的结论；如果相关，对系统性的、反复出现的缺陷或其他需要及时纠正的重大缺陷的描述。

⑦如果会计师事务所是网络事务所的一部分，可能实施以网络为基础的某些监控程序，以保持在同一网络内实施的监控程序的一致性。

如果网络内部的会计师事务所在符合质量管理准则要求的共同的监控政策和程序下运行，并且这些会计师事务所信赖该监管制度，为了使网络内部的项目合伙人信赖网络内实施监控政策和程序的结果，会计师事务所的政策和程序应当要求：至少每年一次就监控过程的总体范围、程度和结果，向网络事务所的适当人员通报；立即将识别出的质量管理制度缺陷，向网络事务所的适当人员通报，以便使其采取必要的行动。

⑧关于投诉和指控。会计师事务所应当制定政策和程序，以合理保证能够适当处理下列事项：投诉和指控会计师事务所执行的工作未能遵守执业准则和适用的法律法规的规定；投诉和指控会计师事务所未能遵守会计师事务所质量管理制度。

作为处理投诉和指控过程的一部分，会计师事务所应当建立清晰的投诉和指控渠道，以使会计师事务所人员能够没有顾虑地提出关心的问题。

如果在调查投诉和指控的过程中识别出会计师事务所质量管理政策和程序在设计或运行方面存在缺陷，或存在违反质量管理制度的情况，会计师事务所应当按照准则中有关应对注意到的缺陷的相关规定采取适当行动。

⑨对质量管理制度的记录。会计师事务所应当制定政策和程序，要求形成适当工作记录，以对质量管理制度的每项要素的运行情况提供证据；要求对工作记录保管足够的期限，以使执行监控程序的人员能够评价会计师事务所遵守质量管理制度的情况；要求记录投诉、指控以及应对情况。

□ 复习思考题

1.注册会计师执业准则有哪些作用？有何负面作用？如何避免其可能带来的负面作用？

2.我国审计准则建设应当坚持中国特色还是与国际接轨？审计准则国际趋同的意义何在？如何实现国际趋同？

3.中国注册会计师执业准则体系包括哪些部分？

4.注册会计师业务准则与质量管理准则的关系如何？二者有何联系与区别？

5.会计师事务所应当从哪些方面实施业务质量管理？

6.会计师事务所接受或保持客户关系应当具备哪些条件？

7.项目质量复核包括哪些内容？

8.何谓网络事务所？

第四章

注册会计师职业道德

第一节　注册会计师职业道德概述

一、注册会计师职业道德

注册会计师职业道德，是注册会计师职业品德、职业纪律、专业胜任能力及职业责任等的总称。

在美国，注册会计师行业早在1917年即通过了全国性的职业道德准则，1988年《职业行为规则》得以实施。1992年1月14日修订的《美国注册会计师协会职业行为准则》适用于美国注册会计师协会的全体会员，为他们提供规则和指导。会员不论是执行公共业务，还是在企业、政府和教育部门中工作均应遵守准则。会员在执行公共会计业务过程中，还应对与其相关的所有人员，包括其下属、合伙人或股东是否遵守准则负责。

国际会计师联合会道德委员会自1980年开始，截至1988年底，共制定了12项《国际会计职业道德准则》。国际会计师联合会的《职业道德规范》（以下简称《道德规范》），是由联合会的道德委员会建立并经理事会批准颁布的。在与各国的规定不一致或相抵触时，按照国际会计师联合会宪章的要求，各成员团体应该在可行时和行得通的范围内设法贯彻本规范，但本规范是劝导性而非命令性的，是建议而不是要求。

中国注册会计师行业非常重视自身的职业道德规范的建设。在行业协会成立之初就开始了职业道德规范的建设。1992年，中国注册会计师协会发布了《中国注册会计师职业道德守则（试行）》。随着执业环境的变化，在借鉴美国职业道德守则的基础上，中国注册会计师协会在1996年印发了《中国注册会计师职业道德基本准则》（以下简称《基本准则》），于1997年1月1日起施行。为了指导职业道德基本原则的有效执行，中国注册会计师协会于2002年6月25日发布了《中国注册会计师职业道德规范指导意见》。2009年10月，中国注册会计师协会发布了《中国注册会计师职业道德守则（2009）》，2022年10月，中国注册会计师协会全面修订了《中国注册会计师职业道德守则（2009）》和《中国注册会计师协会非执业会员职业道德守则（2009）》。修订后的《中国注册会计师职业道德守则（2020）》（以下简称《职业道德守则（2020）》）全面规范了注册会计师的职业道德行为，实现了与国际会计师职业道德守则的全面趋同。《职业道德守则（2020）》由五部分组成。其中，《中国注册会计师职业道德守则第1号——职业道德基本要求》提出了注册会计师应当遵守职业道德基本原则，对后面的4号守则起到统御作用。《中国注册会计师职业道德守则第2号——职业道德概念框架》为注册会计师提供思路，以识别、评价和应对对职业道德基本原则产生不利影响的情形。《中国注册会计师职业道德守则第3号——提供专业服务的具体要求》主要用于规范注册会计师在提供专业服务的过程中可能遇到的除独立性以外的某些具体情形，并针对在这些情形下如何运用职业道德概念框架解决职业道德问题作出具体规定。《中国注册会计师职业道德守则第4号——审计和审阅业务对独立性的要求》和《中国注册会计师职业道德守则第5号——其他鉴证业务对独立性的要求》列举可能对独立性产生不利影响的多种情形，并提供识别、评价和应对不利影响的因素和防范措施。由于难以涵盖所有的情形和防范措施，守则要求在应对不利影响时，注册会计师应当运用职业道德概念框架。为了便于中国注册会计师理解和执行守则，注册会计师协会同时发布配套的术语表。

二、《职业道德守则（2020）》的作用

《职业道德守则（2020）》的主要作用有：

（1）规定了职业道德的基本原则和概念框架，从而为注册会计师职业界提供了有用的行为指南。

（2）促使注册会计师按照审计准则等执业准则的要求提供专业服务，保证与提高服务质量。

（3）加强注册会计师对来自外界压力的抵抗力，避免注册会计师在外界强制要求下发表不当意见，以牺牲一方利益为代价而使另一方受益。

（4）向社会公众昭示注册会计师应达到的道德水准，提高社会公众对注册会计师职业的信赖程度。

（5）明确注册会计师的职业责任，进而规范注册会计师与客户、同行以及社会公众的关系，有利于维护注册会计师的正当权益，使他们免受不正当的指责和控告。

第二节　注册会计师职业道德的基本原则

注册会计师为实现执业目标，必须遵守一系列前提或一般原则。这些基本原则包括下列职业道德基本原则：诚信、独立性、客观公正、专业胜任能力和勤勉尽责、保密、良好职业行为。

一、诚信、独立性、客观公正

（一）诚信

诚信，是指诚实、守信。诚信是市场经济的基石，因为市场经济就是信用经济。现在许多行业都将诚信作为其职业道德的一部分，这实际上是适应了市场经济的需要。对于注册会计师行业来说，将诚信作为其职业道德的重要部分，不仅是为了适应市场经济的需要，更重要的是诚信是其生存之本，没有诚信，这个行业就没有存在的必要。审计业务作为注册会计师行业最基本的业务，其之所以能够存在几百年，就是因为社会公众对注册会计师比较信

任，而社会公众的信任是建立在注册会计师诚信的基础上的。

诚信原则要求注册会计师应当在所有的职业关系和商业关系中保持正直和诚实、秉公办事、实事求是。注册会计师如果认为业务报告、申报资料、沟通函件或其他方面的信息存在下列问题，则不得与有问题的信息发生关联：

（1）含有虚假记载、误导性陈述；

（2）含有缺少充分依据的陈述或信息；

（3）存在遗漏或含糊其词的信息，而这种遗漏或含糊其词可能会产生误导。

注册会计师如果注意到已与有问题的信息发生牵连，应当采取措施消除牵连。在鉴证业务中，如果存在注册会计师依据执业准则出具了恰当的非标准业务报告，不被视为违反上述要求。

（二）独立性

独立性是注册会计师执行鉴证业务的灵魂，因为注册会计师要以其自身的信誉向社会公众表明，被审计单位的财务报表是真实与公允的。在市场经济条件下，投资者主要依赖财务报表判断投资风险，在投资机会中作出选择。如果注册会计师与客户之间不能保持独立，存在经济利益、关联方关系或屈从于外界压力，就很难取信于社会公众。那么，什么是独立性呢？较早给出权威解释的是美国注册会计师协会。美国注册会计师协会在 1947 年发布的《审计暂行标准》（The Tentative Statement of Auditing Standards）中指出："独立性的含义相当于完全诚实、公正无私、无偏见、客观认识事实、不偏袒。"传统观点认为，注册会计师的独立性包括两个方面：实质上的独立性和形式上的独立性。美国注册会计师协会在《职业行为准则》中要求："在公共业务领域中的会员（执业注册会计师），在提供审计和其他鉴证业务时应当保持实质上与形式上的独立。"国际会计师联合会《职业会计师道德守则》也要求执行公共业务的职业会计师（执业注册会计师）保持实质上的独立和形式上的独立。中国注册会计师协会《职业道德守则（2020）》要求注册会计师执行审计和审阅业务以及其他鉴证业务时，应当从实质上和形式上保持独立性，不得因任何利害关系影响其客观性。其中，实质上的独立性是一种内心状态，使得注册会计师在提出结论时不受损害职业判断的因素影响，诚信行事，遵循客观和公正原则，保持职业怀疑态度；形式上的独立性是一种外在表现，使得一个理性且掌握充分信息的第三方，在权衡所有相关事实和情况后，认为会计师事务所或审计项目组成员没有损害诚信原则、客观和公正原则或职业怀疑态度。

为指导中国注册会计师识别对独立性的不利影响、评价不利影响的严重程度、必要时采取防范措施消除不利影响或将其降低至可接受的水平，《职业道德守则（2020）》建立了独立性概念框架。独立性概念框架要求注册会计师在确定是否接受或保持某项业务，或者某一特定人员能否作为审计项目组成员时，会计师事务所应当识别和评价各种对独立性的不利影响；如果不利影响超出可接受的水平，在确定是否接受某项业务或某一特定人员能否作为审计项目组成员时，会计师事务所应当确定能否采取防范措施以消除不利影响或将其降低至可接受的水平；在确定是否保持某项业务时，会计师事务所应当确定现有的防范措施是否仍然有效；如果无效，是否需要采取其他防范措施或者终止业务；在执行业务过程中，如果注意到对独立性产生不利影响的新情况，会计师事务所应当运用独立性概念框架评价不利影响的严重程度。

如果无法采取适当的防范措施消除不利影响或将其降低至可接受的水平，注册会计师应当消除产生不利影响的情形，或者拒绝接受审计业务委托或终止审计业务。

（三）客观公正

客观性是一种思想状态，一种能为注册会计师的服务增加价值的品质，也是一项职业特征。客观性原则要求注册会计师应当力求公平，不得因为成见、利益冲突或他人影响而损害独立性。也就是说，注册会计师应该按照事物的本质去考察，在执业中要做到一切从实际出发、注重调查研究，只有这样，才能取得主观与客观的一致，做到审计结论有理有据。

注册会计师的服务涉及多方利益，因此，不可避免地会受到来自客户或其他方面的压力。公正性原则要求注册会计师应当具备正直、诚实的品质，在各种压力面前不屈服，能够公平公正、不偏不倚地对待利益各方，不以牺牲一方的利益为条件而使另一方受益。

需要指出的是，客观性原则和公正性原则适用于注册会计师提供的各种专业服务，而不仅仅局限于鉴证业务。

二、专业胜任能力和勤勉尽责

（一）专业胜任能力

专业胜任能力是指为提供高质量的专业服务，注册会计师必须具备的职业品德、学识与经验、专业训练以及足够的分析、判断能力。为何要把专业胜任能力提高到道德层次？这是因为，注册会计师如果不能保持和提高专业胜任能力，就难以完成客户委托的业务，也就无法从根本上满足社会公众对注册会计师的需求。事实上，如果注册会计师在缺乏足够的专业知识、技能或经验的情况下提供专业服务，就构成了一种欺诈。因此，一名合格的注册会计师不仅要充分认识自己的能力，充满自信心，更重要的是，必须清醒地认识到自己在专业胜任能力方面的不足，不承接自己所不能胜任的业务。

注册会计师应当通过教育、培训和执业实践获取和保持专业胜任能力。注册会计师应当持续了解并掌握当前法律、技术和实务的发展变化，将专业知识和技能始终保持在应有的水平，确保为客户提供具有专业水准的服务。在应用专业知识和技能时，注册会计师应当合理运用职业判断。

（二）勤勉尽责

注册会计师应当保持勤勉尽责，遵守执业准则和职业道德规范的要求，勤勉尽责，认真、全面、及时地完成工作任务。在审计过程中，注册会计师应当保持职业怀疑态度，运用专业知识、技能和经验，获取和评价审计证据。职业怀疑态度是指注册会计师以质疑的思维方式评价所获取证据的有效性，并对相互矛盾的证据，以及引起对文件记录或责任方提供的信息的可靠性产生怀疑的证据保持警觉。注册会计师应当采取适当措施，确保在其领导下工作的人员得到应有的培训和督导。在适当的情况下，注册会计师应当使客户以及业务报告的其他使用者了解专业服务的固有局限性。

三、保密

注册会计师能否与客户维持正常的关系，有赖于双方能否自愿而充分地进行沟通和交流，不掩盖任何重要的事实和情况。只有这样，注册会计师才能充分了解情况，并有效地完成工作。但注册会计师与客户的这种沟通，必须建立在对客户信息保密的基础上。这里所说的客户信息，通常是指商业秘密，因为一旦商业秘密被泄露或利用，往往会给客户造成损失。这样，如果注册会计师在接受委托后不能保守客户的秘密，那么客户就会认为其利益没有得到很好的维护，从而使得客户因担心秘密泄露而在是否允许注册会计师检查某些重要文件的时候表现出犹豫不决。客户对注册会计师的这种不信任将导致双方的合约关系很难维持。因此，注册会计师在签订业务约定书时，应当书面承诺对在执行业务过程中获知的客户信息保密。许多国家都规定，在公众领域执业的注册会计师，不能在没有取得客户同意的情况下，泄露任何客户的秘密信息。

根据保密原则，注册会计师应当遵守下列要求：

（1）警觉无意中泄密的可能性，包括在社会交往中无意中泄密的可能性，特别要警觉无意中向关系密切的商业伙伴或近亲属泄密的可能性。

近亲属包括主要近亲属和其他近亲属。主要近亲属是指配偶、父母或子女。其他近亲属是指兄弟姐妹、祖父母、外祖父母、孙子女、外孙子女。

（2）对所在会计师事务所内部的涉密信息保密。

（3）对职业活动中获知的涉及国家安全的信息保密。

（4）对拟承接的客户向其披露的涉密信息保密。

（5）在未经客户授权的情况下，不得向会计师事务所以外的第三方披露其所获知的涉密信息，除非法律法规或职业准则规定注册会计师在这种情况下有权利或义务进行披露。

（6）不得利用因职业关系而获知的涉密信息为自己或第三方谋取利益。

（7）不得在职业关系结束后利用或披露因该职业关系获知的涉密信息。

（8）采取适当措施，确保下级员工以及为注册会计师提供建议和帮助的人员履行保密义务。

在下列情形下，注册会计师可以披露涉密信息：

（1）法律法规要求披露，例如为法律诉讼准备文件或提供其他证据，或者向适当机构报告发现的违反法律法规行为。

（2）法律法规允许披露，并取得了客户的授权。

（3）注册会计师有职业义务或权利进行披露，且法律法规未予禁止，主要包括下列情形：

① 接受注册会计师协会或监管机构的执业质量检查；

② 答复注册会计师协会或监管机构的询问或调查；

③ 在法律诉讼、仲裁中维护自身的合法权益；

④ 遵守职业准则的要求，包括职业道德要求；

⑤ 法律法规和职业准则规定的其他情形。

在决定是否披露涉密信息时，注册会计师应当考虑下列因素：

① 客户同意披露的涉密信息，是否为法律法规所禁止；

② 如果客户同意披露涉密信息，是否会损害利害关系人的利益；

③ 是否已在可行的范围内了解和证实了所有相关信息，信息是否完整；

④ 信息披露的方式和对象，包括披露对象是否恰当；

⑤ 可能承担的法律责任和后果。

四、良好职业行为

罗斯科·庞德曾经对职业这样定义："所谓职业，就是富有为公众服务精神的，并把一门有学问的艺术作为共同的天职来追求的一群人。即使这种追求是一种谋生手段，但其本质仍然是一种公共服务。"因此，任何职业的存在和发展都必须对其所提供的服务是否达到社会期望，也就是该职业所承担的责任予以特别关注。对于注册会计师行业来说，这种社会期望集中体现在职业声誉上，良好的职业声誉是整个行业赖以生存的命脉。《职业道德守则（2020）》要求注册会计师遵守相关的法律和规章，维护本职业的良好声誉，避免任何损害职业形象的行为。例如在推介自己和工作时，注册会计师应当客观、真实、得体，不得损害职业形象；注册会计师不得夸大宣传提供的服务、拥有的资质或获得的经验；不得贬低或无根据地比较其他注册会计师的工作。

第三节　注册会计师职业道德概念框架及其运用

一、职业道德概念框架的内涵

《职业道德守则（2020）》提出职业道德概念框架，以帮助注册会计师遵循职业道德基本原则，履行维护公众利益的职责。那么，什么是职业道德概念框架呢？职业道德概念框架（conceptual framework of professional ethics）是指解决职业道德问题的思路和方法，用以指导注册会计师：①识别对职业道德基本原则的不利影响；②评价不利影响的严重程度；③必要时采取防范措施消除不利影响或将其降低至可接受的水平。职业道德概念框架适用于注册会计师处理对职业道德基本原则产生不利影响的各种情形，其目的在于防止注册会计师认为只要是《职业道德守则（2020）》中未明确禁止的情形就是允许的。

注册会计师在运用职业道德概念框架时，应当运用职业判断。注册会计师应当考虑：一个理性且掌握充分信息的第三方，在权衡注册会计师当时可获得的所有具体事实和情况后，是否很可能认为这些防范措施能够消除不利影响或将其降低至可接受的水平，以使职业道德基本原则不受损害。

如果发现存在可能违反职业道德基本原则的情形，注册会计师应当评价其对职业道德基本原则的不利影响。在评价不利影响的严重程度时，注册会计师应当从性质和数量两个方面予以考虑。如果认为对职业道德基本原则的不利影响超出可接受的水平，注册会计师应当确定是否能够采取防范措施消除不利影响或将其降低至可接受的水平。

在运用职业道德概念框架时，如果某些不利影响是重大的，或者合理的防范措施不可行或无法实施，注册会计师可能面临不能消除不利影响或将其降至可接受水平的情形。如果无法采取适当的防范措施，注册会计师应当拒绝或终止所从事的特定专业服务，必要时与客户解除合约关系，或向其工作单位辞职。

二、识别对职业道德基本原则的具体情形

1.自身利益导致不利影响的情形主要包括：

（1）注册会计师在客户中拥有直接经济利益；

（2）会计师事务所的收入过分依赖某一客户；

（3）会计师事务所以较低的报价获得新业务，而该报价过低，可能导致注册会计师难以按照适用的职业准则要求执行业务；

（4）注册会计师与客户之间存在密切的商业关系；

（5）注册会计师能够接触到涉密信息，而该涉密信息可能被用于谋取个人私利；

（6）注册会计师在评价所在会计师事务所以往提供的专业服务时，发现了重大错误。

2.自我评价导致不利影响的情形主要包括：

（1）注册会计师在对客户提供财务系统的设计或实施服务后，又对该系统的运行有效性出具鉴证报告；

（2）注册会计师为客户编制用于生成有关记录的原始数据，而这些记录是鉴证业务的对象。

3.过度推介导致不利影响的情形主要包括：

（1）注册会计师推介客户的产品、股份或其他利益；

（2）当客户与第三方发生诉讼或纠纷时，注册会计师为该客户辩护；

（3）注册会计师站在客户的立场上影响某项法律法规的制定。

4.密切关系导致不利影响的情形主要包括：

（1）审计项目团队成员的主要近亲属或其他近亲属担任审计客户的董事或高级管理人员；

（2）鉴证客户的董事、高级管理人员，或所处职位能够对鉴证对象施加重大影响的员工，最近曾担任注册会计师所在会计师事务所的项目合伙人；

（3）审计项目团队成员与审计客户之间长期存在业务关系。

这里的项目合伙人是指在会计师事务所中负责某项业务及其执行，并代表会计师事务所在报告上签字的合伙人。在有限责任制的会计师事务所，项目合伙人是指主任会计师、副主任会计师或具有同等职位的高级管理人员。如果项目合伙人以外的其他注册会计师在业务报告上签字，《职业道德守则（2020）》对项目合伙人作出的规定也适用于该签字注册会计师。

5.外在压力导致不利影响的情形主要包括：

（1）注册会计师因对专业事项持有不同意见而受到客户解除业务关系或被会计师事务所解雇的威胁；

（2）由于客户对所沟通的事项更具有专长，注册会计师面临服从该客户判断的压力；

（3）注册会计师被告知，除非其同意审计客户某项不恰当的会计处理，否则计划中的晋升将受到影响；

（4）注册会计师接受了客户赠予的重要礼品，并被威胁将公开其收受礼品的事情。

三、应对不利影响的防范措施

注册会计师应当运用职业判断，确定如何应对超出可接受水平的不利影响，包括采取防范措施消除不利影响或将其降低至可接受的水平，或者终止业务约定或拒绝接受业务委托。在运用职业判断时，注册会计师应当考虑：一个理性且掌握充分信息的第三方，在权衡注册会计师当时可获得的所有具体事实和情况后，是否很可能认为这些防范措施能够消除不利影响或将其降低至可接受的水平，以使职业道德基本原则不受损害。应对不利影响的防范措施包括法律法规和职业规范规定的防范措施和在具体工作中采取的防范措施。

在具体工作中，应对不利影响的防范措施包括会计师事务所层面的防范措施和具体业务层面的防范措施。

1.会计师事务所层面的防范措施主要包括：

（1）领导层强调遵循职业道德基本原则的重要性；

（2）领导层强调鉴证业务项目组成员应当维护公众利益；

（3）制定有关政策和程序，实施项目质量管理，监督业务质量；

（4）制定有关政策和程序，识别对职业道德基本原则的不利影响，评价不利影响的严重程度，采取防范措施消除不利影响或将其降低至可接受的水平；

（5）制定有关政策和程序，保证遵循职业道德基本原则；

（6）制定有关政策和程序，识别会计师事务所或项目组成员与客户之间的利益或关系；

（7）制定有关政策和程序，监控对某一客户收费的依赖程度；

（8）向鉴证客户提供非鉴证服务时，指派鉴证业务项目组以外的其他合伙人和项目组，并确保鉴证业务项目组和非鉴证业务项目组分别向各自的业务主管报告工作；

（9）制定有关政策和程序，防止项目组以外的人员对业务结果施加不当影响；

（10）及时向所有合伙人和专业人员传达会计师事务所的政策和程序及其变化情况，并就这些政策和程序进行适当的培训；

（11）指定高级管理人员负责监督质量管理系统是否有效运行；

（12）向合伙人和专业人员提供鉴证客户及其关联实体的名单，并要求合伙人和专业人员与之保持独立；

（13）制定有关政策和程序，鼓励员工就遵循职业道德基本原则方面的问题与领导层沟通；

（14）建立惩戒机制，保障相关政策和程序得到遵守。

2.具体业务层面的防范措施主要包括：

（1）向已承接的项目分配更多时间和有胜任能力的人员，可能能够应对因自身利益产生的不利影响；

（2）由项目组以外的适当复核人员复核已执行的工作或在必要时提供建议，可能能够应对因自我评价产生的不利影响；

（3）向鉴证客户提供非鉴证服务时，指派鉴证业务项目团队以外的其他合伙人和项目组，并确保鉴证业务项目组和非鉴证服务项目组分别向各自的业务主管报告工作，可能能够应对因自我评价、过度推介或密切关系产生的不利影响；

（4）由其他会计师事务所执行或重新执行业务的某些部分，可能能够应对因自身利益、自我评价、过度推介、密切关系或外在压力产生的不利影响；

（5）由不同项目组分别应对具有保密性质的事项，可能能够应对因自身利益产生的不利影响。

3.下列防范措施也有助于识别或制止违反职业道德基本原则的行为：

（1）监管机构、中国注册会计师协会或会计师事务所建立有效的公开投诉系统，使会计师事务所合伙人和员工以及公众能够注意到违反职业道德基本原则的行为；

（2）法律法规、职业规范或会计师事务所政策明确规定，注册会计师有义务报告违反职业道德基本原则的行为。

注册会计师可以根据业务的性质考虑依赖客户采取的防范措施，但是仅依赖客户的防范措施，不可能将不利影响降低至可接受的水平。客户通过制定政策和程序采取的防范措施主要包括：

（1）要求由管理层以外的人员批准聘请会计师事务所；

（2）聘任具备足够经验和资历的员工，确保其能够作出恰当的管理决策；

（3）执行相关政策和程序，确保在委托非鉴证业务时作出客观选择；

（4）建立完善的公司治理结构，与会计师事务所进行必要的沟通，并对其服务进行适当的监督。

四、专业服务委托

1.接受客户关系

在接受客户关系前，注册会计师应当确定接受客户关系是否对职业道德基本原则产生不利影响。注册会计师应当考虑客户的主要股东、关键管理人员和治理层是否诚信，以及客户是否涉足非法活动（如洗钱）或存在可疑的财务报告问题等。

客户存在的问题可能对注册会计师遵循诚信原则或良好职业行为原则产生不利影响，注册会计师应当评价不利影响的严重程度，并在必要时采取防范措施消除不利影响或将其降低至可接受的水平。防范措施主要包括：

（1）对客户及其主要股东、关键管理人员、治理层和负责经营活动的人员进行了解；

（2）要求客户对完善公司治理结构或内部控制作出承诺。

如果不能将客户存在的问题产生的不利影响降低至可接受的水平，注册会计师应当拒绝接受客户关系。如果向同一客户连续提供专业服务，注册会计师应当定期评价继续保持客户关系是否适当。

2.承接业务

注册会计师应当遵循专业胜任能力和勤勉尽责原则，仅向客户提供能够胜任的专业服务。在承接某一客户业务前，注册会计师应当确定承接该业务是否对职业道德基本原则产生不利影响。

如果项目组不具备或不能获得执行业务所必需的胜任能力，将对专业胜任能力和勤勉尽责原则产生不利影响。注册会计师应当评价不利影响的严重程度，并在必要时采取防范措施消除不利影响或将其降低至可接受的水平。评价和防范措施主要包括：

（1）了解客户的业务性质、经营的复杂程度，以及所在行业的情况；

（2）了解专业服务的具体要求和业务对象，以及注册会计师拟执行工作的目的、性质和范围；

（3）了解相关监管要求或报告要求；

（4）遵守质量管理政策和程序，以合理保证仅承接能够胜任的业务；

（5）分派足够的、具有必要胜任能力的项目组成员；

（6）就执行业务的合理时间安排与客户达成一致意见；

（7）在必要时利用专家的工作。

当利用专家的工作时，注册会计师应当考虑专家的声望、专长及其可获得的资源，以及适用的执业准则和职业道德规范等因素，以确定专家的工作结果是否值得依赖。注册会计师可以通过以前与专家的交往或向他人咨询获得相关信息。

3.客户变更委托

如果应客户要求或考虑以投标方式接替前任注册会计师，注册会计师应当从专业角度或其他方面确定应否承接该业务。如果注册会计师在了解所有相关情况前就承接业务，可能对专业胜任能力和勤勉尽责原则产生不利影响。注册会计师应当评价不利影响的严重程度。

由于客户变更委托的表面理由可能并未完全反映事实真相，根据业务性质，注册会计师可能需要与前任注册会计师直接沟通，核实与变更委托相关的事实和情况，以确定是否适宜承接该业务。

注册会计师应当在必要时采取防范措施，消除因客户变更委托产生的不利影响或将其降低至可接受的水平。防范措施主要包括：

（1）要求现任或前任注册会计师提供其已知的信息，这些信息是指现任或前任注册会计师认为，拟接任注册会计师在作出是否承接业务的决定前需要了解的信息。例如，拟接任注册会计师通过询问现任或前任注册会计师，可能发现某些以前未发现的相关事实，也可能了解到客户与现任或前任注册会计师的意见不一致，从而可能影响是否承接业务委托的决策。

（2）从其他渠道获取信息，例如通过向第三方进行询问，或者对客户的高级管理层或治理层实施背景调查。

如果采取的防范措施不能消除不利影响或将其降低至可接受的水平，注册会计师不得承接该业务。

注册会计师可能应客户要求在前任注册会计师工作的基础上提供进一步的服务。如果缺乏完整的信息，可能对专业胜任能力和勤勉尽责原则产生不利影响。注册会计师应当评价不利影响的严重程度，并在必要时采取防范措施消除不利影响或将其降低至可接受的水平。

采取的防范措施主要包括将拟承担的工作告知前任注册会计师，提请其提供相关信息，以便恰当地完成该项工作。

前任注册会计师应当遵循保密原则。前任注册会计师是否可以或必须与后任注册会计师讨论客户的相关事务，取决于业务的性质、是否征得客户同意，以及法律法规或职业道德规范的有关要求。

注册会计师在与前任注册会计师沟通前，应当征得客户的同意，最好征得客户的书面同意。前任注册会计师在提供信息时，应当实事求是、清晰明了。如果不能与前任注册会计师沟通，注册会计师应当采取适当措施，通过询问第三方或调查客户的高级管理人员、治理层的背景等方式，获取有关对职业道德基本原则产生不利影响的信息。

五、利益冲突

注册会计师应当采取适当措施，识别可能产生利益冲突的情形。这些情形可能对职业道德基本原则产生不利影响。注册会计师与客户存在直接竞争关系，或与客户的主要竞争者存在合资或类似关系，可能对客观和公正原则产生不利影响。注册会计师为两个以上客户提供服务，而这些客户之间存在利益冲突或者对某一事项或交易存在争议，可能对客观和公正原则或保密原则产生不利影响。

可能产生利益冲突的情形有：

（1）向某一客户提供交易咨询服务，该客户拟收购注册会计师的某一审计客户，而注册会计师已在审计过程中获知可能与该交易相关的涉密信息；

（2）同时为两家客户提供建议，而这两家客户是收购同一家公司的竞争对手，并且注册会计师的建议可能涉及双方相互竞争的立场；

（3）在同一项交易中同时向买卖双方提供服务；

（4）同时为两方提供某项资产的估值服务，而这两方针对该资产处于对立状态；

（5）针对同一事项同时代表两家客户，而这两家客户正处于法律纠纷中；

（6）针对某项许可证协议，就应收的特许权使用费为许可证授予方出具鉴证报告，并同时向被许可方就应付金额提供建议；

（7）建议客户投资一家企业，而注册会计师的主要近亲属在该企业拥有经济利益；

（8）建议客户买入一项产品或服务，但同时与该产品或服务的潜在卖方订立佣金协议。

注册会计师应当评价利益冲突产生不利影响的严重程度，并在必要时采取防范措施消除不利影响或将其降低至可接受的水平。在接受或保持客户关系和具体业务前，如果与客户或第三方存在商业利益或关系，注册会计师应当评价其所产生不利影响的严重程度，运用职业判断确定是否有必要向客户具体披露利益冲突的情况，并获取客户明确同意其可以承接或继续提供专业服务。下列披露和同意通常是必要的：

（1）向受利益冲突影响的客户披露利益冲突的性质以及所产生的不利影响是如何应对的；

（2）当采取防范措施应对不利影响时，由受影响的客户同意注册会计师继续提供该专业服务。

如果客户不同意注册会计师为存在利益冲突的其他客户提供服务，注册会计师应当终止为其中一方或多方提供服务。

当为针对某一特定事项存在利益冲突的双方或多方提供专业服务时，这些保密措施能够防止未经授权而披露涉密信息。这些措施可能包括：

（1）在会计师事务所内部为特殊的职能部门或岗位设置单独的工作空间，作为防止泄露客户涉密信息的屏障；

（2）限制访问客户文档的政策和程序；

（3）会计师事务所合伙人和员工签署的保密协议；

（4）使用物理方式和电子方式对涉密信息采取隔离措施；

（5）专门且明确的培训和沟通。

此外，下列防范措施可能能够应对因利益冲突产生的不利影响：

（1）由不同的项目组分别提供服务，并且这些项目组已被明确要求遵守涉及保密性的政策和程序；

（2）由未参与提供服务或不受利益冲突影响的适当人员复核已执行的工作，以评估关键判断和结论是否适当。

如果利益冲突对职业道德基本原则产生不利影响，并且采取防范措施无法消除不利影响或将其降低至可接受的水平，注册会计师应当拒绝承接某一特定业务，或者解除一个或多个存在冲突的业务约定。

六、应客户的要求提供第二次意见

在某客户运用会计准则对特定交易和事项进行处理，且已由前任注册会计师发表意见的情况下，如果注册会计师应客户的要求提供第二次意见，可能对职业道德基本原则产生不利影响。

如果第二意见不是以现任或者前任注册会计师所获得的相同事实为基础，或依据的证据不充分，可能对专业胜任能力和勤勉尽责原则产生不利影响。不利影响存在与否及其严重程度，取决于业务的具体情况，以及为提供第二次意见所能获得的所有相关事实及证据。

如果被要求提供第二次意见，注册会计师应当评价不利影响的严重程度，并在必要时采取防范措施消除不利影响或将其降低至可接受的水平。

防范措施主要包括：

（1）征得客户同意与现任或者前任注册会计师沟通；

（2）在与客户沟通中说明注册会计师发表专业意见的局限性；

（3）向现任或者前任注册会计师提供第二次意见的副本。

如果客户不允许与前任注册会计师沟通，注册会计师应当在考虑所有情况后决定是否适宜提供第二次意见。

七、收费及其他类型的报酬

在专业服务的谈判中，注册会计师可以其认为适当的收费报价。但如果报价过低，可能导致不能按照适用的执业准则执行业务，将对专业胜任能力和勤勉尽责产生不利影响。不利影响存在与否及其重要程度取决于报价水平的高低和所提供的服务的多少。会计师事务所在确定收费时应当主要考虑专业服务所需的知识和技能、所需专业人员的水平和经验、各级别专业人员提供服务所需的时间和提供专业服务所需承担的责任。在专业服务得到良好的计划、监督及管理的前提下，收费通常以每一专业人员适当的小时收费标准或日收费标准为基础计算。

收费是否对职业道德基本原则产生不利影响，取决于收费报价水平和所提供的相应服务。注册会计师应当评价不利影响的严重程度，并在必要时采取防范措施消除不利影响或将其降低至可接受的水平。防范措施主要包括调整收费水平或业务范围、由适当复核人员复核已执行的工作。

在承接业务时，如果收费报价过低，可能导致难以按照执业准则和职业道德规范的要求执行业务，从而对注册会计师的专业胜任能力和勤勉尽责原则产生不利影响。如果收费报价明显低于前任注册会计师或其他会计师事务所的相应报价，会计师事务所应当确保在提供专业服务时，遵守执业准则和职业道德规范的要求，使工作质量不受损害，使客户了解专业服务的范围和收费基础。

或有收费是指注册会计师的收费与否或收费多少以鉴证工作结果或实现特定目的为条件。或有收费可能对职业道德基本原则产生不利影响。不利影响存在与否及其严重程度取决于下列因素：①业务的性质；②可能的收费金额区间；③确定收费的基础；④向报告的预期使用者披露注册会计师所执行的工作以及收费的基础；⑤会计师事务所的质量管理政策和程序；⑥是否由独立第三方复核交易和提供服务的结果；⑦收费水平是否已由独立第三方（如监管部门）作出规定。

注册会计师应当评价或有收费产生不利影响的严重程度，并在必要时采取防范措施消除不利影响或将其降低至可接受的水平。防范措施主要包括：

（1）由未参与提供非鉴证服务的适当复核人员复核注册会计师已执行的工作；

（2）预先就收费的基础与客户达成书面协议。

注册会计师收取与客户相关的介绍费或佣金，可能对客观和公正原则以及专业胜任能力和勤勉尽责原则产生非常严重的不利影响，导致没有防范措施能够消除不利影响或将其降低至可接受的水平。注册会计师不得收取与客户相关的介绍费或佣金。注册会计师为获得客户而支付业务介绍费，可能对客观和公正原则以及专业胜任能力和勤勉尽责原则产生非常严重的不利影响，导致没有防范措施能够消除不利影响或将其降低至可接受的水平。注册会计师不得向客户或其他方支付业务介绍费。

八、利益诱惑（包括礼品和款待）

利益诱惑是指影响其他人员行为的物质、事件或行为，但利益诱惑并不一定具有不当影响该人员行为的意图。利益诱惑范围广泛，小到注册会计师和客户之间正常礼节性的交往，大到可能违反法律法规的行为。利益诱惑包括意图不当影响行为的利益诱惑和无不当影响行为意图的利益诱惑。利益诱惑可能采取下列形式：

（1）礼品；

（2）款待；

（3）娱乐活动；

（4）捐助；

（5）意图建立友好关系；

（6）工作岗位或其他商业机会；

（7）特殊待遇、权利或优先权。

注册会计师提供或接受利益诱惑，可能对诚信、客观公正、良好职业行为原则产生不利影响。注册会计师应当运用职业道德概念框架识别、评价和应对此类不利影响。

注册会计师不得提供或授意他人提供任何意图不当影响接受方或其他人员行为的利益诱惑，无论这种利益诱惑是存在不当影响行为的意图，还是注册会计师认为理性且掌握充分信息的第三方很可能会视为存在不当影响行为的意图。

注册会计师不得接受或授意他人接受任何意图不当影响接受方或其他人员行为的利益诱惑，无论这种利益诱惑是注册会计师认为存在不当影响行为的意图，还是理性且掌握充分信息的第三方很可能会视为存在不当影响行为的意图。如果注册会计师知悉被提供的利益诱惑存在或被认为存在不当影响行为的意图，即使拒绝接受利益诱惑，仍可能对职业道德基本原则产生不利影响。下列防范措施可能能够应对不利影响：

（1）就该利益诱惑的情况告知会计师事务所的高级管理层或客户治理层；

（2）调整或终止与客户之间的业务关系。

即使注册会计师认为某项利益诱惑无不当影响行为的意图，提供或接受此类利益诱惑仍可能对职业道德基本原则产生不利影响。下列防范措施可能能够消除因提供或接受此类利益诱惑产生的不利影响：

（1）拒绝接受或不提供利益诱惑；

（2）将向客户提供专业服务的责任移交给其他人员，前提是注册会计师没有理由相信该人员在提供专业服务时可能会受到不利影响。

下列防范措施可能能够将提供或接受无不当影响行为意图的利益诱惑产生的不利影响降低至可接受的水平：

（1）就提供或接受利益诱惑的事情，与会计师事务所或客户的高级管理层保持信息对称；

（2）在由会计师事务所高级管理层或其他负责会计师事务所职业道德合规性的人员监控的，或者由客户维护的记录中登记该利益诱惑；

（3）针对提供利益诱惑的客户，由未参与提供专业服务的适当复核人员复核注册会计师已执行的工作或作出的决策；

（4）在接受利益诱惑之后将其捐赠给慈善机构，并向会计师事务所高级管理层或提供利益诱惑的人员适当披露该项捐赠；

（5）支付与所接受利益诱惑（如款待）同等价值的价款；

（6）在收到利益诱惑（如礼品）后尽快将其返还给提供者。

九、保管客户资产

除非法律法规允许或要求，并且满足相关条件，注册会计师不得提供保管客户资金或其他资产的服务。注册会计师保管客户资金或其他资产，应当履行相应的法定义务。保管客户资金或其他资产可能对职业道德基本原则产生不利影响，尤其可能对客观和公正原则以及良好职业行为原则产生不利影响。

注册会计师如果保管客户资金或其他资产，应当符合下列要求：

（1）将客户资金或其他资产与其个人或会计师事务所的资产分开；

（2）仅按照预定用途使用客户资金或其他资产；

（3）随时准备向相关人员报告资产状况及产生的收入、红利或利得；

（4）遵守所有与保管资产和履行报告义务相关的法律法规。

如果某项业务涉及保管客户资金或其他资产，注册会计师应当根据有关接受与保持客户关系和具体业务政策的要求，适当询问资产的来源，并考虑应当履行的法定义务。如果客户资金或其他资产来源于非法活动（如洗钱），注册会计师不得提供保管资产服务，并应当向法律顾问征询进一步的意见。

十、应对违反法律法规行为

注册会计师在向客户提供专业服务的过程中，可能遇到、知悉或怀疑客户存在违反法律法规或涉嫌违反法律法规的行为。当注册会计师知悉或怀疑存在这种违反或涉嫌违反法律法规的行为时，可能因自身利益或外在压力对诚信和良好职业行为原则产生不利影响。注册会计师应当运用职业道德概念框架识别、评价和应对此类不利影响。在应对违反法律法规或涉嫌违反法律法规行为时，注册会计师的目标是：

（1）遵循诚信和良好职业行为原则；

（2）通过提醒客户的管理层或治理层（如适用），使其能够纠正违反法律法规或涉嫌违反法律法规行为或减轻其可能造成的后果，或者阻止尚未发生的违反法律法规行为；

（3）采取有助于维护公众利益的进一步措施。

在了解和应对违反法律法规或涉嫌违反法律法规行为时，注册会计师需要运用专业知识、技能和职业判断。根据事项的性质和重要程度，注册会计师可以在遵循保密原则的前提下，向会计师事务所、网络事务所或专业机构的其他人员或者法律顾问进行咨询。

如果注册会计师识别出或怀疑存在已经发生或可能发生的违反法律法规行为，应当与适当级别的管理层和治理层（如适用）沟通。注册会计师应当根据管理层和治理层（如适用）的应对，确定是否需要出于维护公众利益的目的而采取进一步行动。注册会计师可以采取的进一步行动包括：

（1）向适当机构报告该事项，即使法律法规没有要求进行报告；

（2）在法律法规允许的情况下，解除业务约定。

十一、针对所有服务的客观性要求

在提供专业服务时，注册会计师如果在客户中拥有经济利益，或者与客户董事、高级管理人员或员工存在家庭和私人关系或商业关系，应当确定是否对客观和公正原则产生不利影响。

在提供专业服务时，对客观和公正原则的不利影响及其严重程度，取决于业务的具体情形和注册会计师所执行工作的性质。注册会计师应当评价不利影响的严重程度，并在必要时采取防范措施消除不利影响或将其降低至可接受的水平。防范措施主要包括：

（1）退出项目组；

（2）实施督导程序；

（3）终止产生不利影响的经济利益或商业关系；

（4）与会计师事务所内部较高级别的管理人员讨论有关事项；

（5）与客户治理层讨论有关事项。

如果防范措施不能消除不利影响或将其降低至可接受的水平，注册会计师应当拒绝接受业务委托或终止业务。

在提供鉴证服务时，注册会计师应当从实质上和形式上独立于鉴证客户，客观公正地提出结论，并且从外界看来没有偏见、无利益冲突、不受他人的不当影响。在执行审计和审阅业务以及其他鉴证业务时，为了达到保持独立性的要求，注册会计师应当分别遵守《中国注册会计师职业道德守则第4号——审计和审阅业务对独立性的要求》和《中国注册会计师职业道德守则第5号——其他鉴证业务对独立性的要求》的规定。

☐ 复习思考题

1. 注册会计师行业的职业特征有哪些？

2. 《中国注册会计师职业道德守则（2020）》包括哪几个部分？分别有何作用？

3. 注册会计师职业道德基本原则有哪些？

4. 注册会计师职业道德概念框架有哪些？

5. 如何理解注册会计师的独立性？

6. 哪些因素会对遵循职业道德基本原则产生不利影响？如何防范？

7. 什么是或有收费？如何防范或有收费对遵循职业道德基本原则产生的不利影响？

8. 什么是直接经济利益？什么是间接经济利益？因经济利益对独立性造成不利影响的情形包括哪些？

9. 为什么说会计师事务所承担审计客户的管理层职责，将对独立性产生非常严重的不利影响？

第 五 章

注册会计师法律责任

第一节　注册会计师法律责任概述

任何一种职业的社会地位与其社会责任都直接相关。对于注册会计师而言，为社会公众认可的必要条件之一，是具备承担社会责任的能力并对因其未能满足规定要求而引发的后果负责。注册会计师的社会地位和责任犹如一枚硬币的正反两面，相辅相成，缺一不可。注册会计师社会责任最主要的表现形式即法律责任。

一、注册会计师法律责任的认定

法律责任是指行为人由于违反法律条款而必须承担的具有强制性、惩罚性的责任，这种责任将给行为人带来不利的法律后果。注册会计师在何种情形下才需承担法律责任，应看其是否达到承担法律责任的必备条件。注册会计师承担法律责任的必备条件（即法律责任构成要件）因法律责任类型而异（见表5-1）。

表5-1　　　　　　　　　　　　　　　法律责任构成要件

法律责任类型		法律责任构成要件
民事责任	违约责任	1.违约行为 2.过错
	侵权责任	1.违法行为 2.过错 3.损害后果 4.因果关系
行政责任		1.违法行为 2.过错 3.法定责任能力
刑事责任		1.违法行为 2.过错 3.法定责任能力

（一）违法行为

违法行为是指注册会计师违反相关法律条款的行为。其具体表现在两个方面：①违反合同约定（违约）。客户（委托人）与注册会计师之间是一种委托与被委托的民事关系，他们在平等、自愿、协商一致的基础上拟定合同条款，分别就鉴证事项、双方的权利与义务、保密、收费方式、提交报告的时间、违约责任等内容作出明确规定。如果注册会计师在执行合同过程中没有履行合约中的相关条款，应当承担违约责任。违约行为的法律主体只能是签约当事人，不包括使用审计报告的第三人。②违反法律法规。这是指注册会计师直接违反了我国《公司法》《证券法》等法律中规定的义务。例如，注册会计师在执行审计期间买卖该公司的股票，提前泄露公司的财务信息给外人以谋取利益等。

（二）过错行为

过错是指行为人对其所实施的违法行为所持有的心态，即行为人违反法律行为时所表现出来的主观状态。过错包括故意和过失两种形式。故意是指行为人明知或可以预见自己的行为会发生违反法律或者危害社会的后果，并且希望或者放任这种结果发生的主观心理状态。过失是指行为人能够预见而未预见到自己行为可能造成的损害后果，或虽然已预见却轻信能够避免的心理状态。基于行为人产生过错的主观心理状态不同，行为人因违法行为所承担的法律责任也有所差别。根据我国《注册会计师法》《公司法》《证券法》等相关法律的规定，注册会计师的过错主要有过失和欺诈两类。

1.过失

注册会计师的过失，包括疏忽和懈怠。过失乃是其背离了法律和职业道德、执行准则对其提出的恪尽职守的义务，包括高度注意义务和忠实义务。换言之，过失是指注册会计师在执业时未恪尽职守，未能尽到应有的职业谨慎。应有的职业谨慎的标准应从两方面把握：一是对"人"的标准，要求注册会计师要符合"谨慎执业者"的标准；二是对"事"的标准，要求注册会计师在提供服务时要具体情况具体分析，运用职业判断收集到充分的审计证据。"谨慎执业者"的标准有三个：一是拥有该职业所需要的一般知识并能与职业保持同步发展；二是能作出相当于社会平均水平的判断；三是在人格方面代表但不超越社会一般水平。

当注册会计师的过失行为给他人造成损害时，应承担相应的赔偿责任。注册会计师的过失因其轻重程度不同，可以划分为一般过失和重大过失。一般过失是指注册会计师没有充分遵循执业准则的要求，在审计过程中对某些非重要审计事项没有保持应用的职业谨慎。这些被忽视的非重要事项累计起来之后可能引起重大错报，从而导致注册会计师审计失败。重大过失是指注册会计师连最基本、最重要的执业准则都未遵守，给当事人或社会公众带来较大的损失和危害。例如，注册会计师在审计过程中不负责任，敷衍了事，完全没有认真遵照执业准则的规定对财务报表实施审计，出具给委托人或他人带来重大损失的不恰当审计意见。

另外，还有一种过失叫"共同过失"，即对他人过失，受害方自己未能保持合理的谨慎，因而蒙受损失。例如，被审计单位未能向注册会计师提供编制纳税申报表所必要的信息，后来又控告注册会计师未能妥当地编制纳税申报表，这种情况可能使法院判定被审计单位有共同过失。再例如，在审计中未能发现现金等资产短少时，被审计单位可以过失为由控告注册会计师，而注册会计师又可以说现金等问题是由于缺乏适当的内部控制造成的，并以此为由来反击被审计单位的诉讼。

2.欺诈

欺诈是指注册会计师在执业过程中明知财务报告及其他有关材料不真实，但仍然故意作出虚假或失实的陈述，以达到欺骗他人的一种故意行为。例如，注册会计师明知被审计单位在财务报告中虚增收入，仍与被审计单位串通，出具无保留的审计意见以欺骗第三方。

与欺诈相关的另一个概念是"推定欺诈"，又称"涉嫌欺诈"，是指虽无故意欺诈或坑害他人的动机，却存在极端或异常的过失。"推定欺诈"和"重大过失"这两个概念的界限往往很难界定，在美国许多法院曾经将注册会计师的重大过失解释为推定欺诈，特别是近年来有些法院放宽了"欺诈"一词的范围，使得推定欺诈和欺诈在法律上成为等效的概念。这样，具有重大过失的注册会计师的法律责任就进一步加大了。

（三）损害后果

注册会计师出具不恰当的审计意见会误导报表使用者，改变他们的决策，给他们造成经济上的损失，从而产生损害后果。损害后果被用于评估注册会计师的侵权行为对利害关系人造成的损害程度。如果没有引起损害后果，则注册会计师不需为侵权行为承担赔偿责任。

（四）因果关系

因果关系是指行为人的行为与受害人遭受的损害之间的因果关系，因果关系是侵权责任确定的重要条件，因为责任自负规则要求任何人对自己的行为造成的损害后果应负责任，而他人对此后果不负责，由此必然要求确定损害结果发生的真正原因。

法律责任因果关系认定的任务有两个：一是确定责任的有无；二是确定责任的范围。由于因果关系具有复杂性和多样性，如一因多果、多果多因、多因一果等，所以不能简单认定注册会计师的不当执业或过错行为是造成损害的唯一原因，如果造成的损失事实上是由混合过错或共同过错等多种原因所致，就应当按照各自过错承担相应的赔偿责任。

（五）法定责任能力

法定责任能力是指达到法定的年龄、具有正常智力的行为主体具有的法律责任能力。行为主体不具有法定的责任能力时，即使其行为构成了违法行为，也不会追究法律责任。

二、注册会计师法律责任的种类

为了提高注册会计师的服务质量，国家法律以外部监督的方式对注册会计师行为进行规范和管理，并对其违法行为进行惩罚。我国法律规定的注册会计师法律责任主要有三类：

（一）行政责任

行政责任是行政法律责任的简称，是指行为主体因其行为违反与行政管理相关的法律、法规，但尚未构成犯罪，依法应当承担的法律后果。行政责任可以分为行政处分和行政处罚。

行政处分是对国家工作人员及由国家机关委派到企业事业单位任职的人员的行政违法行为，给予的一种制裁性处理。行政处分的种类包括警告、记过、降级、降职、撤职、开除等。

行政处罚是指国家行政机关及其他依法可以实施行政处罚权的组织，对违反行政法律、法规、规章，尚不构成犯罪的公民、法人及其他组织实施的一种制裁行为。根据《中华人民共和国行政处罚法》（以下简称《行政处罚法》）的规定，行政处罚主要有以下几种：警告、罚款、没收违法所得、没收非法财物、责令停产停业、暂扣或者吊销许可证、暂扣或者吊销执照、行政拘留以及法律、法规规定的其他行政处罚。实施行政处罚，必须依照法定程序进行。

（二）民事责任

民事责任是指民事主体因违反合同或者不履行其他法律义务，侵害国家、集体的财产，侵害他人财产、人身权利，依法应当承担的民事法律后果。这种法律后果是由国家法律规定并以强制力保证执行的。规定民事责任的目的，就是对已经造成的权利损害和财产损失给予恢复和补救。

根据产生责任的原因，民事责任可分为违约责任和侵权责任。其具体形式主要包括以下三种：①违反合同的民事责任，即违约责任。②缔约过失责任。③侵权的民事责任。

违反法律规定应承担的民事责任主要有十种：停止侵害；排除妨碍；消除危险；返还财产；恢复原状；修理、重作、更换；赔偿损失；支付违约金；消除影响、恢复名誉；赔礼道歉。

（三）刑事责任

刑事责任是指由于违反国家的法律、法规，情节严重，构成刑事犯罪而应承担的法律后果。违反法律规定应承担的刑罚种类包括主刑和附加刑。主刑有管制、拘役、有期徒刑、无期徒刑和死刑。附加刑有罚金、剥夺政治权利和没收财产。此外，对于犯罪的外国人，法律规定可以独立适用或者附加适用驱逐出境。

第二节　中国注册会计师的法律责任

随着社会主义市场经济体制在我国的建立和发展，注册会计师在社会经济生活中的地位越来越重要，发挥的作用越来越大。注册会计师如果工作失误或犯有欺诈行为，将会给委托人或依赖审定财务报表的第三人造成重大损失，严重的甚至导致经济秩序的紊乱。因此，强化注册会计师的责任意识，严格注册会计师的法律责任，以保证其职业道德和执业质量，意义就显得愈加重大。近年来，我国颁布的不少重要经济法律法规中，都有专门规定会计师事务所、注册会计师法律责任的条款，其中比较重要的有《注册会计师法》《公司法》《证券法》《刑法》等。

一、《中华人民共和国注册会计师法》

1993年10月31日第八届全国人民代表大会常务委员会第四次会议通过《中华人民共和国注册会计师法》（以下简称《注册会计师法》），并于1994年1月1日开始施行。2014年8月31日第十二届全国人民代表大会常务委员会第十次会议通过《关于修改〈中华人民共和国保险法等5部法律〉的决定》，其中包括对《中华人民共和国注册会计师法》的修订。该法律主要用于规范注册会计师、会计师事务所、注册会计师协会的行为和限定注册会计师的业务范围。《注册会计师法》第六章"法律责任"，在第三十九条中规定了会计师事务所和注册会计师应承担的行政责任和刑事责任，第四十二条规定了会计师事务所应承担的民事责任。

1.《注册会计师法》第三十九条的规定

会计师事务所违反《注册会计师法》第二十条、第二十一条规定的，由省级以上人民政府财政部门给予警告；没收违法所得，可以并处违法所得一倍以上五倍以下的罚款；情节严重的，并可以由省级以上人民政府财政部门暂停其经营业务或者予以撤销。

注册会计师违反本法第二十条、第二十一条规定的，由省级以上人民政府财政部门给予警告；情节严重的，可以由省级以上人民政府财政部门暂停其执行业务或者吊销注册会计师证书。

会计师事务所、注册会计师违反本法第二十条、第二十一条的规定，故意出具虚假的审计报告、验资报告，构成犯罪的，依法追究刑事责任。

2.《注册会计师法》第四十二条的规定

会计师事务所违反本法规定，给委托人、其他利害关系人造成损失的，应当依法承担赔偿责任。

二、《中华人民共和国公司法》

2023年12月29日，第十四届全国人民代表大会常务委员会第七次会议修订通过《中华人民共和国公司法》，自2024年7月1日起施行。

《中华人民共和国公司法》第二百五十七条规定，承担资产评估、验资或者验证的机构提供虚假材料或者提供有重大遗漏的报告的，由有关部门依照《中华人民共和国资产评估法》《中华人民共和国注册会计师法》等法律、行政法规的规定处罚。

承担资产评估、验资或者验证的机构因其出具的评估结果、验资或者验证证明不实，给公司债权人造成损失的，除能够证明自己没有过错的外，在其评估或者证明不实的金额范围内承担赔偿责任。

三、《中华人民共和国证券法》

2019年12月28日，第十三届全国人民代表大会常务委员会第十五次会议对《中华人民共和国证券法》（以下简称《证券法》）进行了第二次修订，自2020年3月1日起施行。

《证券法》第一百七十三条规定，证券服务机构为证券的发行、上市、交易等证券业务活动制作、出具审计报告及其他鉴证报告、资产评估报告、财务顾问报告、资信评级报告或者法律意见书等文件，应当勤勉尽责，对所依据的文件资料内容的真实性、准确性、完整性进行核查和验证。其制作、出具的文件有虚假记载、误导性陈述或者重大遗漏，给他人造成损失的，应当与委托人承担连带赔偿责任，但能够证明自己没有过错的除外。

第一百八十七条规定，法律、行政法规规定禁止参与股票交易的人员，违反本法第四十条的规定，直接或者以化名、借他人名义持有、买卖股票或者其他具有股权性质的证券的，责令依法处理非法持有的股票、其他具有股权性质的证券，没收违法所得，并处以买卖证券等值以下的罚款；属于国家工作人员的，还应当依法给予处分。

第一百九十三条规定，违反本法第五十六条第一款、第三款的规定，编造、传播虚假信息或者误导性信息，扰乱证券市场的，没收违法所得，并处以违法所得一倍以上十倍以下的罚款；没有违法所得或者违法所得不足二十万元的，处以二十万元以上二百万元以下的罚款。

违反本法第五十六条第二款的规定，在证券交易活动中作出虚假陈述或者信息误导的，责令改正，处以二十万元以上二百万元以下的罚款；属于国家工作人员的，还应当依法给予处分。

传播媒介及其从事证券市场信息报道的工作人员违反本法第五十六条第三款的规定，从事与其工作职责发生利益冲突的证券买卖的，没收违法所得，并处以买卖证券等值以下的罚款。

第一百九十七条规定，信息披露义务人未按照本法规定报送有关报告或者履行信息披露义务的，责令改正，给予警告，并处以五十万元以上五百万元以下的罚款；对直接负责的主管人员和其他直接责任人员给予警告，并处以二十万元以上二百万元以下的罚款。发行人的控股股东、实际控制人组织、指使从事上述违法行为，或者隐瞒相关事项导致发生上述情形的，处以五十万元以上五百万元以下的罚款；对直接负责的主管人员和其他直接责任人员，处以二十万元以上二百万元以下的罚款。

信息披露义务人报送的报告或者披露的信息有虚假记载、误导性陈述或者重大遗漏的，责令改正，给予警告，并处以一百万元以上一千万元以下的罚款；对直接负责的主管人员和其他直接责任人员给予警告，并处以五十万元以上五百万元以下的罚款。发行人的控股股东、实际控制人组织、指使从事上述违法行为，或者隐瞒相关事项导致发生上述情形的，处以一百万元以上一千万元以下的罚款；对直接负责的主管人员和其他直接责任人员，处以五十万元以上五百万元以下的罚款。

第二百一十四条规定，发行人、证券登记结算机构、证券公司、证券服务机构未按照规定保存有关文件和资料的，责令改正，给予警告，并处以十万元以上一百万元以下的罚款；泄露、隐匿、伪造、篡改或者毁损有关文件和资料的，给予警告，并处以二十万元以上二百万元以下的罚款；情节严重的，处以五十万元以上五百万元以下的罚款，并处暂停、撤销相关业务许可或者禁止从事相关业务。对直接负责的主管人员和其他直接责任人员给予警告，并处以十万元以上一百万元以下的罚款。

四、《中华人民共和国刑法》

该法第二百二十九条规定，承担资产评估、验资、验证、会计、审计、法律服务、保荐、安全评价、环境影响评价、环境监测等职责的中介组织的人员故意提供虚假证明文件，情节严重的，处五年以下有期徒刑或者拘役，并处罚金。

……

有前款行为的人员，同时索取他人财物或者非法收受他人财物构成犯罪的，依照处罚较重的规定定罪处罚。

第一款规定的人员，严重不负责任，出具的证明文件有重大失实，造成严重后果的，处三年以下有期徒刑或者拘役，并处或者单处罚金。

五、最高人民法院的规定

为更好地发挥人民法院和监管部门的协同作用，依法保护投资者合法权益，维护公开、公平、公正的资本市场秩序，促进资本市场健康发展，最高人民法院审判委员会于2021年12月30日第1860次会议通过《最高人民法院关于审理证券市场虚假陈述侵权民事赔偿案件的若干规定》（以下简称《规定》）。

《规定》第十八条指出，会计师事务所、律师事务所、资信评级机构、资产评估机构、财务顾问等证券服务机构制作、出具的文件存在虚假陈述的，人民法院应当按照法律、行政法规、监管部门制定的规章和规范性文件，参考行业执业规范规定的工作范围和程序要求等内容，结合其核查、验证工作底稿等相关证据，认定其是否存在过错。

《规定》第十九条指出，会计师事务所能够证明下列情形之一的，人民法院应当认定其没有过错：

（一）按照执业准则、规则确定的工作程序和核查手段并保持必要的职业谨慎，仍未发现被审计的会计资料存在错误的；

（二）审计业务必须依赖的金融机构、发行人的供应商、客户等相关单位提供不实证明文件，会计师事务所保持了必要的职业谨慎仍未发现的；

（三）已对发行人的舞弊迹象提出警告并在审计业务报告中发表了审慎审计意见的；

（四）能够证明没有过错的其他情形。

六、相关司法解释

2007年6月1日最高人民法院发布了《关于审理涉及会计师事务所在审计业务活动中民事侵权赔偿案件的若干规定》（以下简称《司法解释》）。该解释是根据法律法规的精神，结合审判实践中出现的新情况、新问题，作出切合实际的规定。它既寻求保护投资者合法利益，又为注册会计师行业提供了健康的发展空间。《司法解释》的主要事项如下：

（一）对"利害关系人""不实报告"的认定

《司法解释》第二条规定：因合理信赖或者使用会计师事务所出具的不实报告，与被审计单位进行交易或者从事与被审计单位的股票、债券等有关的交易活动而遭受损失的自然人、法人或者其他组织，应认定为注册会计师法规定的利害关系人。

会计师事务所违反法律法规、中国注册会计师协会依法拟定并经国务院财政部门批准后施行的执业准则和规则以及诚信公允的原则，出具的具有虚假记载、误导性陈述，或者重大遗漏的审计业务报告，应认定为不实报告。

（二）关于诉讼当事人的列置

《司法解释》第三条规定：利害关系人未对被审计单位提起诉讼而直接对会计师事务所提起诉讼的，人民法院应当告知其对会计师事务所和被审计单位一并提起诉讼；利害关系人拒不起诉被审计单位的，人民法院应当通知被审计单位作为共同被告参加诉讼。

利害关系人对会计师事务所的分支机构提起诉讼的，人民法院可以将该会计师事务所列为共同被告参加诉讼。

利害关系人提出被审计单位的出资人虚假出资或者出资不实、抽逃出资，且事后未补足的，人民法院可以将该出资人列为第三人参加诉讼。

（三）归责原则和举证分配

《司法解释》第四条规定：会计师事务所因在审计业务活动中对外出具不实报告给利害关系人造成损失的，应当承担侵权赔偿责任，但其能够证明自己没有过错的除外。

会计师事务所在证明自己没有过错时，可以向人民法院提交与该案件相关的执业准则、规则以及审计工作底稿等。

（四）会计师事务所与被审计单位的连带责任

《司法解释》第五条规定：注册会计师在审计业务活动中存在下列情形之一，出具不实报告并给利害关系人造成损失的，应当认定会计师事务所与被审计单位承担连带赔偿责任：①与被审计单位恶意串通；②明知被审计单位对重要事项的财务会计处理与国家有关规定相抵触，而不予指明；③明知被审计单位的财务会计处理会直接损害利害关系人的利益，而予以隐瞒或者作不实报告；④明知被审计单位的财务会计处理会导致利害关系人产生重大误解，而不予指明；⑤明知被审计单位的财务报表的重要事项有不实的内容，而不予指明；⑥被审计单位示意其作不实报告，而不予拒绝。

（五）过失责任与过失指引

注册会计师在审计过程中未保持必要的职业谨慎，存在下列情形之一，并导致报告不实的，人民法院应当认定会计师事务所存在过失：①违反《注册会计师法》第20条第（二）、（三）项的规定；②负责审计的注册会计师以低于行业一般成员应具备的专业水准执业；③制订的审计计划存在明显疏漏；④未依据执业准则、规则执行必要的审计程序；⑤在发现可能存在错误和舞弊的迹象时，未能追加必要的审计程序予以证实或者排除；⑥未能合理地运用执业准则和规则所要求的重要性原则；⑦未根据审计的要求采用必要的调查方法获取充分的审计证据；⑧明知对总体结论有重大影响的特定审计对象缺少判断能力，未能寻求专家意见而直接形成审计结论；⑨错误判断和评价审计证据；⑩其他违反执业准则、规则确定的工作程序的行为。

对于注册会计师侵权责任的法律构成要件，采纳"四要件说"，即存在不实报告、注册会计师存在过失、利害关系人遭受了损失、会计师事务所的过失与损害事实之间的因果关系。

七、关于进一步规范财务审计秩序 促进注册会计师行业健康发展的意见

为深入贯彻党中央、国务院关于严肃财经纪律的决策部署，切实加强会计师事务所监管，遏制财务造假，有效发挥注册会计师审计鉴证作用。2021年8月23日，国务院办公厅发布《关于进一步规范财务审计秩序 促进注册会计师行业健康发展的意见》（以下简称《意见》）。

《意见》明确提出，完善相关部门对从事证券业务的会计师事务所监管的协作机制，加强统筹协调，形成监管合力，对会计师事务所和上市公司从严监管，依法追究财务造假的审计责任、会计责任；坚决纠正会计师事务所串通舞弊、丧失独立性等违反职业规范和道德规范的重大问题；理区分财务造假的企业会计责任和会计师事务所审计责任，明确其他单位向注册会计师出具不实证明的法律责任；按照过罚相当原则依法处理涉会计师事务所责任案件，研究完善会计师事务所和注册会计师法律责任相关司法解释，进一步明确特殊普通合伙会计师事务所的民事责任承担方式。

八、关于进一步做好资本市场财务造假综合惩防工作的意见

为从严打击资本市场财务造假，维护良好市场生态，2024年6月29日，国务院办公厅转发中国证监会、公安部、财政部、中国人民银行、金融监管总局、国务院国资委等部门

《关于进一步做好资本市场财务造假综合惩防工作的意见》。

《关于进一步做好资本市场财务造假综合惩防工作的意见》第（九）条指出，供应商、客户、中介机构、金融机构等第三方人员配合实施财务造假构成犯罪的，依法坚决追究刑事责任。第（十五）条指出，对存在重大违法违规行为的中介机构依法暂停或禁止从事证券服务业务，严格执行吊销执业许可、从业人员禁入等制度。

九、关于办理财务造假犯罪案件有关问题的解答

为深入学习贯彻党的二十届三中全会精神，助推完善市场经济基础制度，依法从严惩治欺诈发行、违规信息披露等财务造假犯罪，最高人民检察院经济犯罪检察厅于2024年8月16日印发《关于办理财务造假犯罪案件有关问题的解答》（以下简称《解答》）。

《解答》第（十四）条规定，中介组织及其人员故意提供虚假证明文件，情节严重的，以提供虚假证明文件罪追究刑事责任，其同时参与财务造假行为成立财务造假犯罪共犯的，应当依照处罚较重的规定定罪处罚。中介组织及其人员在履行职责过程中严重不负责任，出具的证明文件有重大失实，造成严重后果的，以出具证明文件重大失实罪依法追究刑事责任。

所谓严重不负责任，一般指不遵守规定或能为而不为，不同性质的中介组织因职责各异而有不同的判断标准。以会计师事务所的审计人员为例，目前既有案例的认定标准主要有以下几种情形：未按审计准则履行必需的审计程序；一般审计人员能够正常发现的问题而未发现；未开展审计工作而直接签字确认审计结论等。

第三节　避免法律诉讼的对策

注册会计师制度在我国恢复与重建已有40多年的历史，随着注册会计师地位和作用的提高，注册会计师的社会影响力越来越大。政府部门和社会公众在了解注册会计师作用的同时，对注册会计师责任的了解也在增加，因此，起诉注册会计师的案件便时有发生。近几年来，我国注册会计师行业发生了一系列震惊整个行业乃至全社会的案件。有关会计师事务所均因出具虚假报告造成严重后果而被撤销、没收财产或取消特许业务资格，有关注册会计师也被吊销资格，有的被追究刑事责任。除一些大案件之外，涉及注册会计师的中小型诉讼案更有日益上升的趋势。如何避免法律诉讼，已成为我国注册会计师非常关注的问题。

一、注册会计师行业的应对措施

面对注册会计师法律责任的扩展和被控诉讼案件数量的急剧增加，整个注册会计师职业界都在积极研究如何避免法律诉讼。这对于提高注册会计师审计的鉴证水平，增强发现重大错误与舞弊的能力都有较大的帮助。

（一）严格审计程序

注册会计师发表恰当审计意见的前提是必须遵循审计准则的要求，实施必要的审计程序，搜集充分适当的审计证据。审计实践已经证明，只有严格按照正确、合理的审计程序进行审计，才能防范审计风险，防范法律诉讼。因此，高标准的审计程序是保护注册会计师的

利器，要求注册会计师执行严格的审计程序是保护行业利益的根本所在。

（二）加强行业监管

只有在维护好社会公众利益的基础上，注册会计师行业才能实现行业利益，表明自身的社会价值。注册会计师行业的监管对于维护、协调、平衡公众利益和行业利益都是至关重要的。行业监管不仅仅指的是政府部门、独立监管部门的行政监管和独立监管，还包括行业协会对行业自身的自律性监管。在经历过多次诉讼风暴和信任危机之后，当前国际社会的行业监管呈现日益强化的趋势，监管模式也呈现逐渐混合的态势。

（三）反击恶意诉讼

注册会计师经常作为"深口袋"的角色出现在法庭之上。当遭受到投资损失时，投资者出于急于弥补损失的目的，往往将注册会计师作为被告，西方国家发达的律师行业更是起到了推波助澜的作用。因此，很多针对注册会计师的恶意诉讼案件层出不穷。恶意诉讼中的"恶意"主要体现在两个方面：一是明知自己的诉讼请求缺乏事实和法律依据；二是具有侵害对方合法权益的不正当的诉讼目的。注册会计师行业应当加强与司法系统的沟通交流，在立法层面和司法程序上，对恶意诉讼作出限定，建立防范恶意诉讼的有效司法机制。在面临恶意诉讼时，应当抓住原告的"恶意"本意，聘请律师，帮助注册会计师合法保护自身的利益。

（四）弥补社会公众期望差距

如果会计职业界不采取措施来缩小审计期望差距，将面临越来越多的诉讼和批评。中国也存在对审计职能认识的"期望差距"，例如，在审计目标、审计查错防弊的责任以及注册会计师由于疏忽或审计失败而对第三方的责任等方面，审计职业界和审计受益人之间有不同的看法。从行业内来看，应当增加与公众的沟通，通过改善审计质量和提高审计独立性来提高财务报告质量，从而缩小由于不恰当的行为导致的审计期望差距，从而尽可能地满足公众需求、降低审计风险。另外，使用清楚表达审计责任的审计报告，也可以增进公众对审计工作的了解和理解。

二、会计师事务所和注册会计师的应对措施

会计师事务所和注册会计师避免法律诉讼的具体措施，可以概括为以下几点：

（一）严格遵循职业道德守则

严格遵循职业道德守则是注册会计师保护自身利益，避免法律诉讼最为基本的要求。注册会计师如要为社会公众提供高质量的、可信赖的专业服务，就必须强化职业道德意识，提高职业道德水准。少数注册会计师忽视职业道德守则的要求，在执业过程中，往往处于被动地位，甚至帮助被审计单位掩饰舞弊。当发生审计诉讼时，此类注册会计师必然会受到应有的处罚。还有少数注册会计师在执业过程中，对有关被审计单位的问题未持应有的职业谨慎，或为节省时间而缩小审计范围和简化审计程序，都会导致财务报表中的重大错报不被发现从而可能成为被告。因此，注册会计师应当树立起强烈的风险意识、责任意识和道德意识，时刻强调职业道德，防范司法诉讼。

（二）建立会计师事务所质量管理制度

会计师事务所不同于一般的公司（企业），质量管理是会计师事务所各项管理工作的核心和关键。如果一家会计师事务所质量管理不严，很有可能因某一个人或一个部门的原因导致整个会计师事务所遭受灭顶之灾。许多审计过程中的差错是由于注册会计师失察或未能对助理人员或其他人员进行切实的监督而产生的。对于业务复杂且重大的委托人来说，其审计是由多个注册会计师及许多助理人员共同配合来完成的。如果他们的分工存在重叠或间隙，又缺乏严密的执业监督，发生过失是不可避免的。因此，会计师事务所必须建立健全一套严密、科学的内部质量管理制度，并把这套制度推行到每一个人、每一个部门和每一项业务，迫使注册会计师按照专业标准的要求执业，保证整个会计师事务所的质量。

（三）谨慎选择合伙人

要避免法律诉讼，首要问题是谨慎选择合伙人，以避免可能导致审计失败的隐患。一般说来，不宜选择下列合伙人：崇尚商业利润而忘记职业道德的合伙人；无视职业规范自以为是的合伙人；认为倒霉事不会落到自己头上的合伙人；不评估客户风险的合伙人；逾越内部控制、不遵循事务所政策的合伙人；凡事都授权给经理的合伙人；重大问题不咨询或请教别人的合伙人；不了解客户需要和动机的合伙人；专业技能落伍的合伙人；过度扩张或过度忙碌的合伙人。

（四）招收合格的人员，并予以适当培训和督导

对于大多数的审计项目来说，相当多的工作是由缺乏经验的助理人员来完成的。对会计信息公允、正确与否的识别、估测、评价等大量依靠的是注册会计师的专业判断。没有注册会计师的经验以及由经验积累而成的判断，会计师事务所就要承担审计失败的风险。因此，防止审计失败的措施之一，就是必须严格设定选拔助理人员的条件，还要对他们进行有效的业务培训和道德教育，并在审计工作过程中对他们进行适当的监督和指导。

（五）与委托人签订业务约定书

《注册会计师法》第十六条规定，注册会计师承办业务，会计师事务所应与委托人签订委托合同（即业务约定书）。业务约定书具有法律效力，它是确定注册会计师和委托人的责任的重要文件。会计师事务所不论承办何种业务，都要按照业务约定书相关准则的要求与委托人签订约定书，这样才能在发生法律诉讼时将一切口舌争辩减少到最低限度。

（六）审慎选择被审计单位

中外注册会计师法律案例告诉我们，注册会计师如欲避免法律诉讼，必须慎重地选择被审计单位。被审计单位如果在对待其顾客、职工、政府部门和其他方面没有表现出正直品格，则出现差错和舞弊行为的可能性就大，审计失败的可能性就比较大，即使扩大审计测试的规模，注册会计师也难以使总体审计风险的水平降低到社会可接受的程度内，出现法律纠纷的可能性就比较大。因此，注册会计师在接受委托之前，应采取与前任注册会计师联系等程序，评价管理层的品格。一般说来，不宜与下列被审计单位打交道：①曾经有不诚实的记录或在业界的声誉不佳的客户；②以前年度曾经发生过舞弊，或违反法规行为的客户；③管理层过分强调盈利预测的实现和企业股价的表现的客户；④管理层过去常与注册会计师发生争议，或曾经欺骗过注册会计师，或对注册会计师不够尊重的客户；⑤经常变更会计师事务

所、倾向于购买会计原则的客户；⑥经常从事内幕交易的客户；⑦倾向于采用不稳健的会计政策和不适当的冒险做法的客户；⑧面临较大经济和财务压力、陷入财务困境的客户。

（七）严格遵守审计准则

正如前文所充分论述的，不能苛求注册会计师对财务报表中的所有错报事项都承担法律责任，注册会计师是否应承担法律责任，关键在于注册会计师是否有过失或欺诈行为。而判别注册会计师是否具有过失的关键在于注册会计师是否遵循专业标准的要求执业。因此，保持良好的职业道德，严格遵循专业标准的要求执行业务、出具报告，对于避免法律诉讼或在提起的诉讼中保护注册会计师尤为重要。

（八）提取风险基金或购买责任保险

在西方国家，购买充分的责任保险是会计师事务所一项极为重要的保护措施，尽管保险不能免除可能受到的法律诉讼，但能防止或减少诉讼失败时会计师事务所发生的财务损失。《注册会计师法》也规定了会计师事务所应当按规定建立职业风险基金，办理职业保险。

（九）聘请律师

会计师事务所在可能的条件下，应当聘请熟悉相关法规及注册会计师法律责任的律师。在执业过程中如遇重大法律问题，注册会计师应同本所的律师或外聘律师详细讨论所有潜在的危险情况，并仔细考虑律师的建议。一旦发生法律诉讼，也应聘请有经验的律师参与诉讼。

□ 复习思考题

1. 近些年来，注册会计师的法律环境发生了哪些变化？原因何在？
2. 如何认定注册会计师的法律责任？
3. 注册会计师法律责任的成因有哪些？
4. 欺诈与过失的区别是什么？如何区分没有过失、一般过失、重大过失、推定欺诈和欺诈？
5. 哪些情形可能会引起注册会计师产生重大过失？
6. 我国司法解释在关于注册会计师的法律责任方面有何具体规定？
7. 如何避免法律诉讼？

第二篇　审计程序与审计技术

第六章

审计目标与审计过程

第一节　审计目的与注册会计师的总体目标

一、审计目的的含义

审计的目的是提高财务报表预期使用者对财务报表的信赖程度。这一目的可以通过注册会计师对财务报表是否在所有重大方面按照适用的财务报告编制基础编制发表审计意见得以实现。就大多数通用目的财务报告编制基础而言，注册会计师针对财务报表是否在所有重大方面按照财务报告编制基础编制并实现公允反映发表审计意见。注册会计师按照审计准则和相关职业道德要求执行审计工作，能够形成这样的意见。

审计目的是在一定历史环境下，审计主体通过审计实践活动所期望达到的境地或最终结果，它体现了审计的基本职能，是构成审计理论结构的基石，是整个审计系统运行的定向机制，是审计工作的出发点和落脚点。

二、审计目的的演变

审计目的既反映了社会（审计环境）对审计的要求，也反映了审计作用于社会（审计环境）的实质内容。审计目的的确定受审计环境的影响，并随着审计环境的变化而变化。审计目的的演变大致可划分为如下三个阶段：

（1）以查错防弊为主要目的。这一阶段大致从注册会计师审计的产生直到20世纪30年代。在此阶段，企业主需要通过审计了解管理层履行其职责的情况。因此"发现舞弊"被公认为是注册会计师审计的首要目的。然而，为了保护审计师的利益，法庭将审计师发现舞弊的责任限制在合理的范围内，即要求审计师在其工作中应持有合理谨慎态度，并运用娴熟的技能。在没有疑点的情况下，不要求审计师发现所有舞弊。但是，如果存在引起怀疑的事项，审计师必须做进一步的调查。

（2）以验证财务报表的真实公允性为主要目的。这一阶段从20世纪30年代到60年代。随着社会经济环境的变化，公司股权逐步分散，企业管理者的责任范围由原来的只对股东和债权人负责扩大到包括其他诸多利益集团，外部投资者也逐渐以财务报表作为其投资决策的重要依据。由于信息不对称的存在，报表使用人无法确认财务报表所反映财务信息的真伪，需要外部审计师对财务报表进行鉴证。同时，股份公司的规模和业务量较过去大大扩展，审计师在客观上也无法对全部经济业务进行逐笔审计。此外，20世纪30年代内部控制理论产生后，审计职业界开始认为如能建立完善的内部控制，可以在很大程度上控制欺诈舞弊的发生。因此，注册会计师审计不再以查错防弊为主要目的，而是着重对财务报表的真实性与公允性发表意见，以帮助报表使用者作出相应决策。

（3）查错防弊和验证财务报表的真实公允性双重目的并重。20世纪60年代以来，涉及企业管理人员欺诈舞弊的案件大量增加，由此给社会公众造成重大损失。社会公众出于保护自身利益的考虑，纷纷要求审计师将查错防弊作为审计的主要目的。社会公众的强烈要求加之法庭的判决和政府管理机构的压力，都迫使审计职业界重新考虑将查错防弊纳入审计目的。1974年，美国审计师协会提出科恩（Cohen）报告，认为"绝大部分利用和依靠审计工作的人都将揭露欺诈列为审计的最重要的目的"。"一项审计应予以合理计划，以对财务报表没有受到重大欺诈舞弊的影响提供合理的保证。同时对企业管理层履行企业重要资产的管理责任提供合理的保证。"因而，在这一时期，审计职业界加重了审计师对揭露舞弊所承担的责任，要求审计师对引起其怀疑的事项持有合理的职业谨慎态度。如果发现舞弊事项，审计师就有义务对其做进一步调查。

20世纪80年代以来，为缩小公众对审计的期望差距，审计职业界开始对"舞弊责任"采取更加积极的态度。尽管"发现舞弊"作为审计目的尚不明显，但是各国审计界开始接受揭露管理层舞弊的责任，只是在接受的程度上有所区别。1988年，审计准则委员会发布了第53号、第54号《审计准则说明书》，将揭露舞弊和非法行为作为审计的主要目的。例如，第53号《审计准则说明书》中指出"审计师必须评价舞弊和差错可能引起财务报表严重失实的风险，并依据这种评价设计审计程序，以合理地保证揭露对财务报表有重大影响的舞弊和差错"。第54号《审计准则说明书》则对审计师揭露客户非法行为做了阐述。可见，审计师开始承担在常规审计程序中发现、揭露可能存在的对财务报表信息有重大影响的舞弊，包括揭露管理层舞弊的责任。

应当指出的是，20世纪80年代以来，国际上著名的会计公司在不同程度上开始采用"风险导向审计"的模式，其审计目的是降低信息风险。

三、现阶段我国注册会计师的总体目标

《中国注册会计师审计准则第1101号——注册会计师的总体目标和审计工作的基本要求》第二十五条规定，在执行财务报表审计工作时，注册会计师的总体目标是：（1）对财务报表整体是否不存在舞弊或错误导致的重大错报获取合理保证，使得注册会计师能够对财务报表是否在所有重大方面按照适用的财务报告编制基础编制发表审计意见；（2）按照审计准则的规定，根据审计结果对财务报表出具审计报告，并与管理层和治理层沟通。

正确理解注册会计师的总体目标，需要把握以下几个概念：

1.注册会计师

注册会计师，是指取得注册会计师证书并在会计师事务所执业的人员，通常是指项目合伙人或项目组其他成员，有时也指所在的会计师事务所。当审计准则明确指出应由项目合伙人遵守的规定或承担的责任时，则使用"项目合伙人"而非"注册会计师"的称谓。

2.财务报表

财务报表，是指依据某一财务报告编制基础对被审计单位历史财务信息作出的结构性表述，旨在反映某一时点的经济资源或义务或者某一时期经济资源或义务的变化。财务报表通常是指整套财务报表，有时也指单一财务报表。财务报表包括披露。披露包括财务报告编制基础所要求的、明确允许的或者由于其他原因（如实务惯例）作出的解释性或描述性信息，通常包括在财务报表附注中，也可能在财务报表表内反映，或者通过财务报表的交叉索引作出提示。

历史财务信息，是指以财务术语表述的某一特定实体的信息，这些信息主要来自特定实体的会计系统，其反映了过去一段时间内发生的经济事项，或过去某一时点的经济状况或情况。

3.适用的财务报告编制基础

适用的财务报告编制基础，是指法律法规要求采用的财务报告编制基础；或者管理层和治理层（如适用）在编制财务报表时，就被审计单位性质和财务报表目标而言，采用的可接受的财务报告编制基础。

财务报告编制基础分为通用目的编制基础和特殊目的编制基础。通用目的编制基础，是指旨在满足广大财务报表使用者共同的财务信息需求的财务报告编制基础，主要是指会计准则和会计制度。特殊目的编制基础，是指旨在满足财务报表特定使用者对财务信息需求的财务报告编制基础，包括计税核算基础、监管机构的报告要求和合同的约定等。

在评价财务报表是否按照适用的财务报告编制基础编制时，注册会计师应当考虑：（1）经管理层调整后的财务报表是否与审计师对被审计单位及其环境的了解一致；（2）财务报表的列报、结构和内容是否合理；（3）财务报表是否真实地反映了交易和事项的经济实质。

4.错报

错报，是指某一财务报表项目的金额、分类、列报，与按照适用的财务报告编制基础应当列示的金额、分类、列报之间存在的差异。错报可能是由错误或舞弊导致的。

当注册会计师对财务报表是否在所有重大方面按照适用的财务报告编制基础编制，并实现公允反映发表审计意见时，错报还包括根据注册会计师的判断，为使财务报表在所有重大方面实现公允反映，需要对金额、分类、列报作出的必要调整。

财务报表的错报可能由舞弊或错误导致。舞弊和错误的区别在于，导致财务报表发生错报的行为是故意行为还是非故意行为。舞弊是一个宽泛的法律概念，但审计准则要求注册会计师关注导致财务报表发生重大错报的舞弊。与财务报表审计相关的两类故意错报，包括编制虚假财务报告导致的错报和侵占资产导致的错报。

在计划和实施审计工作，以及评价识别出的错报对审计的影响和未更正的错报（如有）对财务报表的影响时，注册会计师应当运用重要性概念。如果合理预期某一错报（包括漏报）单独或连同其他错报可能影响财务报表使用者依据财务报表作出的经济决策，则该项错报通常被认为是重大的。重要性取决于在具体环境下对错报金额或性质的判断，或同时受到两者的影响，并受到注册会计师对财务报表使用者对财务信息需求的了解的影响。注册会计师针对财务报表整体发表审计意见，因此没有责任发现对财务报表整体影响并不重大的错报。

在评价财务报表是否不存在舞弊或错误导致的重大错报时，注册会计师应当考虑：①选择和运用的会计政策是否符合适用的会计准则和相关会计制度，并适合于被审计单位的具体情况；②管理层作出的会计估计是否合理；③财务报表反映的信息是否具有相关性、可靠性、可比性和可理解性；④财务报表是否作出恰当披露，使财务报表使用者能够理解重大交易和事项对被审计单位财务状况、经营成果和现金流量的影响。

5.合理保证

合理保证，是指注册会计师在财务报表审计中提供的一种高度但并非绝对的保证水平。注册会计师应当按照审计准则的规定，对财务报表整体是否不存在舞弊或错误导致的重大错报获取合理保证，以作为发表审计意见的基础。

合理保证是一种高度保证。当注册会计师获取充分、适当的审计证据将审计风险降至可接受的低水平时，就获取了合理保证。由于审计存在固有限制，注册会计师据以得出结论和形成审计意见的大多数审计证据是说服性的而非结论性的。因此，审计只能提供合理保证，不能提供绝对保证。审计的固有限制源于：

（1）财务报告的性质。管理层在编制财务报表时，需根据适用的财务报告编制基础对被审计单位的事实和情况作出判断。除此之外，许多财务报表项目涉及主观决策或评估，或一定程度的不确定性，而且存在一系列可接受的解释或判断。因此，某些财务报表项目本身就不存在确切的金额，且不能通过追加审计程序来消除。例如，某些会计估计经常会这样。然而，审计准则要求注册会计师对管理层根据适用的会计准则和相关会计制度作出的会计估计是否合理，相关的披露是否适当、充分，以及被审计单位会计实务（会计处理）的质量（包括管理层判断可能存在偏见的迹象）给予特定的考虑。

（2）审计程序的性质。注册会计师获取审计证据的能力受到操作上（实际）和法律方面的限制。例如：①管理层或其他人员有可能有意或无意地不提供与财务报表编制相关的或注册会计师要求的完整信息。因此，即使已实施旨在确保获取所有相关信息的审计程序，注册会计师也不能确定信息的完整性。②舞弊可能涉及为掩盖真相而精心策划的方案。因此，用以收集审计证据的审计程序可能对发现故意的错报是无效的。③审计不是对涉嫌违法行为的官方调查。因此，注册会计师没有被授予对这类调查的特定法律权力，如搜查权。

（3）在合理的时间内以合理的成本完成审计的需要。难度、时间或成本等问题，不能作为注册会计师在无法实施替代性程序的情况下省略审计程序（省略不可替代的审计程序），或满意于缺乏足够说服力的审计证据的正当理由。制订适当的审计计划有助于为执行审计工作提供充分的时间和资源。尽管如此，信息的相关性及其由此而具有（产生）的价值会随着时间的推移而降低，所以须在信息的可靠性和成本之间进行权衡。因此，财务报表使用者的期望是注册会计师会在合理的时间内、以合理的成本形成财务报表的审计意见。注册会计师难以处理所有可能存在的信息，或在假定信息存在错误或舞弊的基础上（除非能证明并非如此）来竭尽可能地追查每一个事项。

（4）影响审计固有限制的其他事项。对于某些认定或对象（事项）而言，固有限制对注册会计师发现重大错报能力的潜在影响尤为重要。这些认定或对象（事项）包括：舞弊，特别是涉及高级管理人员的舞弊或串通舞弊；关联方关系和交易的存在和完整性；存在违反法律法规的行为；可能导致被审计单位无法持续经营的未来事项或情况。

6.审计准则

审计准则是指中国注册会计师审计准则。审计准则旨在规范和指导注册会计师对财务报表整体是否不存在重大错报获取合理保证，要求注册会计师在整个审计过程中运用职业判断和保持职业怀疑。需要运用职业判断并保持职业怀疑的重要审计环节主要包括：①通过了解被审计单位及其环境、适用的财务报告编制基础和被审计单位内部控制体系，识别和评估舞弊或错误导致的重大错报风险；②通过对评估的风险设计和实施恰当的应对措施，针对是否存在重大错报获取充分、适当的审计证据；③根据从获取的审计证据中得出的结论，对财务报表形成审计意见。

为了实现注册会计师的总体目标，在计划和实施审计工作时，注册会计师应当运用相关审计准则规定的目标。在使用规定的目标时，注册会计师应当认真考虑各项审计准则之间的相互关系，以采取下列措施：①为了实现审计准则规定的目标，确定是否有必要实施除审计准则规定以外的其他审计程序；②评价是否已获取充分、适当的审计证据。

除非存在下列情况，注册会计师应当遵守每项审计准则的各项要求：①某项审计准则的全部内容与具体审计工作不相关；②由于审计准则的某项要求存在适用条件，而该条件并不存在，导致该项要求不适用。

在极其特殊的情况下，注册会计师可能认为有必要偏离某项审计准则的相关要求。在这种情况下，注册会计师应当实施替代审计程序以实现相关要求的目的。只有当相关要求的内容是实施某项特定审计程序，而该程序无法在具体审计环境下有效地实现要求的目的时，注册会计师才能偏离该项要求。如果不能实现相关审计准则规定的目标，注册会计师应当评价这是否使其不能实现总体目标。如果不能实现总体目标，注册会计师应当按照审计准则的规定出具非标准审计报告，或者在法律法规允许的情况下解除业务约定。不能实现相关审计准则规定的目标构成重大事项的，注册会计师应当按照《中国注册会计师审计准则第1131号——审计工作底稿》的规定予以记录。

7.审计意见

注册会计师发表审计意见的形式取决于适用的财务报告编制基础以及相关法律法规的规定。

8.管理层和治理层

管理层，是指对被审计单位经营活动的执行负有管理责任的人员。在某些被审计单位，管理层包括部分或全部的治理层成员，如治理层中负有经营管理责任的人员，或参与日常经营管理的业主（以下简称业主兼经理）。

治理层，是指对被审计单位战略方向以及管理层履行经营管理责任负有监督责任的人员或组织。治理层的责任包括监督财务报告过程。在某些被审计单位，治理层可能包括管理层，如治理层中负有经营管理责任的人员，或业主兼经理。

按照审计准则和相关法律法规的规定，注册会计师还可能就审计中出现的事项，负有与管理层、治理层和其他财务报表使用者进行沟通和向其报告的责任。

第二节　管理层、治理层和注册会计师对财务报表的责任

一、管理层和治理层的责任

现代企业的所有权与经营权分离后，管理层负责对企业进行日常经营管理，随之承担受

托责任，他们通过编制财务报表反映受托责任的履行情况。按照现代公司治理结构的安排，为了实现公司内部的权力平衡，需要通过制约关系来保证财务信息的质量，这就往往要求治理层对管理层编制财务报表的过程实施有效的监督。财务报表就是由被审计单位管理层在治理层的监督下编制的。在治理层的监督下，管理层作为会计工作的行为人，对编制财务报表负有直接责任。因此，在被审计单位治理层的监督下，按照适用的财务报告框架的规定编制财务报表是被审计单位管理层的责任。

执行审计工作的前提，即与管理层和治理层（如适用）责任相关的执行审计工作的前提，是指管理层和治理层（如适用）已认可并理解其应当承担下列责任，这些责任构成注册会计师按照审计准则的规定执行审计工作的基础：

（1）按照适用的财务报告框架的规定编制财务报表，包括使其实现公允反映（如适用）。

管理层应当根据会计主体的性质和财务报表的编制目的，选择适用的会计准则和相关会计制度。就会计主体的性质而言，事业单位适合采用《事业单位会计制度》，而企业则根据规模和行业性质，分别适用《企业会计准则》《企业会计制度》《小企业会计准则》等。按照编制目的的不同，财务报表可分为通用目的和特殊目的两种报表。前者是为了满足范围广泛的使用者的共同信息需要，如为公布目的而编制的财务报表；后者是为了满足特定信息使用者的信息需要。相应地，编制和列报财务报表适用的会计准则和相关会计制度也不同。

（2）设计、执行和维护必要的内部控制，使得编制的财务报表不存在舞弊或错误导致的重大错报。

为了履行编制财务报表的职责，管理层通常设计、实施和维护与财务报表编制相关的内部控制，以保证财务报表不存在舞弊和错误导致的重大错报。

管理层在治理层的监督下，高度重视对舞弊的防范和遏制是非常重要的。对舞弊的防范可以减少舞弊发生的机会；由于舞弊存在被发现和惩罚的可能性，对舞弊的遏制能够警示被审计单位人员不要实施舞弊。对舞弊的防范和遏制需要管理层营造诚实守信和合乎道德的文化，并且这一文化能够在治理层的有效监督下得到强化。治理层的监督包括考虑管理层凌驾于控制之上或对财务报告过程施加其他不当影响的可能性，例如，管理层为了影响分析师对企业业绩和盈利能力的看法而操纵利润。

（3）向注册会计师提供必要的工作条件。

这些必要的工作条件包括允许注册会计师接触与编制财务报表相关的所有信息，向注册会计师提供审计所需的其他信息，允许注册会计师在获取审计证据时不受限制地接触其认为必要的内部人员和其他相关人员。

管理层（有时涉及治理层）认可并理解应当承担与财务报表相关的上述责任，是执行审计工作的前提，构成了注册会计师按照审计准则的规定执行审计工作的基础。

二、注册会计师的责任

就大多数通用目的财务报告框架而言，注册会计师的责任是，针对财务报表是否在所有重大方面按照财务报告框架编制并实现公允反映发表审计意见。

作为一种鉴证业务，审计工作旨在提高被审计单位财务报表的可信性。在审计关系中，注册会计师作为独立的第三方，由其对财务报表发表审计意见，有利于提高财务报表的可信赖程度。为履行这一职责，注册会计师应当遵守职业道德规范，按照审计准则的规定计划和实施审计工作，收集充分、适当的审计证据，并根据收集的审计证据得出合理的审计结论，发表恰当的审计意见。

为准确把握注册会计师责任的含义，有必要进一步明确注册会计师在揭露错误与舞弊以及违反法规行为方面的责任。在财务报表审计中，这两类责任都有可能会涉及。

1.对发现错误和舞弊的责任

尽管注册会计师可能怀疑被审计单位存在舞弊，甚至在极少数情况下识别出发生的舞弊，但注册会计师并不对舞弊是否已实际发生作出法律意义上的判定。

被审计单位治理层和管理层对防止或发现舞弊负有主要责任。在按照审计准则的规定执行审计工作时，注册会计师有责任对财务报表整体是否不存在舞弊或错误导致的重大错报获取合理保证。

在舞弊导致错报的情况下，固有限制的潜在影响尤其重大。舞弊导致的重大错报未被发现的风险，大于错误导致的重大错报未被发现的风险。其原因是舞弊可能涉及精心策划和蓄意实施以进行隐瞒，如伪造证明或故意漏记交易，或者故意向注册会计师提供虚假陈述。如果涉及串通舞弊，注册会计师可能更加难以发现蓄意隐瞒的企图。串通舞弊可能导致原本虚假的审计证据被注册会计师误认为具有说服力。注册会计师发现舞弊的能力取决于舞弊者实施舞弊的技巧、舞弊者操纵会计记录的频率和范围、串通舞弊的程度、舞弊者操纵的每笔金额的大小、舞弊者在被审计单位的职位级别等因素。即使可以识别出实施舞弊的潜在机会，但对于诸如会计估计等判断领域的错报，注册会计师也难以确定这类错报是由舞弊还是错误导致的。

管理层舞弊导致的重大错报未被发现的风险，大于员工舞弊导致的重大错报未被发现的风险。其原因是管理层往往可以利用职务之便，直接或间接操纵会计记录，提供虚假的财务信息，或凌驾于为防止其他员工实施类似舞弊而建立的控制之上。在获取合理保证时，注册会计师有责任在整个审计过程中保持职业怀疑，考虑管理层凌驾于控制之上的可能性，并认识到对发现错误有效的审计程序未必对发现舞弊有效。

由于审计的固有限制，即使注册会计师按照审计准则的规定恰当计划和执行了审计工作，也不可避免地存在财务报表中的某些重大错报未被发现的风险。因此，注册会计师不能对财务报表整体不存在重大错报获取绝对保证，只能取得合理保证。承担合理保证的责任也意味着审计工作并不能保证发现所有的重大错报（包括不能保证发现所有的错误和舞弊导致的重大错报）。

按照《中国注册会计师审计准则第1101号——注册会计师的总体目标和审计工作的基本要求》的规定，注册会计师应当在整个审计过程中保持职业怀疑，认识到存在由于舞弊导致的重大错报的可能性，而不应受到以前对管理层、治理层正直和诚信情况形成的判断的影响。如果在完成审计工作后发现舞弊导致的财务报表重大错报，特别是串通舞弊或伪造文件记录导致的重大错报，并不必然表明注册会计师没有遵循审计准则。要判断注册会计师是否按照审计准则的规定实施了审计工作，应当取决于其是否根据具体情况实施了审计程序，是否获取了充分、适当的审计证据，以及是否根据证据评价结果出具了恰当的审计报告。

2.对发现违反法律法规行为的责任

违反法律法规，是指被审计单位有意或无意违背除适用的财务报告框架以外的现行法律法规的行为。例如，被审计单位进行的或以被审计单位名义进行的违反法律法规的交易，或者治理层、管理层或员工代表被审计单位进行的违反法律法规的交易。违反法律法规不包括由治理层、管理层或员工实施的、与被审计单位经营活动无关的不当个人行为。

审计准则旨在帮助注册会计师识别由于违反法律法规导致的财务报表重大错报。然而，注册会计师没有责任防止被审计单位违反法律法规，不能期望其发现所有的违反法律法规行为。

注册会计师有责任对财务报表整体不存在由于违反法律法规行为导致的重大错报获取合理保证。

在执行财务报表审计时，注册会计师需要考虑适用于被审计单位的法律法规框架。由于审计的固有限制，即使注册会计师按照审计准则的规定恰当地计划和执行审计工作，也不可避免地存在财务报表中的某些重大错报未被发现的风险。

就法律法规而言，由于下列原因，审计的固有限制对注册会计师发现重大错报的能力的潜在影响会加大：①许多法律法规主要与被审计单位经营活动相关，通常不影响财务报表，且不能被与财务报告相关的信息系统所获取；②违反法律法规可能涉及故意隐瞒的行为，如共谋、伪造、故意漏记交易、管理层凌驾于控制之上或故意向注册会计师提供虚假陈述；③某行为是否构成违反法律法规，最终只能由法院认定。在通常情况下，违反法律法规与财务报表反映的交易和事项越不相关，就越难以被注册会计师关注或识别。

按其对财务报表的影响不同，违反法律法规的行为可以分为两类：第一类为通常对决定财务报表中的重大金额和披露有直接影响的法律法规（如税收和企业年金方面的法律法规）的规定。第二类是对决定财务报表中的金额和披露没有直接影响的其他法律法规，但遵守这些法律法规（如遵守经营许可条件、监管机构对偿债能力的规定或环境保护要求）对被审计单位的经营活动、持续经营能力或避免大额罚款至关重要；违反这些法律法规，可能对财务报表产生重大影响。对两种不同类型的违反法律法规的行为，注册会计师所负的检查和报告责任是不相同的。对于第一类违反法律法规的行为，注册会计师的责任是，就被审计单位遵守这些法律法规的规定获取充分、适当的审计证据。对于第二类违反法律法规的行为，注册会计师的责任仅限于实施特定的审计程序，以有助于识别可能对财务报表产生重大影响的违反这些法律法规的行为。

为了充分关注被审计单位违反法律法规行为可能对财务报表产生的重大影响，在计划和实施审计工作时，注册会计师应当保持职业怀疑态度，充分关注审计可能揭露的导致其对被审计单位遵守法律法规产生怀疑的情况或事项。

三、管理层、治理层责任和注册会计师责任的关系

被审计单位管理层、治理层的责任与注册会计师的审计责任不能相互替代、减轻或免除。

管理层和治理层作为内部人员，对企业的情况更为了解，更能作出适合企业特点的会计处理决策和判断，因此管理层和治理层理应对编制财务报表承担完全责任。尽管在审计过程中，注册会计师可能向管理层和治理层提出调整建议，甚至在不违反独立性的前提下为管理层编制财务报表提供一些协助，但管理层仍然对编制财务报表承担责任，并通过签署财务报表确认这一责任。

如果财务报表存在重大错报，而注册会计师通过审计没有发现，也不能因为财务报表已经由注册会计师审计这一事实而减轻管理层和治理层对财务报表的责任。

第三节　管理层认定与具体审计目标

一、注册会计师总体目标、具体审计目标与管理层认定的关系

具体审计目标是审计目的、注册会计师总体目标的具体化，并受到总体目标的制约。为了实现注册会计师的总体目标，在计划和实施审计工作时，注册会计师需要明确各具体审计项目的审计目标。

具体审计目标必须根据被审计单位管理层的认定和注册会计师的总体目标来确定。为了实现注册会计师的总体目标，注册会计师首先要明确审计工作的起点。这一起点通常是被审计单位的财务报表。财务报表是由被审计单位管理层编制完成的，由管理层对财务报表上所有数字、披露等的全部声明构成，即由管理层关于各类交易、账户余额和披露的认定所构成。注册会计师通过获取充分、适当的审计证据支持管理层认定，从而形成审计意见，实现总体目标。概而言之，注册会计师审计的主要工作就是确定管理层认定是否恰当。

二、管理层认定

（一）管理层认定的含义

认定，是指管理层在财务报表中作出的明确或隐含的表达，注册会计师将其用于考虑可能发生的不同类型的潜在错报。当管理层声明财务报表已按照适用的财务报告框架进行编制，在所有重大方面作出公允反映时，就意味着管理层对财务报表各组成要素的确认、计量、列报以及相关的披露作出了认定。管理层在财务报表上的认定有些是明确的，有些则是隐含的。例如，管理层在资产负债表中列报存货10万元，意味着作出了下列明确的认定：①记录的存货是存在的；②存货以恰当的金额包括在财务报表中，与之相关的计价或分摊调整已恰当记录。同时，管理层也作出下列隐含的认定：①所有应当记录的存货均已记录；②记录的存货都由被审计单位拥有；③与存货有关的披露是恰当的。

（二）管理层认定的两个层次

1.关于各类交易、事项及相关披露的认定

注册会计师对各类交易、事项及相关披露运用的认定通常分为下列类别：

发生：记录的交易和事项已发生且与被审计单位有关。

完整性：所有应当记录的交易和事项均已记录。

准确性：与交易和事项有关的金额及其他数据已恰当记录。

截止：交易和事项已记录于正确的会计期间。

分类：交易和事项已记录于恰当的账户。

列报：交易和事项已被恰当地汇总或分解且表述清楚，相关披露在适当的财务报告编制基础下是相关的、可理解的。

2.关于期末账户余额及相关披露的认定

账户余额主要与资产负债表有关。注册会计师将管理层的认定运用于账户余额，就可以形成账户余额的一般审计目标。账户余额及相关披露的一般审计目标通常包括：

存在：记录的资产、负债和所有者权益是存在的。

权利和义务：记录的资产由被审计单位拥有或控制，记录的负债是被审计单位应当履行的偿还义务。

完整性：所有应当记录的资产、负债和所有者权益均已记录。

准确性、计价和分摊：资产、负债和所有者权益以恰当的金额包括在财务报表中，与之相关的计价或分摊调整已恰当记录。

分类：资产、负债和所有者权益已记录于恰当的账户。

列报：资产、负债和所有者权益已被恰当地汇总或分解且表述清楚，相关披露在适当的财务报告编制基础下是相关的、可理解的。

三、具体审计目标

具体审计目标是围绕管理层的认定而确定的目标。

（一）与各类交易、事项及相关披露相关的审计目标

（1）发生：确认已记录的交易和事项是真实的。如果没有发生销售交易，但在销售日记账中记录了一笔销售，则违反了该目标。

发生认定所要解决的问题是管理层是否把那些不曾发生的项目列入财务报表，它主要与财务报表组成要素的高估有关。

（2）完整性：确认已发生的交易和事项确实已经记录，所有应包括在财务报表中的相关披露均已包括。所有应当记录的交易和事项均已记录。如果发生了销售交易，但没有在销售日记账和总账中记录，则违反了该目标。

发生和完整性两者强调的是相反的关注点。发生目标针对潜在的高估，而完整性目标则针对漏记交易（低估）。

（3）准确性：确认已记录的交易和事项是按正确金额反映的，相关披露已得到恰当计量和描述。如果在销售交易中，发出商品的数量与账单上的数量不符，或是开账单时使用了错误的销售价格，或是账单中的乘积或加总有误，或是在销售日记账中记录了错误的金额，则违反了该目标。

值得注意的是，准确性与发生、完整性之间存在区别。若已记录的销售交易是不应当记录的（如发出的商品是寄销商品），则即使发票金额是准确计算的，仍违反了发生目标。再如，若已入账的销售交易是对正确发出商品的记录，但金额计算错误，则违反了准确性目标，但没有违反发生目标。在完整性与准确性之间也存在同样的关系。

（4）截止：确认接近资产负债表日的交易和事项记录于恰当的期间。如果将本期交易推到下期记录，或将下期交易提到本期记录，就违反了截止目标。

（5）分类：确认交易和事项已记录于恰当的账户。如果将现销记录为赊销，将出售经营性固定资产所得的收入记录为主营业务收入，则导致交易分类的错误，违反了分类目标。

（6）列报：确认被审计单位的交易和事项已被恰当地汇总或分解且表述清楚，相关披露在适用的财务报告编制基础下是相关的、可理解的。

（二）与期末账户余额及相关披露相关的审计目标

（1）存在：确认已记录的金额确实存在。如果不存在某顾客的应收账款，在应收账款试算平衡表中却列入了该顾客的应收账款，则违反了存在目标。

（2）权利和义务：确认资产归属于被审计单位，负债属于被审计单位的义务。例如，将他人寄售商品计入被审计单位的存货中，违反了权利目标；将不属于被审计单位的债务记入账内，违反了义务目标。

（3）完整性：确认已存在的金额均已记录，所有应包括在财务报表中的相关披露均已包括。如果存在某顾客的应收账款，在应收账款试算平衡表中却没有列入该顾客的应收账款，则违反了完整性目标。

（4）准确性、计价和分摊：确认资产、负债和所有者权益以恰当的金额包括在财务报表中，与之相关的计价或分摊调整已恰当记录，相关披露已得到恰当计量和描述。

（5）分类：确认资产、负债和所有者权益已记录于恰当的账户。

（6）列报：确认资产、负债和所有者权益已被恰当地汇总或分解且表述清楚，相关披露在适用的财务报告编制基础下是相关的、可理解的。

根据上述介绍可知，管理层认定是确定具体审计目标的基础。注册会计师通常将管理层认定转化为能够通过审计程序予以实现的审计目标。针对财务报表每一项目所表现出的各项认定，注册会计师相应地确定一项或多项审计目标，然后通过执行一系列审计程序获取充分、适当的审计证据以实现审计目标。管理层认定、审计目标和审计程序之间的关系见表6-1。

表6-1　　　　　　　　**管理层认定、审计目标和审计程序之间的关系举例**

管理层认定	审计目标	审计程序
存在	资产负债表日，已记录的存货均存在	实施存货监盘程序
完整性	销售收入包括了所有已发货的交易	检查发货单和销售发票的编号 检查销售收入明细账
准确性	应付账款反映的采购业务的价格、数量及其计算正确	比较价格清单与发票的价格 比较请购单与收货单的数量 重新计算发票金额
准确性、计价和分摊	存货以恰当的金额包括在财务报表中，与之相关的计价或分摊调整已恰当记录	确认计价方法 重新计算存货数量、金额，并与账面记录核对 关注存货可变现净值的确定 关注存货跌价准备的计提情况
权利和义务	公司对所有存货均拥有所有权，且存货未用作抵押	了解存货的内容、性质、存放场所，查阅以前年度监盘工作底稿 实施存货监盘程序

第四节　审计目标的实现过程

审计目标的实现过程通常包括接受业务委托、计划审计工作、实施风险评估程序、实施控制测试和实质性程序，以及完成审计工作并出具审计报告五个阶段。

一、接受业务委托

会计师事务所应当按照执业准则的规定，谨慎决策是否接受或者保持某客户关系和具体审计业务。

在接受新客户的业务之前，或者在决定是否保持现有业务或者考虑接受现有客户的新业务时，会计师事务所应当执行一些客户接受和保持的程序，获取如下信息：客户的诚信状况；会计师事务所是否具有执行业务必要的素质、专业胜任能力、时间和资源；是否能够遵守职业道德规范。这些政策和程序的目的在于尽量减少注册会计师与不诚信的客户发生关系的可能性。如果注册会计师与不诚信的客户发生关系，客户的财务报表就可能会存在重大错报并且不为注册会计师所察觉。这会导致财务报表使用者对注册会计师提起法律诉讼。

注册会计师需要作出的最重要的决策之一就是接受和保持客户。一项不当的决策不仅会增加项目组成员的额外压力，还可能会使事务所遭受声誉损失，甚至涉及潜在诉讼。一旦决定接受委托，注册会计师应该与客户就审计约定条款达成一致意见。

业务约定书的详细内容，将在本教材第八章介绍。

二、计划审计工作

计划审计工作是整个审计工作的起点。为了保证审计目标的实现，注册会计师必须在具体执行审计程序之前，制订审计计划，对审计工作进行科学、合理的计划与安排。科学、合理的审计计划可以帮助注册会计师有的放矢地去审查和取证，形成正确的审计结论；可以使审计成本保持在合理的水平上，提高审计工作的效率。计划审计工作包括在本期审计业务开始时开展的初步业务活动，针对审计业务制定总体审计策略和具体审计计划等。需要指出的是，计划审计工作并不是一个孤立的阶段，而是一个持续的、不断修正的过程，贯穿于整个审计过程的始终。

计划审计工作的详细内容，将在本教材第八章介绍。

三、实施风险评估程序

现代审计是一种风险导向的审计。注册会计师应在了解被审计单位及其环境的基础上实施风险评估程序，以识别和评估财务报表层次以及认定层次的重大错报风险。所谓风险评估程序，是指注册会计师实施的了解被审计单位及其环境并识别和评估财务报表重大错报风险的程序。风险评估程序是必要程序，特别是了解被审计单位及其环境，为注册会计师在许多关键环节作出职业判断提供了重要基础。这一过程实际上是一个连续和动态地收集、更新与分析信息的过程，贯穿于整个审计过程的始终。注册会计师应当运用职业判断确定需要了解被审计单位及其环境的程度。

在通常情况下，实施风险评估程序的主要工作包括：了解被审计单位及其环境，识别和评估财务报表层次以及各类交易、账户余额、披露认定层次的重大错报风险，包括确定需要特别考虑的重大错报风险（即特别风险）以及仅通过实质性程序无法应对的重大错报风险。

风险评估程序的详细内容，将在本教材第九章介绍。

四、实施控制测试和实质性程序

注册会计师实施风险评估程序本身还不足以为发表审计意见提供充分、适当的审计证据，注册会计师还应当实施进一步审计程序，包括实施控制测试和实质性程序。控制测试指的是测试控制运行的有效性。实质性程序是指注册会计师针对评估的重大错报风险实施的直接用以发现认定层次重大错报的审计程序。在注册会计师评估财务报表重大错报风险后，应运用职业判断，针对评估的财务报表层次重大错报风险确定总体应对措施，并针对评估的认定层次重大错报风险设计和实施进一步审计程序，以将审计风险降至可接受的低水平。

控制测试与实质性程序之间关系密切。如果注册会计师认为被审计单位内部控制的可靠程度高，则实质性程序的工作量可以相应减少；反之，实质性程序的工作量会增加。但无论何时，实质性程序都是必不可少的。

有关控制测试和实质性程序的内容，将在本教材第十章介绍。同时本教材第十三章至第十八章介绍对各业务循环的控制测试和实质性程序。第十一章审计抽样对控制测试和实质性程序的范围展开了讨论。

五、完成审计工作并出具审计报告

注册会计师完成了财务报表所有循环的进一步审计程序后，还应当按照有关审计准则的规定做好审计完成阶段的工作，并根据所获取的各种证据，合理运用专业判断，形成适当的审计意见。因此，在审计工作的完成阶段，注册会计师首先要确定对风险的评估是否适当，获取的证据是否充分。然后，注册会计师需要汇总那些已经发现但没有更正的错报以确定其是否会引起财务报表的重大错报。在这一阶段，注册会计师还需要评估或有负债发生的可能性，如法律诉讼，同时注册会计师要查找那些会对财务报表产生影响的期后事项。

终结审计阶段，注册会计师需要做的工作主要包括：审计期初余额、比较数据、期后事项和或有事项；考虑持续经营问题和获取管理层声明；编制审计差异调整表和试算平衡表；复核审计工作底稿和复核财务报表；与管理层和治理层沟通；形成审计意见，草拟审计报告；实施项目质量复核等。

这一阶段的工作将在本教材第十二章详细介绍。

□ 复习思考题

1. 审计目的的演变经过了哪几个阶段？推动审计目的发展变化的主要因素有哪些？

2. 注册会计师的总体目标是什么？如何理解注册会计师的总体目标？

3. 为什么说财务报表审计只能提供合理保证？

4. 在财务报表审计中，被审计单位管理层的责任和注册会计师的责任各自是什么？它们有什么关系？

5. 注册会计师的总体审计目标、具体审计目标和管理层认定的关系如何？

6. 什么是管理层认定？有哪几类管理层认定？

7. 如何理解具体审计目标？

8. 审计过程包括几个阶段？各个阶段的主要活动都是什么？

第七章

审计证据与审计工作底稿

第一节 审计证据

一、审计证据的含义与种类

(一)审计证据的含义

审计证据,是指注册会计师为了得出审计结论和形成审计意见而使用的信息。审计证据包括构成财务报表基础的会计记录所含有的信息和从其他来源获取的信息。注册会计师应当获取充分、适当的审计证据,以得出合理的审计结论,作为形成审计意见的基础。

审计证据的内容由以下2个部分组成:

(1)构成财务报表基础的会计记录所含有的信息。

构成财务报表基础的会计记录所含有的信息一般包括对初始会计分录的记录和支持性记录。例如,支票、电子资金转账记录、发票、合同、总账、明细账、记账凭证和未在记账凭证中反映的对财务报表的其他调整,以及支持成本分配、计算、调节和披露的手工计算表和电子数据表。

依据会计记录编制财务报表是被审计单位管理层的责任,注册会计师应当测试会计记录以获取审计证据。但是会计记录所含有的信息本身并不足以提供充分的审计证据作为对财务报表发表审计意见的基础,注册会计师还应获取用作审计证据的其他信息。

(2)从其他来源获取的信息。

从其他来源获取的信息的内容比较广泛,包括有关被审计单位所在行业的信息、有关被审计单位的内外部环境的其他信息等。可以用作审计证据的其他信息包括:注册会计师从被审计单位内部或外部获取的会计记录以外的信息,如被审计单位会议记录、内部控制手册、询证函的回函、分析师的报告、与竞争者的比较数据等;注册会计师通过询问、观察和检查等审计程序获取的信息,如通过检查存货获取存货存在的证据等;注册会计师自身编制或获取的可以通过合理推断得出结论的信息,如注册会计师编制的各种计算表、分析表等。

构成财务报表基础的会计记录所含有的信息和从其他来源获取的信息共同构成了审计证据,两者缺一不可。如果没有前者,审计工作将无法进行;如果没有后者,可能无法识别重大错报风险。只有将两者结合在一起,才能将审计风险降至可接受的低水平,为注册会计师发表审计意见提供合理基础。

（二）审计证据的种类

审计实务中，审计证据的种类繁多，其外在形式、取得方式、取得途径、证明力的强弱等均有所不同。对审计证据进行合理、科学的分类，有利于有效地收集、恰当地使用和评价审计证据。

审计证据根据外在的具体形态，可以将其划分为实物证据、书面证据、口头证据和环境证据；根据获取的证据对审计结论的支持程度，可以将其划分为直接证据和间接证据；按照证据的来源进行分类，可以将其划分为来自审计客户内部的证据、来自审计客户外部的证据；根据证据所提供的逻辑证明，可以将其划分为正面证据和反面证据。注册会计师决定是否需要对现有的证据进行完善，或者在综合和评价审计证据时，需要考虑证据的证明力的大小。审计证据按照其证明力可以划分为充分证明力、部分证明力和无证明力三种类型。

上述各类证据可用来实现各种不同的具体审计目标。针对每一个具体账户及其相关认定而言，注册会计师应当选择适当的审计证据以实现审计目标，力求做到证据收集既有效又经济。各类证据与具体审计目标的关系见表7-1。

表7-1　　　　　　　　　　　**各类证据与具体审计目标的关系**

证据种类	具体审计目标								
	总体合理性	真实性	完整性	所有权	估价	截止	机械准确性	披露	分类
1.实物证据		√	√		√	√			
2.书面证据	√	√	√	√	√	√	√	√	√
3.口头证据	√	√	√	√	√	√		√	√
4.环境证据	√								

二、审计证据的特征

审计证据的充分性和适当性是审计证据的两个基本特征。

（一）审计证据的充分性

审计证据的充分性是对审计证据数量的衡量。注册会计师需要获取的审计证据的数量受其对重大错报风险评估的影响，并受审计证据质量的影响。

错报风险越大，需要的审计证据可能越多。在可接受的审计风险水平一定的情况下，重大错报风险越大，注册会计师就应当实施越多的测试工作，以将审计风险控制在可接受的水平。当将被审计单位的重要性水平设定在10 000元而不是20 000元时，注册会计师需要更多的审计证据。重要账户余额或者交易含有一定数量的错报时，比那些错报与舞弊处于低风险和未发现错报账户需要收集更多的审计证据。

审计证据质量越高，需要的审计证据可能越少。一般而言，如果大多数审计证据都是从独立于被审计单位的第三者获取的，而且这些证据本身不易伪造，则审计证据的质量就较高，相对而言，注册会计师所需获取的审计证据的数量就可减少；反之，审计证据的数量就应增加。

应当指出的是，尽管审计证据的充分性和适当性相关，但如果审计证据的质量存在缺陷，注册会计师仅靠获取更多的审计证据可能无法弥补其质量上的缺陷。

恰当的审计意见必须建立在有足够数量的审计证据的基础之上，但是这并不是说审计证据的数量越多越好。为了使注册会计师进行有效率、有效益的审计，注册会计师通常把需要足够数量审计证据的范围降到最低限度。因此，每一审计项目对审计证据的需要量，以及取得这些证据的途径和方法，应当根据该项目的具体情况来定。

在某些情况下，由于时间、空间或成本的限制，注册会计师不能获取最为理想的审计证据时，可考虑通过其他的途径或用其他的审计证据来替代。注册会计师只有通过不同的渠道和方法取得他认为足够的审计证据时，才能据以发表审计意见。

（二）审计证据的适当性

审计证据的适当性，是对审计证据质量的衡量，即审计证据在支持审计意见所依据的结论方面具有的相关性和可靠性。相关性是指审计证据应与审计目标相关联；可靠性是指审计证据应能如实地反映客观事实。

1.审计证据的相关性

审计证据是否相关必须结合具体审计目标来考虑。例如，存货监盘结果只能证明存货是否存在，是否有毁损及短缺，而不能证明存货的计价和所有权的情况。

在确定审计证据的相关性时，注册会计师应当考虑：

（1）特定的审计程序可能只为某些认定提供相关的审计证据，而与其他认定无关。例如，检查期后应收账款收回的记录和文件可以提供有关存在和计价的审计证据，但是不一定与期末截止是否适当相关。

（2）针对同一项认定可以从不同来源获取审计证据或获取不同性质的审计证据。例如，注册会计师可以分析应收账款的账龄和应收账款的期后收款情况，以获取与坏账准备计价有关的审计证据。

（3）只与特定认定相关的审计证据并不能替代与其他认定相关的审计证据。例如，有关存货实物存在的审计证据并不能够替代与存货计价相关的审计证据。

2.审计证据的可靠性

审计证据的可靠性受其来源和性质的影响，并取决于获取审计证据的具体环境。审计证据的可靠程度通常可用下列标准来判断：

（1）从被审计单位外部独立来源获取的审计证据比从其他来源获取的审计证据更可靠。从外部独立来源获取的审计证据由完全独立于被审计单位的机构或人士编制并提供，未经被审计单位有关职员之手，从而减少了伪造、更改凭证或业务记录的可能性，因而其证明力最强。此类证据如银行询证函回函、应收账款询证函回函、保险公司等机构出具的证明等。相反，从其他来源获取的审计证据，由于证据提供者与被审计单位存在经济或行政关系等原因，其可靠性应受到质疑。此类证据如被审计单位内部的会计记录、会议记录等。

（2）相关控制有效时内部生成的审计证据比控制薄弱时内部生成的审计证据更可靠。如果被审计单位具有健全的内部控制而且在日常管理中得到一贯的执行，会计记录的可信赖程度将会增加。如果被审计单位的内部控制薄弱，甚至不存在任何内部控制，被审计单位内部凭证记录的可靠性就大为降低。

（3）直接获取的审计证据比间接获取或推论得出的审计证据更可靠。例如，注册会计师观察某项控制的运行得到的证据比询问被审计单位某项内部控制的运行得到的证据更可靠。间接获取的证据有被涂改及伪造的可能，降低了可信赖程度。推论得出的审计证据，其主观性较强，人为因素较多，可信赖程度也受到影响。

（4）以文件记录形式（无论是纸质、电子或其他介质）存在的审计证据比口头形式的审计证据更可靠。例如，会议的同步书面记录比对讨论事项事后的口头表述更可靠。口头证据本身并不足以证明事实的真相，仅仅能够提供一些重要线索，为进一步调查确认所用。如注册会计师在对应收账款进行账龄分析后，可以向应收账款负责人询问逾期应收账款收回的可能性。如果该负责人的意见与注册会计师自行估计的坏账损失基本一致，则这一口头证据就可成为证实注册会计师对有关坏账损失的判断的重要证据。但在一般情况下，口头证据往往需要得到其他相应证据的支持。

（5）从原件获取的审计证据比从复印、传真或通过拍摄、数字化或其他方式转化成电子形式的文件获取的审计证据更可靠。注册会计师可以审查原件是否有被涂改或伪造的迹象，排除伪证，提高证据的可信赖程度。传真件或复印件容易被变造或者伪造，可靠性较低。

（6）在通常情况下，注册会计师以函证方式直接从被询证者获取的审计证据，比被审计单位内部生成的审计证据更可靠。通过函证等方式从独立来源获取的相互印证的信息，可以提高注册会计师从会计记录或管理层书面声明中获取的审计证据的保证水平。

注册会计师在按照上述原则评价审计证据的可靠性时，还应当注意可能出现的重要例外情况。如果从不同来源获取的审计证据或获取的不同性质的审计证据不一致，可能表明某项审计证据不可靠，注册会计师应当追加必要的审计程序。反之，如果针对某项认定从不同来源获取的审计证据或获取的不同性质的审计证据能够相互印证，与该项认定相关的审计证据则具有更强的说服力。如果注册会计师怀疑相关信息的可靠性，注册会计师应当修改或追加审计程序。例如，审计证据虽是从独立的外部来源获得，但如果该证据是由不知情者或不具备资格者提供，审计证据也可能是不可靠的。如果注册会计师不具备评价证据的专业能力，那么即使是直接获取的证据，也可能不可靠。如果注册会计师无法区分人造玉石与天然玉石，那么他对天然玉石存货的检查就不可能提供有关天然玉石是否实际存在的可靠证据。如果在审计过程中识别出的情况使其认为文件记录可能是伪造的或文件记录中的某些条款已发生变动，注册会计师应当作出进一步调查，包括直接向第三方询证，或考虑利用专家的工作以评价文件记录的真伪。

审计工作通常不涉及鉴定文件记录的真伪，注册会计师也不是鉴定文件记录真伪的专家，但应当考虑用作审计证据的信息的可靠性，并考虑与这些信息生成与维护相关的控制的有效性。

（三）充分性和适当性之间的关系

审计证据的充分性与适当性密切相关。审计证据的适当性会影响其充分性。一般而言，审计证据的相关与可靠程度高，则所需审计证据的数量就可减少；反之，审计证据的数量就要增加。如果审计证据的质量存在缺陷，那么注册会计师仅靠获取更多的审计证据可能无法弥补其质量方面的缺陷。同样地，如果注册会计师获取的证据不可靠，那么证据数量再多也难以起到证明作用。

注册会计师判断审计证据是否充分、适当，应当主要考虑下列因素：①审计风险。错报风险越大，需要的审计证据可能就越多。②具体审计项目的重要性。越是重要的审计项目，注册会计师就越需获取充分的审计证据以支持其审计结论或意见，否则一旦出现判断错误，就会影响注册会计师对审计整体的判断，从而导致注册会计师的整体判断失误。③注册会计师及其业务助理人员的审计经验。丰富的审计经验，可使注册会计师及其助理人员从较少的审计证据中判断出被审事项是否存在错误或舞弊行为。相对来说，此时就可减少对审计证据数量的依赖程度。④审计过程中是否发现错误或舞弊。一旦审计过程中发现了被审事项存在错误或舞弊的行为，则被审计单位整体财务报表存在问题的可能性就增加，因此注册会计师需增加审计证据的数量，以确保能作出合理的审计结论，形成恰当的审计意见。⑤审计证据的质量。审计证据质量越高，需要的审计证据可能越少。

第二节　获取审计证据的审计程序

注册会计师可以采用检查记录或文件、检查有形资产、观察、询问、函证、重新计算、重新执行和分析程序等具体审计程序来获取审计证据。

在实施风险评估程序、控制测试或实质性程序时，注册会计师可根据需要单独或综合运用上述程序，以获取充分、适当的审计证据。

一、检查记录或文件

检查记录或文件是指注册会计师对被审计单位内部或外部生成的，以纸质、电子或其他介质形式存在的记录或文件进行审查。

检查记录或文件的目的是对财务报表所包含或应包含的信息进行验证。例如，被审计单位通常对每一笔销售交易都保留一份顾客订单、一张发货单和一份销售发票副本。这些凭证对于注册会计师验证被审计单位记录的销售交易的正确性是有用的证据。

检查记录或文件可提供可靠程度不同的审计证据，审计证据的可靠性取决于记录或文件的来源和性质。外部记录或文件通常被认为比内部记录或文件可靠，因为外部凭证经被审计单位的客户出具，又经被审计单位认可，表明交易双方对凭证上记录的信息和条款达成一致意见。另外，某些外部凭证编制过程非常谨慎，通常由律师或其他有资格的专家进行复核，因而具有较高的可靠性，如土地使用权证、保险单、契约和合同等文件。

二、检查有形资产

检查有形资产是指注册会计师对资产实物进行审查。检查有形资产程序大多数情况下适用于对现金和存货的审计，也适用于对有价证券、应收票据和有形固定资产的验证。

区分有形资产检查与记录或文件的检查，对具体审计目标来说非常重要。如果被检查的对象，如销售发票，其本身没有价值，则这种证据就是文件检查证据。例如，支票在签发以前是文件，签发以后变成了资产，核销以后，又变成了文件。严格来讲，只有在支票是一项资产时，才能对其进行有形资产检查。

检查有形资产可为其存在提供可靠的审计证据，但不一定能够为权利和义务或计价认定提供可靠的审计证据。检查有形资产是验证资产确实存在的直接手段，被认为可获得最可靠、最有用的审计证据，是认定资产数量和规格的一种客观手段。在某些情况下，它还是评价资产状况和质量的一种有用方法。但是要验证存在的资产确实为被审计单位所有，在财务报表中的列报金额估价准确，检查有形资产获取的证据本身并不充分，还需要其他的审计程序以获得充分、适当的证据。

三、观察

观察是指注册会计师察看相关人员正在从事的活动或执行的程序。例如，对客户执行的存货盘点或控制活动进行观察。

观察提供的审计证据仅限于观察发生的时点，并且可能影响对相关人员从事活动或执行程序的真实情况的了解。观察时点的情况并不能证明一贯的情况，而且被观察人员对观察的反应也对观察所得证据的客观性产生影响，因此注册会计师在使用观察程序获取证据的时候，要注意其本身固有的局限性，必要时应获取其他类型的佐证证据。

四、询问

询问是指注册会计师以书面或口头方式，向被审计单位内部或外部的知情人员获取财务信息和非财务信息，并对答复进行评价的过程。

知情人员对询问的答复可能为注册会计师提供尚未获悉的信息或佐证证据，也可能提供与已获悉信息存在重大差异的信息，注册会计师应当根据询问结果考虑修改审计程序或实施追加的审计程序。询问通常不足以发现认定层次存在的重大错报，也不足以测试内部控制运行的有效性，注册会计师还应当实施其他审计程序获取充分、适当的审计证据。

五、函证

（一）函证的含义与形式

函证（即外部函证），是指注册会计师直接从第三方（被询证者）获取书面答复作为审计证据的过程，书面答复可以采用纸质、电子或其他介质等形式。

询证函有积极式询证函和消极式询证函两种。积极式询证函，是指要求被询证者直接向注册会计师回复，表明是否同意询证函所列示的信息，或填列所要求的信息的一种询证函。消极式询证函，是指要求被询证者只有在不同意询证函所列示的信息时才直接向注册会计师回复的一种询证函。

（二）函证程序

注册会计师应当确定是否有必要实施函证程序以获取认定层次的相关、可靠的审计证据。在作出决策时，注册会计师应当考虑评估的认定层次重大错报风险，以及通过实施其他审计程序获取的审计证据如何将检查风险降至可接受的水平。

注册会计师应当对银行存款、借款（包括零余额账户和在本期内注销的账户）及与金融机构往来的其他重要信息实施函证程序，除非有充分证据表明这些项目对财务报表不重要且与之相关的重大错报风险很低。如果不对这些项目函证，注册会计师应当在工作底稿中说明理由。

注册会计师应当对应收账款实施函证程序，除非有充分证据表明应收账款对财务报表不重要，或函证很可能无效。如果认为函证很可能无效，注册会计师应当实施替代审计程序，获取相关、可靠的审计证据。如果不对应收账款进行函证，那么注册会计师应当在工作底稿中说明理由。

当实施函证程序时，注册会计师应当对询证函保持控制，包括：（1）确定需要确认或填列的信息；（2）选择适当的被询证者；（3）设计询证函，包括正确填列被询证者的姓名和地址，以及被询证者直接向注册会计师回函的地址；（4）发出询证函并予以跟进，必要时再次向被询证者寄发询证函。

（三）管理层不允许寄发询证函时的处理

如果管理层不允许寄发询证函，注册会计师应当：（1）询问管理层不允许寄发询证函的原因，并就其原因的正当性及合理性收集审计证据；（2）评价管理层不允许寄发询证函对评估的相关重大错报风险（包括舞弊风险），以及其他审计程序的性质、时间安排和范围的影响；（3）实施替代程序，以获取相关、可靠的审计证据。

如果认为管理层不允许寄发询证函的原因不合理，或实施替代程序无法获取相关、可靠的审计证据，注册会计师应当按照《中国注册会计师审计准则第1151号——与治理层的沟通》的规定，与治理层进行沟通。注册会计师还应当按照《中国注册会计师审计准则第1502号——在审计报告中发表非无保留意见》的规定，确定其对审计工作和审计意见的影响。

（四）实施函证程序的结果

如果存在对询证函回函的可靠性产生疑虑的因素，注册会计师应当进一步获取审计证据以消除这些疑虑。

如果认为询证函回函不可靠，注册会计师应当评价其对评估的相关重大错报风险（包括舞弊风险），以及其他审计程序的性质、时间安排和范围的影响。

在未回函的情况下，注册会计师应当实施替代程序以获取相关、可靠的审计证据。如果注册会计师认为取得积极式询证函回函是获取充分、适当的审计证据的必要程序，则替代程序不能提供注册会计师所需要的审计证据。在这种情况下，如果未获取回函，注册会计师应当确定其对审计工作和审计意见的影响。

如果回函存在不符事项，注册会计师应当调查不符事项，以确定其是否表明存在错报。

（五）消极式函证

消极式函证比积极式函证提供的审计证据的说服力低。除非同时满足下列条件，注册会计师不得将消极式函证作为唯一实质性程序，以应对评估的认定层次重大错报风险：（1）注册会计师将重大错报风险评估为低水平，并已就与认定相关的控制的运行有效性获取充分、适当的审计证据；（2）需要实施消极式函证程序的总体由大量的小额、同质的账户余额、交易或事项构成；（3）预期不符事项的发生率很低；（4）没有迹象表明接收询证函的人员或机构不认真对待函证。

六、重新计算

重新计算是指注册会计师以人工方式或使用计算机辅助审计技术，对记录或文件中的数据计算的准确性进行核对。重新计算通常包括计算销售发票和存货的总金额，加总日记账和明细账，检查折旧费用和预付费用的计算，检查应纳税额的计算等。

注册会计师在进行审计时，往往需要对被审计单位的凭证、账簿和报表中的数字进行计算，以验证其是否正确。注册会计师的计算并不一定按照被审计单位原先的计算形式和顺序进行。在计算过程中，注册会计师不仅要注意计算结果是否正确，而且要对某些其他可能的差错（如计算结果的过账和转账有误等）予以关注。

一般而言，计算不仅包括对被审计单位的凭证、账簿和报表中有关数字的验算，而且包括对会计资料中有关项目的加总或其他运算。其中，加总又分为横向加总（即横向数字的加总）和纵向加总（即纵向数字的加总）。在财务报表审计中，注册会计师往往需要大量地运用加总技术来获取必要的审计证据。

七、重新执行

重新执行是指注册会计师以人工方式或使用计算机辅助审计技术，重新独立执行作为被审计单位内部控制组成部分的程序或控制。例如，注册会计师利用被审计单位的银行存款日记账和银行对账单，重新编制银行存款余额调节表，并与被审计单位编制的银行存款余额调节表进行比较。

八、分析程序

（一）分析程序的含义

分析程序，是指注册会计师通过分析不同财务数据、非财务数据之间以及财务数据与非财务数据之间的内在关系，对财务信息作出评价。分析程序还包括在必要时对识别出的、与其他相关信息不一致或与预期值差异重大的波动或关系进行调查。例如，注册会计师可以对被审计单位的财务报表和其他会计资料中的重要比率及其变动趋势进行分析性复核，以发现异常变动项目。对于异常变动项目，注册会计师应重新考虑其所采用的审计方法是否合适；必要时，应追加适当的审计程序，以获取相应的审计证据。

（二）分析程序的运用

一般而言，在整个审计过程中，注册会计师都将运用分析程序。在设计和实施实质性分析程序时，无论单独使用或与细节测试结合使用，注册会计师都应当：（1）考虑针对所涉及认定评估的重大错报风险和实施的细节测试（如有），确定特定实质性分析程序对于这些认定的适用性；（2）考虑可获得信息的来源、可比性、性质和相关性以及与信息编制相关的控制，评价在对已记录的金额或比率作出预期时使用数据的可靠性；（3）对已记录的金额或比率作出预期，并评价预期值是否足够精确以识别重大错报，即一项错报单独或连同其他错报可能导致财务报表产生重大错报；（4）确定已记录金额与预期值之间可接受的，且无须按《中国注册会计师审计准则第1313号——分析程序》第七条的要求作进一步调查的差异额。

在临近审计结束时，注册会计师应当设计和实施分析程序，帮助其对财务报表形成总体结论，以确定财务报表是否与其对被审计单位的了解一致。

（三）分析程序的方法

注册会计师实施分析程序时可以使用不同的方法，包括从简单的比较到使用高级统计技术的复杂分析。在实务中，可使用的方法主要有趋势分析法、比率分析法、合理性测试法、回归分析法等。

注册会计师可以针对合并财务报表、组成部分的财务报表以及财务信息的要素，实施分析程序。

一般而言，分析程序所能发现的潜在问题见表7-2。

表7-2　　　　　　　　　　　　分析程序所能发现的潜在问题

分析程序	潜在问题
1.比较当年与以前年度的存货水平	存货错报或陈旧过时
2.比较当年与以前年度应收账款周转率	销售收入错报或坏账准备不足
3.比较公司毛利率与同业平均水平	销售收入与应收账款错报或销售成本与存货错报
4.比较生产数量与销售数量	销售收入与存货错报
5.比较利息费用与债务金额	债务与利息费用错报
6.比较费用与盈利水平	费用与利润错报

（四）异常关系的调查

注册会计师实施分析程序，如果识别出与其他相关信息不一致的波动或关系，或与预期值差异重大的波动或关系，应当采取下列措施调查这些差异：（1）询问管理层，并针对管理层的答复获取适当的审计证据；（2）根据具体情况在必要时实施其他审计程序。

第三节　审计工作底稿

一、审计工作底稿的定义和编制目的

（一）审计工作底稿的定义

审计工作底稿，是指注册会计师对制订的审计计划、实施的审计程序、获取的相关审计证据，以及得出的审计结论作出的记录。审计工作底稿是审计证据的载体，是注册会计师在审计过程中形成的审计工作记录和获取的资料。它形成于审计过程，也反映整个审计过程。

（二）编制审计工作底稿的目的

审计工作底稿在计划和执行审计工作中发挥重要作用。注册会计师应当及时编制审计工作底稿以实现下列主要目的：

（1）提供证据，作为注册会计师得出实现总体目标的结论的基础；

（2）提供证据，证明注册会计师按照审计准则和相关法律法规的规定计划和执行了审计工作。

除了上述目的之外，编制审计工作底稿还可以：①有助于项目组计划和实施审计工作；②有助于负责督导的项目组成员按照《中国注册会计师审计准则第1121号——对财务报表审计实施的质量管理》的规定，履行指导、监督与复核审计工作的责任；③便于项目组说明其执行审计工作的情况；④保留对未来审计工作持续产生重大影响的事项的记录；⑤便于会计师事务所按照《会计师事务所质量管理准则第5101号——业务质量管理》的规定，实施质量管理复核与检查；⑥便于监管机构和注册会计师协会根据相关法律法规或其他相关要求，对会计师事务所实施执业质量检查。

二、审计工作底稿的编制要求

注册会计师应当及时编制审计工作底稿。注册会计师编制的审计工作底稿应当使得未曾接触该项审计工作的有经验的专业人士清楚了解：①按照审计准则和相关法律法规的规定实施的审计程序的性质、时间安排和范围；②实施审计程序的结果和获取的审计证据；③审计中遇到的重大事项和由此得出的结论，以及在得出结论时作出的重大职业判断。

有经验的专业人士，是指会计师事务所内部或外部的具有审计实务经验，并且对下列方面有合理了解的人士：①审计过程；②审计准则和相关法律法规的规定；③被审计单位所处的经营环境；④与被审计单位所处行业相关的会计和审计问题。

审计工作底稿主要涉及注册会计师实施审计程序的性质、时间和范围，在工作底稿中，注册会计师应当记录的内容包括：①测试的具体项目或事项的识别特征；②审计工作的执行人员及完成审计工作的日期；③审计工作的复核人员及复核的日期和范围。除此之外，注册会计师还应当记录管理层、治理层和其他人员对重大事项的讨论，包括所讨论的重大事项的性质以及讨论的时间、地点和参加人员。如果识别出的信息与针对某重大事项得出的最终结论不一致，注册会计师应当记录如何处理该不一致的情况。

在某些例外情况下，如果在审计报告日后实施了新的或追加的审计程序，或者得出新的结论，注册会计师应当记录：①遇到的例外情况；②实施的新的或追加的审计程序，获取的审计证据，得出的结论，以及对审计报告的影响；③对审计工作底稿作出相应变动的时间和人员，以及复核的时间和人员。

编制审计工作底稿应当使用中文。少数民族自治地区可以同时使用少数民族文字。中国境内的中外合作会计师事务所、国际会计公司成员所可以同时使用某种外国文字。会计师事务所执行涉外业务时可以同时使用某种外国文字。

三、审计工作底稿的性质

审计工作底稿具有存在形式多样、业务导向、内容重要等诸多性质。

（一）审计工作底稿的存在形式

审计工作底稿可以以纸质、电子或其他介质形式存在。随着信息技术的广泛运用，审计工作底稿的形式从传统的纸质形式扩展到电子或其他介质形式。但无论审计工作底稿存在于哪种介质，会计师事务所都应当针对审计工作底稿设计和实施适当的控制，以实现下列目的：

（1）使审计工作底稿清晰地显示其生成、修改及复核的时间和人员；

（2）在审计业务的所有阶段，尤其是在项目组成员共享信息或通过互联网将信息传递给其他人员时，保护信息的完整性；

（3）防止未经授权改动审计工作底稿；

（4）允许项目组和其他经授权的人员为适当履行职责而接触审计工作底稿。

在实务中，为便于复核，注册会计师可以将以电子或其他介质形式存在的审计工作底稿通过打印等方式，转换成纸质形式的审计工作底稿，并与其他纸质形式的审计工作底稿一并归档，同时，单独保存这些以电子或其他介质形式存在的审计工作底稿。

（二）审计工作底稿通常包括的内容

审计工作底稿通常包括总体审计策略、具体审计计划、分析表、问题备忘录、重大事项概要、询证函回函、管理层声明书、核对表、有关重大事项的往来信件（包括电子邮件），以及对被审计单位文件记录的摘要或复印件等。

此外，审计工作底稿通常还包括业务约定书、管理建议书、项目组内部或与被审计单位举行的会议的记录、与其他人士（如其他注册会计师、律师、专家等）的沟通文件及错报汇总等。

一般情况下，分析表主要是指对被审计单位财务信息执行分析程序的记录。例如，记录将被审计单位本年各月收入与上一年度的同期数据进行比较的情况，记录对差异的分析等。

问题备忘录一般是指对某一事项或问题的概要的汇总记录。在问题备忘录中，注册会计师通常记录该事项或问题的基本情况、执行的审计程序或具体审计步骤，以及得出的审计结论。例如，有关存货监盘的审计程序或审计过程中发现问题的备忘录。

核对表一般是指会计师事务所内部使用的、可以方便核对某些特定审计工作或程序的完成情况的表格。例如，特定项目（如财务报表列报）审计程序核对表、审计工作完成核对表等。它通常以列举的方式列出审计过程中注册会计师应当进行的审计工作或程序以及特别需要提醒注意的问题，并在适当情况下索引至其他审计工作底稿，便于注册会计师核对是否已按照审计准则的规定进行审计。

在实务中，会计师事务所通常采取以下方法从整体上提高工作（包括复核工作）效率及工作质量，并帮助会计师事务所进行统一质量管理：

（1）会计师事务所基于审计准则及在实务中的经验等，统一制定某些格式、索引及涵盖内容等方面相对固定的审计工作底稿模板、范例等，如核对表、审计计划及业务约定书范例等，某些重要的或不可删减的工作会在这些模板或范例中予以特别标识；

（2）在此基础上，注册会计师再根据各具体业务的特点加以必要的修改，制定适用于具体项目的审计工作底稿。

审计工作底稿通常不包括已被取代的审计工作底稿的草稿或财务报表的草稿、对不全面或初步思考的记录、存在印刷错误或其他错误而被作废的文本，以及重复的文件记录等。由于这些草稿、错误的文本或重复的文件记录不直接构成审计结论和审计意见的支持性证据，因此，注册会计师通常无须保留这些记录。

四、审计工作底稿的格式、内容和范围

（一）确定审计工作底稿的格式、内容和范围时应考虑的因素

在确定审计工作底稿的格式、内容和范围时，注册会计师应当考虑下列因素：

（1）实施审计程序的性质。通常，不同的审计程序会使注册会计师获取不同性质的审计证据，由此注册会计师可能会编制不同格式、内容和范围的审计工作底稿。例如，注册会计师编制的有关函证程序的审计工作底稿（包括询证函及回函、有关不符事项的分析等）和存货监盘程序的审计工作底稿（包括盘点表、注册会计师对存货的测试记录等）在内容、格式及范围方面是不同的。

（2）已识别的重大错报风险。识别和评估的重大错报风险水平的不同可能导致注册会计师执行的审计程序和获取的审计证据不尽相同。例如，注册会计师识别出应收账款余额存在较高的重大错报风险，而其他应收款的重大错报风险较低，则注册会计师可能对应收账款执行较多的审计程序并获取较多的审计证据，因而对测试应收账款的记录会比针对测试其他应

收款的记录的内容多且范围广。

（3）在执行审计工作和评价审计结果时需要作出判断的范围。审计程序的选择和执行及审计结果的评价通常需要不同程度的职业判断。例如，在运用非统计抽样的方法选取样本进行应收账款函证程序时，注册会计师可能基于应收账款账龄、以前的审计经验及是否为关联方欠款等因素，考虑哪些应收账款存在较高的重大错报风险，运用职业判断在总体中选取样本，并对作出职业判断时的考虑事项进行适当的记录。因此，在作出职业判断时所考虑的因素及范围可能使注册会计师作出不同的内容和范围的记录。

（4）已获取审计证据的重要程度。注册会计师通过执行多项审计程序可能会获取不同的审计证据，有些审计证据的相关性和可靠性较高，有些质量则较差，注册会计师可能区分不同的审计证据进行有选择性的记录。因此，审计证据的重要程度也会影响审计工作底稿的格式、内容和范围。

（5）已识别的例外事项的性质和范围。有时注册会计师在执行审计程序时会发现例外事项，由此可能导致审计工作底稿在格式、内容和范围方面的不同。例如，某个函证的回函表明存在不符事项，但是注册会计师如果在实施恰当的追查后发现该例外事项并未构成错报，则注册会计师可能只在审计工作底稿中解释发生该例外事项的原因及影响。反之，如果该例外事项构成错报，则注册会计师可能需要执行额外的审计程序并获取更多的审计证据，由此编制的审计工作底稿在内容及范围方面可能有很大不同。

（6）当从已执行审计工作或获取审计证据的记录中不易确定结论或结论的基础时，记录结论或结论的基础的必要性。在某些情况下，特别是在涉及复杂的事项时，注册会计师仅将已执行的审计工作或获取的审计证据记录下来，并不容易使其他有经验的注册会计师通过合理的分析，得出审计结论或结论的基础。此时注册会计师应当考虑是否需要进一步说明并记录得出结论的基础（即得出结论的过程）及该事项的结论。

（7）使用的审计方法和工具。使用的审计方法和工具可能影响审计工作底稿的格式、内容和范围。例如，在使用计算机辅助审计技术对应收账款的账龄进行重新计算时，通常可以针对总体进行测试，而采用人工方式重新计算时，则可能会针对样本进行测试，由此形成的审计工作底稿会在格式、内容和范围方面有所不同。

考虑以上因素有助于注册会计师确定审计工作底稿的格式、内容和范围是否恰当。注册会计师在考虑以上因素时需注意，根据不同情况确定审计工作底稿的格式、内容和范围均是为达到编制审计工作底稿的目的，特别是提供证据的目的。例如，细节测试和实质性分析程序的审计工作底稿所记录的审计程序有所不同，但两类审计工作底稿都应当充分、适当地反映注册会计师执行的审计程序。

（二）审计工作底稿的要素

审计工作底稿通常包括下列全部或部分要素：审计工作底稿的标题；审计过程记录；审计结论；审计标识及其说明；索引号及编号；编制者姓名及编制日期；复核者姓名及复核日期；其他应说明事项。其他应说明事项即注册会计师根据其专业判断，认为应在审计工作底稿中予以记录的其他相关事项。

（三）审计过程记录

1.记录测试的特定项目或事项的识别特征

注册会计师在审计过程中记录实施的审计程序的性质、时间和范围时，应当记录测试的特定项目或事项的识别特征。

识别特征是指被测试的项目或事项表现出的征象或标志。识别特征因审计程序的性质和所测试的项目或事项不同而不同。

对于某一个具体项目或事项而言，其识别特征通常具有唯一性，这种特性可以使其他人员根据识别特征在总体中识别该项目或事项并重新执行该测试。

以下列举部分审计程序中所测试的样本的识别特征：

（1）对被审计单位生成的订购单进行细节测试时，注册会计师可以将订购单的日期或编号作为识别特征。需要注意的是，注册会计师也需要同时考虑被审计单位对订购单编号的方式。例如，被审计单位按年对订购单依次编号，则识别特征是××年的××号；若被审计单位仅以序列号进行编号，则可以直接将该号码作为识别特征。

（2）对于一项需要选取或复核既定总体内一定金额以上的所有项目的审计程序，注册会计师可能会以实施审计程序的范围作为识别特征，例如，总账中一定金额以上的所有会计分录。

（3）对于一项需要系统化抽样的审计程序，注册会计师可能会通过记录样本的来源、抽样的起点及抽样间隔来识别已选取的样本。例如，被审计单位对发运单顺序编号，测试的发运单的识别特征可以是，对4月1日至9月30日的发运台账，从第12345号发运单开始每隔125号系统抽取发运单。

（4）对于一项需要询问被审计单位中特定人员的审计程序，注册会计师可能会以记录询问的时间、被询问人的姓名及职位作为识别特征。

（5）对于观察这一审计程序，注册会计师可能会以观察的对象或观察过程、观察的地点和时间作为识别特征。

2.记录重大事项

重大事项的记录不同于一般事项的记录，重大事项对整个审计工作、审计结论都会产生重要的影响，在编制审计工作底稿过程中要引起重视，要严格地按照有关的规范来执行。注册会计师应当根据具体情况判断某一事项是否属于重大事项。重大事项通常包括：

（1）引起特别风险的事项，比如说被审计单位所在行业出现罕见的大萧条，被审计单位实行与市场业绩挂钩的激励机制，则可以认为行业的不景气是引起特别风险的事项；

（2）实施审计程序的结果，该结果表明财务信息可能存在重大错报，或需要修正以前对重大错报的评估和针对这些风险拟采取的应对措施；

（3）导致注册会计师难以实施必要审计程序的情形，如在审计过程中无法实施函证，相应的科目又是重要的，没有满意的替代程序；

（4）导致出具非标准审计报告的情形等。

注册会计师应当考虑编制重大事项概要，将其作为审计工作底稿的组成部分，以有效地复核和检查审计工作底稿，并评价重大事项的影响。重大事项概要包括审计过程中识别的重大事项及其如何得到解决，或对其他支持性审计工作底稿的交叉索引。注册会计师应当及时记录与管理层、治理层和其他人员对重大事项的讨论，包括讨论的内容、时间、地点和参加人员。

在审计过程中，如果识别出的信息与针对重大事项得出的最终结论相矛盾或不一致，注册会计师应当记录形成最终结论时如何处理该矛盾或不一致的情况。

（四）审计结论

注册会计师恰当地记录审计结论非常重要，注册会计师需要根据所执行审计程序及获取的审计证据得出结论，并以此作为对财务报表形成审计意见的基础。在记录审计结论时需注意，在审计工作底稿中记录的审计程序和审计证据是否足以支持所得出并记录的审计结论。

（五）审计标识及其说明

审计工作底稿中可使用各种审计标识，但应说明其含义，并保持前后一致。以下是注册会计师在审计工作底稿中列明标识并说明其含义的例子，可供参考。在实务中，注册会计师也可以依据实际情况运用更多的审计标识。

$\wedge$：纵加核对

<：横加核对

B：与上年结转数核对一致

T：与原始凭证核对一致

G：与总分类账核对一致

S：与明细账核对一致

T/B：与试算平衡表核对一致

C：已发询证函

C\：已收回询证函

（六）索引号及编号

审计工作底稿通常需要注明索引号及顺序编号，相关审计工作底稿之间需要保持清晰的钩稽关系。索引号是指注册会计师为了便于审计工作底稿的分类、归类和引用，对某一审计事项的审计工作底稿以固定的标记和编码加以表示所产生的一种特定符号，其主要作用是方便审计工作底稿的分类检索和引用，并使分散的、活页式的审计工作底稿构成有机联系的审计档案。编号是在同一索引号下不同的审计工作底稿的顺序编号。在实务中，注册会计师可以按照所记录的审计工作的内容层次进行编号。例如，固定资产汇总表的编号为C1，按类别列示的固定资产明细表的编号为C1-1，以及列示单个固定资产原值及累计折旧的明细表编号，包括房屋建筑物（编号为C1-1-1）、机器设备（编号为C1-1-2）、运输工具（编号为C1-1-3）及其他设备（编号为C1-1-4）。相互引用时，需要在审计工作底稿中交叉注明索引号。

以下是不同审计工作底稿之间相互索引的例子。

例如，固定资产的原值、累计折旧及净值的总额应分别与固定资产明细表的数字互相钩稽。表7-3、表7-4分别是从固定资产汇总表工作底稿及固定资产明细表工作底稿中节选的部分，在此作为相互索引的示范。

表7-3　　　　　　　固定资产汇总表（工作底稿索引号：C1）（节选）

工作底稿索引号	固定资产	20×8年12月31日	20×7年12月31日
C1-1	原值	×××G	×××
C1-1	累计折旧	×××G	×××
	净值	×××T/B	×××B
		$\wedge$	$\wedge$

表7-4　　　　　　　　　　　固定资产明细表（工作底稿索引号：C1-1）（节选）

工作底稿索引号	固定资产	期初余额	本期增加	本期减少	期末余额
	原值				
C1-1-1	1.房屋建筑物	×××		×××	××× S
C1-1-2	2.机器设备	×××	×××		××× S
C1-1-3	3.运输工具	×××			××× S
C1-1-4	4.其他设备	×××			××× S
	小计	××× B	×××	×××	×××<C1
		∧	∧	∧	∧
	累计折旧				
C1-1-1	1.房屋建筑物	×××			××× S
C1-1-2	2.机器设备	×××	×××		××× S
C1-1-3	3.运输工具	×××			××× S
C1-1-4	4.其他设备	×××			××× S
	小计	××× B	×××	×××	××× <C1
		∧	∧	∧	∧
	净值	××× B			××× C1
		∧			∧

（七）编制者姓名及编制日期和复核者姓名及复核日期

在记录实施审计程序的性质、时间和范围时，注册会计师应当记录：（1）审计工作的执行人员及完成该项审计工作的日期；（2）审计工作的复核人员及复核的日期和范围。

在需要项目质量复核的情况下，还需要注明项目质量复核人员及日期。

通常，需要在每一张审计工作底稿上注明执行审计工作的人员和复核人员、完成该项审计工作的日期以及完成复核的日期。

在实务中，如果若干页的审计工作底稿记录同一性质的具体审计程序或事项，并且编制在同一个索引号中，此时可以仅在审计工作底稿的第一页上记录审计工作的执行人员和复核人员并注明日期。例如，应收账款函证核对表的索引号为L3-1-1/21，相对应的确认函共有20份，每一份应收账款确认函索引号以L3-1-2/21、L3-1-3/21……L3-1-21/21表示，对于这种情况，就可以仅在应收账款函证核对表上记录审计工作的执行人员和复核人员并注明日期。

五、审计工作底稿的归档

（一）审计工作底稿的归档是一项事务性的工作

注册会计师应当在审计报告日后及时将审计工作底稿归整为审计档案，并完成归整最终审计档案过程中的事务性工作。审计档案，是指一个或多个文件夹或其他存储介质，以实物或电子形式存储构成某项具体业务的审计工作底稿的记录。注册会计师应当在审计报告日后及时将审计工作底稿归整为审计档案，并完成归整最终审计档案过程中的事务性工作。

在归档期间对审计工作底稿进行的事务性的变动主要包括：（1）删除或废弃被取代的审计工作底稿；（2）对审计工作底稿进行分类、整理和交叉索引；（3）对审计档案归整工作的完成核对表签字认可；（4）记录在审计报告日前获取的、与审计项目组相关成员进行讨论并取得一致意见的审计证据。

（二）审计工作底稿的归档期限

注册会计师应当按照会计师事务所质量管理政策和程序的规定，及时将审计工作底稿归整为最终审计档案。审计工作底稿的归档期限为审计报告日后60天内。如果注册会计师未能完成审计业务，审计工作底稿的归档期限为审计业务中止后的60天内。

如果针对客户的同一财务信息执行不同的委托业务，出具两个或多个不同的报告，会计师事务所应当将其视为不同的业务，根据制定的政策和程序，在规定的归档期限内分别将审计工作底稿归整为最终审计档案。

（三）审计工作底稿归档后的变动

一般情况下，在审计报告归档之后不需要对审计工作底稿进行修改或增加。在完成最终审计档案归整工作后，如果注册会计师发现有必要修改现有审计工作底稿或增加新的审计工作底稿，无论修改或增加的性质如何，注册会计师均应当记录：（1）修改或增加审计工作底稿的具体理由；（2）修改或增加审计工作底稿的时间和人员，以及复核的时间和人员。

这里所说的修改现有审计工作底稿主要是指在保持原审计工作底稿中所记录的信息，即对原记录信息不予删除（包括涂改、覆盖等方式）的前提下，采用增加新信息的方式予以修改。例如，原审计工作底稿中列明存货余额为1 000万元，现改为1 100万元，注册会计师可以采用在原工作底稿中增加新的注释的方式予以修改。

（四）审计工作底稿的保存期限

会计师事务所应当自审计报告日起，对审计工作底稿至少保存10年。如果注册会计师未能完成审计业务，会计师事务所应当自审计业务中止日起，对审计工作底稿至少保存10年。

值得注意的是，对于连续审计的情况，当期归整的永久性档案虽然包括以前年度（有可能是10年以前）获得的资料，但由于其作为本期档案的一部分，并作为支持审计结论的基础，因此，注册会计师对于这些对当期有效的档案，应视为当期取得并保存10年。如果这些资料在某一个审计期间被替换，被替换资料可以从被替换的年度起至少保存10年。

在完成最终审计档案的归整工作后，注册会计师不得在规定的保存期届满前删除或废弃审计工作底稿。

第四节　利用其他主体的工作

一、利用组成部分注册会计师的工作

（一）集团审计与集团项目合伙人

为了实现其经营战略，许多企业组建了分部、分支机构、分公司、合资公司、子公司和联营公司等。企业这些组成部分的财务信息会包括在总部、总公司或母公司的财务报表中。由于地域的阻隔、时间的限制和成本的约束，被审计单位及其组成部分的财务报表有可能是由不同会计师事务所的注册会计师来审计的。

集团审计，是指对集团财务报表进行的审计。集团，是指由所有组成部分构成的整体，并且所有组成部分的财务信息包括在集团财务报表中。集团至少拥有一个组成部分。集团财务报表，是指包括一个以上组成部分财务信息的财务报表。集团财务报表也指没有母公司但处在同一控制下的各组成部分编制的财务信息所汇总生成的财务报表。

集团项目合伙人，是指会计师事务所中负责某项集团审计业务及其执行，并代表会计师事务所在对集团财务报表出具的审计报告上签字的合伙人。

（二）组成部分和组成部分注册会计师

组成部分，是指某一实体或某项业务活动，其财务信息由集团或组成部分管理层编制并应包括在集团财务报表中。

重要组成部分，是指集团项目组识别出的具有下列特征之一的组成部分：（1）单个组成部分对集团具有财务重大性；（2）由于单个组成部分的特定性质或情况，可能存在导致集团财务报表发生重大错报的特别风险。

组成部分注册会计师，是指基于集团审计目的，按照集团项目组的要求，对组成部分财务信息执行相关工作的注册会计师。

（三）注册会计师的目标

注册会计师的目标是：（1）确定是否担任集团审计的注册会计师。（2）如果担任集团审计的注册会计师，应就组成部分注册会计师对组成部分财务信息执行工作的范围、时间安排和发现的问题，与组成部分注册会计师进行清晰的沟通；针对组成部分财务信息和合并过程，获取充分、适当的审计证据，以对集团财务报表是否在所有重大方面按照适用的财务报告编制基础编制发表审计意见。

（四）集团项目合伙人和组成部分注册会计师的责任

集团项目合伙人应当按照执业准则和适用的法律法规的规定，负责指导、监督和执行集团审计业务，并确定出具的审计报告是否适合具体情况。注册会计师对集团财务报表出具的审计报告不应提及组成部分注册会计师，除非法律法规另有规定。如果法律法规要求在审计报告中提及组成部分注册会计师，审计报告应当指明，这种提及不会减轻集团项目合伙人及其所在的会计师事务所对集团财务报表审计意见承担的责任。

（五）集团审计业务的承接与保持

在承接与保持集团审计业务时，集团项目组应当了解集团及其环境、集团组成部分及其环境，以足以识别可能的重要组成部分。如果组成部分注册会计师对重要组成部分财务信息执行相关工作，集团项目合伙人应当评价集团项目组参与组成部分注册会计师工作的程度是否足以获取充分、适当的审计证据。

（六）了解组成部分注册会计师

如果计划要求组成部分注册会计师执行组成部分财务信息的相关工作，集团项目组应当了解下列事项：（1）组成部分注册会计师是否了解并将遵守与集团审计相关的职业道德要求，特别是独立性要求；（2）组成部分注册会计师是否具备专业胜任能力；（3）集团项目组参与组成部分注册会计师工作的程度是否足以获取充分、适当的审计证据；（4）组成部分注册会计师是否处于积极的监管环境中。

如果组成部分注册会计师不符合与集团审计相关的独立性要求，或集团项目组对组成部分注册会计师的独立性、专业胜任能力等事项存有重大疑虑，集团项目组应当就组成部分财务信息获取充分、适当的审计证据，而不应要求组成部分注册会计师对组成部分财务信息执行相关工作。

（七）重要性水平的确定

如果组成部分注册会计师对组成部分财务信息实施审计或审阅，基于集团审计目的，要为这些组成部分确定组成部分重要性。为将未更正和未发现错报的合计数超过集团财务报表整体的重要性的可能性降至适当的低水平，组成部分重要性应当低于集团财务报表整体的重要性。

如果基于集团审计目的，由组成部分注册会计师对组成部分财务信息执行审计工作，集团项目组应当评价在组成部分层面确定的实际执行的重要性的适当性。

（八）重大错报风险的应对

注册会计师应当针对评估的财务报表重大错报风险设计和实施恰当的应对措施。对于组成部分财务信息，集团项目组应当确定由其亲自执行或由组成部分注册会计师代为执行的相关工作的类型。集团项目组还应当确定参与组成部分注册会计师工作的性质、时间安排和范围。

在确定对合并过程或组成部分财务信息拟执行的工作的性质、时间安排和范围时，如果预期集团层面控制运行有效，或者仅实施实质性程序不能提供认定层次的充分、适当的审计证据，集团项目组应当测试或要求组成部分注册会计师测试这些控制运行的有效性。

就集团而言，对于具有财务重大性的单个组成部分，集团项目组或代表集团项目组的组成部分注册会计师应当运用该组成部分的重要性，对组成部分财务信息实施审计。

对由于其特定性质或情况，可能包括导致集团财务报表发生重大错报的特别风险的重要组成部分，集团项目组或代表集团项目组的组成部分注册会计师应当执行下列一项或多项工作：（1）使用组成部分重要性对组成部分财务信息实施审计；（2）针对与可能导致集团财务报表发生重大错报的特别风险相关的一个或多个账户余额、一类或多类交易或披露事项实施审计；（3）针对可能导致集团财务报表发生重大错报的特别风险实施特定的审计程序。

如果集团项目组认为执行下列工作不能获取形成集团审计意见所依据的充分、适当的审计证据，应当采取下列措施：（1）对重要组成部分财务信息执行的工作；（2）对集团层面控制和合并过程执行的工作；（3）在集团层面实施的分析程序。

集团项目组应当选择某些不重要的组成部分，并对已选择的组成部分财务信息亲自执行或由代表集团项目组的组成部分注册会计师执行下列一项或多项工作：（1）使用组成部分重要性对组成部分财务信息实施审计；（2）对一个或多个账户余额、一类或多类交易或披露实施审计；（3）使用组成部分重要性对组成部分财务信息实施审阅；（4）实施特定程序。集团项目组应当在一段时间之后更换所选择的组成部分。

如果组成部分注册会计师对重要组成部分财务信息执行审计，集团项目组应当参与组成部分注册会计师的风险评估程序，以识别导致集团财务报表发生重大错报的特别风险。集团项目组参与的性质、时间安排和范围受其对组成部分注册会计师所了解情况的影响，但至少应当包括：（1）与组成部分注册会计师或组成部分管理层讨论对于集团而言重要的组成部分业务活动；（2）与组成部分注册会计师讨论舞弊或错误导致组成部分财务信息发生重大错报的可能性；（3）复核组成部分注册会计师对识别出的导致集团财务报表发生重大错报的特别风险形成的工作底稿。工作底稿可以采用备忘录的形式，反映组成部分注册会计师针对识别出的特别风险得出的结论。

如果在由组成部分注册会计师执行相关工作的组成部分内，识别出导致集团财务报表发生重大错报的特别风险，集团项目组应当评价针对识别出的特别风险拟采取的进一步审计程序的恰当性。根据对组成部分注册会计师的了解，集团项目组应当确定是否有必要参与进一步审计程序。

（九）合并过程

集团项目组应当了解集团层面的控制和合并过程，包括集团管理层向组成部分下达的指令。如果对合并过程执行工作的性质、时间安排和范围基于预期集团层面控制有效运行，或者仅实施实质性程序不能提供认定层次的充分、适当的审计证据，集团项目组应当亲自测试或要求组成部分注册会计师代为测试集团层面控制运行的有效性。

集团项目组应当针对合并过程设计和实施进一步审计程序，以应对评估的、由合并过程导致的集团财务报表发生重大错报的风险。设计和实施的进一步审计程序应当包括评价所有组成部分是否均已包括在集团财务报表中。

如果组成部分财务信息没有按照集团财务报表采用的会计政策编制，集团项目组应当评价组成部分财务信息是否已得到适当调整，以满足编制和列报集团财务报表的要求。

（十）期后事项

如果集团项目组或组成部分注册会计师对组成部分财务信息实施审计，集团项目组或组成部分注册会计师应当实施审计程序，以识别组成部分自组成部分财务信息日至对集团财务报表出具审计报告日之间发生的、可能需要在集团财务报表中调整或披露的事项。

如果组成部分注册会计师执行组成部分财务信息审计以外的工作，集团项目组应当要求组成部分注册会计师告知其注意到的、可能需要在集团财务报表中调整或披露的期后事项。

（十一）与组成部分注册会计师的沟通

集团项目组应当及时向组成部分注册会计师通报工作要求。通报的内容应当明确组成部分注册会计师应执行的工作和集团项目组对其工作的利用，以及组成部分注册会计师与集团项目组沟通的形式和内容。通报的内容还应当包括：（1）在组成部分注册会计师知悉集团项目组将利用其工作的前提下，要求组成部分注册会计师确认其将配合集团项目组的工作。

（2）与集团审计相关的职业道德要求，特别是独立性要求。（3）在对组成部分财务信息实施审计或审阅的情况下，组成部分的重要性和针对特定类别的交易、账户余额或披露采用的一个或多个重要性水平（如适用）以及临界值，超过临界值的错报不能视为对集团财务报表明显微小的错报。（4）识别出的与组成部分注册会计师工作相关的、舞弊或错误导致集团财务报表发生重大错报的特别风险。集团项目组应当要求组成部分注册会计师及时沟通所有识别出的、在组成部分内的其他舞弊或错误可能导致集团财务报表发生重大错报的特别风险，以及组成部分注册会计师针对这些特别风险采取的应对措施。（5）集团管理层编制的关联方清单和集团项目组知悉的任何其他关联方。集团项目组应当要求组成部分注册会计师及时沟通集团管理层或集团项目组以前未识别出的关联方。集团项目组应当确定是否需要将新识别的关联方告知其他组成部分注册会计师。

集团项目组应当要求组成部分注册会计师沟通与得出关于集团审计的结论相关的事项。沟通的内容应当包括：（1）组成部分注册会计师是否已遵守与集团审计相关的职业道德要求，包括对独立性和专业胜任能力的要求；（2）组成部分注册会计师是否已遵守集团项目组的要求；（3）指出作为组成部分注册会计师出具报告对象的组成部分财务信息；（4）因违反法律法规而可能导致集团财务报表发生重大错报的信息；（5）组成部分财务信息中未更正错报的清单（清单不必包括低于集团项目组通报的临界值且明显微小的错报）；（6）表明可能存在管理层偏向的迹象；（7）描述识别出的组成部分层面值得关注的内部控制缺陷；（8）组成部分注册会计师向组成部分治理层已通报或拟通报的其他重大事项，包括涉及组成部分管理层、在组成部分层面内部控制中担任重要职责的员工和舞弊行为导致组成部分财务信息出现重大错报的其他人员的舞弊或舞弊嫌疑；（9）可能与集团审计相关或者组成部分注册会计师期望集团项目组加以关注的其他事项，包括在组成部分注册会计师要求组成部分管理层提供的书面声明中指出的例外事项；（10）组成部分注册会计师的总体发现、得出的结论和形成的意见。

（十二）评价审计证据的充分性和适当性

集团项目组应当评价与组成部分注册会计师的沟通。集团项目组应当：（1）与组成部分注册会计师、组成部分管理层或集团管理层（如适用）讨论在评价过程中发现的重大事项；（2）确定是否有必要复核组成部分注册会计师审计工作底稿的相关部分。

如果认为组成部分注册会计师的工作不充分，集团项目组应当确定需要实施哪些追加的程序，以及这些程序是由组成部分注册会计师还是由集团项目组实施。

注册会计师应当获取充分、适当的审计证据，将审计风险降至可接受的低水平，从而得出合理的结论以作为形成审计意见的基础。

集团项目组应当评价，通过对合并过程实施的审计程序以及由集团项目组和组成部分注册会计师对组成部分财务信息执行的工作，是否已获取充分、适当的审计证据，作为形成集团财务报表审计意见的基础。

集团项目合伙人应当评价未更正错报（无论该错报是由集团项目组识别出的还是由组成部分注册会计师告知的）和未能获取充分、适当的审计证据的情况对集团审计意见的影响。

（十三）与集团管理层和集团治理层的沟通

集团项目组应当按照《中国注册会计师审计准则第1152号——向治理层和管理层通报内部控制缺陷》的规定，确定哪些识别出的内部控制缺陷需要向集团治理层和集团管理层通报。在确定通报的内容时，集团项目组应当考虑：（1）集团项目组识别出的集团层面内部控制缺陷；（2）集团项目组识别出的组成部分层面内部控制缺陷；（3）组成部分注册会计师提请集团项目组关注的内部控制缺陷。

如果集团项目组识别出舞弊或组成部分注册会计师提请集团项目组关注舞弊，或者有关信息表明可能存在舞弊，集团项目组应当及时向适当层级的集团管理层通报，以便管理层告知主要负责防止和发现舞弊事项的人员。

因法律法规要求或其他原因，组成部分注册会计师可能需要对组成部分财务报表发表审计意见。在这种情况下，集团项目组应当要求集团管理层告知组成部分管理层其尚未知悉的、集团项目组注意到的可能对组成部分财务报表产生重要影响的事项。如果集团管理层拒绝向组成部分管理层通报该事项，集团项目组应当与集团治理层进行讨论。如果该事项仍未得到解决，集团项目组在遵守法律法规和执业准则有关保密要求的前提下，应当考虑是否建议组成部分注册会计师在该事项得到解决之前，不对组成部分财务报表出具审计报告。

除《中国注册会计师审计准则第1151号——与治理层的沟通》和其他审计准则要求沟通的事项外，集团项目组还应当与集团治理层沟通下列事项：（1）对组成部分财务信息拟执行工作的类型的概述；（2）在组成部分注册会计师对重要组成部分财务信息拟执行的工作中，集团项目组计划参与其工作的性质的概述；（3）对组成部分注册会计师的工作作出的评价，引起集团项目组对其工作质量产生疑虑的情形；（4）集团审计受到的限制，如集团项目组接触某些信息受到的限制；（5）涉及集团管理层、组成部分管理层、在集团层面控制中担任重要职责的员工和舞弊行为导致集团财务报表出现重大错报的其他人员的舞弊或舞弊嫌疑。

二、利用专家的工作

（一）专家的含义

在审计中，限于自身技能、知识和经验，注册会计师可能要利用专家的工作。专家，是指除会计、审计之外的某一特定领域中具有专门技能、知识和经验的个人或组织。专家通常可以是工程师、律师、资产评估师、精算师、环境专家、地质专家、IT专家以及税务专家，也可以是这些个人所从属的组织，如律师事务所、资产评估公司以及各种咨询公司等。

注册会计师的专家，是指在会计或审计以外的某一领域具有专长的个人或组织，并且其工作被注册会计师利用，以协助注册会计师获取充分、适当的审计证据。专家既可能是会计师事务所内部专家（如会计师事务所或其网络事务所的合伙人或员工，包括临时员工），也可能是会计师事务所外部专家。专长，是指在某一特定领域中拥有的专门技能、知识和经验。

管理层的专家，是指在会计、审计以外的某一领域具有专长的个人或组织，其工作被管理层利用以协助编制财务报表。

（二）注册会计师的目标

注册会计师的目标是：（1）确定是否利用专家的工作；（2）如果利用专家的工作，确定专家的工作是否足以实现注册会计师的目的。注册会计师对发表的审计意见独立承担责任，这种责任不因利用专家的工作而减轻。如果注册会计师按照审计准则的规定利用了专家的工作，并得出结论认为专家的工作足以实现注册会计师的目的，注册会计师可以接受专家在其专业领域的工作结果或结论，并作为适当的审计证据。

（三）确定是否利用专家工作

如果在会计或审计以外的某一领域的专长对获取充分、适当的审计证据是必要的，注册会计师应当确定是否利用专家的工作。

（四）审计程序的性质、时间安排和范围

注册会计师利用专家工作所需实施的审计程序的性质、时间安排和范围，将随着具体情况的变化而变化。注册会计师在确定审计程序的性质、时间安排和范围时，应当考虑下列事项：（1）与专家工作相关的事项的性质；（2）与专家工作相关的事项中存在的重大错报风险；（3）专家的工作在审计中的重要程度；（4）注册会计师对专家以前所做工作的了解，以及与之接触的经验；（5）专家是否需要遵守会计师事务所的质量管理政策和程序。

（五）评价专家的胜任能力、专业素质和客观性

注册会计师应当评价专家是否具有实现注册会计师的目的所必需的胜任能力、专业素质和客观性。在评价外部专家的客观性时，注册会计师应当询问可能对外部专家客观性造成不利影响的利益和关系。

（六）了解专家的专长领域

注册会计师应当充分了解专家的专长领域，使其能够：（1）为了实现注册会计师的目的，确定专家工作的性质、范围和目标；（2）评价专家的工作是否足以实现注册会计师的目的。

（七）与专家达成一致意见

注册会计师应当与专家就下列事项达成一致意见，并根据需要形成书面协议：（1）专家工作的性质、范围和目标；（2）注册会计师和专家各自的角色和责任；（3）注册会计师和专家之间沟通的性质、时间安排和范围，包括专家提供的报告的形式；（4）对专家遵守保密规定的要求。

（八）评价专家工作的恰当性

注册会计师应当评价专家的工作是否足以实现注册会计师的目的，包括：（1）专家的工作结果或结论的相关性和合理性，以及与其他审计证据的一致性；（2）如果专家的工作涉及使用重要的假设和方法，这些假设和方法在具体情况下的相关性和合理性；（3）如果专家的工作涉及使用重要的原始数据，这些原始数据的相关性、完整性和准确性。

如果注册会计师确定专家的工作不足以实现注册会计师的目的，注册会计师应当采取下列措施之一：（1）就专家拟执行的进一步工作的性质和范围，与专家达成一致意见；（2）根据具体情况，实施追加的审计程序。

（九）在审计报告中提及专家

注册会计师不应在无保留意见的审计报告中提及专家的工作，除非法律法规另有规定。如果法律法规要求提及专家的工作，注册会计师应当在审计报告中指明，这种提及不会减轻注册会计师对审计意见承担的责任。

如果注册会计师在审计报告中提及专家的工作，并且这种提及与理解审计报告中的非无保留意见相关，注册会计师应当在审计报告中指明，这种提及并不减轻注册会计师对审计意

见承担的责任。

三、利用内部审计人员的工作

（一）内部审计的含义

内部审计，是指被审计单位负责执行鉴证和咨询活动，以评价和改进被审计单位的治理、风险管理和内部控制流程有效性的职能。许多被审计单位设立了内部审计作为内部控制和治理结构的组成部分。由于被审计单位的规模、组织结构以及管理层和治理层（如适用）的要求不同，内部审计的目标和范围、职责及其在被审计单位中的地位（包括权威性和问责机制）可能有较大差别。

注册会计师可能能够以建设性和互补的方式利用内部审计的工作。这取决于下列因素：（1）内部审计在被审计单位中的地位以及相关政策和程序是否足以支持内部审计人员的客观性；（2）内部审计人员的胜任能力；（3）内部审计是否采用系统、规范化的方法。

注册会计师对发表的审计意见独立承担责任，这种责任并不因注册会计师利用内部审计工作或利用内部审计人员对该项审计业务提供直接协助而减轻。

（二）注册会计师的目标

当被审计单位存在内部审计，并且注册会计师预期将利用其工作以调整注册会计师直接实施的审计程序的性质、时间安排，或缩小其范围时，或者注册会计师预期将利用内部审计人员提供直接协助时，注册会计师的目标是：（1）确定是否能够利用内部审计的工作或利用内部审计人员提供直接协助，如果能够利用，在哪些领域利用以及在多大程度上利用；（2）如果利用内部审计的工作，确定该工作是否足以实现审计目的；（3）如果利用内部审计人员提供直接协助，适当地指导、监督和复核其工作。

（三）确定是否利用、在哪些领域利用以及在多大程度上利用内部审计的工作

注册会计师应当通过评价下列事项，确定是否能够利用内部审计的工作以实现审计目的：（1）内部审计在被审计单位中的地位，以及相关政策和程序支持内部审计人员客观性的程度；（2）内部审计人员的胜任能力；（3）内部审计是否采用系统、规范化的方法（包括质量控制）。

如果存在下列情形之一，注册会计师不得利用内部审计的工作：（1）内部审计在被审计单位的地位以及相关政策和程序不足以支持内部审计人员的客观性；（2）内部审计人员缺乏足够的胜任能力；（3）内部审计没有采用系统、规范化的方法（包括质量控制）。

注册会计师应当考虑内部审计已执行和拟执行工作的性质和范围，以及这些工作与注册会计师总体审计策略和具体审计计划的相关性，以作为确定能够利用内部审计工作的领域和程度的基础。注册会计师应当作出审计业务中的所有重大判断，并防止不当利用内部审计工作。当存在下列情况之一时，注册会计师应当计划较少地利用内部审计工作，而更多地直接执行审计工作：（1）当计划和实施相关的审计程序、评价收集的审计证据涉及较多判断时。（2）当评估的认定层次重大错报风险较高，需要对识别出的特别风险予以特殊考虑时。（3）当内部审计在被审计单位中的地位以及相关政策和程序对内部审计人员客观性的支持程度较弱时。（4）当内部审计人员的胜任能力较低时。

（四）利用内部审计工作

如果计划利用内部审计工作，注册会计师应当与内部审计人员讨论利用其工作的计划，以作为协调各自工作的基础。注册会计师应当阅读与拟利用的内部审计工作相关的内部审计报告，以了解其实施的审计程序的性质和范围以及相关发现。

注册会计师应当针对计划利用的全部内部审计工作实施充分的审计程序，以确定其对于实现审计目的是否适当，包括评价下列事项：（1）内部审计工作是否经过恰当的计划、实施、监督、复核和记录；（2）内部审计是否获取了充分、适当的证据，以使内部审计能够得出合理的结论；（3）内部审计得出的结论在具体环境下是否适当，编制的报告与执行工作的结果是否一致。在计划和实施上述审计程序时，注册会计师应当将计划利用的全部内部审计工作作为一个整体予以考虑。

注册会计师实施审计程序的性质和范围应当与其对以下事项的评价相适应，并应当包括重新执行内部审计的部分工作：（1）涉及判断的程度；（2）评估的重大错报风险；（3）内部审计在被审计单位中的地位以及相关政策和程序支持内部审计人员客观性的程度；（4）内部审计人员的胜任能力。

（五）确定是否利用、在哪些领域利用以及在多大程度上利用内部审计人员提供直接协助

如果注册会计师计划利用内部审计人员在审计中提供直接协助，注册会计师应当评价是否存在对内部审计人员客观性的不利影响及其严重程度，以及提供直接协助的内部审计人员的胜任能力。注册会计师在评价是否存在对内部审计人员客观性的不利影响及其严重程度时，应当包括询问内部审计人员可能对其客观性产生不利影响的利益和关系。当存在下列情形之一时，注册会计师不得利用内部审计人员提供直接协助：（1）存在对内部审计人员客观性的重大不利影响；（2）内部审计人员对拟执行的工作缺乏足够的胜任能力。

在确定可能分配给内部审计人员的工作的性质和范围，以及根据具体情况对内部审计人员进行指导、监督和复核的性质、时间安排和范围时，注册会计师应当考虑下列方面：（1）在计划和实施相关审计程序以及评价收集的审计证据时，涉及判断的程度；（2）评估的重大错报风险；（3）针对拟提供直接协助的内部审计人员，注册会计师关于是否存在对其客观性的不利影响及其严重程度的评价结果，以及关于其胜任能力的评价结果。

注册会计师不得利用内部审计人员提供直接协助以实施具有下列特征的程序：（1）在审计中涉及作出重大判断；（2）涉及较高的重大错报风险，在实施相关审计程序或评价收集的审计证据时需要作出较多的判断；（3）涉及内部审计人员已经参与并且已经或将要由内部审计向管理层或治理层报告的工作；（4）涉及注册会计师按照本准则的规定就内部审计，以及利用内部审计工作或利用内部审计人员提供直接协助作出的决策。

在恰当评价是否利用以及在多大程度上利用内部审计人员在审计中提供直接协助后，注册会计师在与治理层沟通计划的审计范围和时间安排的总体情况时，应当沟通拟利用内部审计人员提供直接协助的性质和范围，以使双方就在业务的具体情形下并未过度利用内部审计人员提供直接协助达成共识。

由于注册会计师对发表的审计意见独立承担责任，注册会计师应当评价在计划的范围内利用内部审计人员提供直接协助，连同对内部审计工作的利用，从总体上而言，是否仍然能够使注册会计师充分地参与审计工作。

（六）利用内部审计人员提供直接协助

在利用内部审计人员为审计提供直接协助之前，注册会计师应当：（1）从拥有相关权限的被审计单位代表人员处获取书面协议，允许内部审计人员遵循注册会计师的指令，并且被审计单位不干涉内部审计人员为注册会计师执行的工作；（2）从内部审计人员处获取书面协议，表明其将按照注册会计师的指令对特定事项保密，并将对其客观性受到的任何不利影响告知注册会计师。

注册会计师应当按照《中国注册会计师审计准则第1121号——对财务报表审计实施的质量管理》的规定对内部审计人员执行的工作进行指导、监督和复核。注册会计师对内部审计人员执行的工作的指导、监督和复核应当足以使注册会计师确保内部审计人员就其执行的工作已获取充分、适当的审计证据以支持相关审计结论。

（七）审计工作底稿

如果利用内部审计工作，注册会计师应当在审计工作底稿中记录下列事项：（1）对下列事项的评价：内部审计在被审计单位中的地位、相关政策和程序是否足以支持内部审计人员的客观性；内部审计人员的胜任能力；内部审计是否采用系统、规范化的方法（包括质量控制）。（2）利用内部审计工作的性质和范围以及作出该决策的基础。（3）注册会计师为评价利用内部审计工作的适当性而实施的审计程序。

如果利用内部审计人员为审计提供直接协助，注册会计师应当在审计工作底稿中记录下列事项：（1）关于是否存在对内部审计人员客观性的不利影响及其严重程度的评价，以及关于提供直接协助的内部审计人员的胜任能力的评价；（2）就内部审计人员执行工作的性质和范围作出决策的基础；（3）复核人员及复核的日期和范围；（4）从被审计单位代表人员和内部审计人员处获取的书面协议；（5）在审计业务中提供直接协助的内部审计人员编制的审计工作底稿。

□ 复习思考题

1. 什么是审计证据？审计证据的来源有哪些？
2. 审计证据如何分类？基本的分类是什么？
3. 如何评价审计证据的充分性？如何评价审计证据的可靠性？
4. 审计证据种类与具体审计目标的关系如何？
5. 审计证据的获取方法有哪些？
6. 在实务中如何充分运用分析性复核方法？
7. 外部函证的重要性体现在哪些方面？
8. 什么是审计工作底稿？为什么要编制审计工作底稿？
9. 审计工作底稿的基本要素与基本结构是什么？
10. 审计工作底稿归档的性质是什么？
11. 集团财务报表审计中，注册会计师如何利用组成部分注册会计师的工作？
12. 注册会计师利用专家工作时应当注意哪些问题？
13. 注册会计师利用内部审计人员的工作时应当注意哪些问题？

第八章

计划审计工作

计划审计工作是注册会计师审计工作的第一步，也是整个审计工作的基础和依据。在这一阶段，注册会计师需要完成两个方面的工作：一是开展初步业务活动；二是制定总体审计策略和具体审计计划。

第一节 初步业务活动

根据《中国注册会计师审计准则第 1201 号——计划审计工作》、《中国注册会计师审计准则第 1121 号——对财务报表审计实施的质量管理》及《中国注册会计师审计准则第 1111 号——就审计业务约定条款达成一致意见》，注册会计师应当在本期审计业务开始时开展初步业务活动，针对保持客户关系和审计业务实施相应的质量管理程序，评价遵守职业道德规范的情况（包括独立性要求），就审计业务约定条款与被审计单位达成一致意见。

一、客户关系和具体业务的接受与保持

会计师事务所在确定接受客户的委托、签订业务约定书前，应对客户的基本情况进行调查和评估，确定是否接受该项委托。会计师事务所应当制定有关客户关系和具体业务接受与保持的政策和程序，只有在已考虑了客户的诚信且没有信息表明客户缺乏诚信且本事务所能够胜任该项业务并具有执行业务必要的素质、时间和资源以及能够遵守相关职业道德要求的条件下才能接受或保持客户关系和具体业务。

注册会计师应当在审计业务开始前，与被审计单位就审计业务约定条款达成一致意见，并签订审计业务约定书，以避免双方对审计业务的理解产生分歧。

会计师事务所制定的相关政策和程序有：

（1）在接受新客户的业务前，或者在决定是否保持现有业务和考虑接受现有客户的新业务时，会计师事务所需根据具体情况获取必要信息。

注册会计师应当从以下方面了解被审计单位及其环境：行业状况、法律环境与监管环境以及其他外部因素；业务性质、经营规模和组织结构；对会计政策的选择和运用；目标、战略、经营状况、经营风险和内部控制；财务会计机构及其工作组织；厂房、设备及办公场所；以前年度接受审计的情况；其他与签订审计业务约定书有关的事项等。

　　注册会计师可以通过巡视客户的经营场所、复核年度报告、与客户的管理层和员工进行讨论、利用网络获取相关公众信息和公共数据库信息，对新老客户的上述基本情况进行初步审查。如果是老客户，应该复核以前年度的工作底稿。如果是新客户，注册会计师在接受委托前，应当向前任注册会计师询问被审计单位变更会计师事务所的原因，并关注前任注册会计师与被审计单位管理层在重大会计、审计等问题上可能存在的意见分歧。后任注册会计师应当提请被审计单位书面授权前任注册会计师对其询问作出充分答复。如果被审计单位不同意前任注册会计师作出答复，或限制答复的范围，后任注册会计师应当向被审计单位询问原因，并考虑是否接受委托。

　　（2）在接受新客户或现有客户的新业务时，如果识别出潜在的利益冲突，会计师事务所需评估确定接受该业务是否适当。

　　（3）当识别出问题而又决定接受或保持客户关系或具体业务时，会计师事务所需记录问题是如何得到解决的。

二、评价遵守相关职业道德规范情况

　　评价遵守相关职业道德要求情况也是初步业务活动的重要内容。

　　相关职业道德规范要求项目组成员恪守独立、客观、公正、诚信的原则，保持专业胜任能力和勤勉尽责，以及良好职业行为，并对审计过程中获知的信息保密。在整个审计过程中，项目组长应当对项目组成员违反职业道德规范的迹象保持警惕。如果发现项目组成员违反职业道德规范，项目组长应当与会计师事务所的相关人员商讨，以便采取适当的措施。项目组长应当记录识别出的违反职业道德规范的问题，以及这些问题是如何得到解决的。在适当情况下，项目组其他成员也应当记录上述内容。

　　会计师事务所应当制定政策和程序，以合理保证会计师事务所及其人员遵守相关职业道德要求，以及合理保证会计师事务所及其人员和其他受独立性要求约束的人员（包括网络事务所的人员），保持相关职业道德规范规定的独立性。

　　这些政策和程序应当要求：

　　（1）项目组长向会计师事务所提供与客户委托业务相关的信息（包括服务范围），以使会计师事务所能够评价这些信息对保持独立性的总体影响；

　　（2）会计师事务所人员应立即向会计师事务所报告对独立性产生不利影响的情形，以便会计师事务所采取适当行动；

　　（3）会计师事务所收集相关信息，并向适当人员传达。

　　《会计师事务所质量管理准则第5101号——业务质量管理》要求会计师事务所制定政策和程序，识别、评价和应对对遵守相关职业道德要求的不利影响；识别、沟通、评价和报告任何违反相关职业道德要求的情况，并针对这些情况的原因和后果及时作出适当应对；会计师事务所应当每年至少一次向所有需要按照相关职业道德规范保持独立性的人员获取其遵守独立性要求的书面确认。

　　会计师事务所应当就合理保证能够获知违反独立性要求的情况采取如下措施：

　　（1）会计师事务所人员将注意到的、违反独立性要求的情况立即报告会计师事务所；

　　（2）会计师事务所将识别出的违反政策和程序的情况，立即传达给需要与会计师事务所共同处理这些情况的项目组长、需要采取适当行动的会计师事务所和网络内部的其他相关人员以及受独立性要求约束的人员；

（3）项目组长、会计师事务所和网络内部的其他相关人员以及受独立性要求约束的人员，在必要时立即向会计师事务所报告他们为解决有关问题而采取的行动，以使会计师事务所能够决定是否应当采取进一步的行动。

此外，注册会计师针对保持客户关系和具体审计业务而实施的相应的质量管理程序和评价遵守职业道德规范情况的考虑，贯穿于审计业务的全过程。

三、就审计业务约定条款达成一致意见

在承接或保持审计业务前，注册会计师应当实施下列工作：（1）确定审计的前提条件存在；（2）确认注册会计师与管理层和治理层（如适用）就审计业务约定条款达成一致意见。

审计的前提条件，是指管理层在编制财务报表时对适用的财务报告编制基础的采用，以及管理层对注册会计师执行审计工作的前提的认同。为了确定审计的前提条件是否存在，注册会计师应当确定管理层在编制财务报表时采用的财务报告编制基础是不是可接受的，以及就管理层认可并理解其责任与管理层达成一致意见。如果审计的前提条件不存在，注册会计师应当就此与管理层沟通。在下列情况中，除非法律法规另有规定，注册会计师不应承接拟议的审计业务：

（1）除特殊规定的情形外，注册会计师确定被审计单位在编制财务报表时采用的财务报告编制基础不适当；

（2）注册会计师未能与管理层达成就管理层认可并理解其责任的一致意见。

管理层应当向注册会计师提供必要的工作条件，包括允许注册会计师接触与编制财务报表相关的所有信息（如记录、文件和其他事项），向注册会计师提供审计所需要的其他信息，允许注册会计师在获取审计证据时不受限制地接触其认为必要的内部人员和其他相关人员。如果管理层在拟议的审计业务约定条款中对审计工作的范围施加限制，以致注册会计师认为这种限制将导致其对财务报表无法发表意见，除非法律法规另有规定，注册会计师不应将该项受到限制的业务作为审计业务予以承接。

注册会计师应当在审计业务开始前，就审计目标、审计范围、相关责任划分、财务报告编制基础、拟出具的审计报告预期形式和内容等审计业务约定条款与管理层达成一致意见，并将达成一致意见的审计业务约定条款记录于审计业务约定书或其他适当形式的书面协议中。

四、审计业务约定书

审计业务约定书，是指会计师事务所与被审计单位签订的，用以记录和确认审计业务的委托与受托关系、财务报表审计的目标和范围、双方的责任以及拟出具审计报告的预期形式和内容等事项的书面协议。注册会计师应当在审计业务开始前，与被审计单位就审计业务约定条款达成一致意见，并签订审计业务约定书，以避免双方对审计业务的理解产生分歧。

（一）审计业务约定书的作用

签订审计业务约定书的目的是明确约定双方的责任与义务，促使双方遵守约定事项并加强合作，以保护会计师事务所与被审计单位的利益。在注册会计师的审计实践中，审计业务约定书可以起到以下几个方面的作用：

（1）审计业务约定书可以增进会计师事务所与委托人之间的了解，避免在审计目的、范

围和双方责任等方面产生误解，尤其是可以使被审计单位了解他们的会计责任和注册会计师的审计责任，明确被审计单位应该提供的合作，并以此作为划分责任的依据。

（2）审计业务约定书可以作为被审计单位鉴定审计业务完成情况及会计师事务所检查被审计单位约定义务履行情况的依据，如果被审计单位对注册会计师的服务提出疑问，注册会计师可以根据约定书的有关内容作出辩解。

（3）如果出现法律诉讼，审计业务约定书是据以确定会计师事务所和委托人双方应负法律责任的重要依据。当然，对于已载明的审计责任，注册会计师不能推诿。因而可以说，审计业务约定书是保护审计机构和注册会计师的有效措施之一。

（二）审计业务约定书的内容

审计业务约定书的具体内容可能因被审计单位的不同而存在差异，但应当包括下列主要方面：

（1）财务报表审计的目标与范围。财务报表审计的目标就是注册会计师通过执行审计工作，对财务报表是否按照适用的财务报告编制基础编制以及财务报表是否在所有重大方面公允反映被审计单位的财务状况、经营成果和现金流量发表意见。

（2）双方的责任。一般来看，管理层的责任包括：按照适用的财务报告编制基础编制财务报表；设计、执行和维护必要的内部控制，以使编制的财务报表不存在舞弊或错误导致的重大错报；为注册会计师提供必要的工作条件。注册会计师的责任是按照中国注册会计师审计准则的规定实施审计程序，获取充分、适当的审计证据，从而对财务报表发表审计意见。

（3）管理层编制财务报表所适用的财务报告编制基础。

（4）注册会计师拟出具的审计报告的预期形式和内容，以及在特定情况下对出具的审计报告可能不同于预期形式和内容的说明。

（5）审计工作范围，包括提及适用的法律法规、审计准则，以及注册会计师协会发布的职业道德守则和其他公告。财务报表的审计范围是指为实现财务报表审计目标，注册会计师根据审计准则和职业判断实施的恰当的审计程序的总和。注册会计师执行财务报表审计业务时遵守与财务报表审计相关的各项审计准则。

（6）对审计业务结果的其他沟通形式。

（7）说明由于审计和内部控制的固有限制，即使审计工作按照审计准则的规定得到恰当的计划和执行，仍不可避免地存在某些重大错报未被发现的风险。

（8）计划和执行审计工作的安排，包括审计项目组的构成。

（9）管理层确认将提供书面声明。

（10）管理层同意向注册会计师及时提供财务报表草稿和其他所有附带信息，以使注册会计师能够按照预定的时间表完成审计工作。

（11）管理层同意告知注册会计师在审计报告日至财务报表报出日之间注意到的可能影响财务报表的事实。

（12）收费的计算基础和收费安排。

（13）管理层确认收到审计业务约定书并同意其中的条款。

如果情况需要，注册会计师应当考虑在审计业务约定书中列明下列内容：

（1）在某些方面对利用其他注册会计师和专家工作的安排；

（2）对审计涉及的内部审计人员和被审计单位其他员工工作的安排；

（3）在首次审计的情况下，与前任注册会计师（如存在）沟通的安排；

（4）说明对注册会计师责任可能存在的限制；

（5）注册会计师与被审计单位之间需要达成进一步协议的事项；

（6）向其他机构或人员提供审计工作底稿的义务。

如果母公司的注册会计师同时是组成部分注册会计师，需考虑下列因素，决定是否向组成部分单独致送审计业务约定书：

（1）组成部分注册会计师的委托人；

（2）是否对组成部分单独出具审计报告；

（3）与审计委托相关的法律法规的规定；

（4）母公司占组成部分的所有权份额；

（5）组成部分管理层相对于母公司的独立程度。

注册会计师可以决定不在每期都致送新的审计业务约定书或其他书面协议。然而，下列因素可能导致注册会计师修改审计业务约定条款或提醒被审计单位注意现有的业务约定条款：

（1）有迹象表明被审计单位误解审计目标和范围；

（2）需要修改约定条款或增加特别条款；

（3）被审计单位的高级管理人员近期发生变动；

（4）被审计单位的所有权发生重大变动；

（5）被审计单位业务的性质或规模发生重大变化；

（6）法律法规的规定发生变化；

（7）编制财务报表采用的财务报告编制基础发生变更；

（8）其他报告要求发生变化。

（三）审计业务约定书范例

下面举例说明审计业务约定书的格式和内容。

审计业务约定书（合同式）

甲方：A股份有限公司

乙方：B会计师事务所

兹由甲方委托乙方对2023年度财务报表进行审计，经双方协商，达成以下约定：

一、审计的目标和范围

1.乙方接受甲方委托，对甲方按照企业会计准则编制的2023年12月31日的资产负债表，2023年度的利润表、所有者权益（或股东权益）变动表和现金流量表以及财务报表附注（以下统称财务报表）进行审计。

2.乙方通过执行审计工作，对财务报表的下列方面发表审计意见：（1）财务报表是否在所有重大方面按照企业会计准则的规定编制；（2）财务报表是否在所有重大方面公允反映甲方2023年12月31日的财务状况以及2023年度的经营成果和现金流量。

二、甲方的责任

1.根据《中华人民共和国会计法》及《企业财务会计报告条例》，甲方及甲方负责人有责任保证会计资料的真实性和完整性。因此，甲方管理层有责任妥善保存和提供会计记录（包括但不限于会计凭证、会计账簿及其他会计资料），这些记录必须真实、完整地反映甲方的财务状况、经营成果和现金流量。

2.按照企业会计准则的规定编制和公允列报财务报表是甲方管理层的责任，这种责任包括：（1）按照企业会计准则的规定编制财务报表，并使其实现公允反映；（2）设计、执行和维护必要的内部控制，以使财务报表不存在舞弊或错误导致的重大错报。

3.及时为乙方的审计工作提供与审计有关的所有记录、文件和所需的其他信息（在2024年×月×日之前提供审计所需的全部资料，如果在审计过程中需要补充资料，亦应及时提供），并保证所提供资料的真实性和完整性。

4.确保乙方不受限制地接触其认为必要的甲方内部人员和其他相关人员。

［下段适用于集团财务报表审计业务，使用时需根据客户/约定项目的特定情况修改，如果加入此段，应相应修改本约定书第一项关于业务范围的表述，并调整下面其他条款编号。］

［5.为满足乙方对甲方合并财务报表发表审计意见的需要，甲方须确保：

乙方和对组成部分财务信息执行相关工作的组成部分注册会计师之间的沟通不受任何限制。

乙方及时获悉组成部分注册会计师与组成部分治理层和管理层之间的重要沟通（包括就值得关注的内部控制缺陷进行的沟通）。

乙方及时获悉组成部分治理层和管理层与监管机构就财务信息有关的事项进行的重要沟通。

在乙方认为必要时，允许乙方接触组成部分的信息、组成部分管理层或组成部分注册会计师（包括组成部分注册会计师的工作底稿），并允许乙方对组成部分的财务信息执行相关工作。］

5.甲方管理层对其作出的与审计有关的声明予以书面确认。

6.为乙方派出的有关工作人员提供必要的工作条件和协助，乙方将于外勤工作开始前提供主要事项清单。

7.按本约定书的约定及时足额支付审计费用以及乙方人员在审计期间的交通、食宿和其他相关费用。

8.乙方的审计不能减轻甲方及甲方管理层的责任。

三、乙方的责任

1.乙方的责任是在执行审计工作的基础上对甲方财务报表发表审计意见。乙方根据中国注册会计师审计准则（以下简称审计准则）的规定执行审计工作。审计准则要求注册会计师遵守中国注册会计师职业道德守则，计划和执行审计工作以对财务报表是否不存在重大错报获取合理保证。

［下段适用于集团财务报表审计业务，使用时需根据客户/约定项目的特定情况修改，如果加入此段，应相应修改本约定书第一项关于业务范围的表述，并调整下面其他条款编号。］

［2.对不由乙方执行相关工作的组成部分财务信息，乙方不单独出具报告；有关的责任由对该组成部分执行相关工作的组成部分注册会计师及其所在的会计师事务所承担。］

2.审计工作涉及实施审计程序，以获取有关财务报表金额和披露的审计证据。选择的审计程序取决于乙方的判断，包括对舞弊或错误导致的财务报表重大错报风险的评估。在进行风险评估时，乙方考虑与财务报表编制和公允列报相关的内部控制，以设计恰当的审计程序，但目的并非对内部控制的有效性发表意见。审计工作还包括评价管理层选用会计政策的恰当性和作出会计估计的合理性，以及评价财务报表的总体列报。

3.由于审计和内部控制的固有限制，即使按照审计准则的规定适当地计划和执行审计工作，仍不可避免地存在财务报表的某些重大错报可能未被乙方发现的风险。

4.在审计过程中，乙方若发现甲方存在乙方认为值得关注的内部控制缺陷，应以书面形式向甲方治理层或管理层通报。但乙方通报的各种事项，并不代表已全面说明所有可能存在的缺陷或已提出所有可行的改进建议。甲方在实施乙方提出的改进建议前应全面评估其影响。未经乙方书面许可，甲方不得向任何第三方提供乙方出具的沟通文件。

5.按照约定时间完成审计工作，出具审计报告。乙方应于2024年×月×日前出具审计报告。

6.除下列情况外，乙方应当对执行业务过程中知悉的甲方信息予以保密：（1）法律法规允许披露，并取得甲方的授权；（2）根据法律法规的要求，为法律诉讼、仲裁准备文件或提供证据，以及向监管机构报告发现的违法行为；（3）在法律法规允许的情况下，在法律诉讼、仲裁中维护自己的合法权益；（4）接受注册会计师协会或监管机构的执业质量检查，答复其询问和调查；（5）法律法规、执业准则和职业道德规范规定的其他情形。

四、审计收费

1.本次审计服务的收费是以乙方各级别工作人员在本次工作中所耗费的时间为基础计算的。乙方预计本次审计服务的费用总额为人民币××元。

2.甲方应于本约定书签署之日起××日内支付×%的审计费用，其余款项于［审计报告草稿完成日］结清。

3.如果由于无法预见的原因，致使乙方从事本约定书所涉及的审计服务实际时间较本约定书签订时预计的时间有明显增加或减少时，甲乙双方应通过协商，相应调整本部分第1段所述的审计费用。

4.如果由于无法预见的原因，致使乙方人员抵达甲方的工作现场后，本约定书所涉及的审计服务中止，甲方不得要求退还预付的审计费用；如上述情况发生于乙方人员完成现场审计工作，并离开甲方的工作现场之后，甲方应另行向乙方支付人民币××元的补偿费，该补偿费应于甲方收到乙方的收款通知之日起××日内支付。

5.与本次审计有关的其他费用（包括交通费、食宿费等）由甲方承担。

五、审计报告和审计报告的使用

1.乙方按照中国注册会计师审计准则规定的格式和类型出具审计报告。

2.乙方向甲方致送审计报告一式×份。

3.甲方在提交或对外公布乙方出具的审计报告及其后附的已审计财务报表时，不得对其进行修改。当甲方认为有必要修改会计数据、报表附注和所作的说明时，应当事先通知乙方，乙方将考虑有关的修改对审计报告的影响，必要时，将重新出具审计报告。

六、本约定书的有效期间

本约定书自签署之日起生效，并在双方履行完毕本约定书约定的所有义务后终止。但其中第三项第6段、第四、五、七、八、九、十项并不因本约定书终止而失效。

七、约定事项的变更

如果出现不可预见的情况，影响审计工作如期完成，或需要提前出具审计报告，甲、乙双方均可要求变更约定事项，但应及时通知对方，并由双方协商解决。

八、终止条款

1.如果根据乙方的职业道德及其他有关专业职责、适用的法律法规或其他任何法定的要求，乙方认为已不适宜继续为甲方提供本约定书约定的审计服务，乙方可以采取向甲方提出合理通知的方式终止履行本约定书。

2.在本约定书终止的情况下，乙方有权就其于终止之日前对约定的审计服务项目所做的工作收取合理的费用。

九、违约责任

甲、乙双方按照《中华人民共和国民法典》的规定承担违约责任。

十、适用法律和争议解决

本约定书的所有方面均应适用中华人民共和国法律进行解释并受其约束。本约定书履行地为乙方出具审计报告所在地，因本约定书引起的或与本约定书有关的任何纠纷或争议（包括关于本约定书条款的存在、效力或终止，或无效之后果），双方协商确定采取以下第____种方式予以解决：

（1）向有管辖权的人民法院提起诉讼；

（2）提交××仲裁委员会仲裁。

十一、双方对其他有关事项的约定

本约定书一式两份，甲、乙双方各执一份，具有同等法律效力。

A股份有限公司（盖章）　　　　　　　　　B会计师事务所（盖章）

授权代表：（签名并盖章）　　　　　　　　授权代表：（签名并盖章）

二〇二四年×月×日　　　　　　　　　　二〇二四年×月×日

五、审计业务约定条款的变更

在完成审计业务前，如果被要求将审计业务变更为保证程度较低的业务，注册会计师应当确定是否存在合理理由。在缺乏合理理由的情况下，注册会计师不应同意变更审计业务约定条款。

可能导致注册会计师变更审计业务约定条款的事项包括：环境变化对审计服务的需求产生影响；对原来要求的审计业务的性质存在误解；无论是管理层施加的还是其他情况引起的审计范围受到限制。由于环境变化导致对审计服务的需求产生影响，或对原来要求的审计业务性质存在误解，可以认为是被审计单位要求变更审计业务约定条款的合理理由。相反，如果有迹象表明变更审计业务约定条款的要求与错误的、不完整的或不能令人满意的信息有关，该变更不能认为是合理的。例如，如果注册会计师不能就应收款项获取充分、适当的审计证据，而被审计单位要求将审计业务变更为审阅业务，以避免注册会计师发表保留意见或无法表示意见，则该变更是不合理的。

如果审计业务约定条款发生变更，注册会计师应当与管理层就新的业务约定条款达成一致意见，并记录于业务约定书或其他适当形式的书面协议中。

如果注册会计师不同意变更审计业务约定条款，而管理层又不允许继续执行原审计业务，注册会计师应当在适用的法律法规允许的情况下解除审计业务约定，并确定是否有约定义务或其他义务向治理层、所有者或监管机构等报告该事项。

第二节　总体审计策略和具体审计计划

根据《中国注册会计师审计准则第1201号——计划审计工作》，注册会计师应当计划审计工作，使审计业务以有效的方式得到执行。计划审计工作包括针对审计业务制定的总体审计策略和具体审计计划。

一、总体审计策略

注册会计师应当制定总体审计策略，用以确定审计工作的范围、时间安排和方向，以及指导具体审计计划的制订。

（一）总体审计策略的制定

在制定总体审计策略时，注册会计师应当：

（1）确定审计业务的特征，包括采用的会计准则、特定行业的报告要求以及被审计单位组成部分的分布等，以界定审计范围。

在确定审计范围时，注册会计师一般需要考虑下列事项：

① 编制财务报表适用的财务报告编制基础；

② 特定行业的报告要求，如某些行业的监管部门要求提交的报告；

③ 预期的审计工作涵盖范围，包括需审计的集团内组成部分的数量及所在地点；

④ 母公司和集团内其他组成部分之间存在的控制关系的性质，以确定如何编制合并财务报表；

⑤ 其他注册会计师参与组成部分审计的范围；

⑥ 需审计的业务分部性质，包括是否需要具备专门知识；

⑦ 外币业务的核算方法及外币财务报表折算和合并方法；

⑧ 除对合并财务报表审计之外，是否需要对组成部分的财务报表单独进行法定审计；

⑨ 内部审计工作的可利用性及对内部审计工作的拟依赖程度；

⑩ 被审计单位使用服务机构的情况，及注册会计师如何取得有关服务机构内部控制设计、执行和运行有效性的证据；

⑪ 拟利用在以前期间审计工作中获取的审计证据的程度，如获取的与风险评估程序和控制测试相关的审计证据；

⑫ 信息技术对审计程序的影响，包括数据的可获得性和预期使用计算机辅助审计技术的情况；

⑬ 根据中期财务信息审阅及在审阅中所获信息对审计的影响，相应调整审计涵盖范围和时间安排；

⑭ 与为被审计单位提供其他服务的会计师事务所人员讨论可能影响审计的事项；

⑮ 被审计单位的人员和相关数据的可利用性。

（2）明确审计业务的报告目标，以计划审计的时间安排和所需沟通的性质，包括提交审计报告的时间要求，预期与管理层和治理层沟通的重要日期等。

在计划报告目标、时间安排和所需沟通时，注册会计师一般需要考虑下列事项：

①被审计单位的财务报告时间表；

②与管理层和治理层就审计工作的性质、范围和时间所举行的会议的组织工作；

③与管理层和治理层讨论预期签发报告和其他沟通文件的类型及提交时间，如审计报告、管理建议书及与治理层的沟通函；

④就组成部分的报告及其他沟通文件的类型及提交时间与负责组成部分审计的注册会计师沟通；

⑤项目组成员之间预期沟通的性质和时间安排，包括项目组会议的性质和时间安排及复核工作的时间安排；

⑥是否需要跟第三方沟通，包括与审计相关的法律法规规定和业务约定书约定的报告责任；

⑦与管理层讨论预期在整个审计过程中通报审计工作进展及审计结果的方式。

（3）根据职业判断，考虑用以指导项目组工作方向的重要因素，包括确定适当的重要性水平，初步识别可能存在较高的重大错报风险的领域，初步识别重要的组成部分和账户余额，评价是否需要针对内部控制的有效性获取审计证据，识别被审计单位、所处行业、财务报告要求及其他相关方面最近发生的重大变化等。

在确定审计方向时，注册会计师一般需要考虑下列事项：

①重要性方面。主要包括：在制订审计计划时确定的重要性水平；为组成部分确定重要性且与组成部分的注册会计师沟通；在审计过程中重新考虑重要性水平；识别重要的组成部分和账户余额。

②重大错报风险较高的审计领域。

③评估的财务报表层次的重大错报风险对指导、监督及复核的影响。

④项目组人员的选择（在必要时包括项目质量复核人员）和工作分工，包括向重大错报风险高的审计领域分派具备适当经验的人员。

⑤项目预算，包括考虑为重大错报风险可能较高的审计领域分配适当的工作时间。

⑥向项目组成员强调在收集和评价审计证据过程中保持职业怀疑必要性的方式。

⑦以往审计中对内部控制运行有效性评价的结果，包括所识别的控制缺陷的性质及应对措施。

⑧管理层重视设计和实施健全的内部控制的相关证据，包括这些内部控制得以适当记录的证据。

⑨业务交易量规模，以基于审计效率的考虑确定是否依赖内部控制。

⑩管理层对内部控制重要性的重视程度。

⑪影响被审计单位经营的重大发展变化，包括信息技术和业务流程的变化，关键管理人员变化，以及收购、兼并和分立。

⑫重大的行业发展情况，如行业法规变化和新的报告规定。

⑬会计准则的变化。

⑭其他重大变化，如影响被审计单位的法律环境的变化。

（4）考虑初步业务活动的结果，并考虑项目组长对被审计单位执行其他业务时获得的经验是否与审计业务相关（如适用）。

（5）确定执行业务所需资源的性质、时间安排和范围。

（二）总体审计策略的内容

注册会计师应当在总体审计策略中清楚地说明下列内容：

（1）向具体审计领域调配的资源，包括向高风险领域分派有适当经验的项目组成员，就复杂的问题利用专家工作等；

（2）向具体审计领域分配资源的数量，包括安排到重要存货存放地观察存货盘点的项目组成员的数量，对其他注册会计师工作的复核范围，对高风险领域安排的审计时间预算等；

（3）何时调配这些资源，包括是在期中审计阶段还是在关键的截止日期调配资源等；

（4）如何管理、指导、监督这些资源的利用，包括预期何时召开项目组预备会和总结会，预期项目负责人和经理如何进行复核，是否需要实施项目质量复核等。

注册会计师应当根据实施风险评估程序的结果对上述内容予以调整。而且，总体审计策略的详略程度应当随被审计单位的规模及该项审计业务的复杂程度的不同而变化。在小型被审计单位审计中，全部审计工作可能由一个很小的审计项目组执行，项目组成员间容易沟通和协调，总体审计策略可以相对简单。

总体审计策略一经制定，注册会计师应当针对总体审计策略中所识别的不同事项，制订具体审计计划，并考虑通过有效利用审计资源来实现审计目标。

（三）总体审计策略的示例

总体审计策略的示例如下所示：

总体审计策略

1.审计工作范围

报告要求	
适用的财务报告准则	
适用的审计准则	
与财务报告相关的行业特别规定	［如监管机构发布的有关信息披露法规、特定行业主管部门发布的与财务报告相关的法规等］
需审计的集团内组成部分的数量及所在地点	
需要阅读的含有已审计财务报表的文件中的其他信息	［上市公司年报］
制定审计策略需考虑的其他事项	［如单独出具报告的子公司范围等］

2.重要性

重要性	确定方法
［按照《中国注册会计师审计准则第1221号——计划和执行审计工作时的重要性》确定］	

3.报告目标、时间安排及所需沟通

计划的报告报送及审计工作时间安排如下：

对外报告	时间

执行审计时间安排	时间
[期中审计，包括：	
——制定总体审计策略及具体审计计划	
——……]	
[期末审计，包括：	
——监盘	
——……]	

所需沟通	时间
[与管理层及治理层的会议]	
[项目组会议（包括预备会和总结会）]	
[与专家或有关人士的沟通]	
[与其他注册会计师的沟通]	
[与前任注册会计师的沟通]	
[……]	

4.人员安排

4.1　项目组主要成员的责任

项目组主要成员的职位、姓名及其主要职责如下：

[在分配职责时可以根据被审计单位的不同情况按会计科目划分，或按交易类别划分]

职位	姓名	主要职责

4.2　与项目质量复核人员的沟通（如适用）

项目质量复核人员复核的范围、沟通内容及相关时间如下：

复核的范围：

沟通内容	负责沟通的项目组成员	计划沟通时间
[风险评估、对审计计划的讨论]		
[对财务报表的复核]		
[……]		

5.对专家或有关人士工作的利用（如适用）

[如项目组计划利用专家或有关人士的工作，则需记录其工作的范围及涉及的主要会计科目等。另外，项目组还应按照相关审计准则的要求对专家或有关人士的能力、客观性及

其工作等进行考虑及评估]

5.1　对内部审计工作的利用

主要会计科目	拟利用的内部审计工作	工作底稿索引号
[存货]	[内部审计部门对各仓库的存货每半年至少盘点一次。在中期审计时，项目组已经对内部审计部门盘点步骤进行观察，其结果满意，因此项目组将审阅其年底的盘点结果，并缩小存货监盘的范围]	
[……]		

5.2　对其他注册会计师工作的利用

其他注册会计师名称	利用其工作范围及程度	工作底稿索引号

5.3　对专家工作的利用

主要会计科目	专家名称	主要职责及工作范围	利用专家工作的原因	工作底稿索引号

5.4　对被审计单位使用服务机构的考虑

主要会计科目	服务机构名称	服务机构提供的相关服务及注册会计师出具的审计报告意见及日期	工作底稿索引号

二、具体审计计划

注册会计师应当制订具体审计计划，具体审计计划比总体审计策略更加详细。

（一）具体审计计划的内容

具体审计计划应当包括下列内容：

（1）为了能够识别和评估财务报表重大错报风险，注册会计师计划实施的风险评估程序的性质、时间安排和范围。

风险评估程序，是指注册会计师为了解被审计单位及其环境，以识别和评估财务报表层次和认定层次的重大错报风险（无论该风险由舞弊还是错误导致）而实施的审计程序。

风险评估程序应当包括下列方面：

① 询问管理层以及被审计单位内部其他人员；

② 分析程序；

③ 观察和检查。

（2）针对评估的认定层次的重大错报风险，注册会计师计划实施的进一步审计程序的性质、时间安排和范围。

（3）根据中国注册会计师审计准则的规定，注册会计师针对审计业务需要实施的其他审计程序。

计划的其他审计程序可以包括上述进一步审计程序的计划中没有涵盖的、根据其他审计准则的要求注册会计师应当执行的既定程序。例如，阅读含有已审计财务报表的文件中的其他信息，寻求与被审计单位律师直接沟通等。

（二）具体审计计划的示例

具体审计计划的示例如下所示：

具体审计计划

客户名称：	财务报表期间：	工作底稿索引号：

编制人及复核人员签字：

编制人：	日期：
复核人：	日期：
项目质量复核人：	日期：

目　录

1. 公司概况
1.1　历史沿革
1.2　主营业务
1.3　组织架构
1.4　合并报表范围
2. 公司经营情况及拟采取的审计策略
2.1　公司所处行业的基本情况
2.2　公司报告期生产经营及收入构成情况
2.3　公司报告期成本构成及采购情况
2.4　公司报告期银行资金流水的调取及核对
2.5　现金交易、存货监盘等特殊事项
2.6　子公司增减变化和经营情况
2.7　重要联营企业的经营情况
3. 重要会计政策、会计估计及其变更情况
4. 未审计财务报表总体分析
5. 与本年审计相关的以前年度审计事项
6. 重大错报风险及特别风险的应对措施
7. 重点审计领域的审计
8. 对组成部分的审计
9. 其他程序（如适用）

在通常情况下，注册会计师会将总体审计策略和具体审计计划的制定工作结合起来进行，并编制一份完整的审计计划，从而提高审计计划的制订和复核效率。

三、审计过程中对计划的更改

计划审计工作并非审计业务的一个孤立阶段，而是一个持续的、不断修正的过程，贯穿于整个审计业务的始终。由于未预期事项、条件的变化或在实施审计程序中获取的审计证据等原因，注册会计师应当在审计过程中对总体审计策略和具体审计计划作出必要的更新和修改。

例如，A注册会计师接受B公司委托，审计其2023年度的财务报表，A注册会计师在完成

初步业务活动后，开始制定总体审计策略和具体审计计划。A注册会计师通过对B公司存货相关控制的设计和实施的了解和评估，认为存货相关的控制设计合理并得以执行，并将其评价为低风险领域，计划执行控制测试。但在对存货执行控制测试时，发现存货盘点结果与账面数量差别较大，存货盘点人员并没有认真盘点。因此，A注册会计师决定将存货的风险从低风险调整为高风险，并据以修改具体审计计划，采用控制测试和实质性程序相结合的方法。

第三节　审计重要性

在计划和执行审计工作时，注册会计师应当恰当地运用重要性概念并采用合理的方法确定重要性水平。

一、重要性的含义

根据《中国注册会计师审计准则第1221号——计划和执行审计工作时的重要性》，重要性取决于在具体环境下对错报金额和性质的判断。在财务报表审计中，如果合理预期错报（包括漏报）单独或汇总起来可能影响财务报表使用者依据财务报表作出的经济决策，则通常认为错报是重大的。错报，是指某一财务报表项目的金额、分类、列报或披露，与按照适用的财务报告编制基础应当列示的金额、分类、列报或披露之间存在的差异；或根据注册会计师的判断，为使财务报表在所有重大方面得到公允反映，需要对金额、分类、列报或披露作出的必要调整。错报可能是由于错误或舞弊导致的。重要性水平可视为财务报表中的错报、漏报能否影响财务报表使用者决策的"临界点"，超过该"临界点"，就会影响使用者的判断和决策，这种错报和漏报就应被看作"重要的"。

【重要性】

美国财务会计准则委员会第2号公告将重要性定义为：会计信息漏报或错报的严重程度，在特定环境下足以改变或影响任何一位理性决策者依赖这些信息所作出的判断。在国际会计师联合会的术语中，重要性被定义为：如果漏报或错报可能影响财务报表使用者的经济决策，那么信息就是重要的。重要性取决于在发生漏报或错报的特定环境下所判断的项目或错误的大小。

重要性概念是基于成本效益原则的要求而产生的。由于现代企业经济活动日趋复杂，注册会计师审计所面对的会计信息量也日益庞大，注册会计师既无必要也不可能去审查全部的会计资料，只能在对内部控制和风险评估的基础上采用抽查的方法来确认财务报表的合法性和公允性。因此，在审计过程中，注册会计师在确定审计程序的性质、时间安排和范围以及评价错报的影响时，必须恰当运用重要性概念。

财务报告编制基础通常从编制和列报财务报表的角度阐释重要性概念。适用的财务报告编制基础对重要性概念的规定，为注册会计师在审计工作中确定重要性提供了参考依据。财务报告编制基础可能以不同的术语解释重要性，如果适用的财务报告编制基础未对重要性概念作出规定，通常而言，重要性概念可从下列方面进行理解：

1.重要性的判断与具体环境有关

不同的审计对象面临不同的环境。在不同的环境下，被审计单位的规模、性质、报表使用者对信息的需求不尽相同，因此，注册会计师确定的重要性也不相同。从被审计单位的规模来看，某一金额的错报对一家规模较小的被审计单位的财务报表来说可能重要，而对另一家规模较大的被审计单位的财务报表来说可能就是不重要的。

2.对重要性的判断受错报的金额或性质的影响，或受两者共同作用的影响

数额的大小无疑是判断重要性的一个重要因素。同样类型的错报或漏报，金额大的错报比金额小的错报更重要。在考虑数额大小的时候，还要注意多项小额错报的累计影响，一项错报单独看起来并不重要，但如果多次出现，积少成多，就可能变得重要了。仅从数量角度考虑，重要性水平只是提供了一个门槛或临界点，在该门槛或临界点之上的错报就是重要的；反之，该错报则不重要。在有些情况下，某些金额的错报从数量上看并不重要，但从性质上考虑，则可能是重要的。从性质上考虑错报的重要性要注意以下几点：第一，错报是属于错误还是舞弊，如果属于舞弊，则性质相对严重。第二，错报是否会引起履行合同义务，如果错报致使履行了合同义务，则相对重要。第三，错报是否会影响收益趋势，如果改变了收益的趋势，则相对重要。

3.判断重要性是从财务报表使用者整体需求的角度出发

判断一项错报重要与否，应视其对财务报表使用者依据财务报表作出经济决策的影响程度而定。如果财务报表中的某项错报足以改变或影响财务报表使用者的相关决策，则该项错报就是重要的，否则就不重要。

在财务报表的审计中，注册会计师判断某事项对财务报表使用者是否重大，是在考虑财务报表使用者整体共同的财务信息需求的基础上作出的。由于不同财务报表使用者对财务信息的需求可能差异很大，因此不考虑错报对个别财务报表使用者可能产生的影响。

注册会计师对重要性的确定属于职业判断，受注册会计师对财务报表使用者对财务信息需求的认识的影响。因此，就审计而言，注册会计师针对财务报表使用者作出下列假定是合理的：

（1）拥有经营、经济活动和会计方面的适当知识，并有意愿认真研究财务报表中的信息；

（2）理解财务报表是在运用重要性水平基础上编制、列报和审计的；

（3）认可建立在对估计和判断的应用以及对未来事项的考虑的基础上的会计计量具有固有的不确定性；

（4）依据财务报表中的信息作出合理的经济决策。

另外，对重要性的评估需要运用职业判断。重要性的判断是一个复杂的过程，离不开特定的环境。影响重要性的因素很多，不同的审计对象的重要性不同，同一审计对象的重要性在不同时期也可能不同。注册会计师不能机械套用，只能根据被审计单位面临的环境，并综合考虑其他因素，充分发挥其主观能动性进行专业判断，合理确定重要性水平。不同的注册会计师在确定同一被审计单位财务报表层次和认定层次的重要性水平时，得出的结果也可能不同，这主要是因为对影响重要性的各因素的判断存在差异。

二、重要性的确定和实际执行的重要性

（一）确定计划的重要性水平应考虑的因素

注册会计师应当运用职业判断确定重要性。在计划审计工作时，注册会计师应当确定一个可接受的重要性水平，以发现在金额上重大的错报。此外，注册会计师应当考虑较小金额错报的累计结果可能对财务报表产生重大影响。

从总体上说，注册会计师在确定计划的重要性水平时，需要考虑以下主要因素：

（1）被审计单位及其环境的基本情况。被审计单位的行业状况、法律环境与监管环境等其他外部因素，以及被审计单位经营规模的大小和业务性质、对会计政策的选择和应用、被审计单位的目标和战略及相关的经营风险、被审计单位内部控制的可信赖程度等因素，都将影响注册会计师对重要性水平的判断。

（2）审计的目标，包括特定报告要求。信息使用者的要求等因素影响注册会计师对重要性水平的确定。例如，对特定报表项目进行审计的业务，其重要性水平可能需要以该项目金额，而不是以财务报表的一些汇总性财务数据为基础加以确定。

（3）财务报表各项目的性质及相互关系。财务报表项目的重要程度是存在差别的，因为财务报表使用者对不同的报表项目的关心程度不同。一般而言，财务报表使用者十分关心流动性较高的项目，注册会计师应当对此从严制定重要性水平。由于财务报表各项目之间是相互联系的，注册会计师在确定重要性水平时，需要考虑这种相互联系的关系。

（4）财务报表项目的金额及其波动幅度。财务报表项目的金额及其波动幅度可能促使财务报表使用者作出不同的反应。因此，注册会计师在确定重要性水平时，应当深入研究这些项目的金额及波动幅度。

因为重要性是从报表使用者决策的角度来考虑的，所以，只要影响预期财务报表使用者决策的因素，都可能对重要性水平产生影响。注册会计师应当在计划阶段充分考虑这些因素，并采用合理的方法，确定重要性水平。

（二）重要性的定量考虑和定性考虑

注册会计师应当从数量和性质两个方面考虑重要性。重要性水平是一个经验值，注册会计师只能通过职业判断确定重要性水平。

1.重要性的定量考虑

重要性的数量即重要性水平，是针对错报的金额大小而言的。确定多大错报会影响到财务报表使用者的决策，是注册会计师运用职业判断的结果。实务中通常使用的一些经验参考数值包括：

（1）对于以营利为目的的企业，来自经常性业务的税前利润的5%，或总收入的1%；

（2）对于非营利组织，费用总额或总收入的2%；

（3）对于共同基金公司，净资产的2%。

这些百分比只是一般的经验数值，为了更加有效地实现审计目标，注册会计师执行具体审计业务时，可以根据被审计单位的具体情况作出职业判断，调高或调低上述百分比。另外，根据不同的基准可能会计算出不同的重要性水平，此时，注册会计师应当本着有效实现审计目标的原则根据实际情况确定要采用的基准和计算方法，从而确定重要性水平。

2.重要性的定性考虑

在计划审计工作时确定的重要性（即确定的某一金额），并不必然表明单独或汇总起来低于该金额的未更正错报一定被评价为不重大。即使某些错报金额低于重要性水平，但与这些错报相关的环境可能使注册会计师将其评价为重大。

尽管设计审计程序以发现仅因其性质而可能被评价为重大的错报并不可行，但是注册会计师在评价未更正错报对财务报表的影响时，不仅要考虑错报金额的大小，还要考虑错报的性质以及错报发生的特定环境。注册会计师在判断错报的性质是否重要时，一般应当考虑以下方面的情况：

（1）错报对遵守法律法规要求的影响程度。

（2）错报对遵守债务契约或其他合同要求的影响程度。

（3）错报掩盖收益或其他趋势变化的程度（尤其在联系宏观经济背景和行业状况进行考虑时）。

（4）错报对用于评价被审计单位财务状况、经营成果或现金流量的有关比率的影响程度。

（5）错报对财务报表中列报的分部信息的影响程度。例如，错报事项对分部或被审计单位其他经营部分的重要程度，而这些分部或经营部分对被审计单位的经营或盈利有重大影响。

（6）错报对增加管理层报酬的影响程度。例如，管理层通过错报来达到有关奖金或其他激励政策规定的要求，从而增加其报酬。

（7）错报对某些账户余额之间错误分类的影响程度，这些错误分类影响到财务报表中应单独披露的项目。例如，经营收益和非经营收益之间的错误分类，非营利单位的受到限制资源和非限制资源的错误分类。

（8）相对于注册会计师所了解的以前向报表使用者传达的信息（如盈利预测）而言，错报的重大程度。

（9）错报是否与涉及特定方的项目相关。例如，与被审计单位发生交易的外部单位是否与被审计单位管理层的成员有关联。

（10）错报对信息漏报的影响程度。在有些情况下，适用的会计准则并未对该信息作出具体要求，但是注册会计师运用职业判断，认为该信息对财务报表使用者了解被审计单位的财务状况、经营成果或现金流量很重要。

（11）错报对与已审计财务报表一同披露的其他信息的影响程度，该影响程度能被合理预期将对财务报表使用者作出经济决策产生影响。

（三）财务报表整体的重要性水平

在制定总体审计策略时，注册会计师应当考虑财务报表整体的重要性。

由于财务报表审计的目标是注册会计师通过执行审计工作对财务报表发表审计意见，因此，注册会计师应当考虑财务报表层次的重要性水平。只有这样，才能得出财务报表是否公允反映的结论。在制定总体审计策略时，注册会计师应当确定财务报表整体的重要性水平。财务报表层次的重要性水平主要采用定量的方法来确定，即选择一个基准和相应的百分比来计算财务报表层次的重要性水平。

此外，在制定总体审计策略时，注册会计师应当对那些金额本身就低于所确定的财务报表层次重要性水平的特定项目作特别的考虑。注册会计师应当根据被审计单位的具体情况，运用职业判断，考虑是否能够合理地预计这些项目的错报将影响使用者依据财务报表作出的经济决策（如有这种情况）。注册会计师在作出这一判断时，应当考虑的因素包括：

（1）会计准则、法律法规是否影响财务报表使用者对特定项目计量和披露的预期（如关联方交易、管理层及治理层的报酬）；

（2）与被审计单位所处行业及其环境相关的关键性披露（如制药业的研究与开发成本）；

（3）财务报表使用者是否特别关注财务报表中单独披露的特定业务分部（如新近购买的

业务）的财务业绩。

（四）实际执行的重要性

实际执行的重要性，是指注册会计师确定的低于财务报表层次的重要性水平的一个或多个金额，旨在将财务报表中以及特定类别的交易、账户余额或披露中未更正与未发现错报的汇总数超过财务报表整体的重要性的可能性降至适当的低水平。

实际执行的重要性主要是为了在审计过程中发现并累计错报，合理保证未更正错报和未发现错报不超过事先确定的重要性水平而提出来的。实际执行的重要性，一方面意味着审计业务执行是逐步推进的，另一方面为注册会计师提供了一定的"安全边际"，体现了职业谨慎性的要求。

实际执行的重要性水平可以按照确定的重要性水平乘以一个折扣比例的方法来确定。例如，注册会计师确定的财务报表层次的重要性水平为100万元，如果直接按照100万元的重要性水平来执行审计工作，可能会存在注册会计师不能把握的或不能接受的较大的审计风险。如果将实际执行的重要性水平确定为60万~70万元，注册会计师面临的审计风险就会控制在可以接受的区域内。在审计实践中，我们也可以这样理解：确定的重要性水平是对于财务报表整体而言的，而实际执行的重要性是针对认定层次实施的重要性水平。财务报表层次重要性水平大于认定层次重要性水平是不言而喻的。

三、评价错报的影响

《中国注册会计师审计准则第1251号——评价审计过程中识别出的错报》规范了注册会计师评价识别出的错报对审计的影响以及未更正错报对财务报表的影响。

（一）评价识别出的错报对审计的影响

注册会计师应当累积审计过程中识别出的错报，除非错报明显微小。

注册会计师还应随着审计的推进考虑识别出的错报对审计的影响。如果出现下列情况之一，注册会计师应当确定是否需要修改总体审计策略和具体审计计划：

（1）识别出的错报的性质以及错报发生的环境表明可能存在其他错报，并且可能存在的其他错报与审计过程中累积的错报合计起来可能是重大的；

（2）审计过程中累积的错报合计数接近按照审计准则的规定确定的重要性水平。

除非法律法规禁止，注册会计师应当及时将审计过程中累积的所有错报与适当层级的管理层进行沟通。注册会计师还应当要求管理层更正这些错报。

如果管理层应注册会计师的要求，检查了某类交易、账户余额或披露并更正了已发现的错报，注册会计师应当实施追加的审计程序，以确定错报是否仍然存在。

如果管理层拒绝更正沟通的部分或全部错报，注册会计师应当了解管理层不更正错报的理由，并在评价财务报表整体是否不存在重大错报时考虑该理由。

（二）评价未更正错报对财务报表的影响

未更正错报，是指注册会计师在审计过程中累积的且被审计单位未予更正的错报。在评价未更正错报的影响之前，注册会计师应当重新评估之前按照审计准则的规定确定的重要性，以根据被审计单位的实际财务结果确认其是否仍然适当。

除非法律法规禁止，注册会计师应当与治理层沟通未更正错报，以及这些错报单独或汇总起来可能对审计意见产生的影响。注册会计师在沟通时应当逐项指明未更正的重大错报，并要求被审计单位更正这些未更正错报。注册会计师还应当与治理层沟通与以前期间相关的未更正错报对相关类别的交易、账户余额或披露以及财务报表整体的影响。

如果被审计单位拒绝更正发现的未更正错报，但是注册会计师确定未更正错报单独或汇总起来是重大的而认为财务报表整体存在重大错报，注册会计师应当考虑出具非无保留意见的审计报告。

另外，注册会计师应当要求管理层和治理层（如适用）提供书面声明，说明其是否认为未更正错报单独或汇总起来对财务报表整体的影响不重大。这些错报项目的概要应当包含在书面声明中或附在其后。

四、形成审计工作底稿

（一）对重要性水平的记录

注册会计师应当在审计工作底稿中记录下列金额以及在确定这些金额时所考虑的因素：

（1）财务报表层次的重要性水平；

（2）特定类别的交易、账户余额或披露认定层次的一个或多个重要性水平（如适用）；

（3）实际执行的重要性；

（4）随着审计过程的推进，对第（1）项至第（3）项内容作出的任何修改。

（二）对错报的记录

注册会计师应当就下列事项形成审计工作底稿：

（1）设定的某一金额，低于该金额的错报视为明显微小；

（2）审计过程中累积的所有错报，以及这些错报是否已得到更正；

（3）注册会计师就未更正错报单独或汇总起来是否重大得出的结论，以及得出结论的基础。

第四节　审计风险

根据《中国注册会计师审计准则第 1101 号——注册会计师的总体目标和审计工作的基本要求》的规定，历史财务信息审计中要求注册会计师对审计后的历史财务信息提供合理保证，在审计报告中对历史财务信息采用积极方式提出结论。合理保证意味着审计风险始终存在，注册会计师应当通过计划和实施审计工作，获取充分、适当的审计证据，将审计风险降至可接受的低水平。

一、审计风险的含义

审计风险是指当财务报表存在重大错报时，注册会计师发表不恰当审计意见的可能性。审计风险并不包含下面这种情况，即财务报表不含有重大错报，而注册会计师错误地发表了财务报表含有重大错报的审计意见的风险。可见，合理保证与审计风险互为补数，即合理保证与审计风险之和等于100%。

审计风险不同于企业的经营风险，但二者具有密切的联系。

经营风险是指可能对被审计单位实现目标和实施战略的能力造成不利影响的重要情况、事项、作为或不作为而导致的风险，或由于制定不恰当的目标和战略而导致的风险。不同的企业可能面临不同的经营风险，这取决于企业经营的性质、所处行业、外部监管环境、企业的规模和复杂程度。管理层有责任识别和应对这些风险。

审计风险与经营风险之所以具有很密切的联系，是因为经营风险与财务报表发生重大错报的风险密切相关。许多经营风险最终都会有财务后果，因而影响到财务报表，进而对财务报表审计产生影响。例如，宏观经济形势不景气可能对商业银行贷款损失准备产生重大影响；化工企业面临的环境风险可能意味着需要确认预计负债；技术升级风险可能导致企业原有的生产设备和存货发生减值，甚至影响持续经营假设的适用性。更为严重的是，在经营风险引起经营失败时，可能促使被审计单位管理层通过财务报表舞弊对此加以掩盖。尽管被审计单位在实施战略以实现其目标的过程中可能面临各种经营风险，但并非所有经营风险都与财务报表相关，注册会计师应当重点关注可能影响财务报表的经营风险。

二、审计风险模型

审计风险取决于重大错报风险和检查风险。注册会计师应当实施审计程序，评估重大错报风险，并根据评估结果设计和实施进一步审计程序，以控制检查风险。

（一）重大错报风险

重大错报风险是指财务报表在审计前存在重大错报的可能性。重大错报风险分为财务报表层次的重大错报风险和认定层次的重大错报风险。认定层次的重大错报风险由固有风险和控制风险两部分组成。

财务报表层次重大错报风险与财务报表整体存在广泛联系，它可能影响多项认定。此类风险通常与控制环境有关，如管理层缺乏诚信、治理层形同虚设而不能对管理层进行有效监督等，但也可能与其他因素有关，如经济萧条、企业所在行业处于衰退期。此类风险难以被界定于某类交易、账户余额、披露的具体认定；相反，此类风险增大了一个或多个不同认定发生重大错报的可能性，则与由舞弊引起的风险特别相关。

认定层次的重大错报风险由固有风险和控制风险两部分组成。固有风险，是指在不考虑相关的内部控制之前，交易类别、账户余额或披露的某一认定易于发生错报（无论该错报是由舞弊还是错误导致）的可能性。控制风险，是指交易类别、账户余额或披露的某一认定发生错报，该错报单独或连同其他错报可能是重大的，但没有被内部控制及时防止或发现并纠正的风险。

某些类别的交易、账户余额、披露的认定重大错报风险较高。例如，技术进步可能导致某项产品陈旧，进而导致存货易于发生高估错报（计价认定）；对高价值的、易转移的存货缺乏实物安全控制，可能导致存货的存在认定出错；会计计量过程受重大计量不确定性影响，可能导致相关项目的准确性认定出错。注册会计师应当考虑各类交易、账户余额、披露认定层次的重大错报风险，以便于针对认定层次计划和实施进一步审计程序。

（二）检查风险

检查风险，是指如果存在某一错报，该错报单独或连同其他错报可能是重大的，注册会计师为将审计风险降至可接受的低水平而实施程序后没有发现这种错报的风险。

注册会计师根据既定的审计风险水平和评估的认定层次重大错报风险，确定可接受的检查风险水平。

（三）审计风险各要素之间的关系

审计风险、重大错报风险和检查风险之间的关系用模型表示为：

审计风险＝重大错报风险×检查风险

在既定的审计风险水平下，注册会计师针对某一认定确定的可接受的检查风险水平与认定层次重大错报风险的评估结果成反向关系。一般而言，评估的重大错报风险越高，可接受的检查风险越低；评估的重大错报风险越低，可接受的检查风险越高。

同样，在既定的重大错报风险水平下，注册会计师可以接受的审计风险与可以接受的检查风险呈正向关系。一般而言，注册会计师可以接受的审计风险越高，可以接受的检查风险的水平就越高；反之，注册会计师可以接受的审计风险越低，可以接受的检查风险的水平就越低。

三、审计风险与重要性和审计证据之间的关系

（一）审计风险与重要性之间的关系

一般来说，审计风险与重要性之间存在反向关系。重要性水平越高，审计风险越低；重要性水平越低，审计风险越高。

注册会计师在确定审计程序的性质、时间安排和范围时应当考虑这种反向关系。例如，在确定审计程序后，如果注册会计师决定接受更低的重要性水平，审计风险将增加。注册会计师应当选用下列方法将审计风险降至可接受的低水平：

（1）如有可能，通过扩大控制测试范围或实施追加的控制测试，降低评估的重大错报风险，并支持降低后的重大错报风险水平；

（2）通过修改计划实施的实质性程序的性质、时间安排和范围，降低检查风险。

理解审计风险与重要性之间的这种关系要注意以下几点：

（1）重要性水平是注册会计师从财务报表使用者的角度进行判断的结果。重要性与审计风险之间的这种关系也是建立在这个基础之上的。

（2）重要性与审计风险之间的这种关系是从定量的角度来说的。重要性水平的高低指的是金额的大小，没有涉及定性的考虑。

（3）重要性与审计风险之间的这种关系只有在假定同一被审计单位的情况下才成立。对于不同的被审计单位的不同重要性水平，无法据此直接判断审计风险的相对大小。

（4）重要性与审计风险之间的这种关系只有在客观、准确地确定重要性水平的前提下和假定注册会计师付出同样努力的情况下才会成立。

在上述背景下，10 000元的重要性水平要高于5 000元的重要性水平，相应地，10 000元重要性水平下的审计风险要小于5 000元重要性水平下的审计风险。因为，如果重要性水平是10 000元，则意味着低于10 000元的错报不会影响到财务报表使用者的决策，此时注册会计师需要通过执行有关审计程序合理保证能发现高于10 000元的错报；如果重要性水平是5 000元，则金额在5 000元以上的错报就会影响财务报表使用者的决策。面对同一家被审计单位，如果重要性水平是5 000元而不是10 000元，相对于重要性水平为10 000元的情况来说，就意味着注册会计师不但要通过执行有关审计程序合理保证能发现金额在10 000元以上的错报，还要通过执行有关审计程序合理保证能发现金额在5 000~10 000元的错报。很显

然，如果审计师付出同样的努力，重要性水平为 5 000 元时审计不出这样的重大错报的可能性即审计风险，要比重要性水平为 10 000 元时的审计风险高。因此，重要性水平越低，则审计风险越高，就越要求注册会计师收集更多更有效的审计证据，以将审计风险降至可接受的低水平。所以，重要性水平和审计证据之间也存在反向变动关系。

重要性与审计风险的关系是客观存在的，所以，注册会计师不能通过不合理地人为调高重要性水平来降低审计风险。因为重要性是依据重要性概念下的判断标准客观确定的，而不是由主观期望的审计风险水平决定的。由于重要性和审计风险的反向关系对注册会计师将要执行的审计程序的性质、时间安排和范围有直接的影响，因此，注册会计师应当综合考虑各种因素，合理确定重要性水平。

（二）审计风险与审计证据之间的关系

评估的重大错报风险与所需收集的审计证据的数量存在正向关系。一般而言，评估的重大错报风险越高，需要收集的审计证据就越多；评估的重大错报风险越低，所需收集的审计证据越少。

此外，评估的重大错报风险与注册会计师可以接受的检查风险水平不同。可以接受的检查风险水平与审计证据之间存在的是反向关系。一般而言，对于同一个审计客户，可以接受的检查风险水平越高，所需收集的审计证据越少；可以接受的检查风险水平越低，所需收集的审计证据越多。

因此，为了获取合理保证，注册会计师应当获取充分、适当的审计证据，以将检查风险降至可接受的低水平，从而能够得出合理的结论，作为形成审计意见的基础。

□ 复习思考题

1. 注册会计师在计划审计工作阶段，主要开展哪些活动？
2. 审计业务约定书的作用和内容有哪些？
3. 注册会计师如何制定总体审计策略？
4. 如何理解审计的重要性概念？
5. 如何理解审计风险模型？
6. 如何理解审计风险？

第九章

风险评估

第一节　风险评估的含义

风险导向审计的基本理念，就是审计的实施要以评估风险为切入点，将对审计风险的识别、评估和应对贯穿于整个审计过程，将审计风险降低至可接受的水平，为经审计的财务报表不存在重大错报提供合理保证。可见，风险评估是现代审计的一项重要程序。

一、风险评估的意义

风险的识别和评估是审计风险控制流程的起点。风险识别和评估，是指注册会计师通过设计、实施风险评估程序，识别和评估财务报表层次及认定层次的重大错报风险。其中，风险识别是指找出财务报表层次和认定层次的重大错报风险；风险评估是指对重大错报风险发生的可能性和后果严重程度进行评估。

了解被审计单位及其环境不是可有可无的程序，而是必须实施的程序，它对于注册会计师合理运用职业判断，有效实施审计程序，实现审计目标有着重要的意义。第一，有助于重要性水平的确定，并可帮助注册会计师随着审计工作的进程评估其对重要性的判断是否适当或需要调整；第二，有助于注册会计师考虑被审计单位会计政策的选择和运用是否恰当及财务报表的列报（包括披露）是否适当；第三，有助于注册会计师识别与财务报表中金额或披露相关的需要特别考虑的领域，包括关联方交易、管理层运用持续经营假设的合理性、交易是否具有合理的商业目的等；第四，有助于注册会计师确定实施分析程序时所使用的预期值；第五，有助于注册会计师设计和实施进一步审计程序，将审计风险降至可接受的低水平；第六，有助于评价所获取的审计证据的充分性和适当性。总之，职业判断贯穿于审计的全过程，注册会计师只有对被审计单位及其环境有充分的了解，才可能作出恰当的职业判断。

二、风险评估程序和信息来源

注册会计师为了了解被审计单位及其环境应当实施的风险评估程序主要包括询问被审计单位管理层和内部其他相关人员、分析程序、观察和检查、其他审计程序和信息来源。

（一）询问被审计单位管理层和内部其他相关人员

询问被审计单位管理层和内部其他相关人员是注册会计师了解被审计单位及其环境的一个重要的程序和重要信息来源。一般情况下，注册会计师可以考虑向管理层和财务负责人询问下列事项：

（1）管理层所关注的主要问题。如新的竞争对手、主要客户和供应商的流失、新的税收法规的实施以及经营目标或战略的变化等。

（2）被审计单位的财务状况和最近的经营成果及现金流量。

（3）可能影响财务报告的交易和事项，或者目前发生的重大会计处理问题。如重大的购并事宜等。

（4）被审计单位发生的其他重要变化。如所有权结构、组织结构的变化，以及内部控制的变化等。

注册会计师通过询问管理层和对财务报告负有责任的人员可获取大部分信息，但为了更好地识别和评估风险，注册会计师还应当考虑询问内部审计人员、采购人员、生产人员、销售人员等其他人员，并考虑询问不同层次的员工，以便从不同的视角获取对识别重大错报风险有用的信息。

（二）分析程序

分析程序是指注册会计师通过研究不同财务数据之间以及财务数据与非财务数据之间的内在联系，并对发现的与其他相关信息不一致或与预期数据有严重偏离、较大波动和异常数据关系的调查和分析，对财务信息作出评价的程序。分析程序既可用作风险评估程序和实质性程序，也可用来对财务报表进行总体复核。注册会计师实施分析程序有助于识别异常的交易或事项以及对财务报表和审计产生影响的金额、比率和趋势，确定重点审计领域和事项，以较低的成本实现审计目标。

（三）观察和检查

观察和检查程序可以印证对管理层和其他相关人员的询问结果，并可提供有关被审计单位及其环境的信息。注册会计师可实施的观察和检查程序包括以下五个方面：

1.观察被审计单位的生产经营活动

例如，通过观察被审计单位人员正在从事的生产活动和内部控制活动，可以增加注册会计师对被审计单位人员如何进行生产经营活动及实施内部控制的了解。

2.检查有关书面文件和记录

这里文件和记录包括被审计单位的章程，被审计单位与其他单位签订的合同、协议，股东大会、董事会会议、高级管理层会议的会议记录或纪要，各业务流程操作指引和内部控制手册，各种会计资料、内部凭证和单据等。

3.阅读由管理层和治理层编制的报告

例如，阅读被审计单位年度和中期财务报告、管理层的讨论和分析资料、经营计划和战略、管理层和治理层对重要经营环节和外部因素的评价、内部管理报告以及其他特殊目的报告（如新投资项目的可行性分析报告）。

4.现场访问和实地察看被审计单位的生产经营场所和设备

通过现场访问和实地察看被审计单位的生产经营场所和设备，可以帮助注册会计师了解被审计单位的性质及其经营活动。

5.追踪交易在财务报告信息系统中的处理过程（穿行测试）

通过追踪某笔或某几笔交易在财务报告信息系统中如何生成、记录、处理和报告，以及相关内部控制如何执行，注册会计师可以确定被审计单位的交易流程和内部控制是否与之前通过其他程序所获得的了解一致，并确定内部控制是否得到执行。

（四）其他审计程序和信息来源

1.其他审计程序

除了采用询问、分析程序、观察和检查程序从被审计单位内部获得信息以外，如果根据职业判断认为从被审计单位外部获取的信息有助于识别重大错报风险，注册会计师应当实施其他审计程序以获取这些信息。例如，询问被审计单位聘请的外部法律顾问、专业评估师、投资顾问和财务顾问等；阅读外部的信息，如证券分析师、银行、评级机构出具的有关被审计单位及其所处行业的经济或市场环境等状况的报告，贸易与经济方面的杂志，法规或金融出版物，以及政府部门或民间组织发布的行业报告和统计数据等。

2.其他信息来源

在承接新审计业务或保持既有审计业务的时候，注册会计师都会对被审计单位及其环境有一个初步的了解，以确定是否承接或续接该业务，所以，注册会计师在实施风险评估程序时应当考虑在这个过程中获取的信息，以及向被审计单位提供其他服务所获得的经验是否有助于识别重大错报风险。

第二节　了解被审计单位及其环境和适用的财务报告编制基础

按照《中国注册会计师审计准则第1211号——重大错报风险的识别和评估》的要求，注册会计师应当实施风险评估程序，以了解被审计单位及其环境、适用的财务报告编制基础和内部控制体系各要素。本节阐述如何了解被审计单位及其环境和适用的财务报告编制基础，第三节阐述如何了解被审计单位内部控制体系各要素。

一、组织结构、所有权和治理结构、业务模式

了解被审计单位的性质有助于注册会计师了解预期在财务报表中反映的各类交易、账户余额和披露。注册会计师应当主要从下列方面了解被审计单位的性质：（1）组织结构；（2）所有权结构；（3）治理结构；（4）业务模式。

（一）组织结构

注册会计师应当了解被审计单位的组织结构，考虑复杂组织结构可能导致的重大错报风险，包括财务报表合并、商誉减值测试、长期股权投资核算以及特殊目的实体核算等问题，以及财务报表是否已对这些问题作了充分披露。

（二）所有权结构

注册会计师应当了解被审计单位的所有权结构以及所有者与其他人员或单位之间的关系，考虑关联方关系是否已经得到识别，以及关联方交易是否得到恰当核算。

注册会计师还应当了解所有者、治理层、管理层之间的区别。例如，在较不复杂的被审计单位中，所有者可能参与管理被审计单位，因此，所有者、治理层、管理层之间只有很小的区别或没有区别。相反，在某些上市实体中，三者之间可能存在明确的区分。

（三）治理结构

良好的治理结构可以对被审计单位的经营和财务运作实施有效的监督，从而降低财务报表发生重大错报的风险。注册会计师应当了解被审计单位的治理结构，考虑治理层是否能够在独立于管理层的情况下对被审计单位事务（包括财务报告）作出客观判断。

注册会计师可以考虑下列事项，以了解治理结构：

（1）治理层人员是否参与对被审计单位的管理；

（2）董事会中的非执行人员（如有）是否与负责执行的管理层相分离；

（3）治理层人员是否在被审计单位法律上的组织结构下的组成部分中任职，例如担任董事；

（4）治理层是否下设专门机构（如审计委员会）以及该专门机构的责任；

（5）治理层监督财务报告的责任，包括批准财务报表。

注册会计师应当考虑治理层是否能够在独立于管理层的情况下对被审计单位事务包括财务报告作出客观判断。

（四）业务模式

了解业务模式主要是为了了解和评价被审计单位经营风险可能对财务报表重大错报风险产生的影响。

注册会计师了解被审计单位的目标、战略和业务模式有助于从战略层面和整体层面了解被审计单位，并了解被审计单位承担和面临的经营风险。由于多数经营风险最终都会产生财务后果，从而影响财务报表，因此，了解影响财务报表的经营风险有助于注册会计师识别重大错报风险。

注册会计师在了解被审计单位业务模式时，包括了解下列活动：

（1）经营活动。了解被审计单位经营活动有助于注册会计师识别预期在财务报表中反映的主要交易类别、重要账户余额和披露。注册会计师可能需要考虑从下列方面了解经营活动：

① 收入来源（包括主营业务的性质）、产品或服务以及市场的性质（包括产品或服务的种类、付款条件、利润率、市场份额、竞争者、出口、定价政策、产品声誉、质量保证、营销策略和目标、电子商务如网上销售和营销活动）；

② 业务的开展情况（如生产阶段与生产方法，易受环境风险影响的活动）；

③ 联盟、合营与外包情况；

④ 地区分布与行业细分；

⑤ 生产设施、仓库和办公室的地理位置，存货存放地点和数量；

⑥ 关键客户及货物和服务的重要供应商，劳动用工安排（包括是否存在退休金和其他退休福利、股票期权或激励性奖金安排以及与劳动用工事项相关的政府法规）；

⑦ 研究与开发活动及其支出；

⑧ 关联方交易。

（2）投资活动。了解被审计单位投资活动有助于注册会计师关注被审计单位在经营策略和方向上的重大变化。注册会计师可能需要考虑从下列方面了解投资活动：

① 计划实施或近期已实施的并购或资产处置；

② 证券与贷款的投资和处置；

③ 资本性投资活动；

④ 对未纳入合并范围的实体的投资，包括非控制合伙企业、合营企业和非控制特殊目的实体。

（3）筹资活动。了解被审计单位筹资活动有助于注册会计师评估被审计单位在融资方面的压力，并进一步考虑被审计单位在可预见未来的持续经营能力。注册会计师可能需要考虑从下列方面了解筹资活动：

①主要子公司和联营企业（无论是否纳入合并范围）的所有权结构；

②债务结构和相关条款，包括资产负债表外融资和租赁安排；

③实际受益方（例如，实际受益方来自国内还是国外，其商业声誉和经验可能对被审计单位产生的影响）及关联方；

④ 衍生金融工具的使用。

了解被审计单位的活动特别是经营活动，也有助于注册会计师了解影响财务报告的重要会计政策、交易或事项。

二、行业形势、法律环境和监管环境及其他外部因素

被审计单位所处的行业形势、法律环境与监管环境及其他外部因素可能会对被审计单位的经营活动乃至财务报表产生影响，注册会计师应当对这些外部因素进行了解。

（一）行业形势

了解行业形势有助于注册会计师识别与被审计单位所处行业有关的重大错报风险。被审计单位经营所处的行业可能由于其经营性质或监管程度导致产生特定的重大错报风险。注册会计师应当了解被审计单位的行业形势，主要包括：

（1）所处行业的市场与竞争，包括市场需求、生产能力和价格竞争；

（2）生产经营的季节性和周期性；

（3）与被审计单位产品相关的生产技术发展；

（4）能源供应与成本。

（二）法律环境和监管环境

由于相关法律或监管要求可能对被审计单位经营活动有重大影响，如不遵守可能导致停业等严重后果，某些法律或监管要求或规定了被审计单位的责任和义务，或决定了被审计单位需要遵循的行业惯例和核算要求。所以，注册会计师应当了解被审计单位所处的法律环境及监管环境。了解的主要内容包括：

（1）适用的财务报告编制基础；

（2）受管制行业的法规框架，包括披露要求；

（3）对被审计单位经营活动产生重大影响的法律法规，如劳动法和相关法规；

（4）税收相关法律法规；

（5）目前对被审计单位开展经营活动产生影响的政府政策，如货币政策（包括外汇管制）、财政政策、财政刺激措施（如政府援助项目）、关税或贸易限制政策等；

（6）影响行业和被审计单位经营活动的环保要求。

（三）其他外部因素

除了被审计单位的行业形势、法律环境和监管环境外，其他外部因素也可能对被审计单位的财务报告产生影响。注册会计师还应当了解影响被审计单位经营活动的其他外部因素，这些因素主要包括：

（1）总体经济情况；

（2）利率、融资的可获得性；

（3）通货膨胀水平或币值变动等。

具体而言，注册会计师可能需要了解以下情况：当前的宏观经济状况以及未来的发展趋势如何？目前国内或本地区的经济状况（如增长率、通货膨胀率、失业率、利率等）怎样影响被审计单位的经营活动？被审计单位的经营活动是否受到汇率波动或全球市场力量的影响？

（四）了解的重点和程度

注册会计师对上述外部因素了解的范围和程度，因被审计单位所处行业、规模以及其他因素（如市场地位）的不同而不同。注册会计师应当考虑被审计单位所处行业的业务性质或监管程度是否可能导致特定的重大错报风险，考虑项目组是否配备了具有相关知识和经验的成员。

三、被审计单位财务业绩的衡量标准

内部或外部对被审计单位财务业绩的衡量和评价可能对被审计单位管理层产生压力，促使其采取行动改善财务业绩或歪曲财务报表。因此，注册会计师应当了解对被审计单位财务业绩的衡量标准，考虑这种压力是否可能导致管理层采取行动，以至于增加财务报表发生重大错报的风险。

（一）了解的主要方面

在了解被审计单位财务业绩衡量和评价情况时，注册会计师可关注下列用于评价财务业绩的标准：

（1）关键业绩指标（财务的或非财务的）、关键比率、趋势和经营统计数据；

（2）同期财务业绩比较分析；

（3）预算、预测、差异分析，分部信息与分部、部门或其他不同层次的业绩报告；

（4）员工业绩考核与激励性报酬政策；

（5）被审计单位与竞争对手的业绩比较。

在了解的这些信息中，注册会计师应当关注被审计单位内部财务业绩衡量所显示的未预期到的结果或趋势、管理层的调查结果和纠正措施，以及相关信息是否显示财务报表可能存在重大错报。

（二）考虑财务业绩衡量指标的可靠性

如果拟利用被审计单位内部信息系统生成的财务业绩衡量指标，注册会计师应当考虑相关信息是否可靠，以及利用这些信息是否足以实现审计目标。许多财务业绩衡量中使用的信息可能由被审计单位的信息系统生成。如果被审计单位管理层在没有合理基础的情况下，认为内部生成的衡量财务业绩的信息是准确的，而实际上信息有误，那么根据有误的信息得出的结论也可能是错误的。如果注册会计师计划在审计中（如在实施分析程序时）利用财务业绩指标，应当考虑相关信息是否可靠，以及在实施审计程序时利用这些信息是否足以发现重大错报。

对于小型被审计单位来说，由于通常没有正式的财务业绩衡量和评价程序，管理层往往将某些关键业绩指标作为评价财务业绩和采取适当行动的基础，注册会计师应当了解管理层使用的关键业绩指标。

四、适用的财务报告编制基础、会计政策及变更会计政策的原因

注册会计师应当了解适用的财务报告编制基础、会计政策及变更会计政策的原因，并评价被审计单位的会计政策是否适当、是否与适用的财务报告编制基础一致。

在了解被审计单位适用的财务报告编制基础，以及如何根据被审计单位及其环境的性质和情况运用该编制基础时，注册会计师可能需要考虑的事项包括：

（一）被审计单位与适用的财务报告编制基础相关的财务报告实务

（1）会计政策和行业特定惯例，包括特定行业财务报表中的"相关交易类别、账户余额和披露"（如银行业的贷款和投资、医药行业的研究与开发活动）；

（2）收入确认；

（3）金融工具以及相关信用损失的会计处理；

（4）外币资产、负债与交易；

（5）异常或复杂交易（包括在有争议或新兴领域的交易）的会计处理（如对加密货币的会计处理）。

（二）对被审计单位会计政策的选择和运用（包括发生的变化以及变化的原因）获得的了解

（1）被审计单位用于确认、计量和列报（包括披露）重大和异常交易的方法；

（2）在缺乏权威性标准或共识的争议或新兴领域采用重要会计政策产生的影响；

（3）环境变化，例如适用的财务报告编制基础的变化或税制改革可能导致被审计单位的会计政策变更；

（4）新颁布的会计准则、法律法规，被审计单位采用的时间以及如何采用或遵守这些规定。

如果被审计单位变更了重要的会计政策，注册会计师应当考虑会计政策变更的原因及其适当性，确定：（1）会计政策的变更是否符合法律、行政法规或者适用的会计准则和相关会计制度的规定；（2）会计政策的变更能否提供更可靠、更相关的会计信息；（3）会计政策的变更是否得到了恰当的披露。

此外，注册会计师应当考虑，被审计单位的会计政策是否适合其经营活动，并与适用的财务报告编制基础、相关行业适用的会计政策保持一致。

五、了解固有风险因素如何影响认定易于发生错报的可能性

（一）固有风险因素的概念

固有风险因素，是指在不考虑内部控制的情况下，导致交易类别、账户余额和披露的某

一认定易于发生错报（无论该错报是由舞弊还是错误导致）的因素。固有风险因素可能是定性或定量的，包括复杂性、主观性、变化、不确定性以及管理层偏向和其他舞弊风险因素。在了解被审计单位及其环境和适用的财务报告编制基础时，注册会计师还应当了解被审计单位在按照适用的财务报告编制基础编制财务报表时，固有风险因素如何影响各项认定易于发生错报的可能性。

（二）了解固有风险因素的重要作用

了解被审计单位及其环境和适用的财务报告编制基础，有助于注册会计师识别可能导致各类交易、账户余额和披露的认定易于发生错报的固有风险因素。固有风险因素可能通过影响：（1）错报发生的可能性；（2）错报发生时其可能的严重程度，来影响认定易于发生错报的可能性。

了解固有风险因素如何影响认定易于发生错报的可能性，有助于注册会计师初步了解错报发生的可能性和严重程度，并帮助注册会计师按照审计准则的规定识别认定层次的重大错报风险。了解固有风险因素在何种程度上影响认定易于发生错报的可能性，还有助于注册会计师在按照审计准则的规定评估固有风险时，评估错报发生的可能性和严重程度。因此，了解固有风险因素也可以帮助注册会计师按照《中国注册会计师审计准则第1231号——针对评估的重大错报风险采取的应对措施》的规定设计和实施进一步审计程序。

值得注意的是，注册会计师对认定层次重大错报风险的识别和对固有风险的评估，也可能受到其从实施的其他风险评估程序、进一步审计程序或为满足相关审计准则的其他要求而实施的审计程序中获取的审计证据的影响。

（三）与适用的财务报告编制基础要求的信息编制相关的固有风险因素

与适用的财务报告编制基础要求的信息（以下简称所需信息）编制相关的固有风险因素包括：

（1）复杂性。这是由信息的性质或编制所需信息的方式导致的，包括编制过程本身较为复杂的情况。

（2）主观性。由于知识或信息的可获得性受到限制，客观编制所需信息的能力存在固有局限性，因此，管理层可能需要对采取的适当方法和财务报表中的相关信息作出选择或主观判断。

（3）变化。随着时间的变化，被审计单位的经营、经济环境、会计、监管、所处行业或经营环境中其他方面的事项或情况也会产生变化，其影响反映在所需信息中。这些事项或情况的变化可能在财务报告期间内或不同期间之间发生。

（4）不确定性。不能仅通过直接观察可验证的充分精确和全面的数据编制所需信息时，会导致不确定性。在这种情况下，可能需要运用具备的知识并采用适当的方法，尽可能使用充分精确和全面的可观察数据以及能够被最适当的可用数据所支持的合理假设来编制信息。获取知识或数据的能力受到限制，且管理层不能控制这些限制（包括受到成本的限制），是产生不确定性的原因。该不确定性对编制所需信息的影响无法消除。

（5）管理层偏向和其他舞弊风险因素。管理层偏向的可能性，是由于管理层有意或无意地在信息编制过程中未保持中立而导致的。管理层偏向通常与特定情况相关，这些情况可能导致管理层在作出判断时未保持中立（潜在管理层偏向的迹象），从而导致信息产生重大错报，如果管理层是故意的，则导致舞弊。

如果复杂性是固有风险因素，那么信息编制可能固有地需要较复杂的过程，并且这些过程本身可能难以执行。因此，执行这些过程可能需要专业技术或知识，并可能需要利用管理层的专家。如果管理层的判断主观性较强，则由管理层偏向（无论无意或故意）导致易于发生错报的可能性也可能有所提升。

（四）固有风险因素对某类交易、账户余额和披露的影响

某类交易、账户余额和披露由于其复杂性或主观性而导致易于发生错报的可能性通常与其变化或不确定性的程度密切相关。例如，如果被审计单位存在一项基于假设的会计估计，其选择涉及重大判断，则这项会计估计的计量可能受到主观性和不确定性的影响。

某类交易、账户余额和披露由于其复杂性或主观性而导致易于发生错报的可能性越大，注册会计师越有必要保持职业怀疑。此外，如果某类交易、账户余额和披露由于其复杂性、主观性、变化或不确定性而导致易于发生错报，这些固有风险因素可能为管理层偏向（无论无意或有意）创造了机会，并影响由管理层偏向导致的易于发生错报的可能性。注册会计师对重大错报风险的识别和认定层次固有风险的评估，也受到固有风险因素之间相互关系的影响。

某些事项或情况影响由管理层偏向因素导致易于发生错报的可能性，这些事项也可能影响由其他舞弊风险因素导致易于发生错报的可能性。因此，这些信息可能与《中国注册会计师审计准则第1141号——财务报表审计中与舞弊相关的责任》相关，该准则要求注册会计师评价通过其他风险评估程序和相关活动获取的信息，是否表明存在舞弊风险因素。

（五）可能表明财务报表存在重大错报风险的事项和情况

按照固有风险因素分类，可能导致财务报表存在财务报表层次或认定层次重大错报风险的事项和情况（包括交易）涵盖范围广泛，且并非所有的事项和情况都与每项审计业务相关。这些事项和情况按照对相关情形影响最大的固有风险因素分类列示。需要注意的是，由于固有风险因素之间的相互关系，以下事项和情况的示例也可能在不同程度上受到其他固有风险因素的影响：

1. 复杂性

（1）在高度复杂的监管环境中开展业务；

（2）存在复杂的联营或合资企业；

（3）涉及复杂过程的会计计量；

（4）使用表外融资、特殊目的实体以及其他复杂的融资安排。

2. 主观性

（5）某项会计估计具有多种可能的衡量标准；

（6）管理层对非流动资产（如投资性房地产）的估值技术或模型的选择。

3. 变化

（7）在经济不稳定（如货币发生重大贬值或经济发生严重通货膨胀）的国家或地区开展业务；

（8）在不稳定的市场开展业务（如期货交易）；

（9）持续经营和资产流动性出现问题，包括重要客户流失；

（10）被审计单位经营所处的行业发生变化；

（11）供应链发生变化；

（12）开发新产品或提供新服务，或进入新的业务领域；

（13）开辟新的经营场所；

（14）被审计单位发生变化，如发生重大收购、重组或其他非常规事项；

（15）拟出售分支机构或业务分部；

（16）关键人员变动（包括核心执行人员的离职）；

（17）信息技术环境发生变化；

（18）安装新的与财务报告相关的重大信息技术系统；

（19）采用新的会计准则；

（20）获取资本或借款的能力受到新的限制；

（21）经营活动或财务业绩受到监管机构或政府机构的调查；

（22）与环境保护相关的新立法的影响。

4.不确定性

（23）涉及重大计量不确定性（包括会计估计）的事项或交易及相关披露；

（24）存在未决诉讼和或有负债（如售后质量保证、财务担保和环境补救）。

5.管理层偏向和其他舞弊风险因素

（25）管理层和员工编制虚假财务报告的机会，包括遗漏披露应包含的重大信息或信息晦涩难懂；

（26）从事重大的关联方交易；

（27）发生大额非常规或非系统性交易（包括公司间的交易和在期末发生大量收入的交易）；

（28）按照管理层特定意图记录的交易（如债务重组、资产出售和交易性债券的分类）。

其他可能表明存在财务报表层次重大错报风险的事项或情况包括：

（1）缺乏具备会计和财务报告技能的员工；

（2）控制缺陷，尤其是内部环境、风险评估和内部监督中的控制缺陷和管理层未处理的内部控制缺陷；

（3）以往发生的错报或错误，或者在本期期末出现重大会计调整。

注册会计师应当充分关注可能表明被审计单位存在重大错报风险的上述事项和情况，并考虑由于上述事项和情况导致的风险是否重大，以及该风险导致财务报表发生重大错报的可能性。

第三节　了解被审计单位内部控制体系各要素

注册会计师应当了解与审计相关的内部控制以识别潜在错报的类型，考虑导致重大错报风险的因素，以及设计和实施进一步审计程序的性质、时间安排和范围。

一、内部控制的内涵及要素

1.内部控制的内涵

内部控制是被审计单位为了合理保证财务报告的可靠性、经营的效率和效果以及对法律法规的遵守，由治理层、管理层和其他人员设计和执行的政策和程序。从目标和内容来看，内部控制是风险管理的组成部分。从责任主体来看，设计和实施内部控制的责任主体是治理层、管理层和其他人员，也就是说，组织中的每一个人都对内部控制负有责任。从保证的程度来看，由于固有的局限性，内部控制为三类目标提供的是合理保证，而不是绝对保证。从内部控制目标的实现来看，实现内部控制目标的手段是设计和执行控制政策和程序。

2.内部控制的要素

内部控制主要包括控制环境、风险评估过程、信息系统与沟通、控制活动、对控制的监督五个要素。

（1）控制环境。

控制环境是指对建立、加强或削弱特定政策、程序及其效率产生影响的各种因素，包括治理职能和管理职能，以及治理层和管理层对内部控制及其重要性的态度、认识和所采取的措施。控制环境设定了被审计单位的内部控制基调，影响员工对内部控制的认识和态度。良好的控制环境是实施有效内部控制的基础。控制环境主要包括以下要素：

①对诚信和道德价值观念的沟通与落实。诚信和道德价值观念是控制环境的重要组成部分，影响到重要业务流程的设计和运行。内部控制的有效性直接依赖于负责创建、管理和监控内部控制的人员的诚信和道德价值观念。被审计单位是否存在道德行为准则，以及这些准则如何在被审计单位内部沟通和得到落实，决定了是否能产生诚信和道德的行为。对诚信和道德价值观念的沟通与落实既包括管理层如何处理不诚实、非法或不道德行为，也包括在被审计单位内部，通过行为规范以及高层管理人员的身体力行，对诚信和道德价值观念的营造和保持。

②对胜任能力的重视。胜任能力是指具备完成某一职位的工作所应有的知识和能力。管理层对胜任能力的重视包括对于特定工作所需的胜任能力水平的设定，以及对达到该水平所必需的知识和能力的要求。注册会计师应当考虑主要管理人员和其他相关人员是否能够胜任承担的工作和职责，例如，财会人员是否对编报财务报表所适用的会计准则和相关会计制度有足够的了解并能正确运用。

③治理层的参与程度。被审计单位的控制环境在很大程度上受治理层的影响。治理层的职责应在被审计单位的章程和政策中予以规定。董事会、审计委员会或类似机构应关注被审计单位的财务报告，并监督被审计单位的会计政策以及内部、外部的审计工作和结果。治理层的职责还包括监督用于复核内部控制有效性的政策和程序设计是否合理，执行是否有效。

治理层对控制环境影响的要素有：治理层相对于管理层的独立性、成员的经验和品德、对被审计单位业务活动的参与程度、治理层行为的适当性、治理层所获得的信息、管理层对治理层所提出问题的追踪程度，以及治理层与内部审计人员和注册会计师的联系程度。例如，注册会计师与审计委员会有定期的联系，则管理层会更愿意定期向审计委员会和董事会汇报情况，这样，审计委员会和董事会可以知道更多被审计单位的重大情况。

④管理层的理念和经营风格。管理层负责企业运作的管理以及经营策略和程序的制定、执行与监督。控制环境的每个方面在很大程度上都受管理层采取的措施和作出决策的影响，或在某些情况下受管理层不采取某些措施或不作出某种决策的影响。在有效的控制环境中，管理层的理念和经营风格可以营造一个积极的氛围，促进业务流程和内部控制的有效运行，同时营造一个减少错报发生可能性的环境。在管理层以一个或少数几个人为主时，管理层的理念和经营风格对内部控制的影响尤为突出。管理层的理念包括管理层对内部控制的理念。管理层对内部控制的理念是指管理层对内部控制以及对具体控制实施环境的重视程度。管理

层对内部控制的重视，将有助于控制的有效执行，并减少特定控制被忽视或规避的可能性。控制理念反映在管理层制定的政策、程序及所采取的措施中，而不是反映在形式上。因此，要使控制理念成为控制环境的一个重要特质，管理层必须告知员工内部控制的重要性。同时，只有建立适当的管理层控制机制，控制理念才能产生预期的效果。衡量管理层对内部控制重视程度的重要标准，是管理层收到有关内部控制弱点及违规事件的报告时作出何种反应。管理层及时地下达纠弊措施，表明他们对内部控制的重视，也有利于加强企业内部的控制意识。

⑤组织结构。被审计单位的组织结构为计划、运作、控制及监督经营活动提供了一个整体框架，它明确规定一个组织内部各部门和工作人员的权限和责任。建立合理的组织结构，有助于建立良好的内部控制环境。通过集权或分权决策，可在不同部门间进行适当的职责划分、建立适当层次的报告体系。企业的组织结构包括：确定组织单位的性质和形式，包括确认相关的管理职能和报告关系；为每个组织单位制定内部划分责任权限的办法。被审计单位组织结构的合理性在一定程度上取决于被审计单位的规模和经营活动的性质。

⑥责任授权和划分的方法。责任授权和划分的方法影响到责任如何被传达、如何被理解以及员工在执行业务时责任感的强弱。它包括指派进行经营活动的权利与责任以及建立沟通渠道和设立授权的方式等。它关系到个人和团队遇到问题时解决问题的主动性，也关系到各个员工行使权利的上限、企业的某些政策和关键员工需要具备的知识和经验，以及企业应配置给员工的资源等。如果管理层明确地建立了授权和分配责任方法并使其深入人心，就可大大增强整个组织的控制意识。例如，企业应当就业务操作、各种利益矛盾、有关人员的行为规范等方面下发书面的文件，在书面文件里应明确特定的责任、报告关系和有关限制。

⑦人力资源政策与实务。人力资源政策与实务涉及招聘、培训、考核、晋升和薪酬等方面。政策与程序（包括内部控制）的有效性，通常取决于执行人。因此，被审计单位员工的能力与诚信是控制环境中不可缺少的因素。反过来，被审计单位是否有能力招聘并保留一定数量既有能力又有责任心的员工在很大程度上也取决于其人事政策与实务。例如，招聘录用标准要求录用最合适的员工，同时强调员工的学历、经验、诚信和道德，这表明被审计单位希望录用有能力并值得信赖的人员。有关培训方面的政策显示员工应达到的工作表现和业绩水准。通过定期考核的晋升政策表明被审计单位希望具备相应资格的人员承担更多的职责。

（2）风险评估过程。

风险评估是企业确认和分析与其目标实现相关的风险的过程，它形成了如何管理风险的基础。风险评估要对与按照会计准则编制的财务报表有关的风险进行确认、分析和管理，要考虑可能发生的外部和内部事件及对管理层在财务报表中的认定有影响的记录、处理、汇总、报告的因素。导致风险发生和变化的因素一般包括招收新的员工、高速增长、新技术、新产品或新作业、信息系统的变化和公司重组。企业也必须设立可辨认、分析和管理相关风险的机制，以了解自身所面临的风险，并适时加以处理。现代社会是一个充满激烈竞争的社会，每一家企业都面临着成功的挑战和失败的风险，对风险的管理成为现代企业管理的主要内容之一。风险影响着每家企业的生存和发展，也影响其在行业中的竞争力以及在市场上的声誉和形象。管理层必须密切注意各层次的风险，并采取必要的管理措施。对财务报表审计来说，主要关注的风险评估过程包括识别与财务报告相关的经营风险以及针对这些风险所采取的应对措施。

（3）信息系统与沟通。

一个良好的信息系统和沟通可以使企业及时掌握营运状况和组织中发生的各种情况，可以及时地为企业的员工提供履行职责所需的各种信息，从而使企业的经营和管理流畅地进行下去。企业在一定的时间内要以一定的形式确定、收集和交换信息，从而使员工能够行使责任。一个组织的信息系统是指为了确认、汇总、分析、分类、记录以及报告公司交易和相关事件与情况，并保持对相关资产和负债的受托责任而建立的方法和记录。信息系统与沟通围绕在控制活动的周围，这些系统使企业内部的员工能取得他们在执行、管理和控制企业经营过程中所需的信息，并交换这些信息。

一个良好的信息系统应能生成包括经营情况、财务和法规遵循情况的信息，这些信息对企业的经营与管理是十分有帮助的。这些信息不仅仅是内部信息，也包括外部事件、活动，同时这些信息还必须在企业内部进行由上至下、由下至上的广泛的传递。首先，所有员工必须从高层主管那里获得清楚的信息，使他们清楚自己在内部控制体系中扮演的角色，同时清楚自己与其他员工之间的关系。其次，员工必须将他们在实践工作中获得的信息汇报给高层主管，这样也就形成了一个自下而上的信息传递流程。由于高层主管不直接参加一线工作，所以他们乐于获取员工关于工作实践的信息，他们将这些信息综合起来，及时加以解决。企业当中自上而下、自下而上的信息传递系统能够使企业及时发现内部控制系统中的薄弱环节，并及时进行改进。

（4）控制活动。

控制活动是指为了保证管理指令得到实施而制定并执行的控制政策和程序。企业必须制定控制的政策和程序，并予以执行，以帮助管理层保证其控制目标的实现。控制活动存在于整个公司内，并出现于各管理层级及功能组织中。控制活动包括与授权、业绩评价、信息处理、实物控制和职责分离等相关的活动。

①授权。注册会计师应当了解与授权有关的控制活动，包括一般授权和特别授权。授权的目的在于保证交易在管理层授权范围内进行。一般授权是指管理层制定的要求组织内部遵守的普遍适用于某类交易或活动的政策。特别授权是指管理层针对特定类别的交易或活动逐一设置的授权，如重大资本支出和股票发行等。特别授权也可能用于超过一般授权限制的常规交易，例如，同意因某些特别原因，对某个不符合一般信用条件的客户赊销商品。

②业绩评价。注册会计师应当了解与业绩评价有关的控制活动，主要包括被审计单位分析评价实际业绩与预算（或预测、前期业绩）的差异，综合分析财务数据与经营数据的内在关系，将内部数据与外部信息相比较，评价职能部门、分支机构或项目活动的业绩（如银行客户信贷经理复核各分行、地区与各种贷款类型的审批和收回），以及对发现的异常差异或关系采取必要的调查与纠正措施。

通过调查非预期的结果和非正常的趋势，管理层可以识别可能影响经营目标实现的情形。管理层对业绩信息的使用（如将这些信息用于经营决策，还是同时用于对财务报告系统报告的非预期结果进行追踪），决定了业绩指标的分析是只用于经营目的，还是同时用于财务报告目的。

③信息处理。注册会计师应当了解与信息处理有关的控制活动，包括信息技术的一般控制和应用控制。

被审计单位通常执行各种措施，检查各种类型信息处理环境下的交易的准确性、完整性和授权。信息处理控制可以是人工的、自动化的，或是基于自动流程的人工控制。信息处理控制分为两类，即信息技术的一般控制和应用控制。

信息技术一般控制是指与多个应用系统有关的政策和程序，有助于保证信息系统持续恰当地运行（包括信息的完整性和数据的安全性），支持应用控制作用的有效发挥，通常包括数据中心和网络运行控制，系统软件的购置、修改及维护控制，接触或访问权限控制，应用系统的购置、开发及维护控制。例如，程序改变的控制、限制接触程序和数据的控制、对新版应用软件包实施有关的控制等都属于信息技术一般控制。

信息技术应用控制是指主要在业务流程层次运行的人工或自动化程序，与用于生成、记录、处理、报告交易或其他财务数据的程序相关，通常包括检查数据计算的准确性，审核账户和试算平衡表，设置对输入数据和数字序号的自动检查，以及对例外报告进行人工干预。

④实物控制。注册会计师应当了解实物控制，主要包括对资产和记录采取适当的安全保护措施，对访问计算机程序和数据文件设置授权，以及定期盘点并将盘点记录与会计记录相核对。例如，现金、有价证券和存货的定期盘点控制。实物控制的效果影响资产的安全，从而对财务报表的可靠性及审计产生影响。

⑤职责分离。注册会计师应当了解职责分离，主要包括了解被审计单位如何将交易授权、交易记录以及资产保管等职责分配给不同员工，以防范同一员工在履行多项职责时可能发生的舞弊或错误。当信息技术在信息系统中运用时，职责分离可以通过设置安全控制来实现。

（5）对控制的监督。

对控制的监督是指被审计单位评价内部控制在一段时间内运行有效性的过程，该过程包括及时评价控制的设计和运行，以及根据情况的变化采取必要的纠正措施。例如，管理层对是否定期编制银行存款余额调节表进行复核，内部审计人员评价销售人员是否遵守公司关于销售合同条款的政策，法律部门定期监控公司的道德规范和商务行为准则是否得以遵循等。监督对控制的持续有效运行十分重要。假如没有对银行存款余额调节表是否得到及时和准确的编制进行监督，该项控制可能无法得到持续的执行。

对控制的监督主要包括两个方面：

① 管理控制方法。管理层通常运用预算和其他财务报告来监督工作的进行，由于管理层对工作比较熟悉，所以这种管理控制方法是内部控制的一个重要因素。管理层可以在预算、标准成本、历史情况的基础上定期将记录的交易和余额同预期的结果相比较来提高控制水平。

② 内部审计。内部审计是企业自我独立评价的一种活动，是管理层用来监督会计系统和相关控制程序的手段，内部审计可通过协助管理层监管其他控制政策和程序的有效性，来促成好的控制环境的建立。内部审计人员可以对管理层的指令进行专门的询问或经常复核经营业务以促进效率的提高。此外，内部审计还能为改进内部控制提供建设性的意见。内部审计的有效性与其权限、人员的资格以及可使用的资源密切相关。内部审计人员必须独立于被审计部门，并且必须直接向董事会或审计委员会报告。

在了解和评价内部控制时，采用的具体分析框架及控制要素的分类可能并不唯一，重要的是控制能否实现控制目标。注册会计师可以使用不同的框架和术语描述内部控制的不同方面，但必须涵盖上述内部控制五个要素所涉及的方面。无论对内部控制要素如何进行分类，注册会计师都应当重点考虑被审计单位某项控制，是否能够以及如何防止或发现并纠正各类交易、账户余额、披露存在的重大错报。小型被审计单位通常采用非正式和简单的内部控制实现其目标，参与日常经营管理的业主可能承担多项职能，内部控制要素没有得到清晰区分，注册会计师应当综合考虑小型被审计单位内部控制要素能否实现其目标。

二、与审计相关的控制

内部控制的目标既包括财务报告的可靠性，也包括经营的效率和效果以及对法律法规的遵守，但注册会计师审计的目标是对财务报表是否存在重大错报发表审计意见，所以，注册会计师考虑的并不是被审计单位整体的内部控制，而只是与财务报表审计相关的内部控制，即与审计相关的控制。与审计相关的控制，包括被审计单位为实现财务报告可靠性目标设计和实施的控制。注册会计师应当运用职业判断，考虑一项控制单独或连同其他控制是否与评估重大错报风险以及针对评估的风险设计和实施进一步审计程序有关。在运用职业判断时，注册会计师应当考虑下列因素：

（1）重要性；

（2）相关风险的严重程度；

（3）被审计单位的规模；

（4）被审计单位业务的性质，包括组织结构和所有权特征；

（5）被审计单位经营的多样性和复杂性；

（6）适用的法律法规；

（7）内部控制的情况和适用的要素；

（8）作为内部控制组成部分的系统（包括使用服务机构）的性质和复杂性；

（9）一项特定控制（单独或连同其他控制）是否以及如何防止或发现并纠正重大错报。

此外，如果在设计和实施进一步审计程序时拟利用被审计单位内部生成的信息，注册会计师应当考虑用以保证该信息完整性和准确性的控制可能与审计相关。

如果用以保证经营效率、效果的控制以及对法律法规遵守的控制与实施审计程序时评价或使用的数据相关，注册会计师应当考虑这些控制可能与审计相关。

用以保护资产的内部控制可能包括与实现财务报告可靠性和经营效率、效果目标相关的控制。注册会计师在了解保护资产的内部控制各项要素时，可仅考虑其中与财务报告可靠性目标相关的控制。

三、内部控制的局限性

内部控制存在固有局限性，无论如何设计和执行，只能对财务报告的可靠性提供合理的保证。内部控制存在的固有局限性主要包括：

1.在决策时人为判断可能出现错误和由于人为失误而导致内部控制失效

例如，被审计单位信息技术工作人员没有完全理解系统如何处理销售交易，为使系统能够处理新型产品的销售，可能错误地对系统进行更改；或者对系统的更改是正确的，但是程序员没能把更改转化为正确的程序代码。

2.可能由于两个或更多的人员进行串通或管理层凌驾于内部控制之上而被规避

例如，管理层可能与客户签订背后协议，对标准的销售合同作出变动，从而导致确认收入发生错误。再如，软件中的编辑控制旨在发现和报告超过赊销信用额度的交易，但这一控制可能被逾越或规避。

此外，小型被审计单位拥有的员工通常较少，限制了其职责分离的程度。业主凌驾于内部控制之上的可能性较大，注册会计师应当考虑一些关键领域是否存在有效的内部控制，包括考虑小型被审计单位总体的控制环境，特别是业主对内部控制及其重要性的态度、认识和措施。

四、内部控制对财务报表可审计性的影响

如果通过对内部控制的了解发现下列情况，并对财务报表局部或整体的可审计性产生疑问，注册会计师应当考虑出具保留意见或无法表示意见的审计报告：

（1）被审计单位会计记录的状况和可靠性存在重大问题，不能获取充分、适当的审计证据以发表无保留意见。

（2）对管理层的诚信存在严重疑虑。必要时，注册会计师应当考虑解除业务约定。

第四节　识别和评估重大错报风险

一、识别和评估财务报表层次和认定层次的重大错报风险

了解被审计单位及其环境的目的就是评估重大错报风险。注册会计师应当识别和评估财务报表层次以及各类交易、账户余额、披露认定层次的重大错报风险。

（一）识别和评估重大错报风险的审计程序

在识别和评估重大错报风险时，注册会计师应当实施下列审计程序：

（1）在实施风险评估程序的整个过程中，结合对财务报表中各类交易、账户余额和披露的考虑，识别风险。注册会计师通过实施风险评估程序收集的信息可以作为审计证据，为注册会计师识别和评估重大错报风险提供基础。例如，被审计单位因相关环境法规的实施需要更新设备，将导致对原有设备提取减值准备；宏观经济的低迷可能预示应收账款的回收存在问题；竞争者开发的新产品上市，可能导致被审计单位的主要产品在短期内过时，预示将出现存货的跌价和非流动资产（如固定资产等）的减值。

（2）评估识别出的风险，注册会计师应当利用了解获得的信息，判断确定某风险是与财务报表整体存在广泛的联系，并可能影响多项认定，进而识别该风险属于财务报表层次重大错报风险。还是与财务报表整体不存在广泛联系，进而识别该风险为认定层次重大错报风险。

（3）结合对拟测试的相关控制的考虑，将识别出的风险与认定层次可能发生错报的领域相联系。由于重大错报风险是固有风险和控制风险共同作用的结果，因此，注册会计师在评估重大错报风险时，应当考虑相关控制的影响（即控制风险）。在评估重大错报发生的可能性时，除了考虑可能的风险外，还要考虑控制对风险的抵消和遏制作用。有效的控制会减少错报发生的可能性，而控制不当或缺乏控制，错报就会由潜在变成现实。控制可能与某一认定直接相关，也可能与某一认定间接相关，关系越间接，控制对防止或发现并纠正认定错报的效果越小。

（4）考虑发生错报的可能性（包括发生多项错报的可能性），以及潜在错报的重大程度是否足以导致重大错报。注册会计师还需要考虑上述识别的风险是否会导致财务报表发生重

大错报。例如，考虑存货的账面余额是否巨大，是否已适当计提了存货跌价准备等。在某些情况下，尽管识别的风险重大，但仍不至于导致财务报表发生重大错报风险。如期末财务报表中存货的余额较低，尽管识别的风险重大，但不至于导致存货的计价认定发生重大错报风险。又如，被审计单位对存货跌价准备的计提实施了比较有效的内部控制，管理层已根据存货的可变现净值，计提了相应的跌价准备。在这种情况下，财务报表发生重大错报的可能性将相应降低。

注册会计师应当利用实施风险评估程序获取的信息，包括在评价控制设计和确定其是否得到执行时获取的审计证据，作为支持风险评估结果的审计证据。

注册会计师应当根据风险评估结果，确定实施进一步审计程序的性质、时间安排和范围。

（二）重大错报风险的层次

1.识别和评估财务报表层次重大错报风险

在对重大错报风险进行识别和评估后，注册会计师如果判断某风险与财务报表整体存在广泛联系，并可能影响多项认定，注册会计师应当将其识别为财务报表层次重大错报风险。例如，在经济不稳定的国家和地区开展业务、资产的流动性出现问题、重要客户流失、融资能力受限等，可能导致注册会计师对被审计单位的持续经营能力产生重大疑虑。又如，管理层缺乏诚信，或承受异常的压力，或管理层凌驾于内部控制之上可能引发舞弊风险，这些风险与财务报表整体相关。

注册会计师识别和评估财务报表层次重大错报风险，以确定风险是否对财务报表具有广泛的影响，有助于其决定是否需要按照《中国注册会计师审计准则第1231号——针对评估的重大错报风险采取的应对措施》的规定采取总体应对措施。由于财务报表层次重大错报风险还可能影响个别认定，因此，识别和评估这些风险，还可以帮助注册会计师评估认定层次重大错报风险，并设计进一步审计程序，以应对该风险。

2.识别和评估认定层次重大错报风险

在对重大错报风险进行识别和评估后，注册会计师如果判断某固有风险因素可能导致某项认定发生重大错报，但与财务报表整体不存在广泛联系，注册会计师应当将其识别为认定层次的重大错报风险。例如，被审计单位存在复杂的联营或合资，这一事项表明长期股权投资账户的认定可能存在重大错报风险。又如，被审计单位存在重大的关联方交易，该事项表明关联方及关联方交易的披露认定可能存在重大错报风险。

对于识别出的认定层次重大错报风险，注册会计师应当分别评估固有风险和控制风险。这里强调针对认定层次先依据固有风险识别出相关认定及相关交易类别、账户余额和披露，有利于全面了解财务报表（由被审计单位管理层认定组成）可能存在的所有重大错报风险，从源头上解决注册会计师在审计中可能遗漏某些重大错报风险点，或对重大错报风险的识别和评估可能过于简单化和模糊化或模板化和经验化的问题。

在评估重大错报风险时，注册会计师应当将所了解的控制与特定认定联系起来，因为控制有助于防止或发现并纠正认定层次的重大错报。

注册会计师应当采取适当方式对识别的各类交易、账户余额和披露认定层次的重大错报风险予以汇总和评估，这样更便于确定进一步审计程序的性质、时间安排和范围。

二、评估固有风险等级

在评估与特定认定层次重大错报风险相关的固有风险等级时，注册会计师应当运用职业判断，确定错报发生的可能性和严重程度综合起来的影响程度。

固有风险等级是指注册会计师对固有风险水平在一个范围内作出的从低到高的判断。作出该判断应当考虑被审计单位的性质和具体情况，并考虑评估的错报发生的可能性和严重程度以及固有风险因素。

在考虑错报发生的可能性时，注册会计师应当基于对固有风险因素的考虑，评估错报发生的概率。

在考虑错报的严重程度时，注册会计师应当考虑错报的定性和定量两个方面（即注册会计师可能根据错报的金额大小、性质或情况，判断各类交易、账户余额和披露在认定层次的错报是重大的）。

注册会计师应使用错报发生的可能性和严重程度综合起来的影响程度，确定固有风险等级。综合起来的影响程度越高，评估的固有风险等级越高，反之亦然。

评估的固有风险等级较高，并不意味着评估的错报发生的可能性和严重程度都较高。错报发生的可能性和严重程度在固有风险等级上的交集确定了评估的固有风险在固有风险等级中是较高还是较低。评估的固有风险等级较高也可能是错报发生的可能性和严重程度的不同组合导致的，例如，较低的错报发生的可能性和极高的严重程度可能导致评估的固有风险等级较高。

为制定适当的应对策略，注册会计师可以基于其对固有风险的评估，将重大错报风险按固有风险等级的类别进行划分。注册会计师可以以不同的方式描述这些等级类别（如区分最高、较高、中、低等进行定性描述）。不管使用的分类方法如何，如果旨在应对识别的认定层次重大错报风险的进一步审计程序的设计和实施能够适当应对固有风险的评估结果和形成该评估结果的依据，则注册会计师对固有风险等级的评估就是适当的。

三、需要特别考虑的重大错报风险

作为风险评估的一部分，注册会计师应当运用职业判断，确定识别的风险哪些是需要特别考虑的重大错报风险（简称特别风险）。

（一）特别风险的判定

在确定哪些风险是特别风险时，注册会计师通常需要运用职业判断。注册会计师在评估固有风险等级时，应当考虑固有风险因素的相对影响。固有风险因素的影响越低，评估的风险等级可能也越低。以下事项可能导致注册会计师评估认为重大错报风险具有较高的固有风险等级，进而将其确定为特别风险：

（1）交易具有多种可接受的会计处理，因此涉及主观性；

（2）会计估计具有高度不确定性或模型复杂；

（3）支持账户余额的数据收集和处理较为复杂；

（4）账户余额或定量披露涉及复杂的计算；

（5）对会计政策存在不同的理解；

（6）被审计单位业务的变化涉及会计处理发生变化，如合并和收购。

在判断哪些风险是特别风险时，注册会计师不应考虑识别出的控制对相关风险的抵销效果。

特别风险通常与重大的非常规交易和判断事项有关，而日常的、简单的、常规处理的交易不大可能产生特别风险。非常规交易是指由于金额或性质异常而不经常发生的交易。判断事项通常是指作出的会计估计。

与重大非常规交易相关的特别风险可能导致更高的重大错报风险，这是因为在非常规交易中，管理层会更多地介入会计处理，数据收集和处理将涉及更多的人工成分，业务处理将涉及复杂的计算或会计处理方法，而且非常规交易的性质可能使被审计单位难以对由此产生的特别风险实施有效控制。

同样，对重大判断事项来说，一方面，对涉及会计估计、收入确认等方面的会计原则存在不同的理解；另一方面，所要求的判断可能是主观和复杂的，或需要对未来事项作出假设，所以，与重大判断事项相关的特别风险也可能导致更高的重大错报风险。

（二）特别风险的处理

了解与特别风险相关的控制（包括控制活动），有助于注册会计师制订有效的审计方案予以应对。由于与重大非常规交易或判断事项相关的风险很少受到日常控制的约束，所以，被审计单位应当针对特别风险设计和实施控制。注册会计师应当了解和评价被审计单位针对特别风险的控制的设计情况，并确定其是否已经得到执行。

如果管理层没有实施控制以恰当应对特别风险，注册会计师应当认为内部控制存在重大缺陷，并考虑其对风险评估的影响。在此情况下，注册会计师应当考虑就此类事项与治理层沟通。

四、仅通过实质性程序无法应对的重大错报风险

作为风险评估的一部分，如果认为仅通过实质性程序获取的审计证据无法将认定层次的重大错报风险降至可接受的低水平，注册会计师应当评价被审计单位针对这些风险设计的控制，并确定其执行情况。

在被审计单位对日常交易采用高度自动化处理的情况下，审计证据可能仅以电子形式存在，其充分性和适当性通常取决于自动化信息系统相关控制的有效性，注册会计师应当考虑仅通过实施实质性程序不能获取充分、适当审计证据的可能性。例如，某企业通过高度自动化的系统确定采购品种和数量，生成采购订单，并通过系统中设定的收货确认和付款条件进行付款。除了系统中的相关信息以外，该企业没有其他有关订单和收货的记录。在这种情况下，如果认为仅通过实质性程序不能获取充分、适当的审计证据，注册会计师应当考虑依赖的相关控制的有效性，并对其进行了解、评估和测试。

注册会计师可以编制表格来汇总识别的重大错报风险，判定它们的性质。识别的重大错报风险汇总表见表9-1。

五、对风险评估的修正

注册会计师对认定层次重大错报风险的评估应以获取的审计证据为基础，并可能随着不断获取审计证据而作出相应的变化。例如，注册会计师对重大错报风险的评估可能基于预期控制运行有效这一判断，即相关控制可以防止或发现并纠正认定层次的重大错报，但在测试

控制运行的有效性时，注册会计师获取的证据可能表明相关控制在被审计期间并未有效运行；同样，在实施实质性程序后，注册会计师可能发现错报的金额和频率比在风险评估时预计的金额和频率要高。

表9-1 识别的重大错报风险汇总表

识别的重大错报风险	对财务报表的影响	相关的交易类别、账户余额和披露认定	是否与财务报表整体广泛相关	是否属于特别风险	是否属于仅通过实质性程序无法应对的重大错报风险
记录识别的重大错报风险	描述对财务报表的影响和导致财务报表发生重大错报的可能性	列示相关的各类交易、账户余额、披露及其认定	考虑是否属于财务报表层次的重大错报风险	考虑是否属于特别风险	考虑是否属于仅通过实质性程序无法应对的重大错报风险

如果通过实施进一步审计程序获取的审计证据与初始评估重大错报风险时获取的审计证据相矛盾，注册会计师应当修正风险评估结果，并相应修改原计划实施的进一步审计程序。因此，评估重大错报风险与了解被审计单位及其环境一样，也是一个连续和动态地收集、更新与分析信息的过程，贯穿于整个审计过程的始终。

复习思考题

1. 什么是风险评估？它有哪几个程序？
2. 注册会计师应从哪几方面了解被审计单位及其环境和适用的财务报告编制基础？
3. 注册会计师应如何对被审计单位的内部控制进行风险评估？
4. 如果被审计单位变更了重要的会计政策，注册会计师应当考虑哪些问题？
5. 识别和评估重大错报风险时，注册会计师应实施哪些审计程序？
6. 需要注册会计师特别考虑的重大错报风险有哪些？

第十章

风险应对

第一节　针对财务报表层次重大错报风险的总体应对措施

在风险导向审计的理念下，实施审计的过程就是识别、评估和应对财务报表重大错报风险的过程。注册会计师在采用风险评估程序了解了被审计单位及其环境，充分识别和评估了财务报表的重大错报风险之后，便要考虑如何应对评估的重大错报风险问题，包括确定针对评估的财务报表层次重大错报风险的总体应对措施，以及针对评估的认定层次重大错报风险设计和实施的进一步审计程序，以将审计风险降至可接受的低水平。《中国注册会计师审计准则第1231号——针对评估的重大错报风险采取的应对措施》为注册会计师针对已评估的财务报表层次重大错报风险确定的总体应对措施和针对已评估的认定层次重大错报风险设计和实施的进一步审计程序提供了规范性的指导。

一、财务报表层次重大错报风险的总体应对措施

在确定针对财务报表层次重大错报风险的总体应对措施时，注册会计师要运用职业判断。一般说来，针对评估的财务报表层次重大错报风险的总体应对措施可能包括以下几个方面：

（1）向项目组强调保持职业怀疑态度的必要性。

（2）指派更有经验或具有特殊技能的审计人员，或利用专家的工作。

来自不同行业的审计客户，在经营业务、经营风险、财务报告、法规和监管要求等方面可能各具特点，审计人员的选派必须针对客户的特殊性，项目组成员中应有一定比例的人员曾经参与过被审计单位以前年度的审计，或具有被审计单位所处行业的相关审计经验，必要时，还应考虑利用专家的工作。

（3）对指导和监督项目组成员并复核其工作的性质、时间安排和范围作出调整。

对财务报表层次重大错报风险较高的被审计单位，项目组的高级注册会计师应强化对一般注册会计师的督导，严格复核一般注册会计师的工作。

（4）在选择拟实施进一步审计程序时，应融入更多的不可预见的因素。

这种考虑可以避免被审计单位管理层采取规避手段掩盖重大错报。例如，对某些未测试过的、低于设定的重要性水平或风险水平的账户余额和认定实施实质性程序，调整实施审计

程序的时间，采取与前期审计不同的审计抽样方法以改变测试样本，不预先告知或选取不同的审计程序实施地点等，都可以降低审计程序被管理层预见的可能性。

（5）对总体审计策略或拟实施的审计程序作出调整，可能包括以下方面：

① 确定实际执行的重要性。

② 注册会计师测试控制运行有效性的计划，以及为支持对控制运行有效性的信赖而需获取的审计证据的说服力，特别是在识别出内部环境或被审计单位对内部控制体系的监督工作存在缺陷时。

③ 实质性程序的性质、时间安排和范围。

二、对源于控制环境的财务报表层次重大错报风险的考虑

财务报表层次的重大错报风险很可能源于薄弱的控制环境。薄弱的控制环境带来的风险可能对财务报表产生广泛影响，而不限于某类交易、账户余额和披露。注册会计师对控制环境的了解影响其对财务报表层次重大错报风险的评估，从而影响所采取的总体应对措施。有效的控制环境可以增强注册会计师对内部控制的信心和对被审计单位内部生成的审计证据的信赖程度。如果控制环境存在缺陷，则注册会计师在对拟实施的审计程序的性质、时间安排和范围作出总体修改时应当考虑以下几个方面：

1.在期末而非期中实施更多的审计程序

控制环境的缺陷通常会削弱期中获得的审计证据的可信赖程度。

2.通过实施实质性程序获取更广泛的审计证据

良好的控制环境是其他控制要素发挥作用的基础。控制环境存在缺陷通常会削弱其他控制要素的作用，导致注册会计师可能无法信赖内部控制，而主要依赖实施实质性程序获取审计证据。

3.增加拟纳入审计范围的经营地点的数量

如扩大样本规模，或采用更详细的数据实施分析程序等。

三、财务报表层次重大错报风险及其总体应对措施对总体方案的影响

财务报表层次重大错报风险难以限于某类交易、账户余额、披露的特点，意味着此类风险可能对财务报表的多项认定产生广泛影响，并相应增加注册会计师对认定层次重大错报风险的评估难度。因此，注册会计师评估的财务报表层次重大错报风险以及采取的总体应对措施，对拟实施的进一步审计程序的总体审计方案具有重大影响。进一步审计程序包括控制测试和实质性程序，而实质性程序又包括细节测试和实质性分析程序。

注册会计师针对认定层次重大错报风险拟实施的进一步审计程序的总体审计方案包括实质性方案和综合性方案。实质性方案是指注册会计师实施的进一步审计程序以实质性程序为主；综合性方案是指注册会计师在实施进一步审计程序时，将控制测试与实质性程序结合使用。当评估的财务报表层次重大错报风险属于高风险水平（并相应采取更强调审计程序不可预见性，重视调整审计程序的性质、时间和范围等的总体应对措施）时，拟实施的进一步审计程序的总体审计方案往往更倾向于实质性方案。反之，则采用综合性方案。

第二节　针对认定层次重大错报风险的进一步审计程序

注册会计师应当针对评估的认定层次重大错报风险设计和实施进一步审计程序，包括审计程序的性质、时间安排和范围。

一、进一步审计程序的内涵和要求

（一）进一步审计程序的内涵

进一步审计程序是相对于风险评估程序而言的，是指注册会计师针对评估的各类交易、账户余额、披露认定层次重大错报风险实施的审计程序，包括控制测试和实质性程序。实质性程序包括对各类交易、账户余额、披露的细节测试和实质性分析程序。进一步审计程序是获取审计证据的重要手段，注册会计师应当考虑进一步审计程序的性质、时间和范围，有效地获取充分、适当的审计证据。

（二）进一步审计程序的设计

注册会计师设计和实施的进一步审计程序的性质、时间和范围，应当与评估的认定层次重大错报风险具有明确的对应关系，使审计程序更具有目的性和针对性，有的放矢地配置审计资源，提高审计的效率和效果。在设计和实施进一步审计程序的性质、时间和范围时，保证审计程序的性质对风险具有高度针对性是最重要的，这是因为，一般来说，评估的重大错报风险越高，实施的进一步审计程序的范围也越大，但只有首先确保进一步审计程序的性质与特定风险相关时，扩大审计程序的范围才是有效的。

在设计进一步审计程序时，注册会计师应当考虑下列因素：

1. 风险的重要性

风险的重要性是指风险可能造成后果的严重程度。风险的后果越严重，就越需要注册会计师关注和重视，越需要精心设计有针对性的进一步审计程序。

2. 重大错报发生的可能性

重大错报发生的可能性越大，同样越需要注册会计师精心设计进一步审计程序。

3. 涉及的各类交易、账户余额和披露的特征

不同的交易、账户余额和披露，产生的认定层次的重大错报风险也会存在差异，适用的审计程序也有差别，需要注册会计师区别对待，并设计有针对性的进一步审计程序予以应对。

4. 被审计单位采用的特定控制的性质

不同性质的控制（如是人工控制还是自动化控制）对注册会计师设计的进一步审计程序具有重要影响。

5. 注册会计师是否拟获取审计证据，以确定内部控制在防止或发现并纠正重大错报方面的有效性

如果注册会计师拟在风险评估时预期内部控制运行有效，随后拟实施的进一步审计程序必须包括控制测试，且实质性程序自然会受到之前控制测试结果的影响。

二、进一步审计程序的性质

(一) 进一步审计程序的性质的含义

进一步审计程序的性质是指进一步审计程序的目的和类型。进一步审计程序的目的包括通过实施控制测试以确定内部控制运行的有效性，通过实施实质性程序以发现认定层次的重大错报。进一步审计程序的类型包括检查、观察、询问、函证、重新计算、重新执行和分析程序。

不同的审计程序应对特定认定错报风险的效力不同。例如，对于与收入完整性认定相关的重大错报风险，控制测试通常更能有效应对；对于与收入发生认定相关的重大错报风险，实质性程序通常更能有效应对。所以，在应对评估的风险时，合理确定审计程序的性质是非常重要的。

(二) 进一步审计程序的性质的选择

注册会计师应当根据认定层次重大错报风险的评估结果选择审计程序。

评估的认定层次重大错报风险越高，对通过实质性程序获取的审计证据的相关性和可靠性的要求越高，从而可能影响进一步审计程序的类型及其综合运用。例如，当注册会计师判断某类交易协议的完整性存在更高的重大错报风险时，除了检查文件以外，注册会计师还可能决定向第三方询问或函证协议条款的完整性。

在确定拟实施的审计程序时，注册会计师应当考虑评估的认定层次重大错报风险产生的原因，包括考虑各类交易、账户余额、披露的具体特征以及内部控制。例如，注册会计师可能判断某特定类别的交易即使在不存在相关控制的情况下发生重大错报的风险仍较低，此时注册会计师可能认为仅实施实质性程序就可以获取充分、适当的审计证据。

如果在实施进一步审计程序时拟利用被审计单位信息系统生成的信息，注册会计师应当就信息的准确性和完整性获取审计证据。例如，注册会计师在执行实质性分析程序时，使用了被审计单位生成的非财务信息或预算数据，注册会计师应当获取关于这些信息的准确性和完整性的审计证据。

三、进一步审计程序的时间

(一) 进一步审计程序的时间的含义

进一步审计程序的时间是指注册会计师何时实施进一步审计程序，或审计证据适用的期间或时点。进一步审计程序的时间，在某些情况下指的是审计程序的实施时间，在另一些情况下是指需要获取的审计证据适用的期间或时点。

(二) 进一步审计程序的时间的选择

从理论上讲，注册会计师可以选择在期中或期末实施控制测试或实质性程序。当重大错报风险较高时，注册会计师应当考虑在期末或接近期末实施实质性程序；或者采用不通知的方式或在管理层不能预见的时间实施审计程序。

虽然在期末实施审计程序在很多情况下非常必要，但注册会计师在期中实施审计程序也可以发挥积极的作用。在期中实施进一步审计程序，可能有助于注册会计师在审计工作初期识别重大事项，并在管理层的协助下及时解决这些事项；或针对这些事项制订有效的实质性方案或综合性方案。但是，注册会计师在期中实施进一步审计程序，往往难以获取有关期中以前的充分、适当的审计证据，而且，即使注册会计师在期中实施的进一步审计程序能够获取有关期中以前的充分、适当的审计证据，但从期中到期末这个剩余期间往往还会发生对所审计期间的财务报表认定产生重大影响的交易或事项。此外，被审计单位管理层也完全有可能在注册会计师于期中实施了进一步审计程序之后对期中以前的相关会计记录加以调整甚至篡改，这些都会导致注册会计师在期中实施进一步审计程序所获取的审计证据已经发生变化。因此，如果在期中实施了进一步审计程序，注册会计师还应当针对剩余期间获取审计证据。

在确定何时实施审计程序时，注册会计师应当考虑下列因素：

1.控制环境

良好的控制环境可以抵消在期中实施进一步审计程序的局限性，使注册会计师在确定实施进一步审计程序的时间时有更大的灵活度。

2.何时能得到相关信息

例如，某些控制活动可能仅在期中（或期中以前）发生，而之后可能难以再被观察到。注册会计师如果希望获取相关信息，则需要考虑能够获取相关信息的时间。

3.错报风险的性质

例如，被审计单位可能为了保证盈利目标的实现而在会计期末以后伪造销售合同以虚增收入，此时注册会计师需要考虑在期末（即资产负债表日）这个特定时点获取被审计单位截至期末所能提供的所有销售合同及相关资料，以防范被审计单位在资产负债表日后伪造销售合同虚增收入的风险。

4.审计证据适用的期间或时点

5.编制财务报表或进行披露的时间

编制财务报表的时间，尤其是编制某些披露的时间，这些披露为资产负债表、利润表、所有者权益变动表或现金流量表中记录的金额提供了进一步解释。

注册会计师应当根据需要获取的特定审计证据，确定何时实施进一步审计程序。

虽然注册会计师在很多情况下可以根据具体情况选择实施进一步审计程序的时间，但也存在一些限制选择的情况。某些审计程序只能在期末或期末以后实施，包括将财务报表与会计记录相核对，检查财务报表编制过程中所作的会计调整等。另外，如果被审计单位在期末或接近期末发生了重大交易，或重大交易在期末尚未完成，注册会计师应当考虑交易的发生或截止等认定可能存在的重大错报风险，并在期末或期末以后检查此类交易。

四、进一步审计程序的范围

（一）进一步审计程序的范围的含义

进一步审计程序的范围是指实施进一步审计程序的数量，包括抽取的样本量，对某项控制活动的观察次数等。

（二）进一步审计程序的范围的确定

在确定审计程序的范围时，注册会计师应当考虑下列因素：

1.确定的重要性水平

确定的重要性水平越低，注册会计师实施进一步审计程序的范围越广。

2.评估的重大错报风险

评估的重大错报风险越高，对拟获取审计证据的相关性、可靠性的要求越高，因此注册会计师实施的进一步审计程序的范围也越广。

3.计划获取的保证程度

计划获取的保证程度越高，对测试结果的可靠性要求越高。计划获取的保证程度越高，注册会计师实施的进一步审计程序的范围越广。

如前所述，随着重大错报风险的增加，注册会计师应当考虑扩大审计程序的范围。但是，只有当审计程序本身与特定风险相关时，扩大审计程序的范围才是有效的。

第三节 控制测试

一、控制测试的内涵和要求

（一）控制测试的内涵

控制测试是指用于评价内部控制在防止或发现并纠正认定层次重大错报方面的运行有效性的审计程序。测试控制运行的有效性与确定控制是否得到执行所需获取的审计证据是不同的。在实施风险评估程序以获取控制是否得到执行的审计证据时，注册会计师应当确定某项控制是否存在，被审计单位是否正在使用。在测试控制运行的有效性时，注册会计师应当从下列方面获取关于控制是否有效运行的审计证据：（1）控制在所审计期间的相关时点是如何运行的；（2）控制是否得到一贯执行；（3）控制由谁或以何种方式运行。如果被审计单位在所审计期间内的不同时期使用了不同的控制，注册会计师应当考虑不同时期控制运行的有效性。

控制运行的有效性强调的是控制能够在各个不同时点按照既定设计得以一贯执行。因此，在了解控制是否得以执行时，注册会计师只需抽取少量的交易进行检查或观察某几个时点。但在测试控制运行的有效性时，注册会计师需要抽取足够数量的交易进行检查或对多个不同时点进行观察。

测试控制运行的有效性与控制设计和确定控制是否得到执行所需获取的审计证据虽然存在差异，但两者也有联系。为评价控制设计和确定控制是否得到执行而实施的某些风险评估程序尽管并非专为控制测试而设计，但可能提供有关控制运行有效性的审计证据，注册会计师可以考虑在评价控制设计和获取其得到执行的审计证据的同时测试控制运行的有效性，以提高审计效率；同时注册会计师应当考虑这些审计证据是否足以实现控制测试的目的。

（二）控制测试的要求

控制测试并非在任何情况下都需要实施。当存在下列情形之一时，注册会计师应当实施控制测试：

1.在评估认定层次重大错报风险时，预期控制的运行是有效的

如果在评估认定层次重大错报风险时预期控制的运行是有效的，注册会计师应当实施控制测试，就控制在相关期间或时点的运行有效性获取充分、适当的审计证据。注册会计师通过实施风险评估程序，可能发现某项控制的设计是合理的，同时得到了执行。在这种情况下，出于成本效益的考虑，注册会计师可能预期，如果相关控制在不同时点都得到了一贯执

行，与该项控制有关的财务报表认定发生重大错报的可能性就不会很大，也就可以考虑通过实施控制测试而减少实施实质性程序。为此，注册会计师可能会认为值得对相关控制在不同时点是否得到了一贯执行进行测试，即实施控制测试。这种测试主要是出于成本效益的考虑，其前提是注册会计师在了解内部控制以后认为某项控制存在被信赖和利用的可能。也就是说，只有认为控制设计合理、能够防止或发现和纠正认定层次的重大错报时，注册会计师才有必要对控制运行的有效性实施测试。

2.仅实施实质性程序不足以提供认定层次充分、适当的审计证据

如果认为仅实施实质性程序获取的审计证据无法将认定层次重大错报风险降至可接受的低水平，注册会计师应当实施相关的控制测试，以获取控制运行有效性的审计证据。

二、控制测试的时间

(一) 控制测试时间的含义

控制测试的时间直接关系到通过控制测试获取的审计证据的时间问题。通过控制测试获取的审计证据的时间涉及两个问题：一个问题是，证据什么时候获得和它可能被运用到审计期间的哪一部分；另一个问题是，在本审计期间对以前期间控制设计和运行有效证据的依赖程度。所以，注册会计师应当根据控制测试的目的确定控制测试的时间，并确定拟信赖的相关控制的时点或期间。如果仅需要测试控制在特定时点的运行有效性，注册会计师只需要获取该时点的审计证据。如果需要获取控制在某一期间有效运行的审计证据，仅获取与时点相关的审计证据是不充分的，注册会计师应当辅以其他控制测试，包括测试被审计单位对控制的监督。

(二) 对期中审计证据的考虑

注册会计师可能在期中实施进一步审计程序。对于控制测试，注册会计师在期中实施此类程序具有更积极的作用。但即使注册会计师已获取了有关控制在期中运行有效性的审计证据，仍然需要考虑如何能够将控制在期中运行有效性的审计证据合理延伸至期末。因此，如果已获取有关控制在期中运行有效性的审计证据，并拟利用该证据，注册会计师应当实施下列审计程序：

1.获取这些控制在剩余期间发生重大变化的审计证据

针对期中已获取过审计证据的控制，考察这些控制在剩余期间的变化情况：如果这些控制在剩余期间没有发生重大变化，注册会计师可能决定信赖期中获取的审计证据；如果这些控制在剩余期间发生了重大变化，注册会计师需要了解并测试控制的变化对期中审计证据的影响。

2.确定针对剩余期间还需获取的补充审计证据

针对期中证据以外的、剩余期间的补充证据，注册会计师应当考虑下列因素：

(1) 评估的认定层次重大错报风险的重要程度。评估的重大错报风险对财务报表的影响越大，注册会计师需要获取的剩余期间的补充证据越多。

(2) 在期中测试的特定控制。例如，对自动化运行的控制，注册会计师更可能测试信息系统一般控制的运行有效性，以获取控制在剩余期间运行有效性的审计证据。

(3) 在期中对有关控制运行有效性获取的审计证据的程度。如果注册会计师在期中对有关控制运行有效性获取的审计证据比较充分，可以考虑适当减少需要获取的剩余期间的补充证据。

(4) 剩余期间的长度。剩余期间越长，注册会计师需要获取的剩余期间的补充证据越多。

(5) 在信赖控制的基础上拟减少实施进一步实质性程序的范围。注册会计师对相关控制

的信赖程度越高，通常在信赖控制的基础上拟减少进一步实质性程序的范围就越广。在这种情况下，注册会计师需要获取的剩余期间的补充证据就越多。

（6）控制环境。在注册会计师总体上拟信赖控制的前提下，控制环境越薄弱或把握程度越低，注册会计师需要获取的剩余期间的补充证据越多。

被审计单位对控制的监督起到的是一种检验相关控制在所有相关时点是否都有效运行的作用，因此，除了上述的测试剩余期间控制的运行有效性，通过测试被审计单位对控制的监督，注册会计师还可以获取补充审计证据，以便更有把握地将控制在期中运行有效性的审计证据延伸至期末。

（三）对以前审计获取的审计证据的考虑

被审计单位内部控制中的一些要素往往是相对稳定的（相对于具体的交易、账户余额和披露），注册会计师在本期审计时可以适当考虑利用以前审计获取的有关控制运行有效性的审计证据。但是，如果拟利用以前审计获取的有关控制运行有效性的审计证据，注册会计师应当通过获取这些控制在以前审计后是否发生重大变化的审计证据，确定以前审计获取的审计证据是否与本期审计持续相关。

注册会计师应当通过实施询问并结合观察或检查程序，获取这些控制是否发生重大变化的审计证据，以确认对这些控制的了解，并根据下列情况作出不同处理：

（1）如果已发生变化，并且这些变化对以前审计获取的审计证据的持续相关性产生影响，注册会计师应当在本期审计中测试这些控制运行的有效性。

（2）如果未发生这些变化，注册会计师应当每三年至少对内部控制测试一次，并且在每年审计中测试部分控制，以避免将所有拟信赖控制的测试集中于某一年，而在之后的两年中不进行任何测试。

如果确定评估的认定层次重大错报风险是特别风险，并拟信赖针对该风险实施的控制，注册会计师应当在本期审计中测试这些控制运行的有效性。也就是说，如果注册会计师拟信赖针对特别风险的控制，那么所有关于该控制运行有效性的审计证据都必须来自当年的控制测试，注册会计师应当在每次审计中都测试这类控制。

注册会计师是否需要在本期测试某项控制的决策过程如图10-1所示。

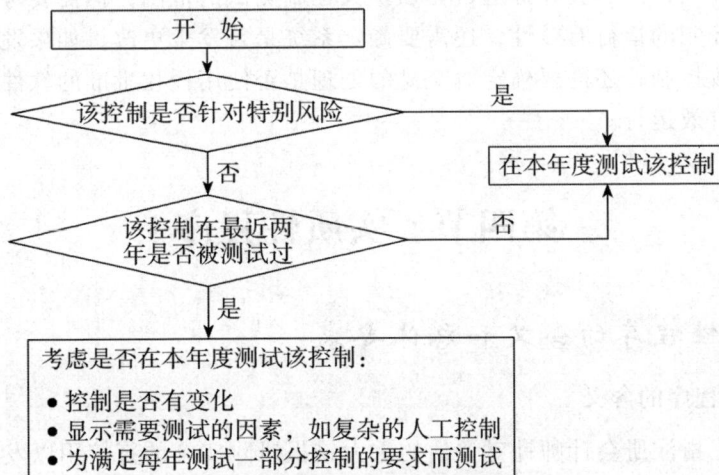

图10-1　本审计期间测试某项控制的决策图

三、控制测试的范围

控制测试的范围主要是指某项控制活动的测试次数。注册会计师应当设计控制测试,以获取控制在整个拟信赖的期间有效运行的充分、适当的审计证据。

在确定某项控制的测试范围时,注册会计师通常考虑下列因素:

1.执行控制的频率

在整个拟信赖的期间,被审计单位执行控制的频率越高,控制测试的范围越广。

2.在审计期间,注册会计师拟信赖控制运行有效性的时间长度

拟信赖控制运行有效性的时间长度不同,在该时间长度内发生的控制活动次数也不同。注册会计师需要根据拟信赖控制的时间长度确定控制测试的范围。拟信赖期间越长,控制测试的范围越广。

3.控制的预期偏差

预期偏差可以用控制未得到执行的预期次数占控制应当得到执行次数的比率加以衡量。考虑该因素,是因为在考虑测试结果是否可以得出控制运行有效性的结论时,不可能只要出现任何控制执行偏差就认定控制运行无效,所以需要确定一个合理水平的预期偏差率。控制的预期偏差率越高,需要实施控制测试的范围越广。如果控制的预期偏差率过高,注册会计师应当考虑控制可能不足以将认定层次的重大错报风险降至可接受的低水平,从而针对某一认定实施的控制测试可能是无效的。

4.拟获取的有关认定层次控制运行有效性的审计证据的相关性和可靠性

为证实控制能够防止或发现并纠正认定层次重大错报,对所需获取审计证据的相关性和可靠性要求越高,控制测试的范围越广。

5.通过测试与认定相关的其他控制获取的审计证据的范围

针对同一认定,可能存在不同的控制。当针对其他控制获取审计证据的充分性和适当性较高时,测试该控制的范围可适当缩小。

此外,对于自动化控制来说,信息技术处理具有内在一贯性,除非系统发生变动,注册会计师通常不需要扩大自动化控制的测试范围。对于一项自动化应用控制,一旦确定被审计单位正在执行该控制,注册会计师通常无须扩大控制测试的范围,但需要考虑测试与该应用控制有关的一般控制的运行有效性;还需要确定系统是否发生更改,如果发生更改,是否存在适当的系统更改控制;还需要确定对交易的处理是否使用授权批准的软件版本,以确定该项控制是否持续有效运行。

第四节　实质性程序

一、实质性程序的含义和总体要求

(一)实质性程序的含义

实质性程序是指注册会计师针对评估的重大错报风险实施的直接用以发现认定层次重大错报的审计程序。实质性程序包括对各类交易、账户余额、披露的细节测试以及实质性分析程序。注册会计师应当针对评估的重大错报风险设计和实施实质性程序,以发现认定层次的

重大错报。

由于注册会计师对重大错报风险的评估是一种判断，可能无法充分识别所有的重大错报风险，加之内部控制存在固有局限性，所以无论评估的重大错报风险结果如何，注册会计师都应当针对所有重大的各类交易、账户余额、披露实施实质性程序。

（二）实施实质性程序的总体要求

注册会计师实施的实质性程序应当包括下列与财务报表编制完成阶段相关的审计程序：

（1）将财务报表与其所依据的会计记录进行核对或调节。

（2）检查财务报表编制过程中作出的重大会计分录和其他会计调整。注册会计师对重大会计分录和其他会计调整检查的性质和范围，取决于被审计单位财务报告过程的性质和复杂程度以及由此产生的重大错报风险。

如果认为评估的认定层次重大错报风险是特别风险，注册会计师应当专门针对该风险实施实质性程序。例如，如果认为管理层面临实现盈利指标的压力而可能提前确认收入，注册会计师在设计询证函时不仅应当考虑函证应收账款的账户余额，而且应当考虑函证销售协议的细节条款（如交货、结算及退货条款）；注册会计师还可考虑在实施函证的基础上针对销售协议及其变动情况询问被审计单位的非财务人员。

如果针对特别风险仅实施实质性程序，注册会计师应当使用细节测试，或将细节测试和实质性分析程序结合使用，以获取充分、适当的审计证据。

二、实质性程序的性质

（一）实质性程序的性质的含义

实质性程序的性质，是指实质性程序的类型及其组合。实质性程序的两种基本类型包括细节测试和实质性分析程序。细节测试是对各类交易、账户余额、披露的具体细节进行测试，目的在于直接识别财务报表认定是否存在错报。实质性分析程序从技术特征上看仍然是分析程序，只是将该技术方法用作实质性程序主要是通过研究数据间关系评价信息，用以识别各类交易、账户余额、披露及相关认定是否存在错报。

（二）实质性程序的设计

注册会计师应当根据各类交易、账户余额、披露的性质选择实质性程序的类型。细节测试和实质性分析程序的目的和技术手段存在一定差异，细节测试适用于对各类交易、账户余额、披露认定的测试，尤其是对存在或发生、计价认定的测试；对在一段时间内存在可预期关系的大量交易，注册会计师可以考虑实施实质性分析程序。

注册会计师应当针对评估的风险设计细节测试，获取充分、适当的审计证据，以达到认定层次所计划的保证水平。注册会计师需要根据不同的认定层次的重大错报风险设计有针对性的细节测试。在针对存在或发生认定设计细节测试时，注册会计师应当选择包含在财务报表金额中的项目，并获取相关的审计证据。在针对完整性认定设计细节测试时，注册会计师应当选择有证据表明应包含在财务报表金额中的项目，并调查这些项目是否确实包括在内。

在设计实质性分析程序时，注册会计师应当考虑下列因素：

（1）对特定认定使用实质性分析程序的适当性；

（2）对已记录的金额或比率作出预期时，所依据的内部或外部数据的可靠性；

（3）作出预期的准确程度是否足以在计划的保证水平上识别重大错报；

（4）已记录金额与预期值之间可接受的差异额。

此外，当实施实质性分析程序时，如果使用被审计单位编制的信息，注册会计师应当考虑测试与信息编制相关的控制，以及这些信息是否在本期或前期经过审计。

三、实质性程序的时间

（一）对期中实施实质性程序的考虑

如果在期中实施了实质性程序，注册会计师应当针对剩余期间实施进一步的实质性程序，或将实质性程序和控制测试结合使用，以将期中测试得出的结论合理延伸至期末。所以，在期中实施实质性程序，一方面消耗了审计资源，另一方面期中实施实质性程序获取的审计证据又不能直接作为期末财务报表认定的审计证据，注册会计师仍然需要消耗更多的审计资源使期中审计证据能够合理延伸至期末。因此，注册会计师需要权衡这两部分所需消耗的审计资源的总和是否能够显著小于完全在期末实施实质性程序所需消耗的审计资源。

在审计资源既定的情况下，注册会计师在期中实施实质性程序，可能减少期末实施实质性程序的数量，因而可能增加期末存在错报而未被发现的风险，并且该风险将随着剩余期间的延长而增加。所以，在考虑是否在期中实施实质性程序时，注册会计师应当考虑下列因素：

1.内部环境和其他相关的控制

内部环境和其他相关的控制越薄弱，注册会计师越不宜依赖期中实施的实质性程序。

2.实施审计程序所需信息在期中之后的可获得性

如果实施实质性程序所需信息在期中之后可能难以获取，注册会计师应考虑在期中实施实质性程序；但如果实施实质性程序所需信息在期中之后的可获得性并不存在明显困难，该因素不应成为注册会计师在期中实施实质性程序的重要影响因素。

3.实质性程序的目标

如果针对某项认定实施实质性程序的目标就包括获取该认定的期中审计证据，注册会计师应在期中实施实质性程序。

4.评估的重大错报风险

注册会计师评估的某项认定的重大错报风险越高，对针对该认定所需获取的审计证据的相关性和可靠性要求也就越高，注册会计师越应当考虑将实质性程序集中于期末（或接近期末）实施。

5.交易类别或账户余额以及有关认定的性质

例如，某些交易或账户余额以及有关认定的特殊性质（如收入截止认定、未决诉讼）决定了注册会计师必须在期末（或接近期末）实施实质性程序。

6.针对剩余期间，能否通过实施实质性程序或将实质性程序与控制测试相结合，降低期末存在错报而未被发现的风险

如果针对剩余期间注册会计师可以通过实施实质性程序或将实质性程序与控制测试相结合，较有把握地降低期末存在错报而未被发现的风险，注册会计师可以考虑在期中实施实质性程序；但如果针对剩余期间注册会计师认为还需要消耗大量审计资源才有可能降低期末存在错报而未被发现的风险，甚至没有把握通过适当的进一步审计程序降低期末存在错报而未

被发现的风险，注册会计师就不宜在期中实施实质性程序。

（二）对期中审计证据的考虑

如果拟将期中测试得出的结论延伸至期末，注册会计师应当考虑针对剩余期间仅实施实质性程序是否足够。如果认为实施实质性程序本身不充分，注册会计师还应测试剩余期间相关控制运行的有效性或针对期末实施实质性程序。

对于舞弊导致的重大错报风险（作为一类重要的特别风险），被审计单位存在故意错报或操纵的可能性，那么注册会计师更应慎重考虑能否将期中测试得出的结论延伸至期末。因此，如果已识别出由于舞弊导致的重大错报风险，为将期中得出的结论延伸至期末而实施的审计程序通常是无效的，注册会计师应当考虑在期末或者接近期末实施实质性程序。

如果已在期中实施了实质性程序，或将控制测试与实质性程序相结合，并拟信赖期中测试得出的结论，注册会计师应当将期末信息和期中的可比信息进行比较、调节，识别和调查出现的异常金额，并针对剩余期间实施实质性分析程序或细节测试。

在确定针对剩余期间拟实施的实质性程序时，注册会计师应当考虑是否已在期中实施控制测试，并考虑与财务报告相关的信息系统能否充分提供与期末账户余额及剩余期间交易有关的信息。

在针对剩余期间实施实质性程序时，注册会计师应当重点关注并调查重大的异常交易或分录、重大波动以及各类交易或账户余额在构成上的重大或异常变动。

如果拟针对剩余期间实施实质性分析程序，注册会计师应当考虑某类交易的期末累计发生额或账户期末余额在金额、相对重要性及构成方面能否被合理预期。

如果在期中检查出某类交易或账户余额存在错报，注册会计师应当考虑修改与该类交易或账户余额相关的风险评估以及针对剩余期间拟实施实质性程序的性质、时间和范围，或考虑在期末扩大实质性程序的范围或重新实施实质性程序。

（三）对以前审计获取的审计证据的考虑

在以前审计中实施实质性程序获取的审计证据，通常对本期只有很弱的证据效力或没有证据效力，不足以应对本期的重大错报风险。只有当以前获取的审计证据及其相关事项未发生重大变动时（如以前审计通过实质性程序测试过的某项诉讼在本期没有任何实质性进展），以前获取的审计证据才可能用作本期的有效审计证据。但是，如果拟利用以前审计中实施实质性程序获取的审计证据，注册会计师应当在本期实施审计程序，以确定这些审计证据是否具有持续相关性。

四、实质性程序的范围

在确定实质性程序的范围时，注册会计师应当考虑评估的认定层次重大错报风险和实施控制测试的结果。注册会计师评估的认定层次重大错报风险越高，需要实施实质性程序的范围越广。如果对控制测试结果不满意，注册会计师应当考虑扩大实质性程序的范围。

在设计细节测试时，注册会计师除了需从样本量的角度考虑测试范围外，还要考虑选样方法的有效性等因素，例如，从总体中选取大额或异常项目，而不是进行代表性抽样或分层抽样。

在设计实质性分析程序时，注册会计师应当确定已记录金额与预期值之间可接受的差异额。在确定该差异额时，注册会计师应当主要考虑各类交易、账户余额、披露及相关认定的重要性和计划的保证水平。实施分析程序可能发现偏差，但并非所有的偏差都值得展开进一步调查。可容忍或可接受的偏差（即预期偏差）越大，作为实质性分析程序一部分的进一步调查的范围就越小。

□ 复习思考题

1.财务报表层次重大错报风险的总体应对措施有哪些？

2.注册会计师对评估的认定层次重大错报风险实施进一步审计程序时，审计程序的性质、时间、范围如何？

3.什么是控制测试？实施控制测试时有哪些要求？

4.什么是实质性程序？实施实质性程序时有哪些总体要求？

5.什么是实质性程序的性质、时间、范围？

6.评价审计证据的充分性和适当性时应考虑哪些因素的影响？

第十一章

审计抽样

　　现代审计与传统审计的重要区别之一就是抽样技术的广泛应用，在审计测试中运用抽样技术是审计理论和实践的重大突破，是审计技术发展史上的一次飞跃，是审计职业界追求审计效率与审计效果统一的结果。《中国注册会计师审计准则第1314号——审计抽样》规范了注册会计师在设计和选择审计样本以实施控制测试和细节测试，以及评价样本结果时对统计抽样和非统计抽样的使用。

第一节　审计抽样概述

一、审计抽样的含义

（一）审计抽样的概念

　　审计抽样（即抽样），是指注册会计师对具有审计相关性的总体中低于百分之百的项目实施审计程序，使所有抽样单元都有被选取的机会，为注册会计师针对整个总体得出结论提供合理基础。审计抽样可使注册会计师获取和评价与被选取项目的某些特征有关的审计证据，以形成或帮助形成对从中抽取样本的总体结论。在这里，总体是指注册会计师从中选取样本并期望据此得出结论的整个数据集合，抽样单元是指构成总体的个体项目。总体可分为多个层次或子总体。

　　审计抽样具有三个特征：

　　（1）对具有审计相关性的总体中低于百分之百的项目实施审计程序。

　　（2）所有抽样单元都有被选取的机会。

　　（3）在使用审计抽样时，注册会计师的目标是为得出有关抽样总体的结论提供合理的基础。

　　我们不能简单地把审计抽样等同于一般意义的抽查。一般的抽查作为一种技术，可以用来了解情况，确定审计重点，取得审计证据，在使用中并无严格要求。审计抽样作为一种方法，需要运用抽查技术，但更重要的是要根据审计目的及具体环境的要求作出科学的抽样决策。审计抽样工作要严格按照规定的程序和方法完成。审计抽样的基本目标是在有限审计资源条件限制下，收集充分、适当的审计证据，以形成和支持审计结论。在对需要测试的账户余额或交易事项缺乏一定的了解，或总体中包含的项目数量太大而无法逐一审查，或虽可对总体所有项目逐一审查但成本太高的情况下，注册会计师可以考虑使用审计抽样。

（二）审计抽样的种类

审计抽样的种类很多，通常按抽样决策的依据不同，可以划分为统计抽样和非统计抽样；按审计抽样所了解的总体特征不同可以划分为属性抽样和变量抽样。

1.统计抽样和非统计抽样

所谓统计抽样，是指同时具备以下两个特征的抽样方法：①随机选取样本项目；②运用概率论评价样本结果，包括计量抽样风险。统计抽样的优点在于能够客观地选取样本，科学地计量抽样风险，并通过调整样本规模有效地控制抽样风险，定量地评价样本结果。

不同时具备上述两个特征的抽样方法属于非统计抽样。非统计抽样又有任意抽样和判断抽样之分。在任意抽样法下，从总体中抽取多少样本、抽取哪些样本都是主观随意的，没有客观的依据和标准。显然，任意抽样的样本往往代表性较差，很难保证它能够反映总体的真实情况，根据对这种样本的审查结果来推断总体，审计结论的可靠性难以保证。判断抽样是基于注册会计师对审计对象的了解和个人的职业判断，有目的、有重点地选取一定量的样本进行审查。判断抽样是在任意抽样的基础上融入个人的经验和判断，所以其结果在很大程度上取决于注册会计师的经验水平和判断能力的高低，但它们都不能科学地确定样本规模，不能用数学评估的方法测定和控制抽样风险。

注册会计师应当根据具体情况并运用职业判断，确定使用统计抽样或非统计抽样，以最有效率地获取审计证据。两种技术只要运用得当，都可以提供审计所要求的充分、适当的证据，并且都存在某种程度的抽样风险和非抽样风险。非统计抽样离不开职业判断，统计抽样也不排除职业判断，事实上，在运用统计抽样的全过程中都需要使用职业判断。

2.属性抽样与变量抽样

在审计抽样中，根据对样本的审查结果对总体进行推断可以从两个不同的方面来进行：一是根据样本的差错率推断总体的差错率；二是根据样本的差错额推断总体的差错额。前者就是属性抽样，后者就是变量抽样。我们也可以这样说，属性抽样是指在精确度界限和可靠程度一定的条件下，旨在测定总体特征的发生频率所采用的一种方法；变量抽样是用来估计总体错误金额而采用的一种方法。根据控制测试的目的和特点所采用的审计抽样通常是属性抽样；根据细节测试的目的和特点所采用的审计抽样通常为变量抽样。在审计实务中，经常存在同时进行控制测试和细节测试的情况，这个时候所采用的审计抽样称为双重目的抽样。属性抽样和变量抽样的主要区别如图11-1所示。

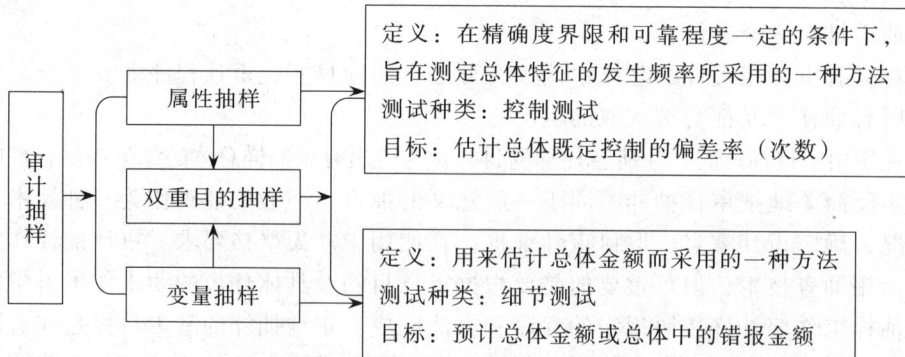

图11-1　属性抽样和变量抽样的主要区别

二、获取审计证据时对审计抽样和其他选取测试项目方法的考虑

注册会计师在获取审计证据时，通常需要实施风险评估程序、控制测试（必要或决定测试时）和实质性程序。在设计审计程序时，注册会计师应当确定选取测试项目的适当方法。选取测试项目旨在确定实施审计程序的范围，即实施审计程序的数量。可以使用的方法包括选取全部项目、选取特定项目和审计抽样。

（一）实施风险评估程序时对审计抽样的考虑

风险评估程序通常不需要考虑审计抽样和其他选取测试项目的方法。注册会计师在实施风险评估程序以便了解被审计单位及其环境时，一般都会采用询问、分析程序、检查和观察，目的是识别和评估重大错报风险，而不是要对包含全部抽样单元的总体得出结论。另外，风险评估程序实施的范围比较广泛，获取的信息具有较强的主观性，这些都决定了实施风险评估程序不宜使用审计抽样。但是，如果注册会计师在了解控制的设计和确定其是否得到执行的同时，一并计划和实施控制测试，即执行双重目的的测试，则可以考虑使用审计抽样，但此时的审计抽样是针对控制测试进行的。

（二）实施控制测试时对审计抽样的考虑

在被审计单位的控制留下了运行的轨迹的情况下，注册会计师可以考虑使用审计抽样和其他选取测试项目的方法实施控制测试。在了解了被审计单位的内部控制之后，注册会计师应当识别可表明控制有效运行的特征，同时识别控制没有得到有效执行时可能出现的异常情况，然后就可以对所识别的特征是否存在进行测试。

如果表明控制有效运行的特征留下了书面证据，注册会计师就可以在控制测试中使用审计抽样。注册会计师应当根据特定控制的性质选择所需实施的审计程序。比如，被审计单位规定，信用部门负责人需在销售合同上签名批准赊销，带有该负责人签字的销售合同即为该项控制的书面轨迹，此时注册会计师可以使用审计抽样来抽取部分销售合同实施检查，以确定被审计单位的该项信用控制是否有效运行。

某些控制的运行可能没有书面记录，或文件记录与证实控制运行有效性不相关，即属于没有留下运行轨迹，对这类控制实施测试不涉及审计抽样，注册会计师通常应考虑实施询问、观察等程序来获取相关控制运行有效性的审计证据。例如，在对被审计单位的存货盘点过程实施控制测试时，注册会计师只能通过对存货移动控制、盘点程序、被审计单位用以控制存货盘点的其他活动的观察来进行，实施观察程序不需要审计抽样。

（三）实施实质性程序时对审计抽样的考虑

实质性程序包括对各类交易、账户余额、披露的细节测试和实质性分析程序。注册会计师只是在实施细节测试程序时，才需要考虑审计抽样和其他选取测试项目的方法问题。在实施细节测试时，注册会计师可以使用审计抽样和其他选取测试项目的方法获取审计证据，以验证有关财务报表金额的一项或多项认定，或对某些金额作出独立的估计。在实施实质性分析程序时不需要使用审计抽样和其他选取测试项目的方法。

（四）对其他选取测试项目方法的考虑

1.选取全部项目

在确定适当的选取测试项目方法时，注册会计师应当考虑与所测试认定有关的重大错报

风险和审计效率。在存在下列情形之一时，注册会计师可以考虑选取全部项目进行测试：

（1）总体由少量的大额项目构成。

如果某类交易或账户余额中的所有项目的金额都较大，注册会计师可以考虑选取全部项目进行测试。

（2）存在特别风险且其他方法未提供充分、适当的审计证据。

某类交易或账户余额中的所有项目的单个金额可能不大，但却存在特别风险，注册会计师也可能需要测试全部项目。

存在特别风险的项目主要包括：

① 管理层高度参与的，或错报可能性较大的交易事项或账户余额；

② 非常规的交易事项或账户余额，特别是与关联方有关的交易或余额；

③ 长期不变的账户余额，如滞销的存货余额或账龄较长的应收账款余额；

④ 可疑的非正常项目，或明显的不规范项目；

⑤ 以前发生过错误的项目；

⑥ 期末人为调整的项目；

⑦ 其他存在特别风险的项目。

（3）符合成本效益原则。

由于信息系统自动执行的计算或其他程序具有重复性，对全部项目进行检查符合成本效益原则，注册会计师可以运用计算机辅助审计技术对全部项目进行测试。

对全部项目进行审查，通常更适用于细节测试。例如，在截止测试中，注册会计师通常对截止日前后一段时间发生的全部交易进行测试。

2.选取特定项目

根据对被审计单位的了解、评估的重大错报风险以及所测试总体的特征等，注册会计师可以确定从总体中选取特定项目进行测试。选取的特定项目可能包括：

（1）大额或关键项目。

关键项目本身就具有重要性。选择大额项目进行测试，可以保证较少的测试项目的金额在总体金额中占有较高的比例，以便对总体的推断有较高的可靠性。

（2）超过某一金额的全部项目。

抽取超过某一设定金额的全部项目进行测试，可以保证某类交易或账户的大部分金额得到验证。

（3）被用于获取某些信息的项目。

如果注册会计师选择某些项目进行测试的目的，是获取与被审计单位的性质、交易的性质以及内部控制等事项有关的信息，那么对这些项目的测试实际上属于风险评估程序。

（4）被用于测试控制活动的项目。

同样，如果对某些项目进行测试的目的是确定某项控制是否得到有效执行，该种测试亦属于风险评估程序。

此外，可疑的项目、异常的项目、以前发生过错误的项目，均属于具有高风险特征的项目，也应作为特定项目进行测试。

从上述描述中我们可以看出，注册会计师在使用选取特定项目进行测试的方法时必然融入个人的主观判断成分，所以易产生非抽样风险，对此应采取一定的应对措施。

需要特别注意的是，虽然选取特定项目进行测试，也是对某类交易或账户余额中低于百分之百的项目实施审计程序，但不属于审计抽样，因为在这种方法下总体中所有抽样单元并非都有机会被选中，因此，不能根据所测试项目的结果推断总体偏差或错报。事实上，如果总体中剩余部分（即未测试项目）较大，注册会计师应当考虑是否需要针对剩余部分实施必要的程序，获取充分、适当的审计证据。注册会计师需要运用职业判断确定剩余部分是否重要。

三、对抽样风险和非抽样风险的考虑

审计风险由重大错报风险和检查风险构成，抽样风险和非抽样风险可能影响注册会计师对重大错报风险的评估和检查风险的确定。

（一）抽样风险的概念

抽样风险，是指注册会计师根据样本得出的结论，可能不同于如果对整个总体实施与样本相同的审计程序所得出的结论的风险。

抽样风险可分为两种类型：

1.影响审计效果的抽样风险

影响审计效果的抽样风险即在实施控制测试时，注册会计师推断的控制有效性高于其实际有效性的风险，也就是抽样结果使注册会计师对内部控制信赖过度的可能性；或在实施细节测试时，注册会计师推断某一重大错报不存在而实际上存在的风险，也就是误受风险。注册会计师主要关注这类错误结论，其影响审计效果，非常可能导致发表不恰当的审计意见。这是因为，如果注册会计师对内部控制过度信赖，就会导致他们对重大错报风险的评估偏低，注册会计师可能不适当地减少审计程序和审计证据，最终导致不恰当的审计意见的形成。同样，如果账面金额存在重大错报而注册会计师认为其不存在，他就会停止对账面金额的测试，并根据样本测试结果得出不存在重大错报的错误结论。所以，对于注册会计师而言，这种风险更值得关注。

2.影响审计效率的抽样风险

影响审计效率的抽样风险即在实施控制测试时，注册会计师推断的控制有效性低于其实际有效性的风险，也就是抽样结果使注册会计师对内部控制信赖不足的可能性；或在实施细节测试时，注册会计师推断某一重大错报存在而实际上不存在的风险，也就是误拒风险。这类错误结论影响审计效率，其通常导致注册会计师实施额外的工作，以证实初始结论是错误的，但一般不会导致注册会计师发表不恰当的审计意见。这是因为，对内部控制信赖不足将引起对重大错报风险的评估偏高，注册会计师可能因此增加不必要的审计程序，从而降低审计效率。同样，如果注册会计师推断某一重大错报存在而实际上不存在，他很可能扩大细节测试的范围，或取得其他审计证据，得出的审计结论可能是恰当的，但审计效率无疑会降低。

抽样风险对审计工作的影响见表11-1。

表11-1　　　　　　　　　　　　**抽样风险对审计工作的影响**

审计测试	抽样风险种类	对审计工作的影响
控制测试	①信赖过度风险	效　果
	②信赖不足风险	效　率

审计测试	抽样风险种类	对审计工作的影响
细节测试	①误受风险	效 果
	②误拒风险	效 率

（二）非抽样风险的概念

非抽样风险是指注册会计师由于任何与抽样风险无关的原因而得出错误结论的风险。非抽样风险包括审计风险中不是由抽样导致的所有风险。注册会计师即使对某类交易或账户余额的全部项目实施了必要的审计程序，仍有可能未发现重大错报或控制无效。产生非抽样风险的主要原因是使用了不适当的审计程序，或误解了审计证据而没有发现偏差。具体来说包括以下情况：

（1）选择的总体不适合测试目标。

（2）控制偏差或错报的定义不恰当。

不恰当地定义控制偏差或错报，可能使注册会计师未发现样本中存在的控制偏差或错报。

（3）审计程序选择不当。

注册会计师选择的审计程序如果不适合某个审计目标的实现，也可能导致错误的结论，例如，注册会计师使用函证程序来揭示未入账的应收账款是不适当的。

（4）对审计发现的评价不当。

比如，注册会计师对发现的偏差或错报的重要性作出了不当的判断，从而忽略性质本来重要的偏差或错报，导致得出不恰当的结论。对审计证据的错误解读也可能导致未发现偏差或错报。

无论是控制测试还是细节测试，非抽样风险对审计工作的效率和效果都有一定的影响。非抽样风险无法量化，但是，注册会计师应当通过适当地计划、指导和监督审计工作，坚持质量管理标准，有效地降低审计风险。

（三）抽样风险与非抽样风险的控制

为了将审计风险降低至可接受的低水平，必须对抽样风险和非抽样风险进行控制。抽样风险是客观存在的，但无论是执行控制测试还是细节测试，注册会计师都可以通过扩大样本规模降低抽样风险。抽样风险与样本规模呈反方向变动，样本规模越小，抽样风险越大；样本规模越大，抽样风险越小。在使用统计抽样时，注册会计师可以准确地计量和控制抽样风险。

非抽样风险是由人为因素造成的，虽然不能量化，但通过采取适当的质量管理政策和程序，加强对业务的指导、监督和复核，提高审计人员素质，也可以防范、降低甚至消除。

四、样 本 设 计

样本设计是指注册会计师对审计样本进行计划。在计划样本时，注册会计师应当对审计程序的目标、抽样总体的属性、抽样单元、偏差的构成条件等进行综合考虑。

（一）审计程序目标

注册会计师在设计样本时，首先应当考虑审计程序将要达到的测试目标。概括起来，控制测试的目标是评价控制是否有效运行，以支持评估的重大错报风险水平。例如，在对企业的购货过程进行控制测试时，要达到的一个目的就是确定发票是否经过有关人员的审核和授权人员的批准。细节测试是对各类交易或账户余额的各项认定进行测试，以确定相关认定是否存在重大错报。例如，通过在账户余额中选取项目进行测试，可以确定其中是否存在虚构的项目、分类错误的项目或计价错误的项目。

（二）审计对象总体和分层

在实施抽样之前，注册会计师需要准确定义总体属性，确定抽样总体的范围。注册会计师所定义的总体需具备两个特征，即适当性和完整性。适当性是指确定总体必须与审计目标相关，审计目标不同，总体也就不同。如果审计目标在于审查应收账款是否被多计，测试总体应为应收账款明细账；如果审计目标在于审查应付账款是否被少计，则测试总体不仅应包括应付账款明细账，还应包括期后付款、未付发票及能够提供应付账款少计证据的其他项目。完整性是指测试总体必须包括被审计经济业务或资料的全部项目。例如，注册会计师要对某一控制活动在财务报告期间是否有效运行作出结论，测试总体应包括来自整个报告期间的所有相关项目。

在实务中，注册会计师通常是从代表总体的实物中选取样本项目，例如，如果注册会计师将总体定义为特定日期的应收账款余额，代表总体的实物就是该日期的客户应收账款余额明细表；如果总体是某一期间的销售收入，代表总体的实物就可能是销售日记账或销售发票。

在定义总体时，如果总体项目存在重大的变异性，注册会计师应当考虑分层。分层是指将总体划分为多个子总体的过程，每个子总体由一组具有相同特征（通常为货币金额）的抽样单元组成。分层可以降低每一层中项目的变异性，从而在抽样风险没有成比例提高的前提下减小样本的规模。分层时必须仔细界定子总体，使每一抽样单元只能属于一个层。分层可以按照不同的特征来进行，可以是业务的类型、账户余额的大小、项目的重要程度以及内部控制的强弱等。可见，分层除了能提高抽样效率外，也可使注册会计师能够按项目的重要性、变化频率或其他特征而选取不同的样本数，且可对不同层次使用不同的审计程序。通常，注册会计师应对包含最重要项目的层次实施全部审查。例如，为函证应收账款，可以将应收账款账户按金额的重要性分为三层，即账户金额在 10 000 元以上的，在 5 000~10 000 元的和在 5 000 元以下的。对应收账款金额在 10 000 元以上的账户可进行全部函证。

在对总体进行分层的情况下要注意，对某一层中的样本实施审计程序的结果，只能用于推断该子总体，要想推断总体，注册会计师应当考虑与构成总体其他层有关的重大错报风险。

（三）抽样单元

抽样单元是指构成总体的个体项目。注册会计师在定义总体时通常都指明了抽样单元。定义的抽样单元应与测试目标相适应。在控制测试中，抽样单元通常是能够提供控制运行证据的一份文件资料或一个记录等，注册会计师应根据被测试的控制定义抽样单元。例如，如果控制测试目标是确定付款是否得到授权，且设定的控制要求付款之前授权人在付款单据上签字，抽样单元可以被定义为每一张付款单据。在细节测试中，注册会计师是根据审计目标和拟实施的审计程序的性质定义抽样单元的，抽样单元可能是一个账户余额、一笔交易或交易中的一项记录，甚至是每一个货币单位。特别是在测试高估时，将构成某类交易或账户余额的每一个货币单位作为抽样单元一般效率会很高，注册会计师可以从总体中选取特定货币单位，然后检查包含这些货币单位的特定项目，使大额项目被选取的机会更大，这种方法被称为金额加权选样。

（四）偏差或错报构成条件

确定偏差或错报构成条件，是为了在测试中识别偏差或错报。偏差或错报的定义也要符合审计目标。

在控制测试中，注册会计师应根据对内部控制的理解，确定哪些特征能够显示被测试控制的运行情况，据此定义偏差构成条件。例如，设定的控制要求每笔付款都要附有发票、收据、验收报告和订货单等书面证据，并加盖"已付"戳记，注册会计师认为加盖了"已付"戳记的发票和验收报告足以证明控制的适当运行，偏差就可以被定义为没有"已付"戳记的发票和验收报告等证明文件的付款。

在细节测试中，注册会计师要确定什么构成错报。例如，在对应收账款存在认定的细节测试中（如函证），客户在函证日之前支付、被审计单位在函证日之后不久收到的款项不构成错报。

（五）可容忍误差

可容忍误差是注册会计师认为抽样结果可以达到审计目的而愿意接受的审计对象总体的最大误差。注册会计师应当在审计的计划阶段，根据审计重要性原则，合理确定可容忍误差的界限。可容忍误差越小，需选取的样本规模就越大。

对于控制测试来说，可容忍误差就是可容忍偏差率，指注册会计师设定的偏离规定的内部控制程序的比率，注册会计师试图对总体中的实际偏差率不超过该比率获取适当水平的保证。在进行细节测试时，可容忍误差就是可容忍错报，指注册会计师设定的货币金额，注册会计师试图对总体中的实际错报不超过该货币金额获取适当水平的保证。可容忍误差的数量界限主要取决于被测试的内部控制的重要程度、错报的性质和错报金额的大小。

（六）预计总体误差

注册会计师应根据前期审计所发现的偏差或错报、被审计单位的经济业务和经营环境的变化、对内部控制的评价以及分析程序的结果，或根据从总体中抽取少量项目进行检查的结果等，来确定审计对象总体的预计偏差或错报。在实施控制测试时，要评估预计总体偏差率，对于细节测试，要评估预计总体错报。预计总体偏差率或错报有助于设计审计样本和确定样本规模，如果存在预计总体偏差率或错报，则应当选取较大的样本规模。

注册会计师可以使用统计学公式或运用职业判断确定样本规模，确定的样本规模要保证将抽样风险降至可接受的低水平。

五、样本选取

选取样本要遵循的基本原则是保证总体中的所有抽样单元均有被选取的机会，以使样本能够代表总体。只有如此，才能保证根据抽样结果推断得到的总体特征具有合理性和可靠性。如果注册会计师有意识地选择总体中某些具有特殊特征的项目而放弃其他项目，就无法保证所选样本的代表性。

注册会计师可以采用统计抽样或非统计抽样的方法选取样本，只要运用得当，均可以取得充分、适当的审计证据。

选取样本的方法有多种，注册会计师可根据审计目标的要求、被审计单位的实际情况、审计资源条件的限制等因素来加以选择，以达到预期的审计质量与效率。常用的样本选取方法有使用随机数表或计算机辅助审计技术选样、系统选样和随意选样等。

1.使用随机数表或计算机辅助审计技术选样

使用随机数表或计算机辅助审计技术选样也称随机数选样，是指对审计对象总体或子总体的所有项目，按随机规则选取样本。使用随机数选样的前提是总体中的每一项目都有不同的编号。注册会计师可以使用计算机生成的随机数，如电子表格程序、随机数码生成程序、通用审计软件程序等计算机程序生成的随机数，也可以使用随机数表获得所需的随机数。随机数表的实例见表11-2。

表11-2　　　　　　　　　随机数表（部分列示）

序号	（1）	（2）	（3）	（4）	（5）
1	10480	15011	01536	02011	81647
2	22368	46573	25595	85313	30995
3	24130	48360	22527	97265	76393
4	42167	93093	06243	61680	07856
5	37570	39975	81837	16656	06121
6	77921	06907	11008	42751	27756
7	99562	72905	56420	69994	98872
8	96301	91977	05463	07972	18876
9	89579	14342	63661	10281	17453
10	85475	36857	53342	53988	53060
11	28018	69578	88231	33276	70997
12	63553	40961	48235	03427	49626
13	09429	93069	52636	92737	88974
14	10365	61129	87529	85689	48237
15	07119	97336	71048	08178	77233

表11-2中的每一个数都是运用随机方法选出的5位随机数，但此表并非全部的5位随机数。

使用随机数表时，首先应建立表中数字与总体中项目的一一对应关系。如果总体中的项目为连续编号，这种一一对应关系很容易确定，但有时也需要重新编号才能做到一一对应。例如，若经济业务事项编号为A—001，B—001……时，注册会计师可指定用1代替A，用2

代替 B 等。然后，应选择一个起点和一个选号路线。起点和选号路线可任意选择，但一经选定，则应从起点开始，按照选号路线依次选样。

现举例说明如何使用随机数表。假定注册会计师对某公司连续编号为 500~5000 的现金支票进行随机选样，希望选取一组样本规模为 20 的样本。首先，注册会计师确定只用随机数表所列数字的前 4 位数来与现金支票号码一一对应。其次，确定第 5 列第 1 行为起点，选号路线为第 5 列，第 4 列，第 3 列，第 2 列，第 1 列，依次进行。最后，按照规定的一一对应关系和起点及选号路线，选出 20 个数：3099，785，612，2775，1887，1745，4962，4823，1665，4275，797，1028，3327，817，2559，2252，624，1100，546，4823。凡前 4 位数在 500 以下或 5 000 以上的，因为支票号码没有一一对应关系，均不入选。选出 20 个数码后，按此数码选取编号与其对应的 20 张支票作为选定样本进行审查。

2.系统选样

系统选样也称等距选样，是指首先计算选样间距，确定选样起点，然后，根据选样间距，顺序选取样本的一种选样方法。

　　　选样间距＝总体规模÷样本规模

例如，注册会计师希望采用系统选样法从 2 000 张凭证中选出 100 张作为样本。首先计算出选样间距为 20（2 000÷100）。然后假定注册会计师确定随机起点为 542，则每隔 20 张凭证选取一张，共选取 100 张凭证作为样本即可，即 542 为第 1 张，则往下的顺序为 522，502……往上的顺序为 562，582……

系统选样方法使用简便，并可用于无限总体。但使用系统选样方法要求总体必须是随机排列的，否则容易发生较大的偏差。所以，在使用这种方法时，必须先确定总体是否为随机排列，若不是随机排列，则不宜使用。

系统选样可以在非统计抽样中使用，在总体随机分布时也可用于统计抽样。

3.随意选样

随意选样就是不考虑金额大小、资料取得的难易程度及个人偏好，以随意的方式选出样本。随意选样的缺点在于很难完全无偏见地选取样本项目。随意选样属于非随机基础选样方法，只能在非统计抽样中使用。

六、样本结果评价

注册会计师在对样本实施必要的审计程序后，需要评价样本结果，确定使用审计抽样是否已为注册会计师针对所测试的总体得出的结论提供合理基础。其具体程序和内容是：分析样本偏差或错报、推断总体偏差或错报、重估抽样风险、形成审计结论（如图 11-2 所示）。

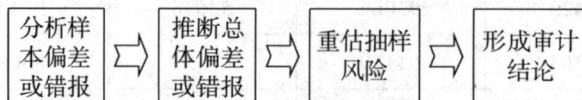

分析样本偏差或错报 ⇒ 推断总体偏差或错报 ⇒ 重估抽样风险 ⇒ 形成审计结论

图11-2　抽样结果的评价程序

（一）分析样本偏差或错报

注册会计师在分析样本偏差或错报时，一般应从以下方面着手：

（1）根据预先确定的构成偏差或错报的条件，确定有疑问的项目是否确为一项偏差或错报。例如，在审查应收账款余额时，注册会计师发现被审计单位将某客户应收账款错记在另一客户应收账款明细账中，但这种差错并不影响应收账款的余额，因此，在评价抽样结果时，不能认为这是一项偏差。

（2）当注册会计师按照既定的审计程序，无法就样本取得审计证据时，应当实施替代审计程序，以获取相应的审计证据。例如，在发出的应收账款肯定式询证函没有收到回函时，注册会计师必须审查后期收款情况，以证实应收账款的余额。如果未能对某个选取的项目实施设计的审计程序或适当的替代程序，注册会计师应当将该项目视为控制测试中对规定的控制的一项偏差，或细节测试中的一项错报。

（3）如果某些样本偏差项目具有共同的特征，如相同的经济业务类型、场所和时间，则应将这些具有共同特征的项目作为一个整体，实施相应的审计程序，并根据审计结果，进行单独的评价。

（4）在对抽样中所发现的偏差或错报进行分析时，还应考虑偏差或错报的质的因素，包括偏差或错报的性质、原因及其对其他相关审计工作的影响。例如，在控制测试中，对样本偏差或错报可作如下的定性分析：

① 偏差或错报是否超过审计范畴？是关键的还是非关键的？

② 分析每一个关键偏差的性质和原因，是故意还是非故意造成的？是系统的还是偶然发生的？是频繁出现的还是偶尔出现的？如何影响到货币金额？

③ 确定这些偏差或错报对其他控制测试以及细节测试的影响。

此外，注册会计师还应判断是否存在异常误差。异常误差，是指对总体中的错报或偏差明显不具有代表性的错报或偏差。注册会计师应当调查识别出的所有偏差或错报的性质和原因，并评价其对审计程序的目的和审计的其他方面可能产生的影响。

在极其特殊的情况下，如果认为样本中发现的某项偏差或错报是异常误差，注册会计师应当对该项偏差或错报对总体不具有代表性获取高度肯定。在获取这种高度肯定时，注册会计师应当实施追加的审计程序，获取充分、适当的审计证据，以确定该项偏差或错报不影响总体的其余部分。

（二）推断总体偏差或错报

在对样本偏差或错报进行分析后，注册会计师应根据抽样中发现的偏差或错报，采用适当的方法，推断审计对象的总体偏差或错报。当总体划分为几个层次时，应先对每一层次作个别的推断，然后将推断结果加以汇总。由于存在多种抽样方法，注册会计师根据样本偏差或错报推断总体偏差或错报的方法应与所选用的抽样方法一致。

（三）重估抽样风险

注册会计师在推断总体偏差或错报后，应将总体偏差或错报与可容忍偏差或错报进行比较，将抽样结果与从其他有关审计程序中所获得的证据相比较。如果推断的总体偏差或错报超过了可容忍偏差或错报，经重估后的抽样风险不能被接受，则应增加样本规模或执行替代审计程序。如果推断的总体偏差或错报接近可容忍偏差或错报，应考虑是否增加样本规模或执行替代审计程序。

在进行控制测试时，如果注册会计师认为抽样结果无法达到其对所测试的内部控制制度的预期信赖程度，应考虑增加样本规模或修改实质性测试程序。

（四）形成审计结论

注册会计师在评价抽样结果的基础上，应根据所取得的证据，确定审计证据是否足以证实某一审计对象的总体特征，从而得出审计结论。

第二节　控制测试中抽样技术的应用

对拟信赖的内部控制进行控制测试时，一般采用属性抽样审计方法。属性抽样审计就是在一定的精确度和可信赖水平的条件下，通过计算样本差错率来对总体的某种"差错"（属性）的发生频率进行推断的统计抽样审计方法。所谓属性，是指审计对象总体的质量特征，即被审计单位的业务活动或被审计单位的内部控制是否遵循了既定的标准以及存在的偏差水平。属性抽样审计是对总体某种属性的"是"或"否"的回答，抽样结果只有两种："对"与"错"或"是"与"否"。总体的特征通常为反映遵循制度规定或要求的相应水平。

一、属性抽样的基本概念

（一）偏差

一般说来，在属性抽样中，偏差是指注册会计师认为使控制程序失去效能的所有的控制无效事件。注册会计师应根据实际情况，恰当地定义偏差。例如，可将"偏差"定义为会计记录中的虚假账户、经济业务的记录未进行复核、审批手续不全等各类差错。

（二）审计对象总体

运用属性抽样时，注册会计师应保证总体中所有项目被选取的概率是相同的，也就是说，总体所有项目的特征应是相同的。例如，某公司有国内和国外两个分公司，其国内、国外的销售业务是以两种不同的方式进行的。注册会计师在评价两家公司的会计控制时，则必须把它们分为两个不同的总体，即国内和国外两个总体。

（三）风险与可信赖程度

可信赖程度是指样本特征能够代表总体特征的可靠性程度。风险，或称风险度，与可信赖程度是互补的，换句话说，1减去可信赖程度就是风险。例如，注册会计师选择95%的可信赖程度，那么，他就有5%的风险去接受抽样结果表示的内部控制是有效的结论，而实际上内部控制制度是无效的。属性抽样中的风险矩阵见表11-3。

表11-3　　　　　　　　　　　　　属性抽样风险矩阵

内部控制实际状况 抽样结果	实际运行状况达到预期 信赖程度	实际运行状况未达到预期 信赖程度
肯定	正确的决定	信赖过度风险
否定	信赖不足风险	正确的决定

在控制测试中，一般将最小可信赖程度定为90%，如果其属性对于其他项目是重要的，则采用95%的可信赖程度。

（四）可容忍偏差率

在进行控制测试时，可容忍偏差率的建立应能确保当总体偏差率超过可容忍偏差率时注册会计师将降低对内部控制的可信赖程度。可容忍偏差率的确定见表11-4。

表11-4　　　　　　　　　　　　　　　可容忍偏差率的确定

可容忍偏差率	内部控制的可信赖程度
20%（或小于）	可信赖程度差，在信赖内部控制方面的细节测试工作不可有大幅度或中等地减少（考虑忽略抽样测试，进行详细测试）
10%（或小于）	中等可信赖程度，基于审计结论，在信赖内部控制方面细节测试工作将减少
5%（或小于）	内部控制实际可靠，基于审计结论，在信赖内部控制方面细节测试工作量将减少到2/3

二、属性抽样的方法

属性抽样的方法主要有固定样本规模抽样、停-走抽样和发现抽样三种。

（一）固定样本规模抽样

固定样本规模抽样是一种使用最为广泛的属性抽样，常用于估计审计对象总体中某种偏差发生的比例。

一般情况下，固定样本规模抽样的基本步骤如下：

（1）确定审计目的。审计的目的决定了"属性"的含义，审查某一个内部控制程序的执行情况与审查某个账户余额的准确性的"属性"含义是不同的。

（2）定义"属性"和"可容忍偏差率"。以购货付款业务为例，正常的内部控制应当包括核对验收报告与购货发票，然后核准支付货款，因此，对于每张发票和验收报告，凡属下列情况之一的，均可以定义为偏差的属性：

① 未附验收单的发票；

② 与验收单所记载的内容不符的发票；

③ 计算有误的发票；

④ 要素不全的发票；

⑤ 涂改、伪造的发票。

如前所述，"可容忍偏差率"是注册会计师认为抽样结果可以达到审计目的所愿意接受的审计对象总体的最大偏差率。在运用属性抽样审计进行控制测试时，可容忍偏差率是指注册会计师不改变对内部控制的可信赖程度而愿意接受的最大偏差发生率。其界限主要取决于被测试的内部控制的重要程度、差错的性质、金额和对差错属性的定义。

（3）定义审计对象总体。审计对象总体就是作为抽样对象的全部被审计事项的范围。在确定审计对象总体时，首先要明确审计目标，审计目标不同，被抽查的总体就不同。其次要明确审计对象总体的时间界限，通常以月度、季度、年度或经济业务活动的周期作为总体的时间范围。

（4）确定抽样方法。抽样方法应能保证样本的代表性，保证抽样审计结果的可靠性。抽样方法包括纯随机抽样、等距抽样、分层抽样、金额单位抽样、重复抽样和不重复抽样等。

（5）确定样本规模。属性抽样审计的样本规模取决于抽样推断的精确度、可信赖程度和总体差错率。精确度的确定要考虑差错属性的性质，对重要的差错属性的发生率的推断应要求较高的精确度，在推断次要的差错属性的发生率时，可适当地降低精确度。

可信赖程度的确定主要取决于注册会计师对内部控制的评价，对不好的内部控制下的抽样审计结论应要求较高的可信赖程度，以便减小抽样风险；对有效的内部控制制度，可适当地降低可信赖程度要求。经常采用的可信赖程度是90%和95%。

总体偏差率与样本规模呈正比例关系。因为事先不知道总体偏差率，只能使用预计的总体偏差率。

在实际工作中通常是利用样本规模确定表（见表11-5）直接查得样本规模。

表11-5　　　　　　　控制测试统计抽样样本规模确定表——信赖过度风险5%

（括号内是可接受的偏差数）

预计总体偏差率	可容忍偏差率										
	2%	3%	4%	5%	6%	7%	8%	9%	10%	15%	20%
0	149 (0)	99 (0)	74 (0)	59 (0)	49 (0)	42 (0)	36 (0)	32 (0)	29 (0)	19 (0)	14 (0)
0.25%	236 (1)	157 (1)	117 (1)	93 (1)	78 (1)	66 (1)	58 (1)	51 (1)	46 (1)	30 (1)	22 (1)
0.50%	*	157 (1)	117 (1)	93 (1)	78 (1)	66 (1)	58 (1)	51 (1)	46 (1)	30 (1)	22 (1)
0.75%	*	208 (1)	117 (1)	93 (1)	78 (1)	66 (1)	58 (1)	51 (1)	46 (1)	30 (1)	22 (1)
1.00%	*	*	156 (1)	93 (1)	78 (1)	66 (1)	58 (1)	51 (1)	46 (1)	30 (1)	22 (1)
1.25%	*	*	156 (1)	124 (2)	78 (1)	66 (1)	58 (1)	51 (1)	46 (1)	30 (1)	22 (1)
1.50%	*	*	192 (3)	124 (2)	103 (2)	88 (2)	77 (2)	51 (1)	46 (1)	30 (1)	22 (1)
1.75%	*	*	227 (4)	153 (3)	103 (2)	88 (2)	77 (2)	51 (1)	46 (1)	30 (1)	22 (1)
2.00%	*	*	*	181 (4)	127 (3)	88 (2)	77 (2)	68 (2)	46 (1)	30 (1)	22 (1)
2.25%	*	*	*	208 (5)	127 (3)	88 (2)	77 (2)	68 (2)	61 (2)	30 (1)	22 (1)
2.50%	*	*	*	*	150 (4)	109 (3)	77 (2)	68 (2)	61 (2)	30 (1)	22 (1)
2.75%	*	*	*	*	173 (5)	109 (3)	95 (3)	68 (2)	61 (2)	30 (1)	22 (1)
3.00%	*	*	*	*	195 (6)	129 (4)	95 (3)	84 (3)	61 (2)	30 (1)	22 (1)
3.25%	*	*	*	*		148 (5)	112 (4)	84 (3)	61 (2)	30 (1)	22 (1)
3.50%	*	*	*	*		167 (6)	112 (4)	84 (3)	76 (3)	30 (1)	22 (1)
3.75%	*	*	*	*		185 (7)	129 (5)	100 (4)	76 (3)	40 (1)	22 (1)
4.00%	*	*	*	*		146 (6)	100 (4)	89 (4)	40 (1)	22 (1)	
5.00%	*	*	*	*	*		*	158 (8)	116 (6)	40 (2)	30 (2)
6.00%	*	*	*	*	*		*	*	179 (11)	50 (3)	30 (2)
7.00%	*	*	*	*	*	*	*	*	*	68 (5)	37 (3)

*样本规模太大，因而在多数情况下不符合成本效益原则。

注：本表假设总体为大总体。

资料来源：AICPA. Audit and Accounting Guide：Audit Sampling ［D］. 2005.

（6）选取样本并进行审计。按照定义的偏差属性对选取的样本进行审查。

（7）评价抽样结果。在对样本进行审计后，应将查出的偏差加以汇总，并评价抽样结果。在评价抽样结果时，不仅要考虑偏差的次数，而且要考虑差错的性质。

（8）书面说明抽样程序。注册会计师应在其审计工作底稿上，书面说明前述7个步骤，作为审计抽样的整体结论的基础。

（二）停–走抽样

停–走抽样是固定样本规模抽样的一种特殊形式，它是从预计总体偏差次数为零开始，边抽样边评价来完成抽样工作的方法。在这种方法下，抽样工作要经过几个步骤，每一步骤完成后，注册会计师都需要决定是停止抽样还是继续下一个步骤。由于这种方法的样本规模是不固定的，抽查到哪一步结束，应根据注册会计师对审查结果是否满意而定，故此被称为停–走抽样。

停–走抽样法的基本步骤如下：

（1）确定可容忍偏差和风险水平。

（2）确定初始样本规模。通常根据所确定的可容忍偏差和风险水平查表（见表11–6）获得。

表11–6　　　　　　　　　　　　　停–走抽样初始样本规模表

（预计总体偏差率为零）

可容忍偏差率 ＼ 信赖过度风险 样本规模	10%	5%	2.5%
10%	24	30	37
9%	27	34	42
8%	30	38	47
7%	35	43	53
6%	40	50	62
5%	48	60	74
4%	60	75	93
3%	80	100	124
2%	120	150	185
1%	240	300	370

（3）进行停–走抽样决策。通常是利用停–走抽样决策表进行决策。

例如，假定注册会计师确定的可容忍偏差率为5%，可接受的信赖过度风险为5%，查停–走抽样初始样本规模表（见表11–6）可得样本规模应为60。

如果注册会计师在60个项目中找出1项偏差，则总体偏差在5%的信赖过度风险下为8%（风险系数4.8（见表11–7）除以样本规模60），这个结果大于可容忍偏差率5%，因此，注册会计师需增加样本36个，将样本规模扩大到96个（风险系数4.8除以可容忍偏差率0.05）。如果对增加的36个样本审计后没有发现偏差，则注册会计师可有95%的把握确信总体偏差率不超过5%。

如果首次对60个样本进行审计后发现了2项偏差，则总体偏差率为10.5%（6.3÷60×100%），大大超过可容忍偏差率，因此，注册会计师应增加66个（6.3÷0.05−60）样本。如对增加的66个样本审计后没有找到偏差，注册会计师同样可以有95%的把握说总体偏差率不超过5%。如果又发现了1项偏差，则总体偏差率为6.2%（7.8÷126×100%），这时，需要决定是再扩大样本规模到156个（7.8÷0.05），还是将上述过程得出的结果作为选用固定样本规模的预计总体偏差率而改变抽样方式。一般来讲，样本规模不宜扩大到初始样本规模的3倍以上。

表11-7　　　　　　停-走抽样样本规模扩展及总体偏差率评估表

发现差错数　信赖过度风险 风险系数	10%	5%	2.5%
0	2.4	3.0	3.7
1	3.9	4.8	5.6
2	5.4	6.3	7.3
3	6.7	7.8	8.8
4	8.0	9.2	10.3
5	9.3	10.6	11.7
6	10.6	11.9	13.1
7	11.8	13.2	14.5
8	13.0	14.5	15.8
9	14.3	16.0	17.1
10	15.5	17.0	18.4
11	16.7	18.3	19.7
12	18.0	19.5	21.0
13	19.0	21.0	22.3
14	20.2	22.0	23.5
15	21.4	23.4	24.7
16	22.6	24.3	26.0
17	23.8	26.0	27.3
18	25.0	27.0	28.5
19	26.0	28.0	29.6
20	27.1	29.0	31.0

应用停-走抽样，注册会计师可以构造一个如表11-8所示的停-走抽样决策表。

（三）发现抽样

发现抽样又称显示抽样，它是在既定的可信赖程度下，在假定偏差以既定的偏差率存在于总体之中的情况下，至少查出一项偏差的抽样方法。发现抽样也是属性抽样的一种特殊形式，主要用于查找重大舞弊事项。它的理论依据是：假如总体中存在着一定发生率的舞弊事项，那么，在相当容量的样本中，至少可以发现一个舞弊事项。若对样本的审查结果没有发现舞弊事项，则可以得出结论说，在某一可信赖程度下，总体中舞弊事项的发生率，不超过原先假定的发生率。我们知道，若总体中存在着发生率很低（如0.1%）的舞弊事项，那么采用抽样审计方法不能确保我们一定能发现这种行为。但发现抽样却能以较高的可信赖程度，保证我们发现总体中存在着的发生率较低的（如1%）的舞弊事项。所以，当怀疑总体中存在某种舞弊事项时，宜于采用发现抽样方法。

表11-8 停-走抽样决策表

步骤	累计样本规模	如果累计偏差是以下数字就停止	如果累计偏差是以下数字（或其之一）增加样本规模	如果累计偏差是以下数字则转到第5步
1	60	0	1，2，3，4	4
2	96	1	2，3，4	4
3	126	2	3，4	4
4	156	3	4	4
5	以样本偏差率作为总体偏差率，采用固定样本规模抽样			

发现抽样的步骤与固定样本规模抽样方法基本相同，只需要说明以下几点：

第一，样本规模的确定仍需利用属性抽样时使用的样本规模确定表（见表11-5），但应当把总体预计偏差率确定为零，这是由发现抽样的特点决定的。如注册会计师对某企业现金收支凭证进行审查，在可信赖程度为95%，预计总体偏差为零，可容忍偏差率为2%时，查表11-5可知样本规模为149。

第二，在审查样本的过程中，如果发现了1张假凭证，则注册会计师就达到了发现抽样审计的目的，这时就可以停止抽样程序，对总体进行彻底的检查。如果在全部149张凭证中没有发现假凭证，那么注册会计师就可以95%的可信赖程度，保证总体中的舞弊事项在2%以下。换言之，这时注册会计师有95%的把握确信总体中不存在假凭证或假凭证的发生率在2%以下。

第三节 细节测试中抽样技术的应用

属性抽样虽然对控制测试极为有用，但它并不提供被审计项目货币价值量的资料，因此，不适用于变量总体。由于在审计工作中存在大量的变量总体，使变量抽样在实践中得以广泛运用。

变量抽样是对审计对象总体的货币金额进行细节测试时所采用的抽样方法。变量抽样法可用于确定账户金额是多少，是否存在重大错报等。变量抽样法通常运用于审查应收账款的金额、存货的数量和金额、工资费用、交易活动的有效性等。

在进行细节测试时，一般可采用单位平均估计抽样、比率抽样、差额估计抽样和PPS抽样等变量抽样方法，这些方法均可通过分层来实现。一般情况下，变量抽样的步骤与固定样本规模抽样的步骤基本相同：确定审计目的；定义审计对象总体；选定抽样方法；确定样本规模；确定样本选取方法；选取样本并进行审计；评价抽样结果；书面说明抽样程序。

一、传统变量抽样方法

传统的变量抽样方法主要有比率抽样和差额估计抽样等。比率抽样是以样本实际价值与账面价值之间的比率关系来估计总体实际价值与账面价值之间的比率关系，然后再以这个比率乘以总体的账面价值，从而求出总体实际价值的估计金额的一种抽样方法。比率抽样法的计算公式如下：

$$比率 = \frac{样本实际价值之和}{样本账面价值之和}$$

估计的总体价值＝总体账面价值×比率

当错报与账面价值成比例关系时，通常可以运用比率抽样。

差额估计抽样是以样本实际价值与样本账面价值的平均差额来估计总体实际价值与账面价值的平均差额，然后，以这个平均差额乘以总体项目个数，从而求出总体的实际价值与账面价值差额的一种抽样方法。差额估计抽样的计算公式如下：

$$平均差额 = \frac{样本实际价值与账面价值的差额}{样本量}$$

估计的总体差额＝平均差额×总体项目个数

当错报与账面价值不成比例时，通常可以运用差额估计抽样。

下面举例说明比率抽样和差额估计抽样。

假设被审计单位的应付账款账面总值为 5 000 000 元，共计 4 000 个账户，注册会计师希望对应付账款总额进行估计，现选出 200 个账户，账面价值为 240 000 元，审计后认定的价值为 247 500 元。

使用比率抽样时，注册会计师确定的实际价值与账面价值的比率为 1.03125（247 500÷240 000），因此，估计的总体价值为 5 156 250 元（5 000 000×1.03125）。

使用差额估计抽样时，平均差额为 37.5 元（（247 500－240 000）÷200），估计的总体差额为 150 000 元（37.5×4 000），因此，估计的总体价值为 5 150 000 元（5 000 000+150 000）。

注册会计师在使用上述三种方法时，用来确定样本规模的方法与单位平均估计抽样基本相同。

二、PPS 抽样

PPS 抽样（Probability-Proportional-to-Size Sampling），即概率比例规模抽样，是以货币单位作为抽样单元进行选样的一种方法。在该方法下总体中的每个货币单位被选中的机会相同，所以总体中某一项目被选中的概率等于该项目的金额与总体金额的比率。项目金额越大，被选中的概率就越大。但实际上注册会计师并不是对总体中的货币单位实施检查，而是对包含被选取货币单位的余额或交易实施检查。注册会计师检查的余额或交易被称为逻辑单元。

PPS 抽样有助于注册会计师将审计重点放在较大的余额或交易中。此抽样方法之所以得名，是因为总体中每一余额或交易被选取的概率与其账面金额（规模）成正比。当预计总体错报金额增加时，PPS 抽样所需的样本规模也会增加。在这些情况下，PPS 抽样的样本规模可能大于传统变量抽样的相应规模。

（一）PPS 抽样的优点

1. PPS抽样一般比传统变量抽样更易于使用。由于PPS抽样以属性抽样原理为基础，注册会计师可以很方便地计算样本规模，并手工或使用量表评价样本结果。样本的选取可以在计算机程序或计算器的协助下进行。

2. PPS抽样的样本规模不需考虑所审计金额的预计变异性。而传统变量抽样的样本规模需要在估计总体项目共有特征的变异性或标准差的基础上计算。

3. PPS抽样中项目被选取的概率与其货币金额大小成正比，因而生成的样本自动分层。如果使用传统变量抽样，注册会计师通常需要对总体进行分层，以减小样本规模。

4. PPS抽样中如果项目金额超过选样间距，PPS抽样系统选样自动识别所有单个重大项目。

5. 如果注册会计师预计没有错报，PPS抽样的样本规模通常比传统变量抽样方法更小。

6. PPS抽样的样本更容易设计，且可在能够获得完整的总体之前开始选取样本。

（二）PPS 抽样的缺点

1. 使用PPS抽样时通常假设抽样单元的审定金额大于账面金额或不小于零。如果注册会计师预计存在低估或审定金额小于零的情况，在设计PPS抽样方法时就需要特别考虑。

2. 如果注册会计师在PPS抽样的样本中发现低估，在评价样本时需要特别考虑。

3. 对零余额或负余额的项目选取需要在设计时特别考虑。例如，如果准备对应收账款进行抽样，注册会计师可能需要将贷方余额分离出去，作为一个单独的总体。如果检查零余额的项目对审计目标非常重要，注册会计师需要单独对其进行测试，因为零余额在PPS抽样中不会被选取。

4. 当发现错报时，如果风险水平一定，PPS抽样在评价样本时可能高估抽样风险的影响，从而导致注册会计师更可能拒绝一个可接受的总体账面金额。

5. 在PPS抽样中注册会计师通常需要逐个累计总体金额。但这不需要额外增加大量的审计成本，因为相关的会计数据一般会以电子形式储存。

当预计总体错报金额增加时，PPS抽样所需的样本规模也会增加。在这些情况下，PPS抽样的样本规模可能大于传统变量抽样的相应规模。

□ 复习思考题

1. 为什么审计抽样逐渐被广泛使用？

2. 审计抽样方法适用于哪些审计程序？不适用于哪些审计程序？

3. 抽样风险和非抽样风险是如何影响审计工作的？

4. 哪些因素能够影响样本规模？

5. 如何理解可信赖程度与抽样风险？二者的关系如何？

6. 如何将审计抽样与职业判断很好地结合起来？

7. 讨论随机选样、系统选样和随意选样的优缺点以及各自的适用范围。

8. 讨论属性抽样方法的适用条件。

9. 讨论传统变量抽样方法的适用条件。

10. 讨论PPS抽样方法的适用条件。

第十二章

终结审计与审计报告

第一节 编制审计差异调整表和试算平衡表

在结束审计外勤工作前，注册会计师应完成下列工作：取得被审计单位管理层和律师的声明书，并就有关事项与被审计单位不同层次的人员进行及时沟通。管理层书面声明，是指管理层向注册会计师提供的书面陈述，用以确认某些事项或支持其他审计证据。如果管理层拒绝提供注册会计师认为必要的声明，注册会计师应当将其视为审计范围受到限制，出具保留意见或无法表示意见的审计报告。通常，注册会计师会要求被审计单位向其法律顾问或律师寄发审计询证函。被审计单位法律顾问或律师对询证函的答复，就是律师声明书。

在审计过程中，注册会计师在审计中发现的被审计单位会计处理方法与适用的会计准则和相关会计制度的不一致，即审计差异内容，项目负责人应当根据审计重要性原则进行初步确认并汇总，编制审计差异调整表，并建议被审计单位进行调整，使调整后的财务报表能够公允反映被审计单位的财务状况、经营成果和现金流量。

一、编制审计差异调整表

（一）审计差异的种类

审计差异内容按是否需要调整账户记录可分为核算差异和重分类差异。前者是因被审计单位对经济业务进行了不恰当的会计处理而引起的差异，用审计重要性原则来衡量每一项核算差异，又可分为建议调整的不符事项和不建议调整的不符事项；后者是因被审计单位未按适用的会计准则规定编制财务报表而引起的差异。为便于审计项目的各级负责人综合判断、分析和决定，也为了便于编制试算平衡表和被审计单位调整财务报表，通常需要将这些事项汇总，编制审计调整分录汇总表、重分类调整分录汇总表和未调整不符事项汇总表。

（二）审计差异的评价与处理

注册会计师在汇总审计差异并形成审计结果后，应当对其进行重要性和审计风险作最后的总体评价。对财务报表层次的重要性水平进行评价时，注册会计师应当注意重要性水平在审计过程中是否已作修正，如果已作修正，应以修正后的重要性水平作为评价的基础。注册会计师应当区别下列两种情况，对其分别处理：

（1）汇总数超过重要性水平。如果尚未调整的错报或漏报的汇总数超过了重要性水平时，注册会计师可以有两种选择：①提请被审计单位调整财务报表，使调整后的汇总数低于重要性水平；如被审计单位同意采纳，应获取其同意调整的书面确认函。②如果被审计单位管理层不愿对已验证的错报或漏报予以调整，或调整后的汇总数仍高于重要性水平，说明存在较大的审计风险，注册会计师应当扩大实质性测试范围，对错报或漏报进行重新评估。如果重新评估后的汇总数低于计划重要性水平，那么注册会计师可以发表无保留审计意见，否则注册会计师应当发表保留或否定的审计意见。

（2）汇总数接近重要性水平。由于审计测试的局限性，注册会计师不可能发现财务报表中存在的全部错报或漏报。因此，即使尚未调整的错报或漏报的汇总数接近重要性水平，但由于该汇总数连同尚未发现的错报或漏报的汇总数可能超过重要性水平，注册会计师也应当实施追加实质性程序或提请被审计单位调整，以降低审计风险并有助于形成恰当的审计意见。

二、编制试算平衡表

试算平衡表是注册会计师在被审计单位提供未调整财务报表的基础上，考虑调整分录、重分类分录等内容后所确定的已审计数和报表反映数的表式。在编制完试算平衡表后，注册会计师应注意核对相应的钩稽关系，并且以此作为同被审计单位最终签署确认的财务报表核对的依据。

第二节　与治理层和管理层的沟通

一、与治理层的沟通

（一）沟通的事项

1.注册会计师与财务报表审计相关的责任

（1）注册会计师负责对管理层在治理层监督下编制的财务报表形成和发表意见；

（2）财务报表审计并不减轻管理层或治理层的责任。

除此之外，注册会计师的责任还包括其确定并在审计报告中沟通关键审计事项的责任。

2.注册会计师计划的审计范围和时间安排（包括识别出的特别风险）

（1）注册会计师计划如何应对舞弊或错误导致的特别风险；

（2）注册会计师计划如何应对重大错报风险评估水平较高的领域；

（3）注册会计师对被审计单位的内部控制体系采取的方案；

（4）在审计中对重要性概念的运用；

（5）实施计划的审计程序或评价审计结果需要的专门技术或知识的性质及程度，包括利用注册会计师的专家的工作；

（6）当《中国注册会计师审计准则第1504号——在审计报告中沟通关键审计事项》适用时，注册会计师对于哪些事项可能需要重点关注因而可能构成关键审计事项所作的初步判断；

（7）针对适用的财务报告编制基础或者被审计单位所处的环境、财务状况或活动发生的重大变化对单一报表及披露产生的影响，注册会计师拟采取的应对措施。

3.审计中的重大发现

（1）注册会计师对被审计单位会计实务（包括会计政策、会计估计和财务报表披露）重大方面的质量的看法。在适当的情况下，注册会计师应当向治理层解释为何某项在适用的财务报告编制基础下可以接受的重大会计实务，并不一定最适合被审计单位的具体情况；

（2）审计工作中遇到的重大困难；

（3）已与管理层讨论或需要书面沟通的重大事项，以及注册会计师要求提供的书面声明，除非治理层全部成员参与管理被审计单位；

（4）影响审计报告形式和内容的情形（如有）；

（5）审计中出现的、根据职业判断认为与监督财务报告过程相关的所有其他重大事项。

4.注册会计师的独立性

如果被审计单位是上市实体，注册会计师还应当与治理层沟通下列内容：

（1）就审计项目组成员、会计师事务所其他相关人员以及会计师事务所和网络事务所按照相关职业道德要求保持了独立性作出声明。

（2）根据职业判断，注册会计师认为会计师事务所、网络事务所与被审计单位之间存在的可能影响独立性的所有关系和其他事项，包括会计师事务所和网络事务所在财务报表涵盖期间为被审计单位和受被审计单位控制的组成部分提供审计、非审计服务的收费总额。这些收费应当分配到适当的业务类型中，以帮助治理层评估这些服务对注册会计师独立性的影响。

（3）为消除对独立性的不利影响或将其降至可接受的水平，已经采取的相关防范措施。

（二）沟通的形式

沟通的形式涉及口头或书面沟通、详细或简略沟通、正式或非正式沟通。有效的沟通形式不仅包括正式声明和书面报告等正式形式，也包括讨论等非正式的形式。

对于审计中发现的重大问题，如果根据职业判断认为采用口头形式沟通不适当，注册会计师应当以书面形式与治理层沟通。书面沟通不必包括审计过程中的所有事项。

如果被审计单位是上市实体，注册会计师应当就其独立性，以书面形式与治理层沟通。

（三）沟通的时间

注册会计师应当及时与治理层沟通。

沟通的时间因沟通事项的重大程度和性质，以及治理层拟采取的措施等业务环境的不同而不同。注册会计师应当根据具体的业务环境确定适当的沟通时间：①对于审计中遇到的重大困难，如果治理层能够协助注册会计师克服这些困难，或者这些困难可能导致出具保留意见或无法表示意见的审计报告，应尽快予以沟通；②对于注册会计师注意到的内部控制设计或实施中的重大缺陷，应尽快与管理层或治理层沟通；③对于审计中发现的与财务报表或审计报告相关的事项，包括注册会计师对被审计单位会计处理质量的看法，应在最终完成财务报表前进行沟通；④对于注册会计师的独立性，应在最终完成财务报表前或在对独立性威胁及其防护措施作出重大判断时进行沟通；⑤如果同时审计特殊目的财务报表或其他历史财务信息，沟通时间应与通用目的财务报表审计的沟通时间相协调。

（四）沟通过程的充分性

注册会计师应当评价其与治理层之间的双向沟通是否足以实现审计目标。如果注册会计师无法进行足够的沟通，就可能存在不能获取充分、适当的审计证据的风险。在这种情况下，注册会计师应当考虑沟通不充分对评估重大错报风险的影响，并寻求与治理层讨论这种情况。如果这种情况得不到解决，注册会计师应采取下列主要措施：①根据审计范围受限的程度出具保留意见或无法表示意见的审计报告；②就采取不同措施的后果征询法律意见；③与治理结构中拥有更高权力的组织或人员沟通，或与监管机构等第三方沟通；④解除业务约定。

（五）沟通的记录

注册会计师应当记录与治理层沟通的重大事项。如果沟通的事项是以口头形式沟通的，注册会计师应当将其包括在审计工作底稿中，并记录沟通的时间和对象。如果沟通的事项是以书面形式沟通的，注册会计师应当保存一份沟通文件的副本，作为审计工作底稿的一部分。

二、与管理层的沟通

《中国注册会计师审计准则1151号——与治理层的沟通》中并没有规范注册会计师与管理层或所有者的沟通，除非他们同时履行治理职责。

但在审计实务工作中，注册会计师一般就财务报表审计相关事项与管理层讨论。在与治理层沟通特定事项前，注册会计师通常先与管理层讨论，除非这些事项不适合与管理层讨论。不适合与管理层讨论的事项包括管理层的胜任能力和诚信问题等。

第三节 复核审计工作

在外勤工作阶段时，注册会计师所收集的审计工作底稿一般是分散的、不系统的。因此，编制审计报告以前，注册会计师应根据审计计划中拟定的内容、范围和要求，对审计工作底稿进行整理和复核。

项目负责人应当在审计过程的适当阶段及时实施复核，以使重大事项在审计外勤工作结束前得到满意解决。在出具审计报告前，项目负责人应当通过复核审计工作底稿和与项目组讨论，确信获取的审计证据已经充分、适当，足以支持形成的结论和拟出具的审计报告。项目负责人应当对复核的范围和时间予以适当记录。

一、复核已审计财务报表

财务报表的最后审阅和工作底稿的最后复核是紧密相关的，有些业务还是交叉进行的。尽管编制财务报表和披露相关信息是被审计单位的责任，但由于注册会计师是会计方面的专家，他们往往会指导被审计单位如何编制财务报表及其附注。但注册会计师的作用只是提供业务上的指导，而不是代替客户作出业务上的判断。

在审计结束时，应当由部门负责人和主任会计师复核经审计后的财务报表。复核人员应当运用分析程序对财务报表总体进行复核，以确定财务报表整体是否与其对被审计单位的了解一致，并要特别关注是否存在不正常的金额或关联方交易，同时分析所获取的审计证据是否充分、适当。

如果识别出以前未识别的重大错报风险，注册会计师应当重新考虑对全部或部分各类交易、账户余额、披露评估的风险是否恰当，并在此基础上重新评价之前计划的审计程序是否充分，并考虑追加实施进一步审计程序。

在执行分析程序时，比较的一方是被审计单位经审计后的财务报表，另一方通常是注册会计师的预期结果、同行业有关资料或其他相关资料。

二、项目质量复核

此外，对上市公司进行财务报表审计时，为了保证特定业务执行的质量，除了需要项目组实施组内复核外，会计师事务所还应当制定政策和程序，要求对特定业务实施项目质量复核，并在出具报告前完成项目质量复核。项目质量复核，是指会计师事务所挑选不参与该业务的人员，在出具报告前，对项目组作出的重大判断和在准备报告时形成的结论作出客观评价的过程。对特定业务实施项目质量复核，充分体现了分类控制、突出重点的质量管理理念。值得注意的是，项目质量复核并不减轻项目负责人的责任，更不能替代项目负责人的责任。

第四节　审计报告的种类与基本内容

审计报告，是指注册会计师根据审计准则的规定，在执行审计工作的基础上，对财务报表发表审计意见的书面文件。审计报告是审计工作的最终结果，是对审计工作的全面总结，是向审计服务需求者传达所需信息的重要手段，也是表明注册会计师完成了审计任务并愿意承担审计责任的证明文件。

一、审计报告的种类

（一）审计报告按其格式和措辞的规范性，可分为规范性审计报告和特殊性审计报告

规范性审计报告是指格式和措辞基本统一的审计报告。审计职业界认为，为了避免混乱，有必要统一审计报告的格式和措辞，便于使用者准确理解其含义。规范性审计报告一般适用于对外公布。

特殊性审计报告是指格式和措辞不统一，可以根据具体审计项目的情况来决定的审计报告。特殊性审计报告一般不对外公布。

应当注意的是，注册会计师出具的年度财务报表审计报告有规范的格式和措辞，属于规范性审计报告。

（二）审计报告按其发表审计意见的类型，分为无保留意见审计报告和非无保留意见审计报告

无保留意见是指当注册会计师认为财务报表在所有重大方面按照适用的财务报告编制基础编制并实现公允反映时发表的审计意见；其审计报告为无保留意见审计报告。非无保留意见审计报告，是指对财务报表发表保留意见、否定意见或无法表示意见的审计报告。

（三）审计报告按其使用的目的，可分为公布目的审计报告和非公布目的审计报告

公布目的审计报告，一般用于对企业股东、投资者、债权人等非特定利害关系者公布财务报表时所附送的审计报告。

非公布目的审计报告，一般用于经营管理、合并或业务转让、融通资金等特定目的而实施审计的审计报告。这类审计报告是分发给特定使用者的，如经营者、合并或业务转让的关系人、提供信用的金融机构等。

（四）审计报告按其详略程度，可分为简式审计报告和详式审计报告

简式审计报告，又称短式审计报告，一般用于注册会计师对应公布财务报表所出具的简明扼要的审计报告，其反映的内容是非特定多数的利害关系人共同认为的必要审计事项，且为法令或审计准则所规定的，具有标准格式。它一般适用于公布目的，具有标准审计报告的特点。

详式审计报告，又称长式审计报告，一般是指对审计对象所有重要经济业务和情况都要作详细说明和分析的审计报告。它主要用于指出企业经营管理存在的问题和帮助企业改善经营管理，其内容丰富、详细，一般适用于非公布目的，具有非标准审计报告的特点。

二、审计报告的基本内容

《中国注册会计师审计准则第1501号——对财务报表形成审计意见和出具审计报告》规范注册会计师对财务报表形成审计意见，以及作为财务报表审计结果出具的审计报告的格式和内容。《中国注册会计师审计准则第1504号——在审计报告中沟通关键审计事项》对注册会计师在审计报告中沟通关键审计事项的责任作出规范。《中国注册会计师审计准则第1502号——在审计报告中发表非无保留意见》和《中国注册会计师审计准则第1503号——在审计报告中增加强调事项段和其他事项段》规定了注册会计师在审计报告中发表非无保留意见、增加强调事项段或其他事项段时，审计报告的格式和内容如何进行相应调整。《中国注册会计师审计准则第1521号——注册会计师对其他信息的责任》和《中国注册会计师审计准则第1324号——持续经营》也包含出具审计报告时适用的报告要求。财务报表审计意见的基本类型有四种：无保留意见、保留意见、否定意见和无法表示意见的审计报告。下面先介绍标准无保留意见审计报告的基本内容。

（一）标题

标题应当统一规范为"审计报告"，以突出业务性质，并与其他业务报告相区别。

（二）收件人

收件人即注册会计师按照业务约定书的要求致送审计报告的对象，一般是指审计业务的委托人。审计报告应当载明收件人的全称。对于股份有限公司，审计报告收件人一般可用"××股份有限公司全体股东"；对于有限责任公司，收件人一般可用"××有限责任公司董事会"；对于合伙企业，收件人一般可用"××合伙企业全体合伙人"；对于独资企业，收件人一般可直接用"××公司（企业）"（该独资企业的名称）。

（三）审计意见

审计意见部分应当说明：财务报表是否在所有重大方面按照适用的财务报告编制基础编

制，是否公允反映了被审计单位的财务状况、经营成果和现金流量。

审计意见部分还应当包括下列方面：（1）指出被审计单位的名称。（2）说明财务报表已经审计。（3）指出构成整套财务报表的每一财务报表的名称。（4）提及财务报表附注。（5）指明构成整套财务报表的每一财务报表的日期或涵盖的期间。根据企业会计准则规定，整套财务报表的每张财务报表的名称分别为资产负债表、利润表、所有者（股东）权益变动表和现金流量表。此外，由于附注是财务报表不可或缺的重要组成部分，因此，也应提及财务报表附注。财务报表有反映时点的，有反映期间的，注册会计师应在审计意见部分指明构成整套财务报表的每一财务报表的日期或涵盖的期间。

（四）形成审计意见的基础

该部分应当紧接在审计意见部分之后，并包括下列方面：（1）说明注册会计师按照审计准则的规定执行了审计工作。（2）提及审计报告中用于描述审计准则规定的注册会计师责任的部分。（3）声明注册会计师按照与审计相关的职业道德要求独立于被审计单位，并按照这些要求履行了职业道德方面的其他责任。声明中应当指明适用的职业道德要求，如中国注册会计师职业道德守则。（4）说明注册会计师是否相信获取的审计证据是充分、适当的，为发表审计意见提供了基础。

（五）管理层和治理层对财务报表的责任

管理层对财务报表的责任部分应当说明管理层负责下列方面：（1）按照适用的财务报告编制基础编制财务报表，使其实现公允反映，并设计、执行和维护必要的内部控制，以使财务报表不存在舞弊或错误导致的重大错报；（2）评估被审计单位的持续经营能力和使用持续经营假设是否适当，并披露与持续经营相关的事项（如适用）。对管理层评估责任的说明应当包括描述在何种情况下使用持续经营假设是适当的。

当对财务报告过程负有监督责任的人员与履行上述责任的人员不同时，管理层对财务报表的责任部分还应当提及对财务报告过程负有监督责任的人员。在这种情况下，该部分的标题还应当提及"治理层"或者特定国家或地区法律框架中的恰当术语。

（六）注册会计师对财务报表审计的责任

注册会计师对财务报表审计的责任部分应当包括下列内容：（1）说明注册会计师的目标是对财务报表整体是否不存在舞弊或错误导致的重大错报获取合理保证，并出具包含审计意见的审计报告；（2）说明合理保证是高水平的保证，但并不能保证按照审计准则执行审计在某一重大错报存在时总能发现；（3）说明错报可能由舞弊或错误导致。

在说明错报可能由舞弊或错误导致时，注册会计师应当从下列两种做法中选取一种：（1）描述如果合理预期错报单独或汇总起来可能影响财务报表使用者依据财务报表作出的经济决策，则错报是重大的；（2）根据适用的财务报告编制基础，提供关于重要性的定义或描述。

注册会计师对财务报表审计的责任部分还应当包括下列内容：（1）说明在按照审计准则执行审计工作的过程中，注册会计师运用职业判断，并保持职业怀疑；（2）通过说明注册会计师的责任，对审计工作进行描述。

这些责任包括：（1）识别和评估舞弊或错误导致的财务报表重大错报风险，对这些风险有针对性地设计和实施审计程序，获取充分、适当的审计证据，作为发表审计意见的基础。由于舞弊可能涉及串通、伪造、故意遗漏、虚假陈述或凌驾于内部控制之上，未能发现舞弊导致的重大错报的风险高于未能发现错误导致的重大错报的风险。(2) 了解与审计相关的内部控制，以设计恰当的审计程序，但目的并非对内部控制的有效性发表意见。当注册会计师有责任在财务报表审计的同时对内部控制的有效性发表意见时，应当略去上述"目的并非对内部控制的有效性发表意见"的表述。(3) 评价管理层选用会计政策的恰当性和作出会计估计及相关披露的合理性。(4) 对管理层使用持续经营假设的恰当性得出结论。同时，基于所获取的审计证据，对是否存在与特定事项或情况相关的重大不确定性，从而可能导致对被审计单位的持续经营能力产生重大疑虑得出结论。如果注册会计师得出结论认为存在重大不确定性，审计准则要求注册会计师在审计报告中提请报表使用者注意财务报表中的相关披露；如果披露不充分，注册会计师应当发表非无保留意见。注册会计师的结论基于审计报告日可获得的信息。然而，未来的事项或情况可能导致被审计单位不能持续经营。(5) 评价财务报表的总体列报、结构和内容（包括披露），并评价财务报表是否公允反映相关交易和事项。

注册会计师对财务报表审计的责任部分还应当包括下列内容：(1) 说明注册会计师与治理层就计划的审计范围、时间安排和重大审计发现等进行沟通，包括沟通注册会计师在审计中识别的值得关注的内部控制缺陷。(2) 对于上市实体财务报表审计，指出注册会计师就遵守关于独立性的相关职业道德要求向治理层提供声明，并与治理层沟通可能被合理认为影响注册会计师独立性的所有关系和其他事项，以及相关的防范措施（如适用）。(3) 对于上市实体财务报表审计，以及决定按照《中国注册会计师审计准则第1504号——在审计报告中沟通关键审计事项》的规定沟通关键审计事项的其他情况，说明注册会计师从与治理层沟通的事项中确定哪些事项对当期财务报表审计最为重要，因而构成关键审计事项。注册会计师在审计报告中描述这些事项，除非法律法规禁止公开披露这些事项，或在极少数情形下，注册会计师合理预期在审计报告中沟通某事项造成的负面后果超过在公众利益方面产生的益处，因而确定不应在审计报告中沟通该事项。

（七）其他报告责任段（如适用）

除审计准则规定的注册会计师责任外，如果注册会计师在对财务报表出具的审计报告中履行其他报告责任，应当在审计报告中将其单独作为一部分，并以"对其他法律和监管要求的报告"为标题，或使用适合于该部分内容的其他标题，除非其他报告责任与审计准则所要求的报告责任涉及相同的主题。如果涉及相同的主题，其他报告责任可以在审计准则所要求的同一报告要素部分列示。

如果将其他报告责任在审计准则要求的同一报告要素部分列示，审计报告应当清楚区分其他报告责任和审计准则要求的报告责任。

如果审计报告为其他报告责任单设一部分，应当置于"对财务报表审计的报告"标题下；"对其他法律和监管要求的报告"部分应当置于"对财务报表审计的报告"部分之后。

（八）注册会计师的签名并盖章

审计报告应当由项目合伙人和另一名负责该项目的注册会计师签名和盖章。注册会计师应当在对上市实体整套通用目的财务报表出具的审计报告中注明项目合伙人。审计报告应当载明会计师事务所的名称和地址，并加盖会计师事务所公章。

（九）会计师事务所的名称、地址和公章

审计报告应当载明会计师事务所的名称和地址（一般只写明其注册地城市名），并加盖

会计师事务所公章。

（十）报告日期

审计报告标注的日期为注册会计师完成审计工作的日期。审计报告的日期不应早于注册会计师获取充分、适当的审计证据，并在此基础上对财务报表形成审计意见的日期。

在确定审计报告日期时，注册会计师应当确信已获取下列两方面的审计证据：（1）构成整套财务报表的所有报表（包括相关附注）已编制完成；（2）被审计单位的董事会、管理层或类似机构已经认可其对财务报表负责。

在实务中，注册会计师在正式签署审计报告前，通常把审计报告草稿和已审计财务报表草稿一同提交给管理层。如果管理层批准并签署已审计财务报表，注册会计师即可签署审计报告。注册会计师签署审计报告的日期通常与管理层签署已审计财务报表的日期为同一天，或晚于管理层签署已审计财务报表的日期。

注册会计师在对上市实体整套通用目的财务报表进行审计时，需要在审计报告中沟通关键审计事项。关键审计事项，是指注册会计师根据职业判断认为对当期财务报表审计最为重要的事项。关键审计事项选自与治理层沟通的事项。如果某些事项导致注册会计师发表非无保留意见，注册会计师不得在审计报告的关键审计事项部分沟通该事项。在注册会计师在对财务报表发表无法表示意见时，不得沟通关键审计事项，除非法律法规要求沟通。注册会计师应当在审计报告中单设一部分，以"关键审计事项"为标题，并在该部分使用恰当的子标题逐项描述关键审计事项。

如果认为有必要提醒财务报表使用者关注已在财务报表中列报或披露，且根据职业判断认为对财务报表使用者理解财务报表至关重要的事项，在同时满足下列条件时，注册会计师应当在审计报告中增加强调事项段：（1）该事项不会导致注册会计师发表非无保留意见；（2）该事项未被确定为将要在审计报告中沟通的关键审计事项。

如果认为有必要沟通虽然未在财务报表中列报或披露，但根据职业判断认为与财务报表使用者理解审计工作、注册会计师的责任或审计报告相关的事项，在同时满足下列条件时，注册会计师应当在审计报告中增加其他事项段：（1）未被法律法规禁止；（2）该事项未被确定为将要在审计报告中沟通的关键审计事项。其他事项段应置于关键审计事项部分之后。如果其他事项段的内容与其他报告责任部分相关，这一段落也可以置于审计报告的其他位置。

如果运用持续经营假设是适当的，但存在重大不确定性，且财务报表对重大不确定性已作出充分披露，注册会计师应当发表无保留意见，并在审计报告中增加以"与持续经营相关的重大不确定性"为标题的单独部分，以：（1）提醒财务报表使用者关注财务报表附注中所述与持续经营相关的重大不确定性事项的披露；（2）说明这些事项或情况表明存在可能导致对被审计单位持续经营能力产生重大疑虑的重大不确定性，并说明该事项并不影响发表的审计意见。

第五节　无保留意见审计报告

一、无保留意见审计报告的签发条件

无保留意见，是指当注册会计师认为财务报表在所有重大方面按照适用的财务报告编制基础编制并实现公允反映时发表的审计意见。注册会计师经过审计后，认为被审计单位财务报表符合下列所有条件，注册会计师应当出具标准无保留意见的审计报告：

（1）财务报表已经在所有重大方面按照适用的财务报告编制基础编制，公允反映了被审计单位的财务状况、经营成果和现金流量。

（2）注册会计师已经按照中国注册会计师审计准则的规定计划和实施审计工作，在审计过程中未受到限制。

（3）没有必要在审计报告中增加强调事项段、其他事项段、其他信息段或与持续经营相关的重大不确定性段。

综合起来，注册会计师出具无保留意见审计报告的条件：一是财务报表按照财务报告编制基础编制；二是注册会计师的审计范围没有受到重大限制。

二、评价财务报表应考虑的内容

注册会计师应当就财务报表是否在所有重大方面按照适用的财务报告编制基础编制并实现公允反映形成审计意见。针对财务报表整体是否不存在舞弊或错误导致的重大错报，注册会计师应当得出结论，确定是否已就此获取合理保证。在得出结论时，注册会计师应当考虑下列方面：（1）是否已获取充分、适当的审计证据；（2）未更正错报单独或汇总起来是否构成重大错报；（3）财务报表是否在所有重大方面按照适用的财务报告编制基础编制并实现公允反映。

在评价财务报表是否在所有重大方面按照适用的财务报告编制基础编制时，注册会计师应当特别评价下列内容：

①财务报表是否恰当披露了所选择和运用的重要会计政策。作出这一评价时，注册会计师应当考虑会计政策与被审计单位的相关性，以及会计政策是否以可理解的方式予以表述。

②所选择和运用的会计政策是否符合适用的财务报告编制基础，并适合被审计单位的具体情况。

③管理层作出的会计估计是否合理。

④财务报表列报的信息是否具有相关性、可靠性、可比性和可理解性。作出这一评价时，注册会计师应当考虑：

a.应当包括的信息是否均已包括，这些信息的分类、汇总或分解以及描述是否适当；

b.财务报表的总体列报（包括披露）是否由于包括不相关的信息或有碍正确理解所披露事项的信息而受到不利影响。

⑤财务报表是否作出恰当披露，使预期使用者能够理解重大交易和事项对财务报表所传递的信息的影响。

⑥财务报表使用的术语（包括每一财务报表的标题）是否适当。

在评价时，注册会计师应当考虑被审计单位会计实务的质量，包括表明管理层的判断可能出现偏向的迹象。

在评价财务报表是否实现公允反映时，注册会计师应当考虑下列方面：

①财务报表的总体列报（包括披露）、结构和内容是否合理；

②财务报表是否公允地反映了相关交易和事项。

三、无保留意见审计报告的关键措辞

无保留意见审计报告应当以"我们认为"作为意见段的开头，并使用"在所有重大方面""公允反映了"等专业术语。

对按照适用的财务报告编制基础（如企业会计准则）编制的财务报表出具的标准无保留意见审计报告范例如下：

审计报告

ABC股份有限公司全体股东：

一、审计意见

我们审计了ABC股份有限公司（以下简称公司）财务报表，包括2023年12月31日的资产负债表，2023年度的利润表、现金流量表、股东权益变动表以及财务报表附注。

我们认为，后附的财务报表在所有重大方面按照企业会计准则的规定编制，公允反映了公司2023年12月31日的财务状况以及2023年度的经营成果和现金流量。

二、形成审计意见的基础

我们按照中国注册会计师审计准则的规定执行了审计工作。审计报告的"注册会计师对财务报表审计的责任"部分进一步阐述了我们在这些准则下的责任。按照中国注册会计师职业道德守则，我们独立于ABC公司，并履行了职业道德方面的其他责任。我们相信，我们获取的审计证据是充分、适当的，为发表审计意见提供了基础。

三、关键审计事项

关键审计事项是我们根据职业判断，认为对本期财务报表审计最为重要的事项。这些事项的应对以对财务报表整体进行审计并形成审计意见为背景，我们不对这些事项单独发表意见。

［按照《中国注册会计师审计准则第1504号——在审计报告中沟通关键审计事项》的规定描述每一关键审计事项。］

四、其他信息

ABC公司管理层（以下简称管理层）对其他信息负责。其他信息包括年度报告中涵盖的信息，但不包括财务报表和我们的审计报告。

我们对财务报表发表的审计意见不涵盖其他信息，我们也不对其他信息发表任何形式的鉴证结论。

结合我们对财务报表的审计，我们的责任是阅读其他信息，在此过程中，考虑其他信息是否与财务报表或我们在审计过程中了解到的情况存在重大不一致或者似乎存在重大错报。

基于我们已执行的工作，如果我们确定其他信息存在重大错报，我们应当报告该事实。在这方面，我们无任何事项需要报告。

五、管理层和治理层对财务报表的责任

管理层负责按照企业会计准则的规定编制财务报表，使其实现公允反映，并设计、执行和维护必要的内部控制，以使财务报表不存在舞弊或错误导致的重大错报。

在编制财务报表时，管理层负责评估ABC公司的持续经营能力，披露与持续经营相关的事项（如适用），并运用持续经营假设，除非管理层计划清算ABC公司、终止运营或别无其他现实的选择。

治理层负责监督ABC公司的财务报告过程。

六、注册会计师对财务报表审计的责任

我们的目标是对财务报表整体是否不存在舞弊或错误导致的重大错报获取合理保证，并出具包含审计意见的审计报告。合理保证是高水平的保证，但并不能保证按照审计准则执行的审计在某一重大错报存在时总能发现。错报可能由舞弊或错误导致，如果合理预期错报单独或汇总起来可能影响财务报表使用者依据财务报表作出的经济决策,则通常认为错报是重大的。

在按照审计准则执行审计工作的过程中,我们运用职业判断,并保持职业怀疑。同时,我们也执行以下工作:

(1)识别和评估舞弊或错误导致的财务报表重大错报风险,设计和实施审计程序以应对这些风险,并获取充分、适当的审计证据,作为发表审计意见的基础。由于舞弊可能涉及串通、伪造、故意遗漏、虚假陈述或凌驾于内部控制之上,未能发现舞弊导致的重大错报的风险高于未能发现错误导致的重大错报的风险。

(2)了解与审计相关的内部控制,以设计恰当的审计程序,但目的并非对内部控制的有效性发表意见①。

(3)评价管理层选用会计政策的恰当性和作出会计估计及相关披露的合理性。

(4)对管理层使用持续经营假设的恰当性得出结论。同时,根据获取的审计证据,就可能导致对 ABC 公司持续经营能力产生重大疑虑的事项或情况是否存在重大不确定性得出结论。如果我们得出结论认为存在重大不确定性,审计准则要求我们在审计报告中提请报表使用者注意财务报表中的相关披露;如果披露不充分,我们应当发表非无保留意见。我们的结论基于截至审计报告日可获得的信息。然而,未来的事项或情况可能导致 ABC 公司不能持续经营。

(5)评价财务报表的总体列报、结构和内容,并评价财务报表是否公允反映相关交易和事项。

我们与治理层就计划的审计范围、时间安排和重大审计发现等事项进行沟通,包括沟通我们在审计中识别出的值得关注的内部控制缺陷。

我们还就已遵守与独立性相关的职业道德要求向治理层提供声明,并与治理层沟通可能被合理认为影响我们独立性的所有关系和其他事项,以及相关的防范措施(如适用)。

从与治理层沟通的事项中,我们确定哪些事项对当期财务报表审计最为重要,因而构成关键审计事项。我们在审计报告中描述这些事项,除非法律法规禁止公开披露这些事项,或在极少数情形下,如果合理预期在审计报告中沟通某事项造成的负面后果超过在公众利益方面产生的益处,我们确定不应在审计报告中沟通该事项。

××会计师事务所	中国注册会计师:×××(项目合伙人)
(盖章)	(签名并盖章)
	中国注册会计师:×××
	(签名并盖章)
中国××市	
	二〇二四年××月××日

①如果注册会计师结合财务报表审计对内部控制的有效性发表意见,应当删除"但目的并非对内部控制的有效性发表意见"的措辞。

第六节 非无保留意见审计报告

非无保留意见审计报告,包括保留意见、否定意见和无法表示意见的审计报告。

一、保留意见审计报告

（一）签发保留意见审计报告的条件

当存在下列情形之一时，注册会计师应当发表保留意见审计报告：

（1）在获取充分、适当的审计证据后，注册会计师认为错报单独或汇总起来对财务报表影响重大，但不具有广泛性；

（2）注册会计师无法获取充分、适当的审计证据以作为形成审计意见的基础，但认为未发现的错报（如存在）对财务报表可能产生的影响重大，但不具有广泛性。

（二）保留意见审计报告的基本内容与专业术语

保留意见审计报告的基本内容除了包括标准无保留意见审计报告的基本内容外，还应当将"形成审计意见的基础"这一标题修改为"形成保留意见的基础"，在该部分包含对导致发表保留意见的事项的描述。

如果财务报表中存在与具体金额（包括财务报表附注中的定量披露）相关的重大错报，注册会计师应当在形成审计意见的基础部分说明并量化该错报的财务影响。如果无法量化财务影响，注册会计师应当在该部分说明这一情况。如果财务报表中存在与定性披露相关的重大错报，注册会计师应当在形成审计意见的基础部分解释该错报错在何处。如果财务报表中存在与应披露而未披露信息相关的重大错报，注册会计师应当：（1）与治理层讨论未披露信息的情况；（2）在形成审计意见的基础部分描述未披露信息的性质；（3）如果可行并且已针对未披露信息获取了充分、适当的审计证据，那么在形成审计意见的基础部分包含对未披露信息的披露，除非法律法规禁止。

如果因无法获取充分、适当的审计证据而导致发表保留意见，注册会计师应当在形成审计意见的基础部分说明无法获取审计证据的原因。

当由于财务报表存在重大错报而发表保留意见时，注册会计师应当根据适用的财务报告编制基础在审计意见部分说明：注册会计师认为，除形成保留意见的基础部分所述事项产生的影响外，财务报表在所有重大方面按照适用的财务报告编制基础编制，并实现公允反映。

当由于无法获取充分、适当的审计证据而导致发表保留意见时，注册会计师应当在审计意见部分使用"除……可能产生的影响外"等措辞。

下面是由于注册会计师无法获取充分、适当的审计证据而发表保留意见的审计报告：

审计报告

ABC股份有限公司全体股东：

一、保留意见

我们审计了ABC股份有限公司及其子公司（以下简称ABC集团）的合并财务报表，包括2023年12月31日的合并资产负债表，2023年度的合并利润表、合并现金流量表、合并股东权益变动表以及合并财务报表附注。

我们认为，除"形成保留意见的基础"部分所述事项可能产生的影响外，后附的集团合并财务报表在所有重大方面按照企业会计准则的规定编制，公允反映了集团2023年12月31日的合并财务状况以及2023年度的合并经营成果和合并现金流量。

二、形成保留意见的基础

ABC集团对本年度内取得的境外联营公司XYZ公司的投资以权益法核算，截至2023

年 12 月 31 日，该项投资在合并资产负债表中的账面价值为×元，ABC 集团按持股比例计算的 XYZ 公司净收益份额×元已包含在集团本年度收益中。由于我们无法接触 XYZ 公司的财务信息、管理层以及注册会计师，我们无法就 ABC 集团对 XYZ 公司在 2023 年 12 月 31 日投资的账面价值以及 ABC 集团按持股比例计算的 XYZ 公司当年度净收益份额获取充分、适当的审计证据。因此，我们无法确定是否需要对上述金额进行调整。

我们按照中国注册会计师审计准则的规定执行了审计工作。审计报告的"注册会计师对合并财务报表审计的责任"部分进一步阐述了我们在这些准则下的责任。按照中国注册会计师职业道德守则，我们独立于 ABC 集团，并履行了职业道德方面的其他责任。我们相信，我们获取的审计证据是充分、适当的，为发表保留意见提供了基础。

三、其他信息

ABC 集团管理层（以下简称管理层）对其他信息负责。其他信息包括年度报告中涵盖的信息，但不包括合并财务报表和我们的审计报告。

我们对合并财务报表发表的审计意见不涵盖其他信息，我们也不对其他信息发表任何形式的鉴证结论。

结合我们对合并财务报表的审计，我们的责任是阅读其他信息，在此过程中，考虑其他信息是否与合并财务报表或我们在审计过程中了解到的情况存在重大不一致或者似乎存在重大错报。

基于我们已执行的工作，如果我们确定其他信息存在重大错报，我们应当报告该事实。如上述"形成保留意见的基础"部分所述，我们无法就 2023 年 12 月 31 日 ABC 集团对 XYZ 公司投资的账面价值以及 ABC 集团按持股比例计算的 XYZ 公司当年度净收益份额获取充分、适当的审计证据。因此，我们无法确定与该事项相关的其他信息是否存在重大错报。

四、关键审计事项

关键审计事项是根据我们的职业判断，认为对本期财务报表审计最为重要的事项。这些事项的应对以对合并财务报表整体进行审计并形成审计意见为背景，我们不对这些事项单独发表意见。除"形成保留意见的基础"部分所述事项外，我们确定下列事项是需要在审计报告中沟通的关键审计事项。

［按照《中国注册会计师审计准则第 1504 号——在审计报告中沟通关键审计事项》的规定描述每一关键审计事项。］

五、管理层和治理层对财务报表的责任

管理层负责按照企业会计准则的规定编制财务报表，使其实现公允反映，并设计、执行和维护必要的内部控制，以使财务报表不存在舞弊或错误导致的重大错报。

在编制财务报表时，管理层负责评估集团的持续经营能力，披露与持续经营相关的事项（如适用），并运用持续经营假设，除非管理层计划清算 ABC 集团、终止运营或别无其他现实的选择。

治理层负责监督 ABC 集团的财务报告过程。

六、注册会计师对财务报表审计的责任

我们的目标是对财务报表整体是否不存在舞弊或错误导致的重大错报获取合理保证，并出具包含审计意见的审计报告。合理保证是高水平的保证，但并不能保证按照审计准则执行的审计在某一重大错报存在时总能发现。错报可能由舞弊或错误导致，如果合理预期

错报单独或汇总起来可能影响财务报表使用者依据财务报表作出的经济决策，则通常认为错报是重大的。

在按照审计准则执行审计的过程中，我们运用职业判断，并保持职业怀疑。同时，我们也执行以下工作：

（1）识别和评估舞弊或错误导致的财务报表重大错报风险，设计和实施审计程序以应对这些风险，并获取充分、适当的审计证据，作为发表审计意见的基础。由于舞弊可能涉及串通、伪造、故意遗漏、虚假陈述或凌驾于内部控制之上，未能发现舞弊导致的重大错报的风险高于未能发现错误导致的重大错报的风险。

（2）了解与审计相关的内部控制，以设计恰当的审计程序，但目的并非对内部控制的有效性发表意见。

（3）评价管理层选用会计政策的恰当性和作出会计估计及相关披露的合理性。

（4）对管理层使用持续经营假设的恰当性得出结论。同时，根据获取的审计证据，就可能导致对 ABC 公司持续经营能力产生重大疑虑的事项或情况是否存在重大不确定性得出结论。如果我们得出结论认为存在重大不确定性，审计准则要求我们在审计报告中提请报表使用者注意财务报表中的相关披露；如果披露不充分，我们应当发表非无保留意见。我们的结论基于截至审计报告日可获得的信息。然而，未来的事项或情况可能导致 ABC 公司不能持续经营。

（5）评价财务报表的总体列报、结构和内容，并评价财务报表是否公允反映交易和事项。

我们与治理层就计划的审计范围、时间安排和重大审计发现等事项进行沟通，包括沟通我们在审计中识别的值得关注的内部控制缺陷。

我们还就已遵守独立性的相关职业道德要求向治理层提供声明，并与治理层沟通可能被合理认为影响我们独立性的所有关系和其他事项，以及相关的防范措施（如适用）。

从与治理层沟通的事项中，我们确定哪些事项对当期财务报表审计最为重要，因而构成关键审计事项。我们在审计报告中描述这些事项，除非法律法规禁止公开披露这些事项，或在极少数情形下，如果合理预期在审计报告中沟通某事项造成的负面后果超过在公众利益方面产生的益处，我们确定不应在审计报告中沟通该事项。

××会计师事务所   中国注册会计师：×××（项目合伙人）

（盖章）   （签名并盖章）

中国注册会计师：×××

中国××市   （签名并盖章）

二〇二四年××月××日

二、否定意见审计报告

（一）签发否定意见审计报告的条件

否定意见是指注册会计师认为财务报表没有在所有重大方面按照适用的财务报告编制基础编制，未能实现公允反映被审计单位的财务状况、经营成果和现金流量而发表的审计意见。否定意见说明被审计单位的财务报表不能信赖，因此，无论是注册会计师，还是被审计单位都不希望发表此类意见。因而在审计实务中发表否定意见的情况极其罕见。

在获取充分、适当的审计证据后，如果认为错报单独或汇总起来对财务报表的影响重大且具有广泛性，注册会计师应当发表否定意见。

（二）否定意见审计报告的基本内容与关键措辞

否定意见审计报告的基本内容除了包括标准无保留意见审计报告的基本内容外，还应当将"形成审计意见的基础"这一标题修改为"形成否定意见的基础"，在该部分包含对导致发表否定意见的事项的描述，说明注意到的、将导致发表否定意见的所有其他事项及其影响。

在发表否定意见时，注册会计师应当对审计意见部分使用恰当的标题"否定意见"。

当发表否定意见时，注册会计师应当根据适用的财务报告编制基础在审计意见部分说明：注册会计师认为，由于形成否定意见的基础部分所述事项的重要性，财务报表没有在所有重大方面按照适用的财务报告编制基础编制，未能实现公允反映。

当发表否定意见时，注册会计师应当在形成否定意见的基础部分说明：注册会计师获取了充分、适当的审计证据以作为形成否定审计意见的基础。

下面是由于合并财务报表存在重大错报而发表否定意见的审计报告：

审计报告

ABC 股份有限公司全体股东：

一、否定意见

我们审计了 ABC 股份有限公司及其子公司（以下简称 ABC 集团）的合并财务报表，包括 2023 年 12 月 31 日的合并资产负债表，2023 年度的合并利润表、合并现金流量表、合并股东权益变动表以及合并财务报表附注。

我们认为，由于"形成否定意见的基础"部分所述事项的重要性，后附的集团合并财务报表没有在所有重大方面按照企业会计准则的规定编制，未能公允反映 ABC 集团 2023 年12 月 31 日的合并财务状况以及 2023 年度的合并经营成果和合并现金流量。

二、形成否定意见的基础

如财务报表附注×所述，由于无法确定 ABC 集团于 2023 年度收购的子公司 XYZ 公司某些重要资产和负债项目在收购日的公允价值，ABC 集团未将该子公司纳入合并范围。该项投资以成本计量。根据企业会计准则的规定，ABC 集团应将该子公司纳入合并范围，并以暂估金额为基础核算该项收购。如果将 XYZ 公司纳入合并范围，后附合并财务报表的多个项目将受到重大影响。我们尚未确定未将该公司纳入合并范围对合并财务报表的影响。

我们按照中国注册会计师审计准则的规定执行了审计工作。审计报告的"注册会计师对合并财务报表审计的责任"部分进一步阐述了我们在这些准则下的责任。按照中国注册会计师职业道德守则，我们独立于 ABC 集团，并履行了职业道德方面的其他责任。我们相信，我们获取的审计证据是充分、适当的，为发表否定意见提供了基础。

三、其他信息

ABC 集团管理层（以下简称管理层）对其他信息负责。其他信息包括年度报告中涵盖的信息，但不包括合并财务报表和我们的审计报告。

我们对合并财务报表发表的审计意见不涵盖其他信息，我们也不对其他信息发表任何形式的鉴证结论。

结合我们对合并财务报表的审计，我们的责任是阅读其他信息，在此过程中，考虑其他信息是否与合并财务报表或我们在审计过程中了解到的情况存在重大不一致或者似乎存在重大错报。

基于我们已执行的工作，如果我们确定其他信息存在重大错报，我们应当报告该事实。如上述"形成否定意见的基础"部分所述，ABC集团应当将XYZ公司纳入合并范围，并以暂估金额为基础核算该项收购。我们认为，由于年度报告中的相关金额或其他项目受到未合并XYZ公司的影响，其他信息存在重大错报。

四、关键审计事项

关键审计事项是我们根据职业判断，认为对本期合并财务报表审计最为重要的事项。这些事项的应对以对合并财务报表整体进行审计并形成审计意见为背景，我们不对这些事项单独发表意见。除"形成否定意见的基础"部分所述事项外，我们确定下列事项是需要在审计报告中沟通的关键审计事项。

［按照《中国注册会计师审计准则第 1504 号——在审计报告中沟通关键审计事项》的规定描述每一关键审计事项。］

五、管理层和治理层对财务报表的责任

管理层负责按照企业会计准则的规定编制财务报表，使其实现公允反映，并设计、执行和维护必要的内部控制，以使财务报表不存在舞弊或错误导致的重大错报。

在编制财务报表时，管理层负责评估ABC集团的持续经营能力，披露与持续经营相关的事项（如适用），并运用持续经营假设，除非管理层计划清算ABC集团、终止运营或别无其他现实的选择。

治理层负责监督ABC集团的财务报告过程。

六、注册会计师对财务报表审计的责任

我们的目标是对财务报表整体是否不存在舞弊或错误导致的重大错报获取合理保证，并出具包含审计意见的审计报告。合理保证是高水平的保证，但并不能保证按照审计准则执行的审计在某一重大错报存在时总能发现。错报可能由舞弊或错误导致，如果合理预期错报单独或汇总起来可能影响财务报表使用者依据财务报表作出的经济决策，则通常认为错报是重大的。

在按照审计准则执行审计的过程中，我们运用职业判断，并保持职业怀疑。同时，我们也执行以下工作：

（1）识别和评估舞弊或错误导致的财务报表重大错报风险，设计和实施审计程序以应对这些风险，并获取充分、适当的审计证据，作为发表审计意见的基础。由于舞弊可能涉及串通、伪造、故意遗漏、虚假陈述或凌驾于内部控制之上，未能发现舞弊导致的重大错报的风险高于未能发现错误导致的重大错报的风险。

（2）了解与审计相关的内部控制，以设计恰当的审计程序，但目的并非对内部控制的有效性发表意见。

（3）评价管理层选用会计政策的恰当性和作出会计估计及相关披露的合理性。

（4）对管理层使用持续经营假设的恰当性得出结论。同时，根据获取的审计证据，就可能导致对 ABC 公司持续经营能力产生重大疑虑的事项或情况是否存在重大不确定性得出结论。如果我们得出结论认为存在重大不确定性，审计准则要求我们在审计报告中提请报表使用者注意财务报表中的相关披露；如果披露不充分，我们应当发表非无保留意见。我们的结论基于截至审计报告日可获得的信息。然而，未来的事项或情况可能导致ABC集团不能持续经营。

(5) 评价财务报表的总体列报、结构和内容，并评价财务报表是否公允反映交易和事项。

我们与治理层就计划的审计范围、时间安排和重大审计发现等事项进行沟通，包括沟通我们在审计中识别的值得关注的内部控制缺陷。

我们还就已遵守独立性的相关职业道德要求向治理层提供声明，并与治理层沟通可能被合理认为影响我们独立性的所有关系和其他事项，以及相关的防范措施（如适用）。

从与治理层沟通的事项中，我们确定哪些事项对当期财务报表审计最为重要，因而构成关键审计事项。我们在审计报告中描述这些事项，除非法律法规禁止公开披露这些事项，或在极少数情形下，如果合理预期在审计报告中沟通某事项造成的负面后果超过在公众利益方面产生的益处，我们确定不应在审计报告中沟通该事项。

××会计师事务所	中国注册会计师：×××（项目合伙人）
（盖章）	（签名并盖章）
	中国注册会计师：×××
中国××市	（签名并盖章）
	二○二四年××月××日

三、无法表示意见审计报告

（一）签发无法表示意见审计报告的条件

无法表示意见是指注册会计师不能就被审计单位财务报表整体是否在所有重大方面按照适用的财务报告编制基础编制，以及是否公允反映其财务状况、经营成果和现金流量发表审计意见，也即对被审计单位的财务报表既不发表无保留意见或保留意见，也不发表否定意见。

注册会计师发表无法表示意见，不同于注册会计师拒绝接受委托，它是在注册会计师实施了必要审计程序后所形成的结论。注册会计师发表无法表示意见，不是注册会计师不愿意发表无保留、保留或否定意见，而是由于一些重大限制使得注册会计师无法实施必要的审计程序，未能对一些重大事项获得充分、适当的审计证据，从而不能对财务报表整体发表意见。

如果无法获取充分、适当的审计证据以作为形成审计意见的基础，但认为未发现的错报（如存在）对财务报表可能产生的影响重大且具有广泛性，注册会计师应当发表无法表示意见。

在极少数情形下，可能存在多个不确定事项。尽管注册会计师对每个单独的不确定事项获取了充分、适当的审计证据，但由于不确定事项之间可能存在相互影响，以及可能对财务报表产生累计影响，注册会计师不可能对财务报表形成审计意见。在这种情况下，注册会计师应当发表无法表示意见。

典型的审计范围受到限制的情况有：(1) 未能对存货进行监盘；(2) 未能对应收账款进行函证；(3) 未能取得被投资企业的财务报表；(4) 内部控制极度混乱，会计记录缺乏系统性与完整性等。

在承接审计业务后，如果注意到管理层对审计范围施加了限制，且认为这些限制可能导致对财务报表发表保留意见或无法表示意见，注册会计师应当要求管理层消除这些限制。如果管理层拒绝消除这些限制，除非治理层全部成员参与管理被审计单位，注册会计师应当就此事项与治理层沟通，并确定能否实施替代程序以获取充分、适当的审计证据。

如果无法获取充分、适当的审计证据，注册会计师应当通过下列方式确定其影响：（1）如果未发现的错报（如存在）可能对财务报表产生的影响重大，但不具有广泛性，注册会计师应当发表保留意见。（2）如果未发现的错报（如存在）可能对财务报表产生的影响重大且具有广泛性，以至于发表保留意见不足以反映情况的严重性，注册会计师应当在可行时解除业务约定（除非法律法规禁止）；如果在出具审计报告之前解除业务约定被禁止或不可行，应当发表无法表示意见。如果解除业务约定，注册会计师应当在解除业务约定前，与治理层沟通在审计过程中发现的、将会导致发表非无保留意见的所有错报事项。

（二）无法表示意见审计报告的基本内容和关键措辞

无法表示意见审计报告的基本内容，在标准无保留审计报告基本内容的基础上进行多方面的修正。

在发表无法表示意见时，注册会计师应当对审计意见部分使用"无法表示意见"作为标题。

在审计意见部分，只强调"我们接受委托"，而非"我们审计了……"。

将"形成审计意见的基础"这一标题修改为"形成无法表示意见的基础"，在该部分包含对导致发表无法表示意见的事项的描述，说明注册会计师无法获取审计证据的原因，以及注意到的、将导致发表无法表示意见的所有其他事项及其影响。

当由于无法获取充分、适当的审计证据而发表无法表示意见时，注册会计师应当：（1）说明注册会计师不对后附的财务报表发表审计意见；（2）说明由于形成无法表示意见的基础部分所述事项的重要性，注册会计师无法获取充分、适当的审计证据以作为对财务报表发表审计意见的基础；（3）修改财务报表已经审计的说明，改为注册会计师接受委托审计财务报表。

当注册会计师对财务报表发表无法表示意见时，审计报告中不应当包含标准无保留意见审计报告中的下列要素：（1）提及审计报告中用于描述注册会计师责任的部分；（2）说明注册会计师是否已获取充分、适当的审计证据以作为形成审计意见的基础。

当由于无法获取充分、适当的审计证据而发表无法表示意见时，注册会计师应当修改标准无保留意见审计报告中对注册会计师责任的表述，并仅能包含如下内容：（1）说明注册会计师的责任是按照中国注册会计师审计准则的规定，对被审计单位财务报表执行审计工作，以出具审计报告；（2）但由于形成无法表示意见的基础部分所述的事项，注册会计师无法获取充分、适当的审计证据以作为发表审计意见的基础；（3）说明注册会计师在独立性和职业道德其他要求方面的责任。

当对财务报表发表无法表示意见时，注册会计师不得在审计报告中包含关键审计事项部分，除非法律法规另有规定。

下面是由于注册会计师无法针对财务报表多个要素获取充分、适当的审计证据而发表无法表示意见的审计报告。

审计报告

ABC股份有限公司全体股东：

一、无法表示意见

我们接受委托，审计ABC股份有限公司（以下简称公司）财务报表，包括2023年12月31日的资产负债表，2023年度的利润表、现金流量表、股东权益变动表以及财务报表附注。

我们不对后附的公司财务报表发表审计意见。由于"形成无法表示意见的基础"部分所述事项的重要性，我们无法获取充分、适当的审计证据以作为对财务报表发表审计意见的基础。

二、形成无法表示意见的基础

我们于2024年1月接受公司的审计委托，因而未能对公司2023年年初金额为×元的存货和年末金额为×元的存货实施监盘程序。此外，我们也无法实施替代审计程序获取充分、适当的审计证据。并且，公司于2023年9月采用新的应收账款电算化系统，由于存在系统缺陷导致应收账款出现大量错误。截至报告日，管理层仍在纠正系统缺陷并更正错误，我们也无法实施替代审计程序，以对截至2023年12月31日的应收账款总额×元获取充分、适当的审计证据。因此，我们无法确定是否有必要对存货、应收账款以及财务报表其他项目作出调整，也无法确定应调整的金额。

三、管理层和治理层对财务报表的责任

ABC公司管理层（以下简称管理层）负责按照企业会计准则的规定编制财务报表，使其实现公允反映，并设计、执行和维护必要的内部控制，以使财务报表不存在舞弊或错误导致的重大错报。

在编制财务报表时，管理层负责评估ABC公司的持续经营能力，披露与持续经营相关的事项（如适用），并运用持续经营假设，除非管理层计划清算ABC公司、终止运营或别无其他现实的选择。

治理层负责监督ABC公司的财务报告过程。

四、注册会计师对财务报表审计的责任

我们的责任是按照中国注册会计师审计准则的规定，对ABC公司财务报表执行审计工作，以出具审计报告。但由于"形成无法表示意见的基础"部分所述的事项，我们无法获取充分、适当的审计证据以作为发表审计意见的基础。

按照中国注册会计师职业道德守则，我们独立于ABC公司，并履行了职业道德方面的其他责任。

××会计师事务所	中国注册会计师：×××（项目合伙人）
（盖章）	（签名并盖章）
	中国注册会计师：×××
中国××市	（签名并盖章）
	二○二四年××月××日

第七节　在审计报告中增加强调事项段和其他事项段

一、带强调事项段的审计报告

强调事项段，是指审计报告中含有的一个段落，该段落提及已在财务报表中恰当列报的事项，根据注册会计师的职业判断，该事项对财务报表使用者理解财务报表至关重要。

如果认为有必要提醒财务报表使用者关注已在财务报表中列报，且根据职业判断认为对财务报表使用者理解财务报表至关重要的事项，在同时满足下列条件时，注册会计师应当在审计报告中增加强调事项段：（1）该事项不会导致注册会计师按照《中国注册会计师审计准则第1502号——在审计报告中发表非无保留意见》的规定发表非无保留意见；（2）当《中国注册会计师审计准则第1504号——在审计报告中沟通关键审计事项》适用时，该事项未被确定为将要在审计报告中沟通的关键审计事项。

如果在审计报告中包含强调事项段，注册会计师应当采取下列措施：（1）将强调事项段作为单独的一部分置于审计报告中，并使用包含"强调事项"这一术语的适当标题；（2）明确提及被强调事项以及相关披露的位置，以便能够在财务报表中找到对该事项的详细描述。强调事项段应当仅提及已在财务报表中列报的信息；（3）指出审计意见没有因该强调事项而改变。

《中国注册会计师审计准则第1111号——就审计业务约定条款达成一致意见》《中国注册会计师审计准则第1332号——期后事项》《中国注册会计师审计准则第1601号——审计特殊目的财务报表的特殊考虑》对注册会计师在特定情况下在审计报告中增加强调事项段提出具体要求。这些情形包括：

（1）法律法规规定的财务报告编制基础是不可接受的，但其是基于法律法规作出的规定；

（2）提醒财务报表使用者关注财务报表按照特殊目的编制基础编制；

（3）注册会计师在审计报告日后知悉了某些事实（即期后事项），并且出具了新的或经修改的审计报告。

注册会计师可能认为需要增加强调事项段的情形举例如下：

（1）异常诉讼或监管行动的未来结果存在不确定性；

（2）在财务报表日至审计报告日之间发生的重大期后事项；

（3）在允许的情况下，提前应用对财务报表有重大影响的新会计准则；

（4）存在已经或持续对被审计单位财务状况产生重大影响的特大灾难。

二、带其他事项段的审计报告

其他事项段，是指审计报告中含有的一个段落，该段落提及未在财务报表中列报的事项，根据注册会计师的职业判断，该事项与财务报表使用者理解审计工作、注册会计师的责任或审计报告相关。

如果认为有必要沟通虽然未在财务报表中列报，但根据职业判断认为与财务报表使用者理解审计工作、注册会计师的责任或审计报告相关的事项，在同时满足下列条件时，注册会计师应当在审计报告中增加其他事项段：（1）未被法律法规禁止；（2）当《中国注册会计师审计准则第1504号——在审计报告中沟通关键审计事项》适用时，该事项未被确定为将要在审计报告中沟通的关键审计事项。

如果在审计报告中包含其他事项段，注册会计师应当将该段落作为单独的一部分，并使用"其他事项"或其他适当标题。其他事项段应置于关键审计事项部分之后。如果其他事项段的内容与其他报告责任部分相关，这一段落也可以置于审计报告的其他位置。

审计准则中要求增加其他事项段的具体情况有：

《中国注册会计师审计准则第1332号——期后事项》规定的具体要求与强调事项段相同。

《中国注册会计师审计准则第1511号——比较信息：对应数据和比较财务报表》规定，如果上期财务报表已由前任注册会计师审计，并且法律法规不禁止注册会计师提及前任注册会计师对对应数据出具的审计报告，当注册会计师决定提及时，应当在审计报告的其他事项段中说明：（1）上期财务报表已由前任注册会计师审计；（2）前任注册会计师发表的意见的类型（如果是非无保留意见，还应当说明发表非无保留意见的理由）；（3）前任注册会计师出具的审计报告的日期。

如果上期财务报表未经审计，注册会计师应当在审计报告的其他事项段中说明对应数据未经审计。但这种说明并不减轻注册会计师获取充分、适当的审计证据，以确定期初余额不含有严重影响本期财务报表的错报的责任。

当结合本期审计对上期财务报表出具审计报告时，如果对上期财务报表发表的意见与以前发表的意见不同，注册会计师应当在其他事项段中披露导致不同意见的实质性原因。

如果上期财务报表已由前任注册会计师审计，除非前任注册会计师对上期财务报表重新出具审计报告，否则，注册会计师除对本期财务报表发表意见外，还应当在其他事项段中说明：（1）上期财务报表已由前任注册会计师审计；（2）前任注册会计师发表的意见类型（如果发表非无保留意见，还应当说明理由）；（3）前任注册会计师出具审计报告的日期。

三、带强调事项段和其他事项段的审计报告举例

下面是带强调事项段和其他事项段的无保留意见审计报告的实例：

审计报告

ABC股份有限公司全体股东：

一、审计意见

我们审计了ABC股份有限公司（以下简称公司）财务报表，包括2023年12月31日的资产负债表，2023年度的利润表、现金流量表、股东权益变动表以及财务报表附注。

我们认为，后附的财务报表在所有重大方面按照企业会计准则的规定编制，公允反映了公司2023年12月31日的财务状况以及2023年度的经营成果和现金流量。

二、形成审计意见的基础

我们按照中国注册会计师审计准则的规定执行了审计工作。审计报告的"注册会计师对财务报表审计的责任"部分进一步阐述了我们在这些准则下的责任。按照中国注册会计师职业道德守则，我们独立于ABC公司，并履行了职业道德方面的其他责任。我们相信，我们获取的审计证据是充分、适当的，为发表审计意见提供了基础。

三、强调事项

我们提醒财务报表使用者注意财务报表附注×，该附注描述了火灾对ABC公司的生产设备造成的影响。本段内容不影响已发表的审计意见。

四、关键审计事项

关键审计事项是根据我们的职业判断，认为对本期财务报表审计最为重要的事项。这些事项的应对以对财务报表整体进行审计并形成审计意见为背景，我们不对这些事项单独发表意见。

[按照《中国注册会计师审计准则第1504号——在审计报告中沟通关键审计事项》的规定描述每一关键审计事项]

五、其他信息

ABC公司管理层（以下简称管理层）对其他信息负责。其他信息包括年度报告中涵盖的信息，但不包括财务报表和我们的审计报告。

我们对财务报表发表的审计意见不涵盖其他信息，我们也不对其他信息发表任何形式的鉴证结论。

结合我们对财务报表的审计，我们的责任是阅读其他信息，在此过程中，考虑其他信息是否与财务报表或我们在审计过程中了解到的情况存在重大不一致或者似乎存在重大错报。

基于我们已执行的工作，如果我们确定其他信息存在重大错报，我们应当报告该事实。在这方面，我们无任何事项需要报告。

六、其他事项

2022年12月31日的资产负债表，2022年度的利润表、现金流量表、股东权益变动表以及财务报表附注由其他会计师事务所审计，并于2023年3月31日发表了无保留意见。

七、管理层和治理层对财务报表的责任

管理层负责按照企业会计准则的规定编制财务报表，使其实现公允反映，并设计、执行和维护必要的内部控制，以使财务报表不存在舞弊或错误导致的重大错报。

在编制财务报表时，管理层负责评估ABC公司的持续经营能力，披露与持续经营相关的事项（如适用），并运用持续经营假设，除非管理层计划清算ABC公司、终止运营或别无其他现实的选择。

治理层负责监督ABC公司的财务报告过程。

八、注册会计师对财务报表审计的责任

我们的目标是对财务报表整体是否不存在舞弊或错误导致的重大错报获取合理保证，并出具包含审计意见的审计报告。合理保证是高水平的保证，但并不能保证按照审计准则执行的审计在某一重大错报存在时总能发现。错报可能由舞弊或错误导致，如果合理预期错报单独或汇总起来可能影响财务报表使用者依据财务报表作出的经济决策，则通常认为错报是重大的。

在按照审计准则执行审计的过程中，我们运用职业判断，并保持职业怀疑。同时，我们也执行以下工作：

（1）识别和评估舞弊或错误导致的财务报表重大错报风险，设计和实施审计程序以应对这些风险，并获取充分、适当的审计证据，作为发表审计意见的基础。由于舞弊可能涉及串通、伪造、故意遗漏、虚假陈述或凌驾于内部控制之上，未能发现舞弊导致的重大错

报的风险高于未能发现错误导致的重大错报的风险。

（2）了解与审计相关的内部控制，以设计恰当的审计程序，但目的并非对内部控制的有效性发表意见。

（3）评价管理层选用会计政策的恰当性和作出会计估计及相关披露的合理性。

（4）对管理层使用持续经营假设的恰当性得出结论。同时，根据获取的审计证据，就可能导致对 ABC 公司持续经营能力产生重大疑虑的事项或情况是否存在重大不确定性得出结论。如果我们得出结论认为存在重大不确定性，审计准则要求我们在审计报告中提请报表使用者注意财务报表中的相关披露；如果披露不充分，我们应当发表非无保留意见。我们的结论基于截至审计报告日可获得的信息。然而，未来的事项或情况可能导致 ABC 公司不能持续经营。

（5）评价财务报表的总体列报、结构和内容，并评价财务报表是否公允反映交易和事项。

我们与治理层就计划的审计范围、时间安排和重大审计发现等事项进行沟通，包括沟通我们在审计中识别的值得关注的内部控制缺陷。

我们还就已遵守独立性的相关职业道德要求向治理层提供声明，并与治理层沟通可能被合理认为影响我们独立性的所有关系和其他事项，以及相关的防范措施（如适用）。

从与治理层沟通的事项中，我们确定哪些事项对当期财务报表审计最为重要，因而构成关键审计事项。我们在审计报告中描述这些事项，除非法律法规禁止许公开披露这些事项，或在极少数情形下，如果合理预期在审计报告中沟通某事项造成的负面后果超过在公众利益方面产生的益处，我们确定不应在审计报告中沟通该事项。

××会计师事务所   中国注册会计师：×××（项目合伙人）

  （盖章）   （签名并盖章）

                                   中国注册会计师：×××

中国××市   （签名并盖章）

                                   二〇二四年××月

第八节 其他信息

根据《中国注册会计师审计准则第1521号——注册会计师对其他信息的责任》的规定，其他信息，是指在实体年度报告中包含的除财务报表和审计报告以外的财务信息和非财务信息。其他信息的错报，是指对其他信息作出不正确陈述或误导，包括遗漏或掩饰对恰当理解其他信息披露的事项必要的信息。

其他信息可能包括下列方面：（1）某些金额或其他项目，这些金额或其他项目旨在与财务报表中的金额或其他项目相一致、或对其进行概括、或为其提供更详细的信息；（2）注册会计师在审计中了解到的金额或其他项目；（3）其他事项。

一、注册会计师对其他信息的责任

注册会计师应当阅读和考虑其他信息，是由于当其他信息与财务报表或者与注册会计师在审计中了解到的情况存在重大不一致时，可能表明财务报表或其他信息存在重大错报，两者均会损害财务报表和审计报告的可信性。这类重大错报也可能不恰当地影响审计报告使用者的经济决策。同时，这也可能有助于注册会计师遵循相关的职业道德要求，即要求注册会计师不应当在明知的情况下与以下信息发生关联：（1）含有严重虚假或误导性的陈述；（2）含有缺少充分依据的陈述或信息；（3）存在遗漏或含糊其词的信息，且这种遗漏或含糊其词会产生误导。

无论注册会计师获取其他信息是在审计报告日之前还是之后，均适用注册会计师对其他信息的责任（除适用的报告责任外）。但对于财务信息初步公告和证券发行文件，包括招股说明书，均不适用注册会计师对其他信息的责任。

二、其他信息的审计程序

（一）其他信息的获取与阅读

注册会计师应当：（1）通过与管理层讨论，确定哪些文件组成年度报告，以及被审计单位计划公布这些文件的方式和时间安排。（2）就及时获取组成年度报告的文件与管理层作出适当安排。如果可能，在审计报告日之前获取组成年度报告文件的最终版本。（3）如果部分或全部上述文件在审计报告日后才能取得，要求管理层提供书面声明，声明上述文件的最终版本将在可获取时并且在被审计单位公告前提供给注册会计师，以使注册会计师可以完成本准则要求的程序。

注册会计师应当阅读其他信息。在阅读时，注册会计师应当：（1）考虑其他信息和财务报表之间是否存在重大不一致。作为考虑的基础，注册会计师应将其他信息中选定的金额和其他项目（这些金额或其他项目旨在与财务报表中的金额或其他项目相一致，或对其进行概括，或为其提供更详细的信息）与财务报表中的相应金额和其他项目进行比较，以评价其一致性。（2）在已获取审计证据和已得出审计结论的背景下，考虑其他信息与注册会计师在审计中了解到的情况是否存在重大不一致。当阅读其他信息时，注册会计师应当对与财务报表或注册会计师在审计过程中了解到的情况不相关的其他信息中似乎存在重大错报的迹象保持警觉。

（二）其他信息的判断与结论

如果注册会计师识别出似乎存在重大不一致，或者知悉其他信息似乎存在重大错报，注册会计师应当与管理层讨论该事项，必要时，执行其他程序以确定：（1）其他信息是否存在重大错报；（2）财务报表是否存在重大错报；（3）注册会计师对被审计单位及其环境的了解是否需要更新。

如果注册会计师得出结论认为其他信息存在重大错报，应当要求管理层更正其他信息。如果管理层：（1）同意作出更正，注册会计师应当确定更正已经完成；（2）拒绝作出更正，注册会计师应当就该事项与治理层进行沟通，并要求作出更正。

如果注册会计师得出结论认为审计报告日前获取的其他信息存在重大错报，且在与治理层沟通后其他信息仍未得到更正，注册会计师应当采取恰当措施，包括：（1）考虑对审计报告的影响，并与治理层沟通，注册会计师计划在审计报告中如何处理重大错报；（2）解除业务约定。

如果注册会计师得出结论认为审计报告日后获取的其他信息存在重大错报，注册会计师应当：（1）如果其他信息得以更正，执行具体情形下的必要程序；（2）如果与治理层沟通后其他信息未得到更正，考虑注册会计师在法律上的权利和义务后采取恰当的措施，提醒审计报告使用者恰当关注未更正的重大错报。

如果注册会计师得出结论认为财务报表存在重大错报，或者注册会计师对被审计单位及其环境的了解需要更新，注册会计师应当根据其他审计准则作出恰当应对。

三、其他信息的报告

当审计报告日存在下列两种情况之一时，审计报告应当包括一个单独部分，以"其他信息"为标题：（1）对于上市实体财务报表的审计，注册会计师已获取或预期将获取其他信息；（2）对于上市实体以外其他被审计单位的财务报表审计，注册会计师已获取部分或全部其他信息。

当审计报告包括其他信息部分时，该部分应当包括：

1. 管理层对其他信息负责的说明。

2. 指明：（1）审计报告日前注册会计师已获取的其他信息（如有）；（2）对于上市实体财务报表审计，审计报告日后预期将获取的其他信息（如有）。

3. 说明注册会计师的意见未涵盖其他信息，因此，注册会计师对其他信息不发表（或将不发表）审计意见，或形成任何形式的鉴证结论。

4. 描述注册会计师根据本准则的要求，对其他信息进行阅读、考虑、报告的责任。

5. 如果审计报告日前已经获取其他信息，则：（1）说明注册会计师无任何事项需要报告；（2）如果注册会计师得出结论认为，其他信息存在未更正的重大错报，说明其他信息中的未更正重大错报。

如果发表保留或者否定意见，注册会计师应当考虑引起非无保留意见的事项对说明其他信息的影响。

四、其他信息的举例

不同审计意见之下，其他信息部分的表述有所不同，具体可参见第五节中无保留意见审计报告范例中的其他信息部分，第六节中保留意见、否定意见审计报告中的其他信息部分。

□ 复习思考题

1. 在什么情况下注册会计师应发表无保留意见审计报告？

2. 哪些报告属于非无保留意见审计报告？

3. 在什么情况下注册会计师应发表保留意见审计报告？

4. 在什么情况下注册会计师应发表否定意见审计报告？

5. 在什么情况下注册会计师应发表无法表示意见审计报告？

6. 在什么情况下注册会计师应出具带强调事项段的审计报告？

7. 在什么情况下注册会计师应出具带其他事项段的审计报告？

8. 在被审计单位的财务报表按照适用的财务报告编制基础列报时，审计报告有哪些格式上的要求？

9. 注册会计师对其他信息承担哪些责任？

第三篇　交易循环审计

第十三章

销售与收款循环审计

第一节　销售与收款循环概述

公司销售产品或提供劳务以获取收入是公司赖以生存和发展的根本。公司销售与收款循环主要指公司接受销售订单，向顾客销售商品或提供劳务并取得货款或者劳务收入的过程。这一过程对公司而言，其重要性是不言而喻的：由于该循环涉及了收入和资产项目，所以既影响利润表项目，又影响资产负债表项目。因此，销售与收款循环审计也是财务报表审计中十分重要的内容。

一、销售与收款循环中涉及的主要财务报表账户

销售与收款循环中涉及的主要财务报表账户见表13-1。

表13-1　　　　　　销售与收款循环中涉及的主要财务报表账户

资产负债表账户	利润表账户
合同资产	
应收账款	主营业务收入
坏账准备	税金及附加
应收票据	销售费用
应交税费	其他业务收入
合同负债	其他业务成本

二、主要业务活动及其涉及的凭证和账户

（一）销售与收款循环中的主要业务活动

1.销售业务中的主要活动

（1）接受订单。订货单是客户购买商品或接受劳务的一种书面文件。公司接受客户的订货要求是销售与收款循环的起点。

（2）赊销信用批准。为了扩大销售，公司往往会对商品或劳务进行赊销。赊销信用批准是公司信用管理部门根据公司管理层的赊销政策在客户的信用额度内进行的。

（3）供货与发运。公司管理层往往要求公司仓库只有在收到经过批准的销售单时才能供货。发运部门应当确定从仓库提取的商品附有经批准的销售单才能装运货物。

（4）开具账单。开具账单是指开具并向客户寄送事先连续编号的销售发票。

（5）记录销售。按照发票编制收款凭证或者转账凭证并据以登记明细账和总账。

2.收款业务中的主要活动

（1）收到现金，包括现销交易中收到的现金和赊销交易中应收账款的收回。

（2）将现金送存银行。

（3）记录收款。

3.销售调整业务中的主要活动

（1）办理和记录销货退回、折扣与折让。发生此类事项，必须经过审核批准。

（2）提取坏账准备。按照会计准则的规定和公司的会计政策计提坏账准备。

（3）注销坏账。对于无法收回的应收账款，经过适当审批后进行会计调整。

（二）销售与收款循环中主要业务凭证和账户

1.原始凭证类

（1）顾客订单。客户提出订货的书面要求，公司可以采用多种方式发送订货单来接受顾客订货。

（2）销售单。销售单是指列示客户所订商品的名称、规格、数量以及其他有关信息的凭证。该凭证是公司内部处理客户订单的凭据。

（3）发运凭证。发运凭证是指公司在发运货物时编制的、用以反映发出商品的规格、数量和其他有关内容的凭证。

（4）销售发票。销售发票是在会计账簿中登记销售交易的基本凭证。

（5）汇款通知书。汇款通知书是一种与销售发票一起寄给客户，由客户在付款时再寄回销售单位的书面凭据。该凭据注明了顾客的名称、销售发票号码、销售单位开户银行账号以及金额等内容。

（6）贷项通知单。贷项通知单是一种用来表示由于销售退回或折让而引起的应收账款减少的凭据。

（7）坏账审批表。公司内部使用的用来批准核销个别应收账款的书面凭据。

（8）应收账款账龄分析表。公司按月编制的反映月末尚未收回的应收账款数额和账龄。

（9）月末对账单。公司按月定期寄送给客户的用于购销双方定期核对账目的凭据。

（10）商品价目表。商品价目表是列示已经公司相关部门批准的可供销售的各种商品的

价格清单。

2.记账凭证类

公司记账凭证类凭证和账户包括收款凭证和转账凭证。

3.序时账和明细账类

公司的序时账和明细账类凭证和账户包括：（1）库存现金日记账；（2）银行存款日记账；（3）应收账款明细账；（4）主营业务收入明细账；（5）销售折扣与折让明细账。

4.总账类

总账类凭证和账户包括：（1）库存现金和银行存款；（2）应收账款；（3）应收票据；（4）坏账准备；（5）合同负债；（6）应交税费；（7）主营业务收入；（8）税金及附加；（9）销售费用；（10）其他业务收入；（11）其他业务成本。

第二节　销售与收款循环内部控制及其测试

一、内部控制要点

（一）处理订单

顾客订货单只有在符合管理层的授权标准时，才能被接受。管理层一般都列出了已批准销售的顾客名单。在决定是否接受某顾客的订货单时，销售单管理部门应追查该顾客是否被列入已经批准销售的顾客名单。如果该顾客未被列入顾客名单，则通常需要由销售单管理部门的主管来决定批准销售与否。销售单是证明管理层对有关销售交易的"发生"的凭据。

（二）信用批准

赊销批准是由信用管理部门负责进行的。信用管理部门在收到销售管理部门的销售单后，将销售单与购货方已被授权的赊销额度以及欠款余额加以比较，以决定是否继续给予赊销。在执行人工赊销信用检查时，应当合理划分工作责任，以切实避免销售人员为增加销售而使企业承受不适当的信用风险。

企业应对每个新顾客进行信用调查，包括获取信用评审机构对顾客信用等级的评定报告。无论是否批准赊销，信用管理部门都要在销售单上签署意见，然后将签署意见后的销售单送回销售管理部门。

设计信用批准控制的目的是降低坏账风险，因此，这些控制与应收账款净额的"准确性、计价和分摊"认定有关。

（三）供货与发运

企业管理层通常要求仓库只有在收到经过批准的销售单时才能供货，以防止仓库在未经授权的情况下擅自发货。

装运部门的职员在装运之前，必须独立检查从仓库提取的商品是否都附有经批准的销售单以及商品内容是否与销售单一致。仓库在装运商品的同时还要编制一式多联、连续编号的提货单，按序归档的发运凭证通常由装运部门保管。发运凭证提供了商品确实已被装运的证据，因此，它是证实销售交易"发生"认定的另一种形式的凭据。而定期对每一张发运凭证后是否附有相应的销售发票进行检查，则有助于保证销售交易"完整性"认定的正确性。

（四）开具账单

开具账单包括编制和向顾客寄送事先连续编号的销售发票。这一环节所针对的主要问题以及相关认定见表13-2。

表13-2　　　　　　　　　开具账单环节所针对的主要问题以及相关认定

开具账单环节所针对的主要问题	相关认定
（1）是否对所有装运的货物都开了账单	（1）完整性
（2）是否只对实际装运的货物才开账单，有无重复开单或虚构交易	（2）发生
（3）是否按已授权的价格计价	（3）准确性、计价和分摊

为了降低开单过程中出现遗漏、重复、错误计价或其他种类错报的风险，应设计以下控制程序：

（1）开单部门人员在编制每张销售发票之前，应独立检查发运凭证是否存在相应的经批准的销售单。

（2）应根据已授权批准的价格编制销售发票。

（3）独立检查销售发票计价和计算的正确性。

（4）将发运凭证上的商品总数与对应的销售发票上的商品总数进行比较。

上述控制程序有助于确保用于记录销货情况的销售发票的正确性。因此，这些控制与销货交易的"发生"、"完整性"以及"准确性、计价和分摊"的认定有关。

（五）记录销售

为了确保正确记录销售发票，将销货交易归属于适当的会计期间，企业需设计并执行下列记录销售的控制程序：

（1）依据附有有效发运凭证和销售单的销售发票记录销售。这些发运凭证和销售单应能证明销售交易已真实发生。

（2）控制所有事先连续编号的销售发票。

（3）独立检查已处理销售发票上的金额同会计记录金额的一致性。

（4）记录销售的职责应与前面所说明的处理销售交易的其他功能相分离。

（5）对记录过程中所涉及的有关记录的接触予以限制，以减少未经授权批准的记录发生。

（6）定期独立检查应收账款明细账与其总账的一致性。

（7）定期向顾客寄送对账单，并要求顾客将任何例外情况直接向所指定的未涉及执行或记录销售交易循环的会计主管报告。

以上这些控制与"发生"、"完整性"以及"准确性、计价和分摊"认定有关。

销售与收款循环中主要业务活动、对应的凭证及账户、相关部门、相关认定、重要控制点的关系见表13-3。

表13-3　　　　　　　　　　　　　　**销售与收款循环中的各种关系**

主要业务活动	相关凭证、账户	相关部门	相关认定	重要控制点
1.接受顾客订单	顾客订货单、销售单	销售单管理部门	销售交易的发生	顾客名单已被授权批准
2.批准赊销信用	销售单	信用管理部门	应收账款净额的准确性、计价和分摊	信用管理部门签署意见
3.按销售单供货	销售单	仓库		收到经过批准的销售单才供货
4.按销售单装运货物	销售单、发运凭证	装运部门	销售交易的发生、完整性	供货和运货职能相分离
5.向顾客开具账单	销售单、发运凭证、商品价目表、销售发票	开具账单部门	销售交易的发生、完整性、准确性、计价和分摊	销售发票连续编号
6.记录销售	销售发票及附件、转账凭证、收款凭证、销售明细账、应收账款明细账、库存现金和银行存款日记账	会计部门	发生、完整性、准确性、计价和分摊	销售发票连续编号、记录销售与处理销售职能分离、定期独立检查并向顾客寄送对账单
7.办理和登记库存现金及银行存款日记账	汇款通知书、收款凭证、库存现金和银行存款日记账	会计部门	发生、完整性,准确性、计价和分摊	利用汇款通知书加强货币资金控制
8.办理和记录销货退回以及销售折扣与折让	贷项通知单	会计部门、仓库	发生,完整性、准确性、计价和分摊	必须经授权处理,分别控制实物流和会计处理
9.提取坏账准备		会计部门	计价和分摊	
10.注销坏账	坏账审批表	赊销部门、会计部门	准确性、计价和分摊	审批后及时作会计调整

二、控制测试

（一）记录对内部控制的了解

　　注册会计师通过询问、观察和检查凭证，可以取得对被审计单位销售与收款循环的控制政策和程序的了解。如果审计的是老客户，则上期的审计工作底稿是一项重要的信息来源。

　　注册会计师应将所了解到的情况作出书面记录，记录的方式可根据需要灵活选择，如问卷调查表、流程图或者是文字说明性备忘录。表13-4列举了在销售与收款循环中可能包括的问题。

表13-4　　　　　　　　　　　　　　**销售交易内部控制调查表**

2024年1月14日

主要业务活动	提出问题	是	否	不适用	备注
1.接受客户订单	（1）是否将顾客订货单与批准顾客清单核对 （2）新顾客是否由主管批准 （3）对每张已接受的顾客订货单，是否都编制销售单				
2.批准信用	（1）是否对所有新顾客都执行信用检查 （2）是否在每次销售前都检查顾客的信用额度				
3.按销售单供货与装货	（1）供货前是否要求有已批准的销售单 （2）是否独立检查从仓库收到的商品同已批准销售单的一致性 （3）每次装运货物是否都编制了发运凭证				
4.开账单给顾客	（1）每次开单是否都有相应的发运凭证和已批准的销售单 （2）每张发运凭证是否都有相应的销售发票 （3）独立检查销售发票计价和计算的正确性				
5.记录销售	（1）计算销售发票合计数，该合计数是否与销售账和应收账款记录的金额一致 （2）是否每月都给顾客寄出对账单				

注册会计师签字：　　　　　　　　　被审计单位复核人员签字：

（二）测试控制制度与评价控制风险

注册会计师在对某项认定的控制风险进行测试、评价时，必须遵循的步骤为：

（1）确认可能发生哪些错报。

（2）确认防止、发现或纠正这些错报需要设计哪些关键控制点。

（3）通过控制测试，获取这些关键控制点有效性的证据。

（4）评价所获取的证据。

（5）评价该项认定的控制风险。

现将上述步骤的前三个环节在表13-5中予以说明。

表13-5　　　　　　　　**测试、评价销售与收款循环控制风险的考虑**

主要业务活动	关键控制点	防范的错报	可能的控制测试
1.接受顾客订单	（1）确定客户在已批准的顾客清单上 （2）每次销售都有已批准的销售单	可能将商品销售给了未经授权的客户	审查已批准的客户清单和销售单
2.批准信用	（1）信用管理部门须对所有新客户作信用调查 （2）在销售前，检查客户的信用额度 （3）要求被授权的信用管理部门人员在销售单上签署意见	承担了不适当的信用风险	（1）询问对新客户作信用调查的程序 （2）核对信用额度与销售情况 （3）审查赊销信用是否经适当的授权批准

续表

主要业务活动	关键控制点	防范的错报	可能的控制测试
3.按销售单发货、装运货	(1) 发货、装运货都需有已批准的销售单 (2) 按销售单发货和装运货的职责相分离 (3) 每次装运货都编制发运凭证	(1) 所发出、装运的货物可能和被订购的货物不符 (2) 可能有未经授权的发出、装运的货物	(1) 观察发货、装运货的职责分工情况 (2) 审查发运凭证及独立稽核的证据
4.开账单给顾客	(1) 每张发票都须有与之对应的发运凭证和已批准的销售单 (2) 每张发运凭证须都有与之相配合的销售发票 (3) 由独立人员对销售发票的编制作内部核查	(1) 可能对虚构的交易开单或重复开单 (2) 有些发运凭证可能没有开单 (3) 销售发票可能计价错误	(1) 将发票核对至发运凭证和已批准的销售单 (2) 追查发运凭证至销售发票 (3) 检查和计算发票的计价
5.记录销售	(1) 销售发票与销售账户和顾客账户的金额一致 (2) 每月定期给客户寄送对账单	(1) 发票可能未入销售账和顾客账户 (2) 发票可能过到错误的客户账户	(1) 复核独立检查证据 (2) 观察月末对账单情况
6.办理和记录库存现金、银行存款收入	(1) 采用汇款通知单 (2) 独立检查入账、过账的金额与每日现金汇总表的一致性 (3) 定期编制银行存款余额调节表	(1) 货币资金失窃 (2) 收款记录错误	(1) 核对发运凭证与相关的销售发票和主营业务收入明细账及应收账款中的分录 (2) 审查银行存款余额调节表

表 13-4 中可能的错报和关键控制点，是注册会计师依据对销售与收款交易处理业务的了解，以及会计师事务所提供的适合该被审计单位的问题调查表等相关内容而得出来的。注册会计师可以根据对被审计单位内部控制制度的了解，得知其是否已设计并执行了必要的控制。

注册会计师将执行控制测试所获取的证据，用来评价与销售与收款交易有关的每项重要认定的控制风险，并将评价过程的结论和相关依据记录在审计工作底稿中。

如果被审计单位销售与收款循环的内部控制不存在，或尽管存在但未得到执行，或者控制测试的工作不能达到减少实质性程序的工作量的目的，则注册会计师不应再继续实施控制测试，而应直接进行实质性程序。

第三节　销售与收款循环的交易类别测试

一、销售交易的实质性分析程序

在审计实务中，注册会计师在实施审计项目的细节测试前，一般都实施实质性分析程序，以提高审计效率。实质性分析程序是指用作实质性程序的分析程序。在某些审计领域，如果数据之间具有稳定的预期关系，注册会计师可以单独使用实质性分析程序获取充分、适当的审计证据。

实质性分析程序的应用一般包括以下几个步骤：

（1）识别需要运用分析程序的交易或者账户余额；

（2）确定期望值；

（3）确定可接受的差异额；

（4）识别和调查异常数据；

（5）评估分析程序结果。

下面我们用实例来说明实质性分析程序的具体应用。

（一）背景

A公司生产某种工业用清洗剂产品，其产品主要通过公司的销售部及分销商进行销售。A公司非常关注其产品质量，并主要根据其产品质量确定销售价格。由于其生产的产品的特点，A公司的产品价格通常比较稳定。由于市场竞争的原因，2×12—2×14年，A公司的销售情况一直增长缓慢。

2×15年11月，A公司从它的竞争对手B公司那里雇用了一个新的销售总监Z，Z将其原来在B公司的客户带到了A公司，使得A公司2×15年12月份的销售量增加了25%。并且A公司在2×16年全年一直保持着向这些客户的销售。由于客户的增加，A公司2×16年度的销售额比2×15年增长了近30%。

在风险评估程序中，通过对A公司2年趋势的分析，注册会计师发现，A公司的材料成本与销售收入同比例增加，但是人工成本与制造费用占销售收入的比例下降。

2×15年度和2×16年度A公司的部分财务数据见表13-6。

表13-6　　　　　　　　　　　　　销售收入及毛利对比表

年度 项目	2×15年度		2×16年度	
	金额 （千元）	占销售收入 比例（%）	金额 （千元）	占销售收入 比例（%）
销售收入	34 240	100.00	44 060	100.00
销售成本：				
材料成本	13 600	39.72	17 340	39.36
人工成本	7 000	20.44	7 560	17.16
制造费用	2 200	6.43	2 340	5.31
销售成本小计	22 800	66.59	27 240	61.83
毛利	11 440	33.41	16 820	38.17

（二）对收入实施实质性分析程序

注册会计师设定的财务报表重要性水平为300 000元。

在2×15年A公司销售收入已经审计的基础上，A公司2×16年的销售收入能够被合理预期，注册会计师决定使用实质性分析程序对 2×16 年度的销售收入的"发生"、"完整性"和"准确性、计价和分摊"认定获取一定的保证水平。

1.建立期望值

与 2×15 年度相比，2×16 年度 A 公司的销售发生了下述变化：

（1）由于客户的增加，2×16 年度 1—11 月份的销售额与 2×15 年度相同期间相比，增加了 25%。注册会计师已经在对应收账款进行审计的过程中，通过向公司客户函证的方式证实了这一增加。

（2）自 2×16 年 4 月起，A 公司的平均销售价格增加了 5%。注册会计师通过检查 A 公司的标准价格表核实了这一事项。

基于上述情况，注册会计师决定将 A 公司 2×16 年度的销售收入按月份进行拆分，以建立期望值。拆分结果见表 13-7。

表13-7　　　　　　　　　　　　　　　销售收入拆分表　　　　　　　　　　　　　单位：千元

月份	2×15年度	销售额增加25%	销售价格增加5%	2×16年度期望值	2×16年度实际发生额	差异
1	2 740	685		3 425	3 380	−45
2	2 760	690		3 450	3 460	10
3	2 680	670		3 350	3 400	50
4	2 820	705	176	3 701	3 180	−521*
5	2 780	695	174	3 649	4 000	351*
6	2 760	690	173	3 623	3 660	37
7	2 860	715	179	3 754	3 760	6
8	2 940	735	184	3 859	3 880	21
9	2 900	725	181	3 806	3 820	14
10	2 860	715	179	3 754	3 800	46
11	2 780	695	174	3 649	3 900	251*
12	3 360		168	3 528	3 820	292*
合计	34 240	7 720	1 588	43 548	44 060	

注：*为尾差调整。

2.确定可接受的差异额

注册会计师计划从实质性分析程序中获取的保证水平较高，将可接受的差异额确定为 150 000 元。

根据表 13-7 的计算结果，可以看到有 4 个月份的差异额超过了注册会计师设定的可接受差异额（在表 13-7 中以*标识）。它们分别是 4 月份、5 月份、11 月份及 12 月份。

3.分析和调查差异

（1）4月份和5月份的差异。4月份的实际值比期望值低521 000元，而5月份的实际值比期望值高351 000元。就此，注册会计师首先询问了被审计单位管理层。管理层回答由于未曾对4月份和5月份的收入进行调查，不能解释上述差异。注册会计师接着与财务主管人员讨论上述差异。财务主管回忆说4月份有一名销售人员N在结账以后才提交其4月份的销售单据，为方便起见，财务部门将这些4月份的销售记录在5月份的账簿中。

针对这一解释，注册会计师检查了A公司5月份销售账簿中与N有关的销售记录，并抽取了其中一部分追查到原始凭证。通过这些程序，注册会计师确定，记录在5月份中的属于4月份的销售共计420 000元，考虑这一因素的影响，4月份和5月份的差异额将低于注册会计师设定的可接受差异额。

（2）11月份和12月份的差异。11月份和12月份实际销售额分别比期望值高251 000元及292 000元。注册会计师对此予以进一步调查。注册会计师首先询问了被审计单位的管理层。管理层解释，在2×16年10月初公司与一个大型分销商签订了代理合同；此外，销售总监Z也在10月份争取了两个新的大客户，因此2×16年第4季度的销售额比以往年度有所增加是正常的情形。

针对管理层的解释，注册会计师检查了销售部门的月度总结报告，发现销售部门确实在10月份采取了行动并获得了管理层所说的客户。随后注册会计师对新增客户于2×16年度的销售记录进行了检查，并同时检查了这些销售的收款情况，并未发现异常。经检查，新增客户在2×16年11月份和12月份分别使A公司的销售额增加了160 000元和200 000元，考虑这一因素的影响，A公司11月份和12月份的差异额将低于注册会计师设定的可接受差异额。

4.评估分析程序结果

通过上述分析和调查A公司超过可接受差异额的月份结果，第一项是由于销售未及时入账引起的差异，并没有构成实质上的重大错报，因此，注册会计师决定不再执行进一步调查工作，其差异额可以接受；第二项差异经过进一步审计，确认主要是由于新增客户使得公司销售额增加，注册会计师决定不再执行进一步调查工作。

二、销售交易的细节测试

销售交易的细节测试主要涉及以下内容：

（一）测试登记入账的销货业务是否真实

这一测试所要达到的一般审计目标是——真实性（与"发生"认定有关）。

在审计测试中，审计师一般关心三类错误的可能性：

（1）未曾发货却已将销货业务登记入账；

（2）销货业务重复入账；

（3）向虚构的客户发货，并作为销货业务登记入账。

前两类错误可能是有意的，也有可能是无意的，而第三类错误却是有意的。显然，将不真实的销货登记入账的情况虽然极少，但其后果却相当严重，因为这会导致虚增资产和收入。

如何以恰当的实质性程序来发现不真实的销货，取决于注册会计师的专业判断。注册会计师通常认为只有当内部控制存在薄弱环节时，才可能出现与"发生"认定有关的重大错报，才有必要进行实质性程序，因此，与"发生"认定有关的实质性程序的限制取决于潜在的控制弱点的性质。

1.对于未曾发货却已将销货业务登记入账错误的审计

注册会计师可以从主营业务收入明细账中抽取几笔业务，追查有无发运凭证及其他佐证凭证。如果注册会计师对发运凭证等的真实性表示怀疑，就有必要再进一步追查存货的永续盘存记录，测试存货余额有无减少。

2.对于销货业务重复入账错误的审计

注册会计师可以通过复核企业为防止重复编号而设置的有序号的销货交易记录清单加以确定。

3.向虚构的客户发货并作为销货业务登记入账错误的审计

这类错误一般只有在登记销货的人员兼有批准发货职能时才会发生。当内部控制存在上述缺陷时，注册会计师很难察觉这种虚构的发货。注册会计师可以从主营业务收入明细账中抽取若干笔业务，审查其相应的销售单，确认销售单是否经过赊销批准手续和发货审批手续，这是测试被审计单位是否向虚构的客户发货的方法之一。

查找上述三类多报销货错误的另一个有效的方法，是追查应收账款明细账中贷方发生额的记录。如果是收回货款或者收到退货，则原来记录入账的销货业务通常是真实的；如果贷方发生额是注销坏账，或者直到审计时所欠货款仍未收回，则有虚构销货的可能性，就必须详细追查相应的发运凭证和顾客订货单等，因为这些迹象都表明可能存在虚构的销货业务。

当然，常规审计的主要目的并不是纠错防弊，除非这些舞弊对财务报表有重大影响。只有在注册会计师认为由于缺乏足够的内部控制而可能出现舞弊时，才有必要进行上述实质性程序。

（二）测试已发生的销货业务是否均已登记入账

这一测试所要达到的一般审计目标是——完整性（与"完整性"认定有关）。

销货业务的审计通常偏重检查资产和收入虚增的问题，因此，一般无须对完整性目标进行交易实质性程序。但是，如果被审计单位内部控制不健全，例如，没有由发运凭证追查至主营业务收入明细账的独立内部检查程序，就有必要进行交易的实质性程序。

对销货交易完整性目标的审计通常是从发货部门的档案中选取部分发运凭证，并追查至有关的销售发票副本和主营业务收入明细账，以测试货已发出票未开的情况。但注册会计师必须检查凭证的编号是否连续以确认全部发运凭证均已归档，这一点通过检查凭证的编号顺序来查明。

从上述内容可以看出，真实性目标的审计和完整性目标的审计，其审计程序的顺序是截然相反的。这一点对审计程序适当与否至关重要。真实性目标的审计程序是从明细账追查至原始凭证，即起点是明细账，从主营业务收入明细账中抽取样本，追查至销售发票副本、发运凭证以及顾客订货单。

完整性目标的审计程序是从原始凭证追查至明细账，即起点是发运凭证，从发运凭证中选取样本，追查至销售发票副本和主营业务收入明细账。

但在测试其他审计目标时，审查方向一般无关紧要。例如，测试交易业务的估价时，可以由销售发票追查至发运凭证，也可以反向追查。

（三）测试登记已入账的销货业务估价是否准确

这一测试所要达到的一般审计目标是——估价（与＂＂准确性、计价和分摊＂认定有关）。

销货业务的准确估价包括：（1）按发货数量准确地开单；（2）及时将账单上的数额准确地记入会计账簿。对于这两个方面，在每次审计中，一般都要进行实质性程序，以确保其准确无误。

典型的实质性程序包括重新计算会计记录中数据。通常的做法是：以主营业务收入明细账中的会计分录为起点，选取若干笔业务，将其合计数与应收账款明细账和销售发票副本进行比较核对。销售发票存根上所列的单价，通常还要与经过批准的商品价目表核对，其金额小计和合计数也要重新计算。发票中所列商品的规格、数量和顾客名称（或代号）等，则应与发运凭证进行比较核对。另外，还要审核顾客订货单和销售单中的同类数据。

（四）测试登记入账的销货业务的分类是否正确

这一测试所要达到的一般审计目标是——分类（与＂分类＂认定有关）。

首先要区分销货是现销还是赊销，注意两者的会计处理是不同的。另外要注意区分不同种类的销货业务，如主营业务与其他业务相区别。销货分类正确的测试一般可与估价测试一并进行。注册会计师可以通过审核原始凭证来确定具体交易业务的类别是否正确，并以此与账簿的实际记录相比较。

（五）测试销货业务的记录是否及时

发货后应尽快开具销售发票并登记入账，以防止无意漏记销货业务，确保把它们记入正确的会计期间。在执行估价实质性程序的同时，一般要将选取的发运凭证的日期与相应的销售发票存根、主营业务收入明细账和应收账款明细账上的日期进行比较。如有重大差异，就可能存在销货跨期入账的错误。

（六）测试销货业务是否已被正确地记入明细账并准确地汇总

应收账款明细账和主营业务收入明细账必须予以准确地加总并过入总账。在多数审计中，通常采用加总主营业务收入明细账数，并将加总数和一些具体内容分别追查至主营业务收入总账和应收账款明细账或库存现金、银行存款日记账等的测试方法。这一测试程序的样本量要受内部控制质量的影响。从主营业务收入明细账追查至应收账款明细账，一般与为实现其他审计目标所作的测试一并进行；而将主营业务收入明细账加总，并追查、核对加总数至其总账，则应作为单独的一项测试程序来执行。

下面将过账、汇总目标的测试与其他目标的测试加以比较。二者的区别是：过账、汇总目标的测试包括加总主营业务收入明细账、应收账款明细账和过入总账三项，并从其中之一追查核对至其他二者，仅此而已。其他目标如估价目标等，其测试除包括上述程序外，还要包括凭证之间的相互核对和凭证与相关明细账的核对，如由销售发票存根追查核对至主营业务收入明细账或应收账款明细账。

三、收款的交易类别测试

收款的交易类别测试同销售的交易类别测试一样，控制测试的性质取决于内部控制的性质。实质性程序测试的范围在一定程度上取决于关键控制是否存在以及控制测试的结果。由于销售与收款业务同属于一个循环，在经济活动中密切相关，因此，收款业务的一部分测试可与销售业务的测试一并进行，但收款业务的特殊性又决定了其另一部分测试仍须单独进行。

第四节　主营业务收入审计

一、主营业务收入的审计目标

主营业务收入的审计目标一般包括：

（1）确定本期已入账的主营业务收入是否确实发生；

（2）确定已实现的主营业务收入是否全部入账；

（3）确定主营业务收入的截止是否适当；

（4）确定主营业务收入的金额是否正确；

（5）确定主营业务收入在财务报表上的披露是否恰当。

二、主营业务收入的实质性程序

（一）获取或编制主营业务收入项目明细表

获取或编制主营业务收入项目明细表，复核加计是否正确，并与报表数、总账数和明细账合计数核对是否相符。

（二）审查主营业务收入的确认原则和计量是否正确

注册会计师应当审查被审计单位是否遵守了企业会计准则有关收入确认时间与计量的规定。对于"已经执行新收入准则"的公司，应审查收入的确认原则和计量是否正确：

收入是在日常活动中形成的、会导致所有者权益增加且与所有者投入资本无关的经济利益的总流入。在履行了合同中的履约义务，即在客户取得相关商品或服务的控制权时，确认收入。合同中包含两项或多项履约义务的，在合同开始日，按照各单项履约义务所承诺商品或服务的单独售价的相对比例，将交易价格分摊至各单项履约义务，按照分摊至各单项履约义务的交易价格计量收入。交易价格是因向客户转让商品或服务而预期有权收取的对价金额，不包括代第三方收取的款项，确认的交易价格不超过在相关不确定性消除时累计已确认收入极可能不会发生重大转回的金额。预期将退还给客户的款项作为退货负债，不计入交易价格。合同中存在重大融资成分的，按照假定客户在取得商品或服务控制权时即以现金支付的应付金额确定交易价格。该交易价格与合同对价之间的差额，在合同期间内采用实际利率法摊销。合同开始日，预计客户取得商品或服务控制权与客户支付价款间隔不超过一年的，不考虑合同中存在的重大融资成分。满足下列条件之一时，属于在某一时段内履行的履约义务，否则，属于在某一时点履行的履约义务：客户在公司履约的同时即取得并消耗公司履约所带来的经济利益；客户能够控制公司履约过程中在建的商品；公司履约过程中所产出的商品具有不可替代用途，且公司在整个合同期间内有权就累计至今已完成的履约部分收取款项。对于在某一时段内履行的履约义务，在该段时间内按照履约进度确认收入。履约进度不能合理确定时，已经发生的成本预计能够得到补偿的，按照已经发生的成本金额确认收入，直到履约进度能够合理确定为止。对于在某一时点履行的履约义务，在客户取得相关商品或服务控制权时点确认收入。在判断客户是否已取得商品或服务控制权时，会考虑下列迹象：就该商品或服务享有现时收款权利；已将该商品的实物转移给客户；已将该商品的法定所有权或所有权上的主要风险和报酬转移给客户；客户已接受该商品或服务等。已向客户转让商品或服务而有权收取对价的权利（且该权利取决于时间流逝之外的其他因素）作为合同资产列示，合同资产以预期信用损失为基础计提减值。拥有的、无条件（仅取决于时间流逝）向客户收取对价的权利作为应收款项列示。已收或应收客户对价而应向客户转让商品或服务的义务作为合同负债列示。

企业主营业务收入的确认时间，取决于合同履约义务的完成与否，即在客户取得相关商品或服务的控制权时，确认收入。因此，对主营业务收入确认时间的审计，应根据新收入准则的要求进行。

（1）物业销售：一般情况下，考虑到合约条款、业务惯例以及中国的法律及监管环境，物业销售合约不符合在一段时间内确认收入的要求，因此物业销售收入将继续在某个时点予以确认。根据新收入准则中的控制权转移原则，物业销售收入通常于客户取得物业控制权时进行确认，即客户有能力直接使用物业并获得该物业的绝大部分剩余利益时确认收入。

（2）货物销售：当货物按照客户指定的地点及时运到，客户接收并能控制货物时确认货物销售收入。货物销售收入不包括增值税或其他销售税费，且已扣除任何贸易折扣。

（3）销售主题公园门票：销售主题公园门票收入于服务已提供且门票款项已收到时确认。销售主题公园门票收入不包括与销售有关的税项，且已扣除任何贸易折扣。

（4）建造合同：新收入准则不再区分销售商品、提供劳务和建造合同等具体交易形式，而是按照统一的收入确认模型来确认收入。建造合同一般按照工程履约进度确认收入。建造合同的会计核算也发生了变化，企业须设置"合同资产""合同负债""合同履约成本"等科目进行会计核算。

对上述主营业务收入确认的审查，主要采用抽查法、核对法和验算法。通常实施的步骤见表13-8。

表13-8　　　　　　　　　　主营业务收入确认的审核内容及目的

审核内容	审核目的
①抽查部分主营业务收入的原始凭证（发票、运单等）与主营业务收入明细账核对 ②将各种收入明细账与相关的记账凭证和原始凭证核对 ③抽取部分发票与产成品明细账、分期收款发出商品明细账以及主营业务收入明细账核对 ④将已确认并已记录入账的收入与日记账、应收账款明细账及产成品明细账核对 ⑤检查销售发票是否完整无缺、连续编号	①核实已实现的收入，并检查是否已经如数入账 ②证实所记录的收入是否均已实现并确属本期 ③检查发出数量与销售数量是否一致 ④确定销售数量、金额和时间是否相符 ⑤核实有无涂改或"大头小尾"现象

（三）实施实质性分析程序

（1）将本期与上期的主营业务收入进行比较，寻找差异并分析其产生的原因，从而作出产品销售的结构和价格的变动是否正常的判断。

（2）比较本期各月各种主营业务收入的情况，分析判断其变动趋势是否正常，是否符合被审计单位季节性、周期性的经营规律，并查明异常现象和重大波动的原因。

（3）计算本期重要产品的毛利率，分析比较本期与上期同类产品毛利率的变化情况，注意收入与成本是否配比，并查明重大波动和异常情况的原因。

（4）计算重要客户的销售额及其产品的毛利率，分析比较本期与上期有无异常变化。

（5）将本年与以前年度的销售退回及折扣折让占销售收入的比例比较，判断有无高估或低估销售退回及折扣折让的可能。

主营业务收入的实质性分析程序可以参见本章第三节中的实质性分析程序举例。

（四）实施函证

对被审计单位收入的函证，一般结合应收账款的函证一并进行。询证函应当采用积极式函证的方式。函证的对象为大客户的金额或者性质特殊的收入。收入业务询证函的格式如下：

收入业务询证函

编号：

××（公司）：

本公司聘请的　　　　　会计师事务所（特殊普通合伙）正在对本公司　　年度的财务报表进行审计，按照中国注册会计师审计准则的要求，应当询证本公司与贵公司收入业务等相关的信息。下列第1-6项信息出自本公司的记录：

（1）如与贵公司记录相符，请在本函"结论"部分签字、签章；

（2）如有不符，请在本函"结论"部分列明不符项目及具体内容，并签字和签章。

本公司谨授权贵公司将回函直接寄至　　　　　会计师事务所（特殊普通合伙）＿＿＿＿＿＿＿项目组，地址及联系方式如下：

回函地址：　　　　　　　　　　　　　　邮编：

联系人：　　　　　电话：　　　　　传真：

电子邮箱：

根据贵公司与我公司于　　年度签署的《销售合同》[提示：或　　年度，贵公司代理我公司甲产品（包括：××型号或规格）]的情况如下：

1.结算金额情况。

截至　　年12月31日尚未结算金额	年度应结算金额	年度实际结算金额	年12月31日预收货款金额
⋮			

其中：以票据结算情况如下：

票号	出票单位	金额	到期日
⋮			

2.＿＿＿年度贵公司向我公司采购明细情况。

产品名称	规格	单价	数量	金额
⋮				

截至＿＿＿年末，上述产品贵公司已对外销售（数量）　　　　。

3.上述2中所列示的产品均已运至贵公司并由贵公司验收完毕？（是／否）

否	请注明原因：

4.上述产品的运费均由贵公司承担？（是／否）

否	请注明运费承担方式：

5.＿＿＿年度贵公司向我公司退货情况。

产品名称	规格	数量	金额	退货原因
⋮				

6.截至　　年　月　日，贵公司预付给我公司货款余额为　　　　元。

××公司

（被审计单位盖章）

年　月　　日

以下由被询证公司填列

结论：

　经本公司核对，所函证项目与本公司记载信息相符。特此函复。

　　　年　月　日　　　　经办人：　　职务：　　电话：

　　　　　　　　　　　　复核人：　　职务：　　电话：

（贵公司盖章）

经本公司核对，存在以下不符之处。

　　　　年　月　日　　　　经办人：　　　　职务：　　　　电话：

　　　　　　　　　　　　　　　复核人：　　　　职务：　　　　电话：

　　　　　　　　　　　　　　　　　　　　　　　　　　　（贵公司盖章）

（五）相关凭证的审查

（1）根据增值税专用发票或普通发票申报表，推算全年收入并与收入的实际入账金额核对，检查是否存在虚开发票或已销售但未开发票的情况。

（2）从销售发票中选取样本，将其单价与经批准的产品价目表比较，并分析价格的合理性，判断有无低价或高价结算以转移收入的现象。

（3）审查销货发票的开票日期、记账日期、发货日期是否相符；品名、数量、单价、金额是否与发运凭证、销售合同等一致，编制测试表。

（六）实施销售的截止测试

截止测试是实质性程序中常用的一种审计技术，被广泛运用于货币资金、往来款项、存货、主营业务收入和期间费用等诸多财务报表项目的审计中，尤以在主营业务收入项目中的运用最为典型。对主营业务收入项目实施截止测试，其目的主要在于确定被审计单位主营业务收入的会计记录归属期是否正确，应计入本期或下期的主营业务收入有无被推迟至下期或提前至本期。

根据收入确认的基本原则，注册会计师在审计中应该注意把握三个与主营业务收入确认有着密切关系的日期：

① 发票开具日期（开票日期）或者收款日期；

② 记账日期；

③ 发货日期（服务行业则是指提供劳务的日期）。

这里的发票开具日期，是指开具增值税专用发票或普通发票的日期；记账日期，是指被审计单位确认主营业务收入实现，并将该笔经济业务记入主营业务收入账户的日期；发货日期，是指仓库开具出库单并发出库存商品的日期。检查三者是否归属于同一适当会计期间是主营业务收入截止测试的关键所在。

围绕上述三个重要日期，在审计实务中，注册会计师可以考虑选择三条审计路线实施主营业务收入的截止测试，具体内容可见表13-9。

在现实生活中，由于被审计单位所处的环境不同，导致管理层的意图也不尽相同，所以他们对待主营业务收入计算的态度就会有所差异，例如有的为了逃避税收而低估主营业务收入；有的为了掩盖企业财务困境或骗取银行信贷等，可能会高估主营业务收入。因此，为了

表13-9　　　　　　　　　　主营业务收入截止测试的三条审计路线对比

起点	路线	目的	优点	缺点
账簿记录	从报表日前后若干天的账簿记录查至记账凭证，检查发票存根与发货凭证	证实已入账收入是否在同一期间开具发票发货，有无多记收入，防止高估主营业务收入	比较直观，容易追查至相关凭证记录	缺乏全面性和连贯性，只能查多记，无法查漏记
销售发票	从报表日前后若干天的发票存根查至发运凭证与账簿记录	确认已开具发票的货物是否已发货并于同一会计期间确认收入，防止低估收入	较全面、连贯，容易发现漏记收入	较费时费力，尤其是难以查找相应的发货及账簿记录，不易发现多记收入
发运凭证	从报表日前后若干天的发运凭证查至发票开具情况与账簿记录	确认收入是否已计入适当的会计期间，防止低估收入	较全面、连贯，容易发现漏记收入	较费时费力，尤其是难以查找相应的发货及账簿记录，不易发现多记收入

提高审计效率，注册会计师应当根据经验和所掌握的信息，作出正确的专业判断，结合实际情况选择一条或两条审计路线实施有效的主营业务收入截止测试。

（七）销售折扣、销货退回与折让业务测试

企业在销售过程中，经常会因为产品质量、品种不符合要求以及结算方面的原因发生销售折扣、销货退回与折让业务。尽管引起销售折扣、销货退回与折让的原因不尽相同，其表现形式也不尽一致，但最终结果都是对收入的抵减，直接影响主营业务收入的确认和计量。因此，注册会计师在对销售折扣、销货退回与折让业务测试时，应注意以下内容：

（1）检查销售折扣、销货退回与折让的原因和条件是否真实、合规，有无借销售折扣、销货退回与折让之名，转移收入或贪污货款的情况；

（2）检查销售折扣、销货退回与折让的审批手续是否完备和规范，有无擅自折让和折扣而转利于关联方企业的情况；

（3）检查销售折扣、销货退回与折让的数额计算是否正确，会计处理是否恰当；

（4）检查销售退回的产品是否已验收入库并登记入账，有无形成账外"小仓库"的情况；

（5）销售折扣与折让是否及时足额提交对方，有无私设"小金库"的情况。

对于销售折扣、销货退回与折让业务的测试，主要是根据销售合同的相关规定，审阅有关收入明细账和存货明细账，抽查相关会计凭证，验算并核对账证是否相符，如有不符，应进一步分析原因，核实取证。

（八）确认主营业务收入在利润表上的列报和披露是否恰当

按照企业会计准则的规定，企业应在年度财务报表附注中说明：

（1）收入确认所采用的会计政策，主要包括：

① 在各项重大的交易中，企业确认收入采用的确认原则；

② 是否有采用分期收款确认收入的情况；

③ 确定劳务的完成程度所采用的方法。

（2）当期确认每一重大的收入项目的金额，包括商品销售收入、劳务收入、利息收入、使用费收入。

第五节　应收账款审计

应收账款是企业在销货业务中产生的债权，即企业因销售商品、产品或提供劳务等原因，应向购货单位或接受劳务单位收取的款项或代垫的运杂费等。应收账款的审计应结合销货业务进行。

一、应收账款的审计目标

应收账款的审计目标一般包括：

（1）确定应收账款是否存在；

（2）确定应收账款是否归被审计单位所有；

（3）确定应收账款增减变动的记录是否完整；

（4）确定应收账款的期末余额是否正确；

（5）确定应收账款在财务报表上的列报和披露是否恰当。

二、应收账款的实质性程序

（一）取得或编制应收账款明细表

应收账款明细表如果是注册会计师从被审计单位取得的，则应对该表进行独立审查。将表中列示的应收账款合计数与有关的总账余额和明细账合计数进行核对，看其是否相符，如果出现不符情况，注册会计师应予调查并作适当的调整。

（二）分析应收账款账龄

应收账款的账龄，是指资产负债表中的应收账款从销售实现、产生应收账款之日起，至资产负债表日止所经历的时间。注册会计师可以通过编制或索取应收账款账龄分析表来分析应收账款的账龄，其主要目的是了解应收账款的可收回性。

编制应收账款账龄分析表时，可以选择重要的顾客及其余额列示，不重要的或余额较小的，可以汇总列示。应收账款账龄分析表的合计数减去已计提的相应坏账准备后的净额，应该等于资产负债表中的应收账款数额。应收账款账龄分析表见表13-10。

表13-10　　　　　　　　　　　　应收账款账龄分析表

20×8年12月31日　　　　　　　　　　　　　　单位：万元

序号	顾客名称	期末余额	账龄			
			1年以内	1~2年	2~3年	3年以上
	合计					

（三）函证应收账款

应收账款函证，是指注册会计师为了获取影响财务报表或相关披露认定的信息，通过直接来自第三方对有关信息和现存状况的声明，获取和评价审计证据的过程。

函证的目的是证实应收账款账户余额的真实性、正确性，防止或发现被审计单位及其有关人员在销售业务中发生的差错或弄虚作假、营私舞弊行为。通过函证，可以有力地证明债务人的存在和被审计单位记录的可靠性。注册会计师应当对应收账款实施函证，除非有充分证据表明应收账款对财务报表不重要，或函证很可能无效。如果不对应收账款函证，注册会计师应当在工作底稿中说明理由。

注册会计师应当考虑被审计单位的经营环境、内部控制的有效性、账户或交易的性质、被询证者处理询证函的习惯做法及回函的可能性等，以确定函证的内容、范围、时间和方式。

询证函由注册会计师利用被审计单位提供的应收账款明细账户名称及地址编制，询证函的寄发一定要由注册会计师亲自进行。

1.函证的方式

注册会计师函证的方式有积极的和消极的函证方式两种。按照审计准则的规定，注册会计师一般应当对应收账款采用积极的函证方式。

（1）积极的函证方式。注册会计师要求被询证者在所有情况下必须回函，确认询证函所列示信息是否正确，或填列询证函要求的信息。积极的函证方式的参考格式如下：

询证函

编号：211

深圳 ABC（公司）：

本公司聘请的_____会计师事务所正在对本公司财务报表进行审计，按照中国注册会计师审计准则的要求，应当询证本公司与贵公司的往来账项。下列数据出自本公司账簿记录，如与贵公司记录相符，请在本函下端"信息证明无误"处签章证明；如有不符，请在"信息不符"处列明不符金额。回函请直接寄至_____会计师事务所。

通信地址：　　　　　邮编：　　　　　电话：　　　　　传真：

1.本公司与贵公司的往来账项列示如下：

截止日期	贵公司欠	欠贵公司	备注
20×8 年 12 月 31 日	260 000 元		

2.其他事项

本函仅为复核账目之用，并非催款结算。若款项在上述日期之后已经付清，仍请及时函复为盼。

（本公司签章）20×9 年 1 月 4 日

结论：

1.信息证明无误。

（贵公司签章）　　　年　　月　　日

经办人：

> 2.信息不符，请列明不符金额及具体内容。
>
>
>
> （贵公司签章）　　　年　月　日
>
> 经办人：

（2）消极的函证方式。注册会计师只要求被询证者仅在不同意询证函列示信息的情况下才予以回函。

由于采用消极式函证方式获取的审计证据说服力较弱，除非满足下述所有条件，否则不准将消极式函证作为唯一的实质性程序：

① 注册会计师将重大错报风险评估为低水平，并已就与认定相关的控制的运行有效性获取充分、适当的审计证据；

② 需要实施消极式函证程序的总体由大量的小额、同质的账户余额、交易或事项构成；

③ 预期不符事项的发生率很低；

④ 没有迹象表明接收询证函的人员或机构不认真对待函证。

2.函证范围和对象的确定

（1）函证范围的确定。

注册会计师一般应在全部应收账款中选取适当样本进行函证。影响注册会计师确定应收账款函证样本量的因素主要有以下几个方面：

① 应收账款的重要性。如果应收账款在资产总额中所占比重较大，则应选择较多样本。

② 应收账款明细账户的数量。明细账户越多，应选取的样本也就越多。

③ 内部控制系统的强弱。内部控制较弱的，应选取较多的样本。

④ 以前年度函证的结果。以前年度函证时出现较大差异或未曾回函的账户，应选为本年重点函证的样本。

⑤ 检查风险对函证样本量的影响。如检查风险较小，则应选取较多的样本进行函证。

⑥ 所采用函证的类型。采用消极式函证所需的样本量通常比采用积极式函证时要多。

（2）函证对象的确定。

① 金额较大的项目；

② 账龄较长的项目；

③ 交易频繁但期末余额较小的项目；

④ 重大关联方交易；

⑤ 重大或异常的交易；

⑥ 可能存在争议以及产生重大舞弊或错误的交易。

3.对函证的控制

当实施函证时，注册会计师应当对选择的被询证者设计询证函，以及对发出和收回询证函进行控制。

为了充分发挥函证的作用，注册会计师应在充分考虑对方回函时间的前提下，选择好函证发送的时间。最佳时间应是与资产负债表日接近的时间，以确保在审计工作结束前取得函证的全部资料。

注册会计师应当采取下列措施对函证实施过程进行控制：

（1）将被询证者的名称、地址与被审计单位有关记录核对。

（2）将询证函中列示的账户余额或其他信息与被审计单位有关资料核对。

（3）在询证函中指明直接向接受审计业务委托的会计师事务所回函。

（4）询证函经被审计单位盖章后，由注册会计师直接发出。

（5）将发出询证函的情况形成审计工作记录。

（6）将收到的回函形成审计工作记录，并汇总统计函证结果。

函证结果汇总表见表13-11。

表13-11 函证结果汇总表

函证编号	债务人名称	债务人地址	函证方式	函证日期		账面余额	函证结果	差异金额及说明	审定金额
				第一次	第二次				

如果被询证者以传真、电子邮件等方式回函，注册会计师应当直接接收，并要求被询证者寄回询证函原件。

如果采用积极的函证方式实施函证而未能收到回函，注册会计师应当考虑与被询证者联系，查明是由于被函证者地址迁移、差错而致信函无法投递，还是这笔应收账款本来就是一笔假账。一般来说应发送第二次询证函，如果仍得不到答复，注册会计师则应考虑采用必要的替代审计程序。替代审计程序应当能够提供实施函证所能够提供的同样效果的审计证据。例如检查与销售有关的文件，包括销售合同、销售订单、销售发票副本及发运凭证等，以获取具有同等证明效力的审计证据。

如果实施函证和替代审计程序都不能提供财务报表有关认定的充分、适当的审计证据，注册会计师应当实施追加的审计程序。

在评价实施函证和替代审计程序获取的审计证据是否充分、适当时，注册会计师应当考虑：

（1）函证和替代审计程序的可靠性。

（2）不符事项的原因、频率、性质和金额。

（3）实施其他审计程序获取的审计证据。

在评价函证的可靠性时，注册会计师应当考虑：

（1）对询证函的设计、发出及收回的控制情况。

（2）被询证者的胜任能力、独立性、授权回函情况、对函证项目的了解及其客观性。

（3）被审计单位施加的限制或回函中的限制。

如果有迹象表明收回的询证函不可靠，注册会计师应当实施适当的审计程序予以证实或消除疑虑，并应当考虑不符事项是否构成错报及其对财务报表可能产生的影响，并将结果形成审计工作记录。

如果不符事项构成错报，注册会计师应当重新考虑所实施审计程序的性质、时间和范围。

4.对函证结果的分析

注册会计师从被询证者处收回询证函后，应对函证结果进行分析与评价。一般情况下函证结果有三种：

（1）注册会计师认为函证结果是可靠的，并且得到了对方的确认。

（2）有迹象表明收回的询证函不可靠，此时注册会计师要采取适当的审计程序予以证实或消除疑虑。

（3）询证函中的有关内容并没有得到对方的确认。

上述情况中的后两种应引起注册会计师的高度重视，对所怀疑的不符事项进行进一步的分析，看其是否构成错报及其对财务报表可能产生的影响，并将结果记录于审计工作底稿。如果不符事项构成错误，注册会计师应重新考虑实质性程序的性质、时间安排和范围。

应当指出的是，由于双方记录业务的时间不同也可能产生不符事项，主要表现为：

① 询证函发出时，债务人已经付款，而被审计单位尚未收到货款；

② 询证函发出时，被审计单位的货物已经发出并已作销售记录，但货物仍在途中，债务人尚未收到货物；

③ 债务人由于某种原因将货物退回，而被审计单位尚未收到；

④ 债务人对收到的货物的数量、质量及价格等有争议而全部或部分拒付等。

5.对函证结果的评价

注册会计师应将函证的过程和情况记录在工作底稿中，并据以总结和评价应收账款情况。注册会计师对函证结果可进行如下评价：

（1）注册会计师应重新考虑过去对内部控制的评价是否适当；控制测试的结果是否适当；分析程序的结果是否适当；相关的风险评价是否适当等。

（2）如果函证结果表明没有审计差异，则注册会计师可以合理地推论，全部应收账款总体是正确的。

（3）如果函证结果表明存在审计差异，则注册会计师应当估算应收账款总额中可能出现的累计差错是多少，估算未被选中进行函证的应收账款的累计差错是多少。为取得对应收账款累计差错更加准确的估计，也可以扩大函证范围。

需要指出的是，应收账款尽管得到了债务人的确认，但这并不意味着债务人就一定会付款。另外，函证也不可能发现所有存在的问题。尽管如此，应收账款的函证仍不失为一种必要、有效的审计方法。

6.管理层不允许寄发询证函

如果管理层不允许寄发询证函，注册会计师应当：

（1）询问管理层不允许寄发询证函的原因，并就其原因的正当性及合理性收集审计证据；

（2）评价管理层不允许寄发询证函对评估的相关重大错报风险（包括舞弊风险），以及其他审计程序的性质、时间安排和范围的影响；

（3）实施替代程序，以获取相关、可靠的审计证据。

如果认为管理层不允许寄发询证函的原因不合理，或实施替代程序无法获取相关、可靠的审计证据，注册会计师应当按照《中国注册会计师审计准则第1151号——与治理层的沟通》的规定，与治理层进行沟通。注册会计师还应当按照《中国注册会计师审计准则第1502号——在审计报告中发表非无保留意见》的规定，确定其对审计工作和审计意见的影响。

7.与函证相关的认定

函证应收账款是证明"存在"认定的主要证据来源。由于被审计单位的顾客回函承认债务，实质上也证实被审计单位对顾客拥有债权，所以，这项测试也提供"权利和义务"认定的证据。由于函证应收账款并不要求付款，因此，它无法作为到期余额可收回性的证据。但是，回函所揭示的以前已还款项目或争议项目，直接影响到期金额的恰当估价。从这一点上看，函证应收账款又与应收账款总额的"准确性、计价和分摊"认定有关。

在顾客回函与应收账款账面余额相符时，便为余额的"完整性"认定提供了证据。但是由于未入账的应收账款无法函证和顾客相对于低估而言，更喜欢在财务报表中高估应收账款余额，因此这种有关"完整性"认定的证据具有一定的局限性。

（四）审查未函证的应收账款

由于注册会计师不可能对所有应收账款进行函证，因此，对未函证的应收账款，注册会计师应抽查有关原始凭证，如销售合同、销售订单、销售发票副本及发运凭证等，以验证这些应收账款的真实性。

（五）审查坏账的确认和处理

（1）检查确认的坏账是否有确凿的证据表明确实无法收回或收回的可能性不大，如债务单位已撤销、破产、资不抵债、现金流量严重不足、发生严重的自然灾害等导致停产而在短时间内无法偿付债务等，以及应收款项逾期3年以上。

（2）检查被审计单位坏账的处理是否经授权批准，有关会计处理是否正确。

（六）分析应收账款明细账余额

应收账款明细账余额一般在借方，注册会计师如果发现应收账款出现贷方余额，应查明原因，必要时建议作重分类调整。

（七）审查外币应收账款的折算

对于用非记账本位币（通常为外币）结算的应收账款，注册会计师应审查被审计单位外币应收账款的增减变动是否按业务发生时的市场汇率或期初市场汇率折算为记账本位币金额，所选折算汇率是否前后期一致；期末外币应收账款余额是否按期末市场汇率折算为记账本位币金额；折算差额的会计处理是否正确。

（八）抽查有无不属于结算业务的债权

对于不属于结算业务的债权，不应在应收账款中进行核算。因此，注册会计师应抽查应收账款明细账，并追查有关原始凭证，查证被审计单位有无不属于结算业务的债权。如有，应作记录或建议被审计单位作适当调整。

（九）确定应收账款在资产负债表上是否已恰当列报和披露

如果被审计单位为上市公司，则其财务报表附注通常应分类（按单项计提坏账准备的应收账款；按组合计提坏账准备的应收账款）披露期初、期末余额及其账龄分析；按照无风险组合及账龄矩阵风险组合计提的坏账准备明细；期末欠款金额（前五名）较大的债务人欠款等情况。

第六节　坏账准备审计

一、坏账准备的审计目标

坏账准备的审计目标一般包括：

（1）确定计提坏账准备的方法和比例是否恰当；

（2）确定坏账准备的计提是否充分；

（3）确定坏账准备增减变动的记录是否完整；

（4）确定坏账准备期末余额是否正确；

（5）确定坏账准备的披露是否恰当。

二、坏账准备的实质性程序

（一）复核坏账准备数额

核对坏账准备的总账余额、明细账余额合计数是否相符。如不相符，应查明原因，作审计记录并提出必要的审计调整建议。

（二）审查坏账准备的计提

审计中主要应查明的内容有：

① 坏账准备的计提方法和比例是否符合会计准则的规定；

② 计提的数额是否恰当；

③ 会计处理是否正确；

④ 前后期是否一致。

我国企业会计准则对坏账准备的计提作出如下规定：

（1）企业应当定期或者至少于每年年度终了，对应收款项（应收账款、其他应收款等）进行全面检查，以"预期信用损失"为基础，预计各项应收款项可能发生的坏账，对于没有把握能够收回的应收款项，应当计提坏账准备。

（2）企业应当采用预期信用损失模型对应收账款的减值进行评估，在应用预期信用损失模型需要作出重大判断和估计时，需考虑所有合理且有依据的信息，包括前瞻性信息。一般来说，企业可以将应收款项分类为按单项计提坏账准备的应收账款和按组合计提坏账准备的应收账款，组合可以分为无风险组合和账龄矩阵风险组合等。企业应当列出目录，具体注明计提坏账准备的范围、提取方法、账龄的划分和提取比例，按照管理权限，经股东大会或董事会会议或类似机构批准，并且按照法律、行政法规的规定报有关各方备案，并备置于公司所在地，以供投资者审阅。坏账准备提取方法一经确定，不得随意变更。如需变更，仍然按上述程序，经批准后报送有关各方备案，并在财务报表附注中予以说明。

（3）企业在确定坏账准备的计提比例时，应当按照预期信用损失模型，通过比较金融工具在初始确认时所确定的预计存续期内的违约概率与该工具在资产负债表日所确定的预计存续期内的违约概率，来判定金融工具信用风险是否显著增加。考虑的信息包括：①债务人未能按合同到期日支付本金和利息的情况；②已发生的或预期的金融工具的外部或内部信用评级（如有）的严重恶化；③已发生的或预期的债务人经营成果的严重恶化；④现存的或预期的技术、市场、经济或法律环境变化，并将对债务人对企业的还款能力产生重大不利影响。坏账准备计提比例的确定还应当根据企业以往的经验、债务单位的实际财务状况和现金流量的情况，以及其他相关信息合理地估计。除有确凿证据表明该项应收款项不能收回，或收回的可能性不大（如债务单位撤销、破产、资不抵债、现金流量严重不足、发生严重的自然灾害等导致停产而在短时间内无法偿付债务等，以及应收款项逾期3年以上）外，下列各种情况一般不能全额计提坏账准备：

① 当年发生的应收款项;

② 计划对应收款项进行重组;

③ 与关联方发生的应收款项。

（4）企业持有的未到期应收票据，如有确凿证据证明不能够收回或收回的可能性不大时，应将其账面余额转入应收账款，并计提相应的坏账准备。

（5）企业的预付账款如有确凿证据表明其不符合预付账款性质，或者因供货单位破产、撤销等原因已无望再收到所购货物的，应将原计入预付账款的金额转入其他应收款，并计提相应的坏账准备。

（三）审查坏账损失

对于被审计单位在被审计期间发生的坏账损失，注册会计师应查明原因，有无授权批准，是否符合规定，有无已作坏账处理后又重新收回的应收款项，相应的会计处理是否正确。

企业会计准则规定，企业对于不能收回的应收款项应当查明原因，追究责任。对有确凿证据表明确实无法收回的应收款项，如债务单位撤销、破产、资不抵债、现金流量严重不足等，根据企业的管理权限，经股东大会或董事会会议或类似机构批准作为坏账损失，冲销提取的坏账准备。

（四）实施分析程序

分析程序的内容与可能存在的信息见表13-12。

表13-12　　　　　　　　　　　　**分析程序的内容与可能存在的信息**

比较的内容	可能存在信息
将本年超过一定限额的顾客欠款余额合计与以前年度比较	应收账款方面出现差错
将本年发生的坏账损失占销售收入的百分比同以前年度比较	对难以收回的应收账款未提坏账准备
将本年末应收账款天数同上年比较	高估或低估坏账准备
将本年各类账龄账款占应收账款的百分比同以前年度比较	高估或低估坏账准备
将本年计提的坏账准备占应收账款的百分比同以前年度比较	高估或低估坏账准备

（五）检查函证结果

对债务人回函中反映的例外事项及存在争执的余额，注册会计师应查明原因并作记录，必要时，应建议被审计单位作相应的调整。

（六）审查长期挂账的应收款项

注册会计师应审查应收款项（包括应收账款和其他应收款等）明细账及相关原始凭证，查找有无资产负债表日后仍未收回的长期挂账应收款项，如有，应提请被审计单位作适当处理。

（七）确定坏账准备是否已恰当披露

企业会计准则规定，企业应在年度财务报表附注中说明坏账的确认标准，以及坏账准备的计提方法和计提比例，并重点说明如下事项:

（1）本年度全额计提坏账准备，或计提坏账准备的比例较大的（计提比例一般在40%及以上的，下同），应单独说明计提的比例及其理由；

（2）以前年度已全额计提坏账准备，或计提坏账准备的比例较大的，但在本年度又全额或部分收回的，或通过重组等其他方式收回的，应说明原因，原估计计提比例的理由，以及原估计计提比例的合理性；

（3）对某些金额较大的应收款项不计提坏账准备，或计提坏账准备比例较低（一般为低于5%）的理由；

（4）本年度实际冲销的应收款项及其理由，其中，实际冲销的关联方交易产生的应收款项应单独披露。

按照企业会计准则的要求，计提资产减值准备的企业应按年填报资产减值准备明细表。因此，检查坏账准备的披露是否恰当，除了关注其在财务报表附注上披露的恰当性外，还应当关注企业资产减值准备明细表中有关坏账准备内容披露的恰当性。

在销售与收款循环中，除了以上介绍的会计科目外，还有应收票据、预收账款、应交税费、税金及附加、销售费用等项目的审计。对这些账户审计的主要目标和实质性程序应当按照审计准则和会计师事务所制定的审计程序表来执行。

☐ 复习思考题

1. 在销售与收款循环的交易测试中，不同的审计目标下，其测试程序有何不同？

2. 如何实施销售业务的截止测试？

3. 什么是收入的实质性分析程序？一般如何实施收入的实质性分析程序？

4. 注册会计师对被审计单位的收入"发生"认定审计，一般关注哪三种错误？如何进行细节测试？

5. 应收账款函证的方式、函证范围和函证对象有哪些？

6. 注册会计师应当采取何种措施对函证实施控制？

第十四章

购货与付款循环审计

第一节 购货与付款循环概述

购货与付款循环审计的内容是被审计单位的采购业务，其主要业务流程如图14-1所示。

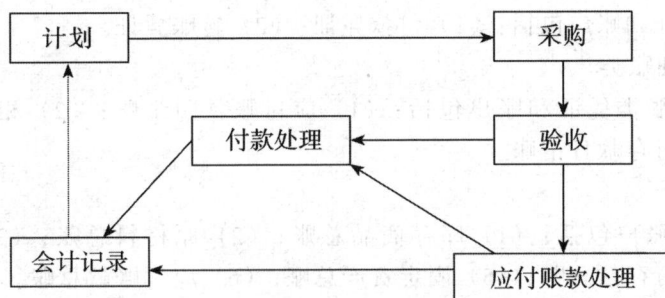

图14-1 购货与付款循环图

一、购货与付款循环中涉及的主要财务报表账户

购货与付款循环中涉及的业务主要影响资产负债表项目，涉及的主要财务报表账户见表14-1。

表14-1　　　　　　　　　**购货与付款循环中所涉及的主要财务报表账户**

资产负债表账户	利润表账户
应付账款	
固定资产	
累计折旧	
预付账款	
固定资产减值准备	
工程物资	
在建工程	
固定资产清理	
应付票据	

二、主要业务活动及其对应的凭证和账户

（一）购货与付款循环中主要业务活动

1.采购业务中的主要活动

企业的采购业务通常包括两部分：一是原材料和商品的采购，二是固定资产的采购。就原材料和商品的采购而言，其主要业务活动包括：（1）请购商品或劳务；（2）编制订购单；（3）验收商品；（4）储存已验收的商品存货；（5）编制付款凭单；（6）确认与记录负债。

2.付款业务中的主要活动

付款业务中的主要活动包括：（1）实际支付以及确认负债；（2）记录货币资金支出。

（二）购货与付款循环中主要业务凭证和账户

1.原始凭证类

原始凭证类凭证和账户包括：（1）请购单；（2）订购单；（3）验收单；（4）供应商发票；（5）付款凭单。

2.记账凭证类

记账凭证类凭证和账户包括：（1）付款凭证；（2）转账凭证。

3.序时账和明细账类

序时账和明细账类凭证和账户包括：（1）应付账款明细账；（2）相关存货类明细账；（3）库存现金、银行存款日记账。

4.总账类

总账类凭证和账户包括：（1）库存商品总账；（2）原材料总账；（3）其他存货总账；（4）库存现金、银行存款总账；（5）固定资产总账；（6）应付账款总账。

第二节　购货与付款循环内部控制及其测试

一、购货业务内部控制要点及控制测试

（一）购货业务内部控制要点

1.请购商品或劳务

仓库负责对需要购买的已列入存货清单的项目填写请购单，其他部门也可以对所需要购买的未列入存货清单的项目编制请购单。大多数企业对正常经营所需的物资的购买均作一般授权，比如，仓库在现有库存达到再订购点时就可直接提出采购申请，其他部门也可为正常的维修工作和类似工作直接申请采购有关物品。但对资本支出和租赁合同，企业政策则通常要求作特别授权，只允许指定人员提出请购。请购单可由手工或计算机编制，由于企业内不少部门都可以填写请购单，不便于事先编号，为加强控制，每张请购单必须经过对这类支出负预算责任的主管人员签字批准。

2.编制订购单

采购部门在收到请购单后，只能对经过批准的请购单发出订购单。对每张订购单，采购

部门应确定最佳的供应来源。对一些大额、重要的采购项目，应采取竞价方式来确定供应商，以保证供货的质量、及时性和成本的低廉。

订购单应正确填写所需要的商品名称、数量、价格、厂商名称和地址等，预先予以编号并经过被授权的采购人员签名。其正联应送交供应商，副联则送至企业内部的验收部门、应付凭单部门和编制请购单的部门。随后，应独立检查订购单的处理，以确定是否确实收到商品并正确入账。这项检查与采购交易的"完整性"认定有关。

3.验收商品

有效的订购单代表企业已授权验收部门接受供应商发运来的商品。验收部门首先应比较收到的商品与订购单上的要求是否相符，如商品的名称、说明、数量、到货时间等是否相符，然后盘点商品并检查商品有无损坏。

验收后，验收部门应对已收货的每张订购单编制一式多联、预先编号的验收单，作为验收和检验商品的依据。验收人员将商品送交仓库或其他请购部门时，应取得经过签字的收据，或要求其在验收单的副联上签收，以确定他们对所采购的商品应负的保管责任。验收人员还应将其中的一联验收单送交应付凭单部门。

验收单是支持资产或费用以及与采购有关的负债的"存在"认定的重要凭证。随后执行的定期独立检查验收单的编号以确定每笔采购交易都已编制凭证，这与采购交易的"完整性"认定有关。

4.储存已验收的商品存货

将已验收商品的保管与采购的其他职务相分离，可减少未经授权的采购和盗用商品的风险。存放商品的仓储区应相对独立，限制无关人员接近。这些控制与商品的"存在"认定有关。

5.编制付款凭单

在记录采购交易之前，应付凭单部门应编制付款凭单。这项功能的控制包括：

（1）收集订购单、验收单和供应商发票等与采购业务相关的凭证；

（2）复核供应商发票的内容与相关的验收单、订购单是否一致，供应商发票计算是否正确；

（3）编制有预先编号的付款凭单，并附上相应原始凭证，如订购单、验收单和供应商发票等，在付款凭单上填入应借记的资产或费用账户名称；

（4）独立检查付款凭单计算的正确性；

（5）由被授权人员在凭单上签字，以示批准照此凭单要求付款。

需要指出的是，为采购交易编制付款凭单，要求其附加的原始凭证的种类，随交易对象的不同而不同。例如，在为某些种类的劳务或租赁资产编制凭单时，还需要其他种类的原始凭证，如合同副本等。而在其他情况下，例如每月支付的水电费，只要有账单和供应商发票就可以编制付款凭单，而不需要每月的订购单和验收单。

所有未付凭单的副联应保存在未付凭单部门的未付凭单档案中，以待日后付款。经适当批准和有预先编号的凭单为记录采购交易提供了依据，因此，这些控制与"存在"、"完整性"和"准确性、计价和分摊"认定有关。

6.确认与记录负债

在手工系统下，应将已批准的未付款凭单送达会计部门，据以编制有关记账凭证和登记有关账簿。会计主管应独立检查会计人员记录的凭单总数与应付凭单部门送来的每日凭单汇总表是否一致。

会计处理在手工完成的情况下，企业会计主管应做好以下三项工作：

（1）监督为采购交易编制的记账凭证中账户分类的适当性。

（2）通过定期核对编制对账凭证的日期和凭单副联的日期，以监督入账的及时性。

（3）定期独立检查应付账款总账余额与应付凭单部门未付款凭单档案中的总和是否一致。

购货与付款循环中主要业务活动、对应的凭证及账户、相关部门、相关认定、重要控制点的关系见表14-2。

表14-2　　　　　　　　购货与付款循环中主要业务活动、对应的凭证及账户、
相关部门、相关认定、重要控制点的关系

主要业务活动	对应的凭证及账户	相关部门	相关认定	重要控制点
1. 请购商品或劳务	请购单	仓库、其他部门		签字批准
2. 编制订购单	订购单	采购部门	完整性	订购单预先编号并经被授权的采购人员签名
3. 验收商品	订购单、验收单	验收部门	存在、完整性	验收单预先编号，一式多联
4. 储存已验收的商品存货	验收单	仓库部门	存在	保管与采购职责分离
5. 编制付款凭单	付款凭单、验收单、订购单、供应商发票	应付凭单部门	存在，完整性，准确性、计价和分摊	预先编号，并经过适当批准
6. 确认与记录负债	应付账款明细账、供应商发票、验收单、转账凭证、订购单	会计部门	存在，完整性，准确性、计价和分摊	记录库存现金收支人员不得经手库存现金、有价证券和其他资产
7. 支付并记录负债	付款凭单	应付凭单部门、会计部门	存在，完整性，准确性、计价和分摊	支票预先编号，相关凭证注销
8. 记录库存现金、银行存款支出	库存现金和银行存款日记账、付款凭证	会计部门	存在，完整性，准确性、计价和分摊	账账核对，账证核对，独立编制银行存款余额调节表

（二）控制测试

1. 记录对内部控制的了解

注册会计师主要凭借以往与客户交往的经验，并通过运用询问、观察和检查凭证等审计程序来取得对被审计单位采购交易控制程序的了解。例如，注册会计师可以询问批准订购单所遵循的程序，观察验收程序，检查应付凭单部门的凭单和相关原始凭证等。

同审计其他交易种类一样，使用问卷调查有助于注册会计师了解和记录处理采购交易的有关控制要点，采购交易内部控制问卷调查表的格式见表14-3。

表14-3 **采购交易内部控制问卷调查表**
2024年1月14日

业 务	提出问题	是	否	不适用	备注
1. 请购商品或劳务	（1）是否已建立请购的一般和特殊授权程序 （2）是否对所有请购的商品或劳务编制请购单				
2. 编制订购单	（1）每一张订购单是否都要求有一张请购单 （2）是否使用预先编号的订购单并加以控制				
3. 验收商品	（1）送交验收部门的订购单副联是否已涂改采购数量 （2）验收时是否盘点和检查商品并与有关订购单核对 （3）所编制的验收单是否预先编号 （4）验收部门将商品送交仓库或其他请购部门，是否取得对方签章的收据 （5）凭单是否经过被授权的人员批准				
4. 储存已验收的商品存货	（1）商品是否存放在加锁的地方，并限制接近 （2）是否设有保安人员守卫仓库存货				
5. 编制付款凭单	（1）编制凭单时，是否将凭单同订购单、验收单和供应商发票相配合 （2）是否独立检查供应商发票和凭单计算的正确性 （3）凭单是否经过被授权的人员批准				
6. 确认与记录负债	（1）是否编制每日凭单汇总表，并将其与有关记账凭证上记录的金额比较 （2）是否对有关记账凭证的会计分录进行独立检查，以确定账户分类的恰当性和入账的及时性 （3）是否定期独立检查未付凭单档案内凭单总和与应付账款总账的一致性				

注册会计师签字： 被审计单位复核人员签字：

此外，如果被审计单位没有系统流程图可供注册会计师审查并复制作为工作底稿，那么注册会计师也可自行编制系统流程图。

2.测试控制制度与评价控制风险

对采购交易内部控制的测试和评价控制风险的过程，与第十三章销售与收款循环的测试和评估过程相似。表14-4列示了对可能错报的必要控制和可能执行的控制测试的代表项目。

表14-4 **测试、评价购货与付款循环控制风险的考虑**

主要业务活动	关键控制点	防范的错报	可能的控制测试
1.请购商品或劳务	（1）由经授权的专门机构或人员填制请购单 （2）每张请购单都应经过对这类支出负预算责任的主管人员签字批准	可能请购过多的商品	检查授权和批准的情况

主要业务活动	关键控制点	防范的错报	可能的控制测试
2.编制订购单	订购单一式多联,并预先连续编号、经被授权的采购人员签名	可能有未经授权的采购	抽查订购单,检查是否连续编号
3.验收商品	收到货物时,应由独立于采购、仓储、运输职能的验收部门或人员点收,根据订购单验收商品,并编制一式多联的验收报告单	(1) 可能收到未订购的商品 (2) 收到商品的名称、数量、质量可能不符合要求	(1) 检查验收报告单后附的请购单、订购单 (2) 检查验收人员实际验收过程
4.存储已验收的商品存货	(1) 将保管与采购的其他职责相分离 (2) 只有经过授权的人员才能接近保管的资产	商品可能被盗走	(1) 检查入库单 (2) 观察接近资产的情况
5.编制付款凭单	每张凭单应与订购单、验收单和供应商发票相配合	可能对未订购的商品或未收到的商品编制凭单	检查与每张凭单相配合的订购单、验收单和供应商发票
6.确认与记录负债	独立检查每日的凭单汇总表和有关记账凭证上的金额的一致性	凭单可能未入账	审查执行独立检查的证据,重新执行独立检查
7.支付负债	(1) 支票签署人应复核支付性凭单的完整性和批准情况 (2) 支票签发后应立即盖章注销已付款凭单和支持性凭证 (3) 独立检查支票金额与凭单的一致性 (4) 支票签署人应控制邮寄支票	(1) 可能对未授权的采购签发支票 (2) 可能对一张凭证重复付款 (3) 支票金额可能开错 (4) 支票可能在签署后被篡改	(1) 观察支票签署人对支付性凭证进行的独立检查 (2) 检查已付款凭单上的"付讫"印章 (3) 重新执行独立检查 (4) 询问邮寄程序,观察邮寄过程
8.记录现金支出	(1) 使用和控制预先编号的支票 (2) 定期独立编制银行存款余额调节表 (3) 独立检查支票的日期和记账的日期	(1) 支票可能未入账 (2) 记录支票时可能出错 (3) 支票可能未及时入账	(1) 检查使用和控制预先编号支票的证据 (2) 审查银行存款余额调节表 (3) 重新执行独立检查

　　注册会计师对某项认定控制风险的影响因素考虑的范围,取决于他对这项认定采用的是哪一种审计策略。控制测试的范围与注册会计师在风险评估时对控制运行有效性的拟信赖程度有关:拟信赖程度越高,需要实施控制测试的范围越广。

二、固定资产的内部控制和控制测试

商品存货与固定资产同属于一个交易循环，在内部控制和控制测试问题上固然有许多共性的地方，但固定资产还存在不少特殊性，有必要对其单独说明。

就许多从事制造业的被审计单位而言，固定资产在其资产总额中占很大的比重，大额固定资产的购建会影响其现金流量，而固定资产的折旧、维修等费用则是影响其损益大小的重要因素。固定资产管理一旦失控，所造成的损失将远远超过一般的商品存货等流动资产。所以，为了确保固定资产的真实、完整、安全和有效利用，被审计单位应当建立和健全固定资产的内部控制制度。下面结合企业常用的固定资产内部控制制度，讨论注册会计师实施控制测试程序时应予以关注的地方。

（一）固定资产的内部控制

1.建立固定资产的预算制度

预算制度是固定资产内部控制中最重要的部分。通常，大企业应编制旨在预测控制固定资产增减和合理运用资金的年度预算。小企业即使没有正规的预算，对固定资产的购建也要事先计划。注册会计师应注意检查固定资产的取得和处置是否均依据预算，对实际支出与预算之间的差异以及未列入预算的特殊事项，应检查其是否履行特别的审批手续。如果固定资产增减均能处于良好的经批准的预算控制之下，注册会计师即可适当减少对固定资产增加及减少审计的实质性程序的样本量。

2.完善的授权批准制度

完善的授权批准制度包括：企业的资本性支出预算只有经过董事会等高层管理机构批准方可生效；所有固定资产的取得和处置均需经企业管理层的书面认可。注册会计师不仅要检查被审计单位固定资产授权批准制度本身是否完善，还要关注授权批准制度是否得到切实执行。

3.严格的凭证与记录制度

除固定资产总账外，被审计单位还须设置固定资产明细分类账和固定资产登记卡，按固定资产类别、使用部门和每项固定资产进行明细分类核算。固定资产的增减变化均应有充分的原始凭证。一套设置完善的固定资产明细分类账和登记卡，将为注册会计师分析固定资产的取得和处置、复核折旧费用和修理支出的列支带来帮助。

4.明确的职责分工制度

对固定资产的取得、记录、保管、使用、维修、处置等，均应明确划分责任，由专门部门和专人负责。明确的职责分工制度，有利于防止舞弊，降低注册会计师的审计风险。

5.划清资本性支出和收益性支出的界限

企业应制定区分资本性支出和收益性支出的书面标准。通常须明确资本性支出的范围和最低金额，凡不属于资本性支出的范围、金额低于下限的任何支出，均应列作费用并抵减当期收益。

6.固定资产的维护保养制度

固定资产应有严密的维护保养制度，以防止其因各种自然和人为的因素而遭受损失，并应建立日常维护和定期检修制度，以延长其使用寿命。

7.固定资产的处置制度

固定资产的处置包括投资转出、报废、出售等，均要有一定的申请报批程序。

8.固定资产的定期盘点制度

对固定资产的定期盘点，是验证账面各项资产是否真实存在和了解资产放置地点和使用状况，以及发现是否存在未入账固定资产的必要手段。注册会计师应了解和评价企业固定资产盘点制度，并应注意查询盘盈、盘亏固定资产的处理情况。

（二）固定资产控制测试

1.了解固定资产的内部控制制度

书面说明、流程图和调查问卷均为了解被审计单位内部控制的有效方式，故注册会计师应向被审计单位索取或自己编制这些书面资料，主要包括固定资产计划、预算和管理手册，以及固定资产内部控制调查表（见表14-5）。

表14-5 固定资产内部控制调查表

被审计单位名称： 检查人员： 执行日期：

检查内容：固定资产内部控制制度 复核人员： 复核日期：

调查问题	是	否		不适用	备注
		轻	重		
1.固定资产的购入是否有适当授权，并经董事会批准，或由董事会指定人员批准					
2.是否编制固定资产年度预算计划					
3.固定资产购买或评估审批时是否考虑： （1）可能的成本 （2）资产的种类、性能 （3）会计科目					
4.自制固定资产的成本是否按工作单累计					
5.资本性支出与收益性支出的标准是否易于区别					
6.固定资产总分类账户是否均有明细记录					
7.固定资产是否定期盘存，是否与明细记录核对					
8.固定资产计价是否按： （1）成本 （2）评估价值 （3）其他					
9.固定资产出售、毁损、报废、清理等是否经过技术鉴定和审批					
10.固定资产的折旧方法和折旧率是否符合规定，前后期是否一致					
11.固定资产是否全部投保					
12.已提完折旧的资产超期使用时，是否仍包括在资产账户内					
13.小型工具是否妥善保管					

通过查阅这些资料和进行询问、实地观察，从而尽可能详细地了解被审计单位固定资产及折旧的内部控制制度及可能存在的问题，并记录于审计工作底稿。

2.进行控制测试

在充分了解被审计单位的内部控制制度后，还需要进一步确定固定资产及折旧的内部控制制度是否充分、有效，其可靠程度如何，是否得到遵循。这主要通过控制测试抽查部分固定资产业务（包括固定资产的取得、报废、出售、转移、以旧换新等）来实现。注册会计师进行抽查时，可以运用统计和非统计等审计抽样方法抽取样本，并重点审查：

（1）固定资产预算与资产取得、报废情况是否相符，确定是否存在未经适当授权的固定资产业务。注册会计师可以通过查阅固定资产账户的本期增减变动记录，追查相应的固定资产请购单或报废、出售等工作通知单，确定是否经适当授权，是否受固定资产预算控制。

（2）资本性支出与收益性支出的划分标准是否得到遵守。注册会计师可以通过审查固定资产维修和保养账户的记录、工作通知单，检查其金额。如被审计单位规定以某项金额作为区分修理支出和改良支出的依据，超过该金额的修理支出作为固定资产改良支出，予以资本化，则注册会计师也应抽查部分新增固定资产明细账，审查有无将收益性支出资本化。

（3）固定资产的记录是否完善，注册会计师可以通过抽查应付账款、现金收支、营业外收支等账户和相关凭证，审查有无固定资产增加、报废、出售等业务未记入固定资产账户。抽查固定资产明细账或登记卡，审查其记录是否完善，包含的信息是否充分。此外，企业还应当保存租入或租出固定资产的详细记录。

（4）现存固定资产的控制状况。注册会计师应深入实地观察有关固定资产的使用、保养情况，查清有无将固定资产用于未经授权的用途，账实是否相符，获取包括实物检查报告在内的有关证据。检查时应注意租入固定资产的控制情况，有无毁损、报废或被盗等情形而未记录。此外，注册会计师还可对固定资产的验收、安装等进行控制测试。在进行控制测试时，注册会计师可以通过流程图或内部控制调查表来对控制测试的结果进行综合评价。

3.评价内部控制

注册会计师在对固定资产内部控制制度做了充分调查和控制测试之后，即可对其加以评价，并将评价的结果记录在审计工作底稿中。评价的重点在于：

（1）固定资产内部控制执行情况能在多大程度上确保被审计单位会计记录的可靠性和正确性；

（2）内部控制制度的有效执行，能在多大程度上保护固定资产的完整性。

注册会计师应根据被审计单位固定资产内部控制的较强和薄弱环节，确定其实质性程序的性质、时间和范围。必要时，可采用适当方式，针对薄弱环节向被审计单位管理层提出相应的改进建议。

第三节　应付账款审计

应付账款是企业在正常经营过程中，因赊购商品或劳务等引起的短期债务，如采取赊购方式购买商品、原料、固定资产及其他办公用品等形成的短期债务。可见，应付账款业务是随着企业赊购交易的发生而发生的。因此，注册会计师应结合购货业务进行应付账款的审计。

　　从审计角度来看，上述负债具有以下几个显著的特点：

　　第一，审查负债的重点在于揭示和纠正负债的低估或漏列。众所周知，企业管理部门几乎一直受着报告盈余增加的压力，而夸大盈余通常总伴随着高估资产或低估负债。因此，在通常情况下，注册会计师审查资产账户，主要是为了防止资产的高估，因为只有高估资产才能人为地"改善"企业的财务状况。但就负债而言，则只有通过低估其债务，才能达到人为地"美化"企业财务状况的目的，从而人为地改善流动比率等财务指标，以取得信贷上的好处。更进一步讲，由于低估负债经常伴随着低估费用和高估净收益，从而对企业的经营成果也有很大影响。例如，企业管理层将某些经营费用延迟到次年付款时才入账，就可虚增年终的净收益。因此，注册会计师审查负债项目，主要是为了防止企业债务的低估。

　　第二，企业的债务即为其他企业的债权，债权企业必定具有完整的会计记录。如果债务企业不按期清偿，将会受到债权企业的直接催讨。这在某种意义上来说可以保证负债记录的正确性。所以，对负债项目的内部控制制度和账务处理审计，相对于资产而言，就较为简单了。因为，它有外部债权人的牵制。

　　第三，注册会计师对于资产和负债审计的另一个不同之处在于，负债通常不会引起计价问题。负债的未来清偿价值一般在负债成立之时就立即确定，并不受外界环境因素的影响。而对资产则存在适当计价问题，许多耗费于资产上的审计时间，大都是研讨委托人所采用的计价方法是否适当。而由于负债不存在不同计价基础方法的选择问题，对其审核验证的工作量就可以适当减少。

一、应付账款的审计目标

　　应付账款的审计目标包括：

　　（1）确定应付账款是否存在；

　　（2）确定应付账款的发生和偿还记录是否完整；

　　（3）确定应付账款确实是被审计单位应负的偿还义务；

　　（4）确定应付账款的期末余额是否正确；

　　（5）确定应付账款在财务报表上的披露是否恰当。

二、实质性程序

（一）索取或编制应付账款明细表

　　注册会计师应向被审计单位索取或自行编制结算日全部应付账款明细账户余额明细表。其中应列明债权人姓名、交易日期、购货数量、价格和应付账款金额。这主要是为了确定被审计单位资产负债表上应付账款的数额与其明细记录是否相符；其次是作为应付账款实质性程序的起点，注册会计师将从凭单或应付账款清单中选择一定数量的样本，并作详细审核。

　　具有众多应付账款的大公司，通常可提供电脑编制的明细表，账户数量较少的可提供人工编制的应付账款清单。无论何种情况，对于被审计单位提供的应付账款明细表，注册会计师都应验证明细表中加总和个别金额的正确性。

　　如果个别项目的明细表总额与总账不相符，则须检查差异的原因。大多数情况下，注册会计师将安排由被审计单位的职员寻找这类错误并作出必要的调整。总账与应付账款明细表相符，并不能绝对地证明总债务额的完全正确。因为，接近结算日期所收到的发票可能既不列入总账，又不记入明细账，同时，或许会有使各账户仍然平衡的其他类似的错误。

（二）核对应付账款账簿与相关凭证

确定被审计单位所编制的应付账款明细试算表是否有效的证实方法是选择某些债权人账户的余额，然后核对有关凭单、供应商发票、订货单和验收报告等单据。

很多企业采用付款凭单制度，在这种情况下，抽查并审查样本的原始凭证，最好在结算日进行，因为那时它们全在未付凭单卷宗内。未付凭单的内容逐日变动，凭单付讫，应立即从卷宗中取出而归入按名称排列的供应商卷宗内。

若注册会计师不能在结算日到达现场，应要求被审计单位编制决算日应付凭单明细表，列出每份凭单的充分资料，使数周后仍能调卷查阅。年终应付凭单明细表应揭示供应单位名称、凭单号码、日期和金额。

（三）实施分析程序

根据被审计单位的实际情况，注册会计师可以选择以下指标进行分析：

（1）对本期期末应付账款余额与上期期末余额进行比较分析，分析其波动原因。

（2）分析长期挂账的应付账款，要求被审计单位作出解释，判断被审计单位是否缺乏偿债能力或利用应付账款隐瞒利润。

（3）计算应付账款对存货的比率、应付账款对流动负债的比率，并与以前期间对比分析，评价应付账款整体的合理性。

（4）根据存货、主营业务收入和主营业务成本的增减变动幅度，判断应付账款增减变动的合理性。

（四）函证应付账款

一般情况下，应付账款不需要函证，这是因为函证不能保证查出未记录的应付账款，况且注册会计师能够取得购货发票等外部凭证来证实应付账款的余额。但如果控制风险较高，某应付账款账户金额较大或被审计单位处于经济困难阶段，则应进行应付账款的函证。

进行函证时，注册会计师应注意以下事项：

1.函证对象

注册会计师所选取的函证项目应包括：较大金额的债权人；在资产负债表日金额很小、甚至为零，但是对企业重要的供货商；上一年度有业务往来而本年度没有业务往来的主要供货商；没有按时寄送对账单和存在关联方交易的债权人。

2.函证方式

函证最好采用积极方式，并说明具体应付金额。

3.函证的控制与评价

同应收账款的函证一样，注册会计师必须对函证的过程进行控制，要求债权人直接回函，并根据回函情况编制与分析函证结果汇总表，对未回函的，应考虑是否再次函证。

如果存在未回函的重大项目，注册会计师应采用替代审计程序。例如，可以检查决算日后应付账款明细账及库存现金和银行存款日记账，核实其是否已支付，同时检查该笔债务的相关凭证资料，核实交易事项的真实性。

（五）查找未入账的应付账款

为了防止企业低估负债，确认应付账款的完整性，注册会计师应检查被审计单位有无故意漏记应付账款行为。

（1）结合存货监盘，检查被审计单位在资产负债表日是否存在有材料入库凭证但未收到购货发票的经济业务。

（2）检查资产负债表日后收到的购货发票，关注购货发票的日期，确认其入账时间是否正确。

（3）检查资产负债表日后应付账款明细账贷方发生额的相应凭证，确认其入账时间是否正确。

（4）检查时，注册会计师还可以通过询问被审计单位的会计和采购人员，查阅资本预算、工作通知单和基建合同来进行。

如果注册会计师通过这些审计程序发现某些未入账的应付账款，应将有关情况详细记入审计工作底稿，然后根据其重要性确定是否需建议被审计单位进行相应的调整。

（六）审查债权人对账单

在良好的控制情况下，被审计单位应每月从债权人处取得对账单，并按时对应付账款各明细账户进行调节。如果注册会计师对这项控制的控制测试已获得满意的结果，可以直接依赖和利用。但如果被审计单位职员未调节或没有完全调节，则注册会计师必须进行这方面的审查。在应付账款内部控制不甚健全时，注册会计师应控制寄来的函件，以便可以立即掌握卖方寄交被审计单位的对账单。调节卖方对账单时，常发现的差异为：卖方已入账的交运货品而被审计单位既未收到，也未记账。而正常的会计程序则是等收到商品、发票才记作负债。因此，在途商品应分行列表，并根据其重要性确定是否应予记入账册。

注册会计师执行这一程序的另一个目的是确保应付账款截止期的正确性。应付账款的截止期与年终存货购买截止期密切相关。因此，审计存货验收单的号码，据以确定结账日最后一张供应商发票及其应付账款分录，从而核实它们是否已被正确地包括在应付账款之内或被正确地排除在外。

例如，假定在进行实物盘点时，最后一张验收单号码为999，注册会计师应记下这个号码，然后追查该号码以及它前面的几个号码的卖方发票至应付账款清单和应付账款明细账，确定它们是否包括在内。同样，验收单上所记录的采购应付账款，如果其号码为999号之后就应排除于应付账款之外。

如果被审计单位的存货盘点发生在年终最后一天之前，则仍需按上述方法执行应付账款的截止测试。但除此之外，注册会计师还必须检查是否将所有发生在实物清点日和会计年末之间的购入都已经加入实物存货和应付账款中了。例如，被审计单位在12月26日进行实物盘点，会计年末为12月31日，截止期限资料在12月26日取得。在年末现场工作中，注册会计师必须首先进行测试，确定截止期限是否为12月26日，然后，注册会计师还必须测试，是否所有实物清点日（12月26日）之后，年末（12月31日）之前收到的存货均已由被审计单位加到应付账款和存货账中了。

（七）其他测试程序

（1）检查应付账款是否存在借方余额。如有，应查明原因，必要时建议被审计单位作重分类调整。

（2）结合预付账款的明细账余额，查明是否存在应付账款和预付账款同时挂账的项目；结合其他应付款的明细账余额，查明有无不属于应付账款的其他应付款。如有，应作出记录，必要时，建议被审计单位作重分类调整或会计误差调整。

（3）检查应付账款长期挂账的原因，作出记录，注意其是否可能无须支付。对确实无法支付的应付账款看其是否按规定转入了营业外收入，相关依据和有关手续是否完备。

（4）检查带有现金折扣的应付账款是否按发票上记载的全部应付金额入账，待实际获得现金折扣时再冲减财务费用项目。

（5）被审计单位与债权人进行债务重组的，应结合债务重组事项的专项审计，检查有关的会计处理是否正确。

（6）关注是否存在应付关联方账款。如有，应通过了解关联方交易事项的内容、价格和条件，检查采购合同等方法确认该应付账款的合法性和合理性；通过向关联方或其他注册会计师查询及函证等方法，以确认交易的真实性。

（7）对于用非记账本位币结算的应付账款，检查其采用的折算汇率是否正确。

（八）验明应付账款在资产负债表上的披露是否恰当

一般来说，注册会计师应将被审计单位资产负债表对应付账款的反映同会计准则相比较，以发现不当之处。"应付账款"项目应根据"应付账款"和"预付账款"科目所属明细科目的期末贷方余额的合计数填列。

如果被审计单位为上市公司，则在其财务报表附注中通常还应说明有无欠持有5%（含5%）以上表决权股份的股东单位账款；说明账龄超过3年的大额应付账款未偿还的原因，并在期后事项中反映资产负债表日后是否偿还。

第四节　固定资产和累计折旧审计

固定资产是指同时具有以下特征的有形资产：（1）为生产商品、提供劳务、出租或经营管理而持有的；（2）使用寿命超过一个会计年度。折旧，是指在固定资产的使用寿命内，按照确定的方法对应计折旧额进行系统分摊。由于固定资产在企业资产总额中一般都占有较大的比例，固定资产的安全、完整对企业的生产经营影响极大，注册会计师应对固定资产的审计予以高度重视。

固定资产是企业实物资产的主要组成部分，它具有以下特点：

（1）其在一个会计期间内交易次数较少；

（2）其单位价值较高；

（3）其能够多次参加生产经营过程，使用期限超过1年（或超过1年的一个营业周期），并且在使用过程中基本保持原来的物质形态不变；

（4）其使用寿命是有限的；

（5）其损耗价值是以折旧方式计入制造费用或管理费用中的，随着产品价值的实现而转化为货币资金；

（6）企业持有它的目的是用于生产经营活动，而不是转卖。

就审计而言，固定资产的审查较存货、应收账款等流动资产要简单。审计时主要是审核会计期间内固定资产的增减变动及折旧费用的适当性，在整个审计计划中通常安排的时间较少。

一、固定资产审计

（一）固定资产审计目标

固定资产审计目标一般包括：

（1）确定固定资产是否存在；

（2）确定固定资产是否归被审计单位所有；

（3）确定固定资产增减变动的记录是否完整；

（4）确定固定资产的计价是否恰当；

（5）确定固定资产期末余额是否正确；

（6）确定固定资产在财务报表上的披露是否恰当。

（二）实质性程序

1.编制固定资产分析表

固定资产分析表又称固定资产及累计折旧汇总表，其内容包括固定资产的增减变动情况，固定资产折旧的计提情况等。注册会计师索取或编制固定资产分析表主要是为了分析固定资产账户余额的变动，并为固定资产的取得、处置和出售等提供进一步的证据。固定资产分析表的一般格式见表14-6。

表14-6　　　　　　　　　　　　　固定资产分析表　　　　　　　　　　金额单位：元

被审计单位名称：宏大有限责任公司　　编制人：吴亮　　执行日期：2024年1月15日

结账日期：2023年12月31日　　复核人：郑强　　复核日期：2024年1月16日

账户编号	摘要	固定资产				折旧方法	折旧率（%）	累计折旧			
		期初余额	本期增加	本期减少	期末余额			期初余额	本期增加	本期减少	期末余额
143	房屋	258 000			258 000√	直线	4.75	24 510	12 255		36 765√
144	机器	97 600	34 000*		131 600√	直线	9.5	18 548	10 887		29 435√
145	运设	86 000	12 000*	8 000#	90 000√	直线	19	32 680	17 480	3 800#	46 360√
146	办设	2 000	2 000*		4 000√	直线	19	950	570		1 520√
合计		443 600 T	48 000 T	8 000 T	483 600 T			76 688 T	41 192 T	3 800 T	114 080 T

注："*"=经核对与采购合同、所有权证书及发票相符。

"#"=经核对与固定资产报废通知单相符。

"√"=已核对全部明细账或登记卡，余额合计无误。

"T"=已复核加总。

（表中新增固定资产假设从2023年7月份起计提折旧，报废固定资产假设发生在2023年12月份）

本年新增2 000元的办公设备，没有计提折旧，建议编制调整分录为：

借：管理费用——折旧费　　　　　　　　　　　　　　　　190

贷：累计折旧——办公设备　　　　　　　　　　　　　　　　190

表14-6中固定资产的期初余额，可分三种情况分析核实：（1）在初次审计的情况下，注册会计师应对期初余额进行全面的审计；（2）被审计单位变更委托的会计师事务所时，后任注册会计师可借阅前任注册会计师有关工作底稿，并进行一般性的复核；（3）在连续审计情况下，可与上年审计工作底稿核对相符。

注册会计师只有在认为期初余额正确时，才能通过检查本年度固定资产变动情况，来确定其期末余额是否正确。在这个过程中，注册会计师通常要进行两项核对工作，一是期末余额与总分类账试算表核对，并与固定资产明细卡余额合计数核对；二是明细分类账和总分类账的余额核对，如果不相符，则应查明从何时起不相符，并将明细分类账与有关原始凭证进行核对，查明发生的错误，并予以改正。

2.实施分析程序

根据被审计单位的实际情况，注册会计师可以选择表14-7所列指标进行分析。

表14-7　　　　　　　　　　　分析程序的内容与可能存在的信息

比较的内容	可能存在的信息（即CPA的合理疑问）
将本期折旧额与固定资产总成本的比率同上年比较	本期折旧计算方面的错误
将本期折旧额与制造费用的比率同上年比较	本期折旧计算方面的错误
将累计折旧占制造费用的比率同上年比较	累计折旧记录中的错误
将累计折旧与固定资产总成本的比率同上年比较	累计折旧核算中的错误
将每月或全年的低值易耗品摊销、维修费同上年比较	将应当资本化的项目计入本期费用
将制造费用与产量的比率同上年比较	闲置或已减少的设备未作账务处理
将本期与以前各期的固定资产增加和减少比较	判断差异产生的原因的合理性
将固定资产原值与本期产品产量的比率同以前年度比较	固定资产闲置或已减少的设备未作账务处理
将固定资产的构成及增减变动与相关信息交叉核对	固定资产相关金额的合理性和准确性

3.验证固定资产所有权

对于各类固定资产，注册会计师应查阅相关原始凭证，以确定所审查的固定资产是否确实为被审计单位的合法财产。具体验证时应注意：

（1）对于外购的机器设备等固定资产，通常需要验证经审核的采购发票、购货合同等即可确定；

（2）对于房地产类固定资产，可查阅有关的合同、产权证明、财产税单、抵押贷款的还款凭据、保险单等书面文件；

（3）对于租入的固定资产，应验证有关租赁合同，判断其是否满足融资租赁的确认条件，区分其与短期租赁和低价值资产租赁以及不符合融资租赁确认条件的其他租赁情况；

（4）对于汽车等运输设备，应验证有关运营执照等证件。

4.审计固定资产的增加

审计固定资产的增加，是固定资产实质性程序中的重要内容。固定资产的增加有购入、自制自建、投资者投入、更新改造增加、债务人抵债增加等多种渠道。被审计单位如果未正确核算固定资产的增加，将对资产负债表和利润表产生长期的影响，因此，审计中应注意以下几点。

（1）对于外购的固定资产审查内容如下：

①审查购买固定资产的批准文件，以查明其是否经合法的授权批准；

②核对购货合同、发票、保险单、发运凭证等文件；

③审查固定资产验收报告；

④审查购进土地、房屋等的契约和结算单，以确定其所有权的归属；

⑤确定被审计单位估计的固定资产使用年限和残值是否合理；

⑥测试固定资产计价是否正确，会计处理是否正确；

⑦对于以一笔款项购入多项没有单独标价的固定资产，还应检查是否按各项固定资产公允价值的比例对总成本进行分配，是否已分别确定各项固定资产的入账价值。

（2）对于在建工程转入的固定资产审查内容如下：

①审查建设项目的批准文件，以查明其是否经合法的授权批准；

②审查建设成本的构成内容是否符合规定，计算是否正确；

③审查竣工决算、验收和移交报告是否正确，与在建工程相关的记录是否核对相符，资本化利息金额是否恰当；

④对于已经在用但尚未办理竣工决算的固定资产，检查其是否已经暂估入账，并按规定计提折旧，竣工决算完成后，是否及时调整；

⑤确定被审计单位估计的固定资产使用年限和残值是否合理。

（3）对于投资者投入的固定资产，应检查其入账价值与投资合同中关于固定资产作价的规定是否一致；须经评估确认的固定资产是否有评估报告；固定资产交接手续是否齐全。

（4）对于更新改造增加的固定资产，应查明增加的固定资产原值是否真实，是否符合资本化条件，增计金额是否超过了该固定资产的可收回金额；重新确定的剩余折旧年限是否恰当。

（5）对于因债务人抵债而获得的固定资产，应检查产权过户手续是否齐备，固定资产计价及确认的损益是否符合会计准则的规定。

（6）对于以非货币性资产交换取得的固定资产，注册会计师应审阅相关的资产交换协议，关注资产交换各方是否存在关联方关系，判断该项交换是否具有商业实质。如果该项交换具有商业实质，并且换入和换出的资产的公允价值能够可靠地计量，应检查是否按换出资产的公允价值和应支付的相关税费加上支付的补价（或减去收到的补价）作为入账价值；若该项交换不具有商业实质，应检查是否按换出资产的账面价值和应支付的相关税费加上支付的补价（或减去收到的补价）作为入账价值。

（7）对于盘盈的固定资产，如果同类或类似固定资产存在活跃市场，应检查是否按同类或类似固定资产的市场价格，减去按该项固定资产新旧程度估计的价值损耗后的余额，作为入账价值；如果同类或类似固定资产不存在活跃市场，应检查是否以该项固定资产的预计未来现金流量现值作为入账价值。

（8）对于因其他原因增加的固定资产，应检查相关的原始凭证，核对其计价及会计处理是否正确，法律手续是否齐全。

5.审查固定资产的减少

固定资产的减少主要包括出售、报废、毁损、向其他单位投资转出、盘亏等。

有的被审计单位在全面清查固定资产时，常常会出现固定资产账存实无的现象，这可能是由于设备管理或使用部门不了解报废固定资产与会计核算两者间的关系，擅自报废固定资产而未在会计账户上做相应的核算，这样势必造成财务报表表达失真。审查固定资产减少的主要目的就在于查明已减少的固定资产是否已作相应的会计处理。其审计要点如下：

（1）审查减少固定资产授权批准文件。

（2）审查减少固定资产的会计记录是否符合有关规定，验证其数额计算的准确性。

（3）审查出售或报废处置固定资产的净损益，验证其真实性与准确性，并与银行存款、营业外收支等有关账户核对。

（4）审查是否存在未作会计记录的固定资产减少业务，具体内容如下：

① 复核是否有本年新增的固定资产替换了原有固定资产；

② 分析"营业外收入""营业外支出"等账户，查明有无处置固定资产所带来的收支；

③ 若某种产品因故停产，追查其专门生产设备等的处理情况；

④ 向被审计单位的固定资产管理部门查询本年有无未作会计记录的固定资产减少业务。

6.实地观察固定资产盘点

实施实地观察审计程序时，注册会计师可以以固定资产明细分类账为起点，进行实地追查，以证明会计记录中所列固定资产确实存在，并了解其目前的使用状况，也可以以实地为起点，追查至固定资产明细分类账，以获取实际存在的固定资产是否均已入账的证据。

当然，注册会计师实地观察的重点是本期新增加的重要固定资产，有时观察范围也会扩展到以前期间增加的固定资产。观察范围的确定需要依据被审计单位内部控制的强弱、固定资产的重要性和注册会计师的经验来判断。如为初次审计，则应适当扩大观察范围。

7.审查固定资产的租赁

租赁分为短期租赁、低价值资产租赁以及其他租赁情况。对于短期租赁和低价值资产租赁以外的租赁，承租人需确认使用权资产和租赁负债；对于短期租赁和低价值资产租赁，承租人可选择简化处理，不确认使用权资产和租赁负债。

审查短期租赁和低价值资产租赁以外的租赁时，对于租入固定资产，应查明的内容如下：

（1）应验证有关租赁合同，判断是否符合新准则下租赁的确认条件，确认合同手续是否完备，合同内容是否符合国家规定，是否经相关管理部门审批。

（2）审查租入的固定资产是否符合企业实际需求，是否为企业长期使用资产而非临时性需求。同时，审查出租方出租该资产是否有合理商业理由，双方是否认真履行合同，其中是否存在不正当交易。

（3）租金支付是否按照合同约定执行，有无异常支付情况。检查租金的计算是否合理，是否考虑了货币时间价值等因素。

（4）确认租入的固定资产是否得到有效使用和管理，有无闲置浪费或损坏现象。检查是否按企业自有固定资产进行管理，包括计提折旧、进行维修等。同时，审查租赁合同中对资产改良的约定是否得到执行。

（5）核查企业对租入固定资产的会计处理是否正确，是否按照新准则确认使用权资产和租赁负债，并进行后续计量。

对于出租固定资产，应查明的内容如下：

（1）出租固定资产的行为应具有合理商业目的，审查合同手续及审批情况，确保合同内容符合规定。

（2）确认出租的固定资产是否确实为企业闲置资产或不再使用的资产。审查租金收入的确认是否合理，是否按照新准则进行会计处理。

（3）关注租金收取是否按照合同约定执行，有无多收、少收现象。检查租金定价是否合理，是否参考市场价格。

（4）审查企业对出租固定资产的后续管理，确保资产在租赁期间的安全和正常使用状态。同时，关注是否存在变相馈赠、转让等不当行为。

审查短期租赁和低价值资产租赁时，应关注以下内容：

（1）确认租赁行为是否符合短期租赁和低价值资产租赁的定义，审查租赁合同的期限和资产价值等条件。

（2）检查企业对这类租赁的会计处理是否符合新准则规定，是否未确认使用权资产和租赁负债，仅进行费用化处理。

（3）审查租赁过程中双方的权利义务是否明确，有无潜在风险。

在新准则下，虽然不再明确区分融资租赁和经营租赁，但对于类似原融资租赁性质的租赁，审查要点如下：

（1）审查租赁合同的合法性、完备性，合同内容是否符合国家规定及新准则要求，是否经相关管理部门审批。

（2）确定租入固定资产的计价是否正确，按照新准则规定考虑货币时间价值等因素。检查企业是否对租入固定资产按自有固定资产一样管理，并计提折旧、进行维修。

（3）审查融资偿付的利息计算是否合理，利率是否与市场利率相当。同时，核查企业对租入固定资产的会计处理是否正确，包括确认使用权资产、租赁负债以及后续计量等。

8.分析保养和维修费用

审查固定资产时，还应进一步分析企业对固定资产的保养和维修费用，注册会计师应取得或编制按前后两年以逐月比较为基础的保养和维修费用分析表。固定资产的日常保养和维修支出通常属于收益性支出，由于它们的金额一般较小，适当地选择若干明细项目予以审查就可以了，当被审计单位的内部控制很有效时更是如此。审查的目的在于发现是否存在应予资本化的支出项目。

注册会计师在全面初步审查保养与维修费用的基础上，选择那些金额较大或异常的项目进行严格审查，并且注意年与年之间或月与月之间的重大变化，查明差异原因。通过审查被审计单位的收益性支出与资本性支出的划分标准是否符合会计准则，然后对照这一标准将应予资本化的项目予以剔除。同时，应注意有些企业在盈利较少的年度或为了成功地融资而需要高盈利数据来帮助的年度，往往会将一些应计入收益性支出的项目资本化以提高盈利额。相反，在一些出于纳税考虑等因素而需要降低盈利额的年度，企业则可能将一些应予资本化的支出项目计入了当期损益。此外，注册会计师还要审查费用明细账或库存现金支出日记账上的大额保养与维修支出是否均有适当的核准，并核对购货发票、领料单、工作指令单或直接人工记录等原始凭证以确定金额是否相符。

9.检查固定资产是否已在资产负债表上恰当披露

财务报表附注中通常应披露以下内容：

（1）固定资产的标准、分类、计价方法和折旧方法；

（2）各类固定资产的使用寿命、预计净残值和折旧率；

（3）固定资产增减变动情况，包括期初和期末各类固定资产账面总额及累计折旧总额，以及各类扩建、处置及其他调节项目的金额；

（4）当期确认的固定资产减值损失；

（5）在建工程的期初、期末数额及增减变动情况；

（6）对固定资产所有权的限制及其金额（这一披露要求是指，企业因贷款或其他原因而以固定资产进行抵押、质押或担保的类别、金额、时间等情况）；

（7）已承诺将为购买固定资产支付的金额；

（8）暂时闲置的固定资产账面价值（这一披露要求是指，企业应披露暂时闲置的固定资产账面价值，导致固定资产暂时闲置的原因，如开工不足、自然灾害或其他情况等）；

（9）已提足折旧仍继续使用的固定资产账面价值；

（10）已报废和准备处置的固定资产账面价值。

如果被审计单位是上市公司，还应在财务报表附注中披露以下内容：

（1）按类别分项列示固定资产期初余额、本期增加额、本期减少额及期末余额；

（2）说明固定资产中存在的在建工程转入、出售、置换、抵押或担保等情况；

（3）披露通过除短期租赁和低价值资产租赁外的租赁方式租入的固定资产每类租入资产的使用权资产原值、累计折旧、账面净值；同时，对于短期租赁和低价值资产租赁租入的固定资产，可披露其租赁费用总额等相关信息。

（4）披露通过除短期租赁和低价值资产租赁外的租赁方式租出的固定资产每类租出资产的账面原值；同时，对于短期租赁和低价值资产租赁租出的固定资产，可披露其租金收入总额等相关信息。

二、累计折旧审计

固定资产可以长期参加生产经营而仍保持其原有实物形态，但其价值将随着固定资产的使用而逐渐转移到生产的产品中，构成经营成本或费用。这部分随着固定资产的磨损而逐渐转移的价值即称为固定资产的折旧，它是固定资产价值的扣减额。

由于累计折旧通常是按估计的使用寿命及磨损程度分摊固定资产成本的，因此，带有一定的主观性，而且折旧的计算方法又呈多样化，各种方法可能导致不同的结果，并影响期间的净收益和所得税申报。所以，注册会计师要认真审核被审计单位在会计年度内折旧计提方法选择的适当性。

（一）累计折旧的审计目标

固定资产折旧的以上特性决定了累计折旧审计的主要审计目标在于：

（1）确定折旧方法是否符合相关规定，是否一贯遵循；

（2）核实累计折旧增减变动的记录是否完整；

（3）审查折旧金额的计算是否正确；

（4）确定累计折旧的期末余额是否正确；

（5）确定累计折旧的披露是否恰当。

（二）实质性程序

1.确定被审计单位折旧政策的恰当性

注册会计师应查阅被审计单位的经营手册或其他管理文件，确定其折旧方法的选择是否得当，前后期是否一致，或能否在固定资产使用年限内合理分摊成本。

《企业会计准则第4号——固定资产》中明确规定：

（1）已达到预定可使用状态的固定资产，无论是否交付使用，尚未办理竣工决算的，应当按照估计价值确认为固定资产，并计提折旧；待办理了竣工决算手续后，再按实际成本调整原来的估计价值，但不需要调整原已计提的折旧额。

（2）对于通过除短期租赁和低价值资产租赁外的租赁方式租入的固定资产发生的装修费用，符合相关确认条件的，应当在两次装修期间、剩余租赁期与固定资产剩余使用寿命三者中较短的期间内计提折旧。

（3）对于短期租赁和低价值资产租赁租入的固定资产发生的装修费用，可根据实际情况判断是否需要单独核算及如何进行费用化处理。

（4）处于修理、更新改造过程中，停止使用的固定资产，符合规定的确认条件的，应当转入在建工程，停止计提折旧；不符合规定的确认条件的，不应转入在建工程，照提折旧。

（5）固定资产提足折旧后，不管能否继续使用，均不再计提折旧；提前报废的固定资产，也不再补提折旧。所谓提足折旧，是指已经提足该项固定资产的应计折旧额。

2.获取或编制累计折旧分类汇总表

根据固定资产总分类账户，编制会计年度内各类固定资产累计折旧分类汇总表时，注册会计师应做好以下工作：

（1）核对上年度审计工作底稿，确定期初余额，如果是初次审计，则要追查至开账日进行详细分析；

（2）比较固定资产明细账或分类账的累计折旧合计是否等于总分类账户累计折旧的期末余额。

3.实施分析程序

注册会计师应根据情况，选择以下方法对累计折旧实施分析程序：

（1）对折旧计提的总体合理性进行复核，是测试折旧正确与否的一个有效办法。计算、复核的方法是用应计提折旧的固定资产账面价值乘以本期的折旧率。计算之前，注册会计师当然应对本期增加和减少的固定资产、使用年限长短不一的固定资产和折旧方法不同的固定资产作适当调整。如果总的计算结果和被审计单位的折旧总额相近，且固定资产及累计折旧的内部控制较健全，就可以适当减少累计折旧和折旧费用的其他实质性程序的工作量。

（2）计算本期计提折旧额占固定资产原值的比率，并与上期比较，分析本期折旧计提额的合理性和准确性。

（3）计算累计折旧占固定资产原值的比率，评估固定资产的老化率，并估计因闲置、报废等原因可能发生的固定资产损失，结合固定资产减值准备，分析其是否合理。

4.查验本期折旧费用的计提和分配是否正确

（1）复核本期与上期所使用的折旧率是否一致，如有差异应查明原因。

（2）检查固定资产预计使用年限和预计净残值是否符合有关规定，在当时情况下是否合理。

（3）注意固定资产增减变动时，有关折旧的会计处理是否符合规定，查明通过更新改造、接受捐赠或通过除短期租赁和低价值资产租赁外的租赁方式租入的固定资产的折旧费用计算是否正确。对于短期租赁和低价值资产租赁租入的固定资产，可根据简化处理原则不确认使用权资产，相应的不涉及折旧计提，但应关注其租赁费用的会计处理是否正确。

（4）检查折旧费用的分配是否合理，与上期分配方法是否一致。

（5）检查有无已提足折旧的固定资产继续超提折旧的情况和应计提折旧的固定资产不提或少提折旧的情况。

（6）将"累计折旧"账户贷方的本期计提折旧额与相应的成本费用中的折旧费用明细账户的借方相比较，以查明所计提折旧金额是否已全部摊入本期产品成本或费用。一旦发现差异，应及时追查原因，并考虑是否应建议作适当调整。

按照《企业会计准则第4号——固定资产》的规定，注册会计师还应注意审查以下特殊内容：

（1）已计提减值准备的固定资产，企业是否按照该固定资产的账面价值以及尚可使用寿命重新计算确定折旧率和折旧额；

（2）因固定资产减值准备而调整固定资产折旧额时，企业是否按规定对此前已计提的累计折旧不作调整。

5.检查累计折旧的披露是否恰当

如果被审计单位是上市公司，应在其财务报表附注中按固定资产类别分项列示累计折旧期初余额、本期计提额、本期减少额及期末余额。

在购货与付款循环审计中，除了以上介绍的会计账户外，还有预付账款、固定资产减值准备、工程物资、在建工程、固定资产清理和应付票据等账户。对这些账户审计的目标和实质性程序应当按照审计准则和会计师事务所制定的审计程序表来执行。

复习思考题

1. 审计人员如何查找未入账的应付账款？
2. 直接向供货方函证应付账款的审计程序是否和函证应收账款一样重要？试说明理由。
3. 如何对在建工程实施实质性程序？
4. 固定资产及累计折旧的实质性程序主要有哪些？

第十五章

生产与薪酬循环审计

第一节　生产与薪酬循环概述

一、生产循环概述

（一）生产循环中涉及的主要财务报表账户

生产循环是指从请购原材料开始直到形成完工产品为止的过程。该循环涉及的内容主要是存货的管理及生产成本的计算等。该循环交易，又称制造交易，是指从生产领料开始到加工出产成品时结束。生产循环涉及的主要财务报表账户见表15-1。

表15-1　　　　　　　　　　生产循环涉及的主要财务报表账户

资产负债表账户	利润表账户
存货 存货跌价准备 应付职工薪酬 制造费用	主营业务成本

（二）生产循环涉及的主要业务活动

生产循环涉及的主要业务活动包括：

（1）计划和安排生产；

（2）发出原材料；

（3）生产产品；

（4）核算产品成本；

（5）储存产成品；

（6）发出产成品等。

涉及的部门包括：生产计划部门、仓库部门、生产部门、人事部门、销售部门、会计部门等。

（三）生产循环涉及的主要会计凭证和会计记录

生产循环涉及的会计凭证和会计记录主要包括：

1.生产指令（生产任务通知单）

生产指令，是企业下达制造产品等生产任务的书面文件，用以通知生产车间组织产品制造、供应部门组织材料发放、会计部门组织成本计算的原始单据。

2.领发料凭证

领发料凭证是企业为了控制材料发出所采用的各种凭证，如材料发出汇总表、领料单、限额领料单、领料登记表、领料登记簿、退料单等。

3.产量和工时记录

产量和工时记录是登记工人或生产班组在出勤日内完成的产品数量、质量和生产这些产品所耗工时数量的原始记录。常见的产量和工时记录主要有工作通知单、工序进程单、工作班组产量报告、产量通知单、产量明细表、废品通知单等。

4.薪酬汇总表及人工费用分配表

薪酬汇总表是为了反映企业薪酬的结算情况，并据以进行薪酬结算总分类核算和汇总整个企业薪酬费用而编制的，它是企业进行薪酬费用分配的依据。人工费用分配表反映了各生产车间各产品应负担的生产工人薪酬及福利费。

5.材料费用分配表

材料费用分配表是用来汇总反映各生产车间各产品所耗费的材料费用的原始记录。

6.制造费用分配汇总表

制造费用分配汇总表是用来汇总反映各生产车间各产品所应负担的制造费用的原始记录。

7.成本计算单

成本计算单是用来归集某一成本计算对象所应承担的生产费用，计算该成本计算对象的总成本和单位成本的记录。

8.存货明细账

存货明细账是用来反映各种存货增减变动情况、期末库存数量及相关成本信息的会计记录。

生产循环涉及的主要业务活动、对应的凭证和会计记录及相关部门见表15-2。

表15-2　　　　生产循环涉及的主要业务活动、对应的凭证和会计记录及相关部门

主要业务活动	相关凭证、记录	相关部门
1.计划和安排生产	生产任务通知单	生产计划部门
2.发出原材料	一式三联的领料单	仓库部门
3.生产产品	生产任务通知单、产量和工时记录	生产部门
4.核算产品成本	生产任务通知单、领料单、记工单、入库单、薪酬汇总表及人工费用分配表、材料费用分配表、制造费用分配汇总表、成本计算单、存货明细账	会计部门
5.储存产成品	入库单	仓库部门
6.发出产成品	发运通知单、出库单	发运部门

二、薪酬循环概述

（一）薪酬循环涉及的主要财务报表账户

薪酬循环是由与主管和雇员报酬有关的事项和活动组成的。报酬包括：（1）薪金；（2）计时和计件薪酬；（3）奖金；（4）津贴；（5）薪酬、福利费等。这一循环的主要交易类型是薪酬交易。受这类交易影响的主要财务报表账户见表15-3。

表15-3　　　　　　　　　　　　薪酬循环涉及的主要财务报表账户

资产负债表账户	利润表账户
库存现金	生产成本——直接人工（与"主营业务成本"有关）
银行存款	制造费用——间接人工（与"主营业务成本"有关）
应付职工薪酬	管理费用——人工费用
其他应付款——个人所得税	销售费用——人工费用
其他应收款——代扣款	其他业务成本——人工费用

（二）薪酬循环涉及的主要业务活动

薪酬循环涉及的主要业务活动包括：

（1）雇用员工；

（2）授权变动薪酬；

（3）编制出勤和计时资料；

（4）编制薪酬计算表；

（5）记录薪酬；

（6）支付薪酬和保管未领薪酬；

（7）填写个人所得税纳税申报表。

（三）薪酬循环涉及的主要凭证和会计记录

1.人事授权表

它是人事部门为薪酬目的而签发的书面通知，以指出雇用每位新员工以及员工每次职位变动的情况。

2.计时卡

它是用以记录每位员工在一个薪酬支付期内每日工作小时数的表格，一般使用打卡钟在卡片上记录时间。

3.记工单

它是用以记录每位员工完成某项特定工作的小时数。

4.薪酬计算表

它是列示每一个薪酬支付期间内每位员工的姓名、薪酬总额、代扣薪酬以及支付净额等资料的表格，是支付员工薪酬和记录薪酬的依据。

5.人工成本分配汇总表

它是列示每一个薪酬支付期间薪酬支付总额的会计分类报告。

6.个人所得税纳税申报表

它是列示每一位员工个人所得税申报与缴纳情况的报告。

7.员工人事档案

它是记录每一位员工有关任用资料和签发的所有人事授权通知，以及奖励情况。

第二节 生产与薪酬循环内部控制及其测试

一、生产循环内部控制及其控制测试

（一）内部控制要点

1.计划和安排生产

生产计划部门的职责是根据顾客订货单或者对销售预测和存货需求的分析来决定生产授权，如决定授权生产，即签发预先编号的生产任务通知单。该部门通常应将发出的所有生产任务通知单编号并加以记录控制。此外，还需要编制一份材料报告，列示所需要的材料和零件及其库存。

2.发出原材料

仓库部门的责任是根据从生产部门收到的领料单发出原材料。领料单上必须列示所需材料数量和种类，以及领料部门的名称。领料单可以一单一料，也可以一单多料，通常需要一式三联，分别由领料部门、仓库部门和会计部门保管使用。

3.生产产品

生产部门在收到生产任务通知单及在领取原材料后，便将生产任务分解到每一个生产工人，并将所领取的原材料交给生产工人，据以执行生产任务。生产工人在完成生产任务后，将完成的产品交予生产部门查点，然后转交检验员验收并办理入库手续，或是将所完成的产品移交下一个部门，以进一步加工。

4.转移已完工产品到产成品库

生产部门在全部完成生产任务通知单上的工作，且其产品通过了最后检验时，应编制一份"已完工生产报告"，然后将这些产品送往产成品库。产成品库应在最后一张转移单上签字，以确定对这些产成品的保管责任。

5.储存产成品

产成品入库，须由仓库部门先行点验和检查，然后签收。签收后，将实际入库数量通知会计部门。仓库部门应根据产成品的品质特征分类存放，并填制标签。

6.确定和记录制造成本

这一程序包括的主要内容有：

（1）将直接材料和直接人工计入生产成本；

（2）归集制造费用并分配到生产成本；

（3）在分步成本系统下，结转各生产部门之间的成本；

（4）转出完工产品成本。

与记录制造成本有关的控制包括以下两项：

（1）将编制分配制造费用到生产成本的分录所使用的资料，与"每日生产活动报告"里的资料和人工耗用资料相调节。

（2）将编制结转已完工产成品成本到产成品的分录所使用的资料，与"已完工生产报告"中的资料相调节。

（二）控制测试

1.记录对内部控制的了解

记录生产交易内部控制的程序，与其他类别的交易相同。表15-4列举了生产交易内部控制调查表的有关内容。

表15-4

生产交易内部控制调查表
2023年1月12日

主要业务活动	提出问题	是	否	不适用	备注
1.计划和安排生产	（1）生产任务通知单是否经过生产计划部门批准 （2）是否使用和控制预先编号的生产任务通知单 （3）每日生产活动报告和已完成生产报告是否经过生产计划和控制部门复核				
2.发出原材料	（1）仓库发出材料是否要求有已签字的发料单 （2）材料耗用汇总表是否包括在每日生产活动报告里				
3.生产产品	（1）是否使用记工单来记录生产产品所耗用的人工小时 （2）人工耗用汇总表是否包括在生产活动报告里				
4.转移已完工产品到产成品库	最后的转移单是否由产成品仓库人员在收到已完工产品时签字				
5.储存产成品	（1）是否限制只有经过授权的人员才能接近原材料和产成品存货 （2）是否使用签字的转移单控制在产品在生产过程中的实物移动				
6.确定和记录制造成本	（1）制造费用分配率和标准成本是否经管理层批准 （2）差异是否及时向有关生产管理人员报告，以便调查和跟踪控制 （3）编制分配制造费用到生产成本的分录所使用的资料是否与"每日生产活动报告"里的资料相调节 （4）结转已完工产成品成本到产成品的分录所使用的资料是否与"已完工生产报告"中的资料相调节				

注册会计师签字：　　　　　　　　　　　被审计单位复核人员签字：

2.测试控制制度与评价控制风险

对生产交易内部控制的测试和评价控制风险的过程，与第十四章购货与付款循环的测试和评估过程相似，表15-5列示了对可能错报的必要控制和可能执行的控制测试的代表项目。

表15-5　　　　　　　　　　　测试、评价生产循环控制风险的考虑

主要业务活动	关键控制点	可能的错报	可能的控制测试
1.计划和控制生产	由生产计划部门批准生产任务通知单	生产可能没有计划	询问有关批准生产任务通知单的过程
2.发出原材料	按已批准的生产任务通知单和签字的发料单发出原材料	未经授权领用原材料	审查发料单，并将其与生产任务通知单比较

主要业务活动	关键控制点	可能的错报	可能的控制测试
3.生产产品	使用记工单记录完成生产任务通知单耗用的直接人工小时	直接人工小时可能未计入生产任务通知单	观察记工单的使用和计时程序
4.转移已完工产品到产成品库	产成品仓库人员收到产品时，在最后一张转移单上签字	仓库人员可能声称未从生产部门收到产成品	审查最后一张转移单上的授权签名
5.储存产成品	(1) 仓库加锁并限制只有经过授权的人才能接近 (2) 使用签字的转移单控制生t产部门之间产品的转移	(1) 存货可能从仓库中被盗 (2) 在产品可能在生产过程中被盗	(1) 观察保安程序 (2) 观察控制程序，审查转移单
6.确定和记录制造成本	(1) 管理层批准制造费用分配率和标准成本；及时报告调整差异 (2) 将编制分录所使用的资料，与每日生产活动报告资料相调节 (3) 将编制分录所使用的资料，与已完工生产报告中的资料相调节	(1) 可能使用不适当的制造费用分配率和标准成本 (2) 可能未记录制造成本分配给在产品 (3) 可能未结转已完工产品的成本到产成品	(1) 询问有关确定和批准分配率与标准成本，以及报告和调整差异的程序 (2) 审查调节的情况

二、薪酬循环内部控制及其控制测试

(一) 内部控制要点

1.雇用员工

公司人事部门应负责雇用员工，并应用人事授权表来记录所有雇用员工的情况。在该表里，应列示员工的工种、起点薪酬和授权扣减的项目。人事授权表一份存于人事部门的员工人事档案里，另一份则送交薪酬部门。

这项控制可减少虚列员工支付薪酬的风险，因此，与薪酬交易的"存在"认定有关。

2.授权变动薪酬

在公司中，可由员工的主管提出更换工种或提高小时薪酬标准的申请。但是所有薪酬变动都应有人事部门授权。这项控制有助于保证薪酬的正确性，因此，与"准确性、计价和分摊"的认定有关。

人事部门还应负责对结束员工雇用签发离职通知单。离职通知单应尽快送达薪酬部门，以防止对已离职员工继续支付薪酬。因此，这项控制与"存在"认定有关。

3.编制出勤和计时资料

许多公司专门设置了计时部门，来负责这项功能，并经常使用打卡钟来记录员工的工作时间。为了防止某人代他人"打卡"，公司保安人员应负责监督员工打卡的过程。对工厂员工而言，计时卡上的工作时数必须有记工单佐证。记工单列示了所执行工作的种类（直接或间接人工）和完成这项工作花费的直接人工工时数。记工单上所有的工时数都应由主管人员书面批准。计时部门在调节已批准的记工单和计时卡后，应将其送达薪酬部门，薪酬部门据此编制薪酬单。由于以上计时功能控制确保了工作时间资料累计的正确性，因此，这项控制与薪酬交易的"存在""完整性""准确性、计价和分摊"认定有关。

4.编制薪酬计算表

薪酬部门在收到计时卡和记工单后，结合人事授权表资料，即可计算每位员工的薪酬总额，编制一式两份的薪酬计算单和人工成本分配汇总表。其中一份连同计时卡和记工单留在薪酬部门，另一份薪酬计算表和填写的薪酬提现支票则送达财务主管办公室，另一份人工成本分配汇总表送往会计部门。薪酬部门应特别注意有效员工编号的检查和工时数的合理性检查。这类控制与薪酬交易的"存在""完整性""准确性、计价和分摊"认定有关。

5.记录薪酬

会计部门根据薪酬部门送来的"人工成本分配汇总表"登记有关账簿。

6.支付薪酬和保管未领薪酬

这一职能一般包括以下控制：①应由财务主管办公室的人员，独立检查薪酬提现支票的金额与薪酬计算表的一致性；②薪酬提现支票应由财务主管办公室未参加计算和记录薪酬的人员签发；③签名机与签字板只限于经授权的人员才能接近；④薪酬应只发放给经适当确认的员工；⑤未领薪酬应保存在财务主管办公室的保险柜里。

（二）控制测试

1.记录对内部控制的了解

对薪酬交易内部控制的记录同其他主要交易种类相同，表15-6是典型的薪酬交易内部控制调查表。

表15-6 **薪酬交易内部控制调查表**
2023年1月12日

主要业务活动	提出问题	是	否	不适用	备注
1.雇用员工	雇用人员是否经适当核准				
2.授权变动薪酬	（1）职员离职是否立即通知薪酬部门 （2）薪酬的增减是否均经适当核准				
3.编制出勤和计时资料	（1）原始记录的编制是否恰当，有无适当管制 （2）是否使用计时机 （3）计件记录是否与实际产量比较				
4.编制薪酬计算表	（1）薪酬计算表的编制是否合适 （2）薪酬记录是否经常与人事部门的资料核对				
5.记录薪酬	（1）发薪以前，薪酬计算表是否经复核 （2）记入的账户及其金额是否正确				

主要业务活动	提出问题	是	否	不适用	备注
6. 支付薪酬和保管未领薪酬	（1）职员薪酬是否均以支票支付 （2）如果薪酬以支票支付 ①支票是否事先连续编号 ②误写支票是否立即予以作废 ③作废支票是否立即收回保管 ④未用薪酬支票是否严格管制 （3）编制薪酬表和签发薪酬支票的人是否分开 （4）签发薪酬支票的人是否处理会计工作 （5）如果薪酬以现金支付 ①是否从职员处取得凭证 ②凭证是否由不管薪酬业务的人负责与薪酬表核对 ③发放薪酬时，是否由独立人员监督 ④薪酬主管人员是否处理库存现金记录 ⑤编制薪酬表时，薪酬主管是否超然独立 ⑥薪酬主管是否经常轮调 （6）支付薪酬是否有专设银行账户 （7）银行薪酬专户是否每月调节 （8）未领薪酬的管制是否良好 （9）未领现金薪酬是否存入银行专户并设置负债账户 （10）我们是否： ①观察薪酬发放 ②参加薪酬发放 ③立刻控制未领薪酬				

注册会计师签字：　　　　　　　　被审计单位复核人员签字：

2.测试控制制度与评价控制风险

对薪酬交易内部控制的测试和评价控制风险的过程，与第十三章销售与收款循环的测试和评估过程相似，表15-7列示了对可能错报的必要控制和可能执行的控制测试的代表项目。

表15-7　　　　　　　　　　　　测试、评价员工交易控制风险的考虑

主要业务活动	主要的控制点	防范的错报	可能的控制测试
1.雇用员工	雇用任何一个新员工均由人事部门授权	可能有虚构员工列入薪酬计算表	审查新雇用员工的授权表
2.授权变动薪酬	每次变动薪酬均由人事部门授权	薪酬额增加可能未经授权	询问有关授权变动薪酬的程序
	人事部门通知薪酬部门所有离职情况	可能对已离职员工继续支付薪酬	审查薪酬部门的离职通知

主要业务活动	主要的控制点	防范的错报	可能的控制测试
3.编制出勤和计时资料	使用打卡机程序，并监督记工单的批准	员工可能领取了超过工作时数的薪酬	观察打卡程序；审查记工单主管批准情况
4.编制薪酬计算表	薪酬部门派专人负责独立检查计算的正确性	员工薪酬可能计算错误	检查凭证的编制与观察独立检查证据；重新执行部分独立检查
5.记录薪酬	薪酬部门应独立检查员工编号和工作时数的有效性	员工编号可能无效，工作时数可能不合理	观察独立检查的证据，并重新执行部分独立检查
	会计部门应指派专人复核分类和计算的正确性	人工成本分配汇总表的分类和计算可能产生的错误	询问复核程序并审查汇总表
	会计部门应定期复核入账的正确性	入账可能产生错误	询问复核程序，并重新执行独立检查
6.支付薪酬和保管未领薪酬	在发放薪酬时确认员工身份，制定未领薪酬保管制度	薪酬可能发错了人头，未领薪酬发生错误	观察薪酬发放 观察未领薪酬的保管
7.填写个人所得税纳税申报表	指派专人负责按时填写申报表	申报表可能未及时填写	询问有关程序并审查申报表

第三节　存货监盘

存货监盘，是指注册会计师现场观察被审计单位存货的盘点，并对已盘点的存货进行适当检查。定期盘点存货、合理确定存货的数量和状况是被审计单位管理层的责任。实施存货监盘，获取有关期末存货数量和状况的充分、适当的审计证据是注册会计师的责任。

一、存货监盘计划

注册会计师在进行监盘之前应当根据被审计单位存货的特点、盘存制度和存货内部控制的有效性等情况，在评价被审计单位存货盘点计划的基础上，编制存货监盘计划，对存货监盘作出合理安排。

（一）在编制存货监盘计划时，注册会计师应当做的工作

在编制存货监盘计划时，注册会计师应当做以下工作：

（1）了解存货的内容、性质、各存货项目的重要性及存放场所；

（2）了解存货会计系统及其他相关的内部控制；

（3）评估与存货相关的重大错报风险和检查风险及重要性；

（4）查阅以前年度的存货监盘工作底稿；

（5）实地察看金额较大或性质特殊的存货的存放场所；

（6）考虑是否需要利用专家的工作或其他注册会计师的工作；

（7）复核或与管理层讨论其存货盘点计划。

（二）评价存货盘点计划能否合理地确定存货的数量和状况，注册会计师应考虑的因素

在复核或与管理层讨论其存货盘点计划时，注册会计师应当考虑以下主要因素，以评价其能否合理地确定存货的数量和状况：

（1）盘点的时间安排；

（2）存货盘点范围和场所的确定；

（3）盘点人员的分工及胜任能力；

（4）盘点前的会议及任务布置；

（5）存货的整理和排列，毁损、陈旧、过时、残次及所有权不属于被审计单位的存货的区分；

（6）特殊存货的计量方法；

（7）在产品完工程度的确定方法；

（8）存放在外单位的存货的盘点安排；

（9）存货收发截止的控制；

（10）盘点期间存货移动的控制；

（11）盘点表单的设计、使用与控制；

（12）盘点结果的汇总和盈亏的分析、调查及处理方法。

注册会计师应当根据被审计单位的存货盘存制度及相关内部控制的有效性，评价其盘点时间是否合理。如果认为被审计单位的存货盘点计划存在缺陷，注册会计师应当提请被审计单位调整。

（三）存货监盘计划应当包括的主要内容

考虑到以上因素之后，制订存货监盘计划，存货监盘计划应当包括以下主要内容：

（1）存货监盘的目标、范围及时间安排；

（2）存货监盘的要点及关注事项；

（3）参加存货监盘人员的分工；

（4）抽查的范围。

二、存货监盘程序

（一）盘点问卷调查

注册会计师在实施监盘前，应对企业的盘点组织及其参与人员的准备工作情况进行调查，以确定企业是否按照盘点计划的要求进行盘点准备工作。若认为企业的盘点准备工作达不到事前规划的要求，注册会计师可以拒绝实施监盘，并要求企业另定时间、重新准备。盘点问卷的主要内容包括：

（1）所有参与盘点的人员，是否都熟悉盘点计划与指令，是否熟悉盘点的一般程序和基本要求；

（2）所有存货是否都分类有序，存货是否停止流动；

（3）盘点标签或盘点清单是否编制妥当；是否有遗漏的存货或者有外单位寄存的存货；

对于外单位寄存的存货,是否将其分开摆放并排除在盘点范围之外;废品与毁损物品是否分开摆放并且分开列示;

(4)各种计数、计量器具是否符合国家标准,并准备齐全。

(二)实地观察

在被审计单位进行存货盘点前,注册会计师应当观察盘点现场,观察的目的是确定应纳入盘点范围的存货是否已经适当整理和排列,并附有盘点标识,防止遗漏或重复盘点。对未纳入盘点范围的存货,注册会计师应当查明原因。在盘点人员操作过程中,注册会计师应该密切观察的主要内容有:

(1)盘点现场的存货是否摆放整齐并且停止流动;

(2)盘点人员的盘点程序是否符合盘点计划和指令的基本要求;

(3)计量盘点数量是否准确,有无重记或漏记;

(4)盘点标签或盘点清单是否按要求填制。

注册会计师应当特别关注存货的状况,观察被审计单位是否已经恰当地区分所有毁损、陈旧、过时及残次的存货,同时要注意存货的移动情况,防止遗漏或重复盘点。如果在观察的过程中发现问题,注册会计师应当及时指出,并督促企业纠正;如果认为盘点程序和过程有问题,导致盘点结果严重失实,应要求企业组织人员重新盘点。

(三)抽查

企业盘点人员盘点之后,注册会计师应根据观察的情况,在盘点标签尚未取下之前,进行复盘抽查。在抽查时,注册会计师应当从存货盘点记录中选取项目追查至存货实物,以测试存货盘点记录的准确性;注册会计师还应当从存货实物中选取项目追查至存货盘点记录,以测试存货盘点记录的完整性。在比较抽查结果与盘点单上的记录时,不仅要核对数量,还应关注对其完工程度的估计是否恰当;抽查如发现差异,除应督促企业更改外,还应扩大抽查范围;如发现差错过大,则应要求企业重新盘点。

在盘点和抽查过程中,注册会计师还应查询有无外单位存货放于本企业库房内,并通过审阅合同与信函、向对方函证等方式,对这部分存货的所有权予以证实。这些存货应该单独记录,分开存放并予盘点。

(四)在被审计单位存货盘点结束前,注册会计师应当再次观察盘点现场

注册会计师应当再次观察盘点现场,其目的有二:一是确定所有应纳入盘点范围的存货是否均已盘点;二是取得并检查已填用、作废及未使用盘点表单的号码记录,确定其是否连续编号,查明已发放的表单是否均已收回,并与存货盘点的汇总记录进行核对。

如果出现以下情况,注册会计师应该酌情处理:

(1)存货盘点日不是资产负债表日,注册会计师应当实施适当的审计程序,确定盘点日和资产负债表日之间存货的变动是否已作正确的记录;

(2)在永续盘存制下,如果永续盘存记录与存货盘点结果之间出现重大差异,注册会计师应当追加审计程序,查明原因,并检查永续盘存记录是否已作适当的调整;

(3)若认为被审计单位的盘点方式及其结果无效,注册会计师应当提请被审计单位重新盘点。

表15-8列示了审计实务中注册会计师在对存货进行监盘后所作的"存货监盘报告"。

表15-8	存货监盘报告

被审计单位：S公司	索引号：610-8-6
项目：存货监盘报告	财务报表截止日：2022年12月31日
编制：王亮	复核：张平
日期：2023年1月4日	日期：2023年1月8日

一、盘点日期：2022年12月31日

二、盘点仓库名称：<u>甲仓库、乙仓库</u>

　　仓库负责人：<u>孙某</u>

　　仓库记账员：<u>陆某</u>　仓库保管员：<u>林某、张某</u>

　　仓库概况：

<u>S公司拥有甲、乙、丙三个仓库。根据公司账簿记录，丙仓库存货数量较少；公司大部分存货都集中在甲、乙两个仓库；并且在11月份已经对丙仓库进行了观察。本次监盘主要对甲、乙两个仓库的存货数量和质量状况进行监盘。</u>

三、监盘参加人员：

　　监盘人员（ABC会计师事务所）注册会计师：<u>张平、许辉</u>

　　监盘人员（ABC会计师事务所）注册会计师：<u>宋刚、王亮</u>

　　监盘人员（S公司财务处）：<u>张某、孙某</u>

　　S公司盘点负责人：<u>孙某</u>

　　S公司盘点人员：<u>林某、张某、陆某、齐某</u>

　　上述人员在监盘过程中，自始至终未离开现场。

四、监盘开始前的工作：

项　目	是或否	工作底稿编号
1.索取"期末存货盘点计划"	是	
2.索取该仓库"存货收发存月报表"	是	
3.索取存货的"盘点清单"	是	
4.索取盘点前该仓库收料、发料的最后一张单证	是	
5.存货是否已停止流动	是	
6.废品、毁损物品是否已分开堆放	N/A	
7.货到单未到的存货是否已暂估入账	是	
8.发票未开，客户已提走的存货是否已单独记录	N/A	
9.发票已开，客户未提走的存货是否已单独记录（或单独堆放）	N/A	
10.存货是否已按存货的型号、规格排放整齐	是	
11.外单位寄存的货物是否已分开堆放	N/A	
12.代外单位保管的货物是否已分开堆放	N/A	
13.外单位代销的货物是否已分开堆放	N/A	

续表

项　　目	是或否	工作底稿编号
14.其他非本公司的货物是否已分开堆放	N/A	
15.委托外单位加工的存货、存放外单位的存货，是否收到外单位的书面确认书	N/A	
16.最近一次盘点存货的日期	11.30	
17.最近一次对计量用具（地秤、秤量器和其他计量器）的校对	11.30	
18.是否有存货的记录位置或存放图	是	

五、监盘进行中的工作

1.监盘从 17 点开始，共分 2 个监盘小组，每个小组 2 人。

（1）一人点数并报出型号、规格；

（2）一人记录"盘点清单"。

2.核对仓库报表结存数量与仓库存货账结存数量是否相符；仓库存货账结存数量与仓库存货卡数量是否相符；填制"存货表、账、卡核对记录表"。

3.盘点结束，索取"盘点清单"及"存货盘盈、盘亏汇总表"。

六、复盘

1.盘点结束后，选择数额较大、收发频繁的存货项目进行复盘。

2.复盘人员为：张平、宋刚　　。

3.复盘记录详见"存货监盘结果汇总表"。

4.复盘统计：

品种、型号共 12 种，复盘 6 种，占 50 %；

金额共 43 908 万元，复盘达 16 392 万元，占 37.33 %。

5.计算复盘正确率：

复盘共 6 种，其中复盘正确的有 6 种，占 100 %；

复盘金额共 16 392 万元，其中复盘正确的有 16 392 万元，占 100 %。

6.盘点的存货中不存在残次、毁损、滞销积压的情况。

七、盘点结束后的工作

1.再次观察现场并检查盘点表单；

2.复核盘点结果汇总记录；

3.关注盘点日与资产负债表日之间存货的变动情况；

4.关注存货盘点结果与永续盘存记录之间出现重大差异的处理；

5.关注被审计单位盘点方式及其结果无效时的处理，如果认为被审计单位的盘点方式及其结果无效，注册会计师应当提请被审计单位重新盘点；

6.请参加复盘人员在"存货监盘结果汇总表"上签字；

7.索取由仓库人员填写的"复盘差异说明"。

八、对盘点及复盘的评价

1.仓库管理人员对存货很熟悉；

2.盘点工作及复盘工作很认真；

3.积极配合注册会计师的工作。

监盘结果总体评价：S公司存货盘点计划执行较好。存货实地盘点数量与账面一致，存货不存在残次、毁损、滞销等情况。

监盘人员签名：张平、宋刚、许辉、王亮

三、特殊情况的处理

如果由于被审计单位存货的性质或位置等原因导致无法实施存货监盘，注册会计师应当考虑能否实施替代审计程序，获取有关期末存货数量和状况的充分、适当的审计证据。

注册会计师应实施的替代审计程序主要包括：

（1）检查进货交易凭证或生产记录以及其他相关资料；

（2）检查资产负债表日后发生的销货交易凭证；

（3）向顾客或供应商函证。

如果因不可预见的因素导致无法在预定日期实施存货监盘或接受委托时被审计单位的期末存货盘点已经完成，注册会计师应当评估相应的审计风险，提请被审计单位另择日期重新盘点，并实施存货监盘，同时测试在该期间发生的存货交易，以获取有关期末存货数量和状况的充分、适当的审计证据。

对由被审计单位委托其他单位保管的或已作质押的存货，注册会计师应当向保管人或债权人函证。如果此类存货的金额占流动资产或总资产的比例较大，注册会计师还应当考虑实施存货监盘或利用其他注册会计师的工作。

当注册会计师首次接受委托未能对上期期末存货实施监盘，且该存货对本期财务报表存在重大影响时，如果已获取有关本期期末存货余额的充分、适当的审计证据，注册会计师应当实施以下一项或多项审计程序，以获取有关本期期初存货余额的充分、适当的审计证据：

（1）查阅前任注册会计师工作底稿；

（2）审阅上期存货盘点记录及文件；

（3）抽查上期存货交易记录；

（4）运用毛利百分比法等进行分析、比较。

四、存货监盘结果对审计报告的影响

注册会计师应当根据已获取的审计证据，形成有关期末存货数量和状况的审计结论，并确定对审计报告的影响。

（1）如果无法实施存货监盘，也无法实施替代审计程序以获取有关期末存货数量和状况的充分、适当的审计证据，注册会计师应当根据其重要程度，发表保留意见或无法表示意见；

（2）如果通过实施存货监盘发现被审计单位财务报表存在重大错报，且被审计单位拒绝调整，注册会计师应当根据其重要程度，发表保留意见或否定意见；

（3）如果注册会计师首次接受委托，未能获取有关本期期初存货余额的充分、适当的审计证据，注册会计师应当根据其重要程度，发表保留意见或无法表示意见。

五、存货质量审计

在存货监盘过程中，注册会计师必须对存货的质量或其性能进行适当的审查，以确定存货的质量情况是否符合销售和使用的要求，其质量等级是否与会计账簿上记载的价值相匹配，是否存在陈旧、滞销或毁损现象。因为许多存货可能保管不善造成废损，许多存货可能因长时期堆放而失效、过时。此外，对于存货明细账上极少变动的项目，应注意查明是否属

于退废项目。对于属于精密技术产品的存货，如黄金等级、珠宝价值等，注册会计师还应聘请有关专家协助鉴定。

根据以上审查结果，注册会计师应作出适当的记录，必要时还应对被审计单位的存货价值进行调整，以便合理地反映存货的价值。

第四节　存货计价审计和截止测试

一、存货计价审计

为了验证财务报表上存货项目余额的真实性，还必须对年末存货的计价进行测试。存货计价测试的主要程序包括：

（一）选择测试样本

用于计价测试的样本，应从已经过盘点的存货数量、单价和总金额已计入存货汇总表的结存存货中选择。选择时，应着重选择结存余额较大，且价格变化较频繁的项目，同时考虑所选样本的代表性。

（二）计价方法的确认

存货计价方法多种多样，企业可以结合国家法规要求选择适合自身特点的方法。注册会计师除应了解掌握企业的存货计价方法外，还应对这种计价方法的合理性与一贯性予以关注，没有足够理由，计价方法在同一会计年度内不得变动。对于已变动的计价方法，注册会计师应审查其变动是否在财务报表附注中予以充分披露。

（三）计价测试

（1）对存货价格的组成内容予以检查；

（2）按照所了解的计价方法对所选择的存货样本进行计价测试。

测试时，注册会计师应排除企业已有计算方法和结果的影响，独立地进行测试。测试结果出来后，应与企业账面价值对比，编制对比分析表，分析形成差异的原因。如果差异过大，应扩大范围继续测试，并根据测试结果作出审计调整。

在存货计价测试中，由于企业对期末存货采用成本与可变现净值孰低的方法计价，所以注册会计师应充分关注企业对存货可变现净值的确定及存货跌价准备的计提。可变现净值是指企业在正常经营过程中，以估计售价减去估计完工成本及销售所必需的估计费后的价值。存货跌价准备应按单个存货项目的成本与可变现净值计量，如果某些存货具有类似用途，并与在同一地区生产和销售的产品系列相关，且实际上难以将其与该产品系列的其他项目区别开来进行估价，可以合并计量成本与可变现净值；对于数量繁多、单价较低的存货，可以按存货类别计量成本与可变现净值。当存在以下一项或若干项情况时，应当将存货账面价值全部转入当期损益：

（1）已霉烂变质的存货；

（2）已过期（如食品）且无转让价值的存货；

（3）生产中已不再需要，并且已无使用价值和转让价值的存货；

（4）其他足以证明已无使用价值和转让价值的存货。

当存在下列情况之一时，应当计提存货跌价准备：

（1）市价持续下跌，并且在可预见的未来无回升的希望；

（2）企业使用该项原材料生产的产品的成本大于产品的销售价格；

（3）企业因产品更新换代，原有库存原材料已不适应新产品的需要，而该原材料的市场价格又低于其账面成本；

（4）因企业所提供的商品或劳务过时或消费者偏好改变而使市场的需求发生变化，导致市场价格逐渐下跌；

（5）其他足以证明该项存货实质上已经发生减值的情形。

必须指出，存货的计价测试与存货质量测试的审计密切相关，注册会计师在实施审计过程中应尽可能将二者结合起来，以节约审计时间和审计成本。

二、存货截止测试

（一）存货截止测试的含义

所谓存货截止审计，就是要检查已经记录为企业所有，并包括在 12 月 31 日存货盘点范围内的存货中，是否含有截至该日尚未购入或已经售出的部分。存货正确截止的关键在于存货实物纳入盘点范围的时间与存货引起的借贷双方会计科目的入账时间都处于同一会计期间。

正确确定存货购入与售出的截止日期，是正确、完整地记录企业年末存货的前提。而在存货截止测试中，如果当年 12 月 31 日购入货物，并已包括在当年 12 月 31 日的实物盘点范围内，而当年 12 月份账上并无进货和对应的负债记录，这就少记了账面存货和应付账款。这时若将盘盈的存货冲减有关的费用或增加有关收入，就虚增了本年利润；相反，如果在当年 12 月 31 日收到一张购货发票，并计入当年 12 月份账内，而这张发票所对应的存货实物却在次年 1 月 2 日才到，未包括在当年度的盘点范围内，如果此时根据盘亏结果增加费用或损失，就会虚减本年的存货和利润。

（二）存货截止测试的方法

1．检查存货盘点日前后的购货（销售）发票与验收报告、入库单（或出库单）

在一般情况下，档案中的每张发票均附有验收报告与入库单（或出库单），因此，测试购销业务年末截止情况的主要方法是检查存货盘点日前后的购货发票、验收报告及入库单（或销售发票、出库单，下同）。如果 12 月底入账的发票附有 12 月 31 日或之前日期的验收报告与入库单，则货物肯定已经入库，并包括在本年的实地盘点存货范围内；如果验收报告日期为 1 月份，则货物不会列入年底实地盘点的存货中；如果仅有验收报告与入库单而并无购货发票，则应认真审核每一验收报告单上面是否加盖暂估入库印章，并以暂估价计入当年存货账内，待次年年初以红字冲销。

2．查阅验收部门的业务记录

存货截止测试的另一个审计方法是查阅验收部门的业务记录。凡是接近年底（包括次年年初）购入或销售的货物，均必须查明其相应的购货或销售发票是否在同期入账。对于未收到购货发票的入库存货，应查明是否将入库单分开存放并暂估入账，对已填制出库单而未发出的商品，应查明是否将其单独保管。

对于测试完成后发现的截止期处理不当的情况，注册会计师应提请被审计单位进行必要的会计账务调整。

第五节 应付职工薪酬审计

一、应付职工薪酬的审计目标

薪酬是企业支付给员工的劳动报酬，其主要形式有计时和计件两种。薪酬一般采用现金的形式支付，因而相对于其他业务更容易发生错误或舞弊行为，如虚报、冒领、重复支付和贪污等，同时，薪酬也是企业成本费用的重要构成项目，所以在审计中显得十分重要。

随着经营管理水平的提高和技术手段的发展，薪酬业务中进行舞弊及其掩饰的可能性已有所降低，因为有效的薪酬内部控制，可以及时地揭露错误和舞弊；使用计算机编制薪酬表和使用薪酬卡，提高了薪酬计算的准确性；通过有关机构，如税务部门、社会保障机构的复核，可相应防止薪酬计算的错误。然而，在一般的企业中，薪酬费用在成本费用中所占比重较大，如果计算错误，就会影响到成本费用和利润的正确性。所以，注册会计师仍应重视对薪酬业务的审计。薪酬业务的审计，涉及应付职工薪酬及相关成本费用账户。应付职工薪酬的审计目标主要包括：

（1）确定公司的职工薪酬是否发生；
（2）确定应付职工薪酬计提和支出的记录是否完整；
（3）确定应付职工薪酬期末余额是否正确；
（4）确定应付职工薪酬的披露是否恰当。

二、实质性程序

（1）获取或编制应付职工薪酬明细表，复核加计是否正确，并与报表数、总账数和明细账合计数核对是否相符。

（2）对本期薪酬费用的发生情况执行分析程序如下：

① 一般地说，除非产量、价格、职员数目等因素出现较大变动，一个会计年度内的各期薪酬总额应当是比较稳定的，注册会计师应取得或编制薪酬汇总表，列示各期薪酬总额及其构成，进行比较，对各类薪金的异常波动都要进一步追查。用于薪酬分析的薪酬汇总表的格式见表15-9。

② 将本期薪酬费用总额与上期进行比较，要求被审计单位解释其增减变动的原因，或取得公司管理层关于员工薪酬水平的决议。

（3）检查薪酬的计提是否正确，分配方法是否与上期一致，并将应付职工薪酬计提数与相关的成本、费用项目核对一致。

（4）如果被审计单位实行工效挂钩，应取得有关主管部门确认的效益薪酬发放额的认定证明，并复核有关合同文件和实际完成的指标，检查其计提额是否正确。

表15-9   **薪酬汇总表**

被审计单位名称：   资产负债表日：   单位：元

月份	直接人工费用		间接人工费用		管理费用		销售费用		合计	
1月	56 174		17 246		24 000		13 640		111 060	
2月	58 528		17 930		24 000		13 420		113 878	
3月	58 036		17 082		27 000		13 900		116 018	∧
4月	54 484	∨	17 752		27 000		14 500		113 736	
5月	53 112		15 842	∨	28 000		14 080		111 034	
6月	50 956		15 724		29 000		13 840	∨	109 520	
7月	52 232		15 682		29 200		11 400		108 514	
8月	51 638		15 794		29 320		11 300		108 052	
9月	53 224		14 528		30 258		14 480		112 490	
10月	57 596	∨	16 178		36 400		16 160		126 334	∧
11月	60 912	△	18 332	∨	36 400	∨	17 660	∨	133 304	
12月	67 210		22 510	△	39 000	△	19 420		148 140	∧
合计	674 102		204 600		359 578		173 800	∧	1 412 080	∧

注释：∨=追查直接人工和间接人工工勤卡。

∧=薪酬总账加总查讫。

△=已核对增薪通知单。

复核人员签名及日期：   注册会计师签名及日期：

（5）验明应付职工薪酬的披露是否恰当。

复习思考题

1. 如何进行生产成本和主营业务成本的审计？

2. 存货监盘程序包括哪些环节？请具体说明。

3. 如何确定存货监盘结果对审计报告的影响？

4. 如果无法实施存货监盘程序，注册会计师如何获取有关期末存货数量和状况的审计证据？

5. 存货正确截止的关键是什么？如何进行存货的截止测试？

6. 如何实施职工薪酬的审计？

第十六章

筹资与投资循环审计

第一节　筹资与投资循环概述

　　筹资活动是指企业为满足生存和发展的需要，通过改变企业资本及债务规模和构成而筹集资金的活动。筹资活动主要由负债交易和所有者（股东）权益交易组成。投资活动是指企业为通过分配来增加财富，或为谋求其他利益，将资产让渡给其他单位而获得另一项资产的活动。投资活动主要由权益性投资交易和债权性投资交易组成。

一、筹资与投资所涉及的主要业务活动

（一）筹资与投资业务活动的特点

　　筹资与投资是现代企业资金运动中的两个方面。企业投资必须充分考虑企业筹资的能力，而企业筹资必须以投资的需要为依据。在资金流动中，资金从资金盈余的企业流向资金短缺的企业，对于资金流入的企业来说是筹资行为，对于资金流出的企业则是投资行为。筹资与投资业务活动的特点如下：

　　1.交易风险大，授权级别高

　　筹资、投资活动不同于一般的生产或购销业务，虽然发生的次数少，但对公司财务状况的影响很大。每笔交易的发生都会使企业面临着很大的风险，所以此类业务的授权级别较高，一般需要企业的最高权力机构或高级管理层进行审批和管理。

　　2.交易金额大，发生频率低

　　筹资与投资活动相对于购货与生产活动而言，一般在审计年度内发生的交易次数较少，但是每笔交易的金额都较大，例如发行股票和债券进行的筹资活动。

　　3.要求会计处理准确度高

　　由于投资和筹资涉及的金额较大，所以漏记或不恰当地对一笔业务进行会计处理，将会导致重大错报，从而对财务报表的公允反映产生较大的影响。

　　4.交易程序复杂，约束条件多

　　筹资和投资交易必须遵守国家法律、法规和相关契约的规定。筹资与投资活动应严格根据有关法律、法规的要求履行审批手续，向有关机构递交相关文件，并保证文件的真实和有效。同时，公司应按照有关法律、法规规定的义务进行公告和披露相关信息。

（二）筹资所涉及的主要业务活动

筹集企业所需的资金是影响企业生存与发展的重要业务活动。企业拥有的大部分资产源于债权人和股东提供的资金，随着资本市场的发展，企业的筹资渠道日益增多，诸如发行债券、借款、发行股票等都是企业筹集资金的活动。企业的筹资业务由与取得和偿还资金有关的交易组成，分为两个主要交易种类：一类是负债筹资交易，包括通过贷款（借款、应付票据）、应付债券取得借款，以及有关本金和利息的偿还等；另一类是所有者权益交易，包括向所有者筹资（向发起人筹资或向股东筹资）、企业减资以及股利支付等。

具体来说，筹资活动的业务主要有以下环节：

1.审批授权

企业通过借款筹集资金需经管理层的审批，其中债券的发行每次均要由董事会授权；企业发行股票必须依据国家有关法规或企业章程的规定，报经企业最高权力机构（如股东大会）及国家有关管理部门批准。

2.签订合同或协议

向银行或其他金融机构融资须签订借款合同，发行债券须签订债券契约和债券承销或包销合同，向社会公众募集股本还要与证券经营机构签订承销或包销协议。

3.取得资金

签订合同或协议后，企业获得银行或金融机构划入的款项或债券、股票的融入资金，用于企业的生产和经营。

4.计算利息或股利

资金的取得需要付出一定的回报，企业应按有关合同或协议的规定，履行义务及时计算利息或股利。

5.偿还本息或发放股利

银行借款或发行债券应按有关合同或协议的规定偿还本息，企业通常在支付利息日指定专人在利息支付备忘录上予以记载，委托独立机构代为发放，并定期核对。股利一般根据股东大会的决定发放，选择自行办理支付或委托代理机构支付。

（三）投资所涉及的主要业务活动

企业在经营过程中为了保持资产的流动性和盈利性，将资产投放于证券或其他企业，即形成投资业务。投资活动的业务主要有以下环节：

1.审批授权

一般情况下，企业根据投资的性质和金额建立授权审批制度。投资业务应由企业的高层管理机构进行审批。审批的内容主要包括：投资的理由是否恰当；投资行为与企业的战略目标是否一致；投资收益的估算是否合理；影响投资的其他因素是否被充分考虑等。所有投资决策都应当经审批确认后，方可正式执行。

2.取得证券或其他投资

企业可以通过委托理财或直接购买的方式进行股票或债券的投资，也可以单独投资或与其他单位进行合资、联营，形成投资。

3.取得投资收益

企业可以取得股权投资的股利收入、债券投资的利息收入和其他投资收益等。

4.转让证券或收回其他投资

如果以购买证券的形式投资，企业可以通过转让证券实现投资的收回。如果是单独投资或与其他单位联合经营形成的投资，只有在转让股权、合资或联营期满，或由于特殊原因提前解散时，才能收回投资。

二、筹资与投资业务中涉及的主要凭证与会计记录

筹资与投资业务中涉及的主要凭证与会计记录可简要概括为表16-1。

表16-1　　　　　　　　筹资与投资活动涉及的凭证与会计记录

筹资活动	投资活动
1.债券或股票	1.债券或股票
2.债券契约	2.债券契约
3.股东名册	3.经纪人通知书
4.公司债券存根簿	4.企业合同及章程
5.承销或包销协议	5.投资协议
6.借款合同或协议	6.有关记账凭证
7.有关记账凭证	7.有关会计科目的明细账和总账
8.有关会计科目的明细账和总账	

1.债券或股票

债券是公司依据法定程序发行，约定在一定期限内还本付息的有价证券。股票是公司签发的证明股东所持股份的凭证。

2.债券契约

债券契约是明确债券持有人与发行企业双方所拥有的权利与义务的法律性文件，其内容一般包括：债券发行的标准；债券的明确表述；利息或利息率；受托管理人证书；登记和背书；如系抵押债券，其所担保的财产；债券发生拖欠情况如何处理；建立偿债基金的承诺；以及利息支付和本金返还的方式和处理。

3.股东名册

发行记名股票的公司其股东名册应记载的内容一般包括：股东的姓名或者名称及住所；各股东所持股票数量；各股东所持股票的编号；各股东取得其股份的日期。发行无记名股票的，公司应当记载其股票数量、编号及发行日期。

4.公司债券存根簿

发行记名债券的公司应记载的内容一般包括：债券持有人的姓名或者名称及住所；债券持有人取得债券的日期及债券的编号；债券总额、债券的票面金额、债券的利率、债券还本付息的期限和方式；债券的发行日期。发行无记名债券的公司应当在债券存根簿上记载债券总额、利率、偿还期限和方式、发行日期和债券编号。

5.合同或协议

筹资与投资活动相关的合同或协议主要包括承销或包销协议、借款合同或协议、企业的章程及有关协议、投资协议等。借款合同或协议是向银行和其他金融机构借入款项时与其签

订的合同或协议。公司向社会公开发行股票或债券时，应当由依法设立的证券经营机构承销或包销，公司应与其签订承销或包销协议。

6.其他文件和凭证

这主要包括董事会决议和股东大会决议等重要会议文件，相关会计科目的记账凭证、明细账和总账等。

第二节　筹资与投资循环内部控制及其测试

一、筹资业务的内部控制和内部控制测试

（一）筹资业务的内部控制

为有效开展筹资业务的经济活动，企业建立内部控制的要点如下：

1.授权审批控制

筹资业务的授权控制，解决的是办理业务的权限。重大的筹资活动，如大额银行贷款、发行债券、发行股票等，应由董事会作出决议并经股东大会批准后，由财务人员执行；小规模的筹资活动，如短期借款等，则可由财务部门负责人根据授权作出决定。适当的授权控制可明显地提高筹资活动效率，降低筹资风险，防止由于缺乏授权、审批而出现的重大损失或者发生低效率现象。

2.职责分离控制

职责分离、明确责任是筹资业务内部控制的重要手段。筹资业务的职责分离主要包括：

（1）筹资计划编制人与审批人适当分离，以利于审批人从独立的立场来评判计划的优劣。

（2）经办人员不能接触会计记录，通常由独立的机构代理发行债券和股票。

（3）会计记录人员同负责收、付款的人员相分离，有条件的应聘请独立的机构负责支付业务。

（4）证券经办人员同会计记录人员分离。例如，办理一项举债业务，应由财务部门根据对资金的需求情况向董事会或管理层提出借款申请，经董事会或管理层审批后，财务部门办理贷款的人员与金融机构商讨借款细节和签订借款合同；取得借款后，由财务部门有关会计人员负责登账记录和监督借款按用途使用；财务部门接到银行转来的结息单后，有关会计人员要核对借款合同并复核利息的计算，再交由出纳员支付款项；出纳员支付利息款后，将凭证交予有关会计人员记账；负责该项借款记账的会计人员定期与金融机构就借款的使用和余额进行核对，保证双方账目相符。再如，发行长期债券的职责分离除了申请、批准（包括得到证券管理部门的批准）、签约分工与借款业务相似外，特别强调记录应付债券业务的会计人员不得参与债券发行；未发行的债券不得由记录债权的会计人员保管；"债券发行备查簿"应由专人管理并定期与债权人核算；债券的收回要经管理层批准，分别由记录应付债券的会计人员销账，由其他专人销毁收回的债券；负责债券利息支付的人员不得兼做记录。

3.收入和支出款项控制

如果公司筹资金额巨大，最好委托独立的代理机构代为发行。因为代理机构本身所负有的法律责任以及客观的立场，既从外部协助了企业内部控制的有效执行，也从客观、公正的

角度证实了公司会计记录的可信性，防止以筹资业务为名进行不正当活动或者以伪造会计记录为手段来掩盖不正当活动的发生。

无论是何种筹资形式，都面临支付款项的问题，其形式主要是利息的支付或股利的发放。对于支付利息，企业应安排专门人员负责利息的计算工作。应付利息应当在有关人员签字确认后，才能对外偿付。企业可委托有关代理机构代发偿付利息，从而减少支票签发次数，降低舞弊可能。除此之外，应定期核对利息支付清单和开出支票总额。股利发放，要以董事会有关发放股利的决议文件（经股东大会批准后）为依据，股利的支付可以由企业自行完成或委托代理机构完成。对于无法支付利息或股利的支票要及时注销或加盖"作废"标记。

4.筹资登记簿控制

债券和股票都应设立相应的筹资登记簿，详细登记核准已发行的债券和股票有关事项，如签发日期、到期日期、支付方式、支付利率、当时市场利率、金额等。登记的同时应对不同的筹资项目进行编号，对于增资配股更要详细登记，必要时可以备注形式充分说明。现阶段，由于公司发行债券和股票都是无纸化的形式，一般不存在债券、股票的实物保管问题。

5.会计记录控制

对筹资业务的会计控制，除了要通过会计系统提供及时、可靠的负债、所有者权益方面的信息外，还要依靠严密的账簿和凭证，组织实施对筹资活动的记录控制。如前所述，筹资业务的会计处理较复杂，会计记录的控制就十分重要。公司必须保证及时地按正确的金额、合理的方法，在适当的账户和合理的会计期间予以正确记录。对于债券，公司应当选用适当的溢价、折价的摊销方法。对发行在外的股票，公司要定期核对持有本公司股票的前十大股东的名单及其持股数量；公司利息、股利的支付必须计算正确后记入相应账户。对未领利息、股利也必须全面反映，单独列示。

（二）筹资业务的控制测试程序

1.了解筹资业务内部控制

针对重要的内部控制要点，注册会计师通过询问相关人员、观察相关人员的活动、审阅和检查筹资业务内部控制的文件和记录等方法对筹资业务的内部控制加以了解。注册会计师可以结合企业的实际情况采用调查表、文字表述或流程图形式及时、适当地记录了解到的筹资业务的内部控制情况。上述程序是风险评估程序的一个组成部分。

2.测试筹资业务内部控制

注册会计师在了解筹资业务的内部控制之后，如果准备信赖相关的内部控制，就要对筹资业务的内部控制的执行是否有效进行测试。当然，如果企业筹资业务较少，注册会计师可根据成本效益原则决定是否直接进行交易的实质性程序。在进行筹资业务的内部控制的测试过程中，应针对不同的内部控制要点采用不同的测试方法。

对于授权审批控制可以直接向管理层询问，并检查相关记录和文件；对于职务分离控制可以采取观察和重新执行的方法；对于收入和支出控制可以结合货币资金业务的内部控制测试进行；对于证券发行备查簿的控制可以采取检查的方法；对于会计记录控制，因其控制过程都在账簿资料和有关文件中体现，所以应侧重检查交易和事项的凭证、文件和记录，通过交易轨迹判断相关控制是否有效执行。

具体来说，对筹资业务内部控制的测试应确定以下事项：

（1）筹资活动是否经过授权批准。

（2）筹资活动的授权、执行、记录等是否严格分工。

（3）筹资活动是否建立了严密的账簿体系和记录制度，并定期检查。

3.评价筹资业务内部控制

注册会计师了解筹资业务的内部控制要点后，测试其执行是否有效，从而对筹资业务的内部控制进行最终的分析、评价。在评价环节应考虑相关的内部控制是否完善，能否达到控制的目的，在哪些环节存在缺陷以及可能带来的影响。做了这样的评价之后，找出被审计单位的筹资业务的薄弱环节，以确定其对实质性程序工作的影响，从而确定下一步的审计重点。

二、投资业务的内部控制和内部控制测试

（一）投资业务的内部控制

1.授权审批控制

企业进行对外投资，首先要有投资计划。投资计划中详细说明投资的对象、投资目的、影响投资收益的风险。投资计划在执行前必须经过严格的审批授权。企业应当建立严格的对外投资业务授权批准制度，明确审批人的授权批准方式、权限、程序、责任等相关控制措施，规定经办人的职责范围和工作要求。审批人应当根据对外投资授权批准制度的规定，在授权范围内进行审批，不得超越审批权限。经办人应当在职责范围内，按照审批人的意见办理对外投资业务。公司大规模的投资活动，要由董事会研究并经股东大会决定，然后授权给经理人员执行；公司小规模的投资活动，如利用闲置资金购入短期有价证券或出让有价证券，也应由董事会授权，交由财务人员办理。对外投资的授权控制，一是为了保证投资效益，降低投资风险；二是为了避免个人擅自挪用资金，防止财产流失。企业应当在有关的工作人员职责权限或资金管理办法中，规定动用资金对外投资和投资资产处置的审批手续和业务流程。

2.职责分离控制

公司合法的投资业务，应在业务的授权、执行、记录与资产的保管等方面有明确合理的分工，不得由一人同时负责上述任何两项工作。例如，投资业务在企业决策机构核准后，可由高层负责人员授权签批，由财务经理办理具体的股票或债券的买卖业务，由会计部门负责进行会计记录和财务处理，并定期同其开户的证券公司核对证券交易业务。只有明确了职责分工，才能形成相互牵制机制，从而避免或减少投资业务中发生错误或舞弊的可能性。

3.投资资产安全保护控制

对于企业所拥有的投资资产（股票、债券及国库券等），应建立完善的定期核对制度。由于企业拥有的投资资产没有具体的实物形态，不能够进行实物盘点。基于此，公司同其开户的证券公司定期核对证券交易业务就成为保障投资资产安全的必然手段。另外，由公司内部审计人员或不参与投资业务的其他人员进行突击检查也是确保公司投资资产安全的重要手段。

4.会计控制

企业的投资资产无论是自行投资操作还是委托他人操盘，都要进行完整的会计记录，并

对其增减变动及投资收益进行相关会计核算。具体而言，应对每一种股票或债券分别设立明细分类账，并详细记录其名称、数量、取得日期、经纪人（证券商）名称、购入成本、收取的股息或利息、卖出情况等；对于联营投资类的其他投资，也应设置明细分类账，核算其他投资的投出及其投资收益和投资收回等业务，并对投资的形式（如流动资产、固定资产、无形资产等）、投向（即接受投资单位）、投资的计价以及投资收益等作详细的记录。

另外，企业应建立严格的记名登记制度。企业在购入股票或债券时应在购入的当日将其登记于企业名下，切忌登记于经办人员名下，以防止冒名转移并借其他名义牟取私利的舞弊行为发生。

（二）投资业务的内部控制测试

1.了解投资业务的内部控制

注册会计师应通过询问被审计单位有关人员和查阅有关的内部控制文件，了解被审计单位内部控制的情况，也可以采用问卷形式，了解企业是否存在投资内部控制，弄清其内容。对了解到的情况，应及时记录，并用恰当的方法描述出投资业务的内部控制全貌。一般而言，应了解的内容包括：

（1）投资项目是否经授权批准，投资金额是否及时入账。

（2）是否与被投资单位签订投资合同、协议，是否获得被投资单位出具的投资证明。

（3）投资的核算方法是否符合有关财务会计制度的规定，相关的投资收益会计处理是否正确，手续是否齐全。

（4）有价证券的买卖是否经恰当授权，是否定期核对交易业务。

上述程序是风险评估程序的一个组成部分。

2.测试投资业务的内部控制

对于投资业务的内部控制测试，注册会计师应结合各内部控制要点采取不同的方法。对于投资计划的审批授权控制，主要通过查阅有关计划资料、文件或直接向管理层询问来进行审查；对于职责分离控制，可以采取实地观察、重新执行的方法；对于投资资产的安全保护控制，可以采取检查有形资产和查阅相关记录、文件的方法。例如，注册会计师应审阅内部审计师或其他授权人员对投资资产进行定期核对的报告；应审阅其核对方法是否恰当，核对结果与会计记录情况以及核对出现差异的处理是否合规。如果各期核对报告的结果未发现账证之间存在差异，说明投资资产的内部控制得到了有效执行。对于会计记录控制，可以采取重新执行相关内部控制程序的方法，也可以简易抽查投资业务的会计记录。例如，可从各类投资业务的明细账中抽取部分会计分录，按原始凭证到明细账、总账的顺序核对有关数据和情况，判断其会计处理过程是否合规、完整，并据以核实上述了解到的有关内部控制是否得到了有效执行。

3.评价投资业务的内部控制

注册会计师完成上述各步骤后，取得了有关内部控制是否健全、有效的证据，并在工作底稿中标明了内部控制的有效环节和薄弱环节，即可对内部控制进行评价，确认对投资内部控制的可信赖程度，进而确定实质性程序的重点和范围。

第三节 借款审计

一、银行借款审计目标

银行借款是指企业为了满足不同的需要向银行借入不同期限的各种借款。由于还款期限不同，银行借款可分为短期借款和长期借款两种。一般情况下，被审计单位并不会高估银行借款，因为这对自身不利，且难以与银行债权人的会计记录相互印证。一般来讲，除企业为了隐瞒利润等少数情况外，企业负债金额基本都不会被高估。为了正确评估企业的财务状况和经营成果，必须将负债完整、正确地列示于资产负债表上。因此，注册会计师对银行借款的审计，主要是防止企业低估负债，从而低估成本达到高估利润的目的。

银行借款的审计目标主要包括：

（1）确认被审计单位所记录的银行借款在特定期间是否存在。

（2）确认被审计单位银行借款是否为被审计单位所承担。

（3）确定被审计单位在特定期间内发生的银行借款业务是否均已记录，有无遗漏。

（4）确认被审计单位银行借款相关账户余额是否正确。

（5）确认被审计单位银行借款是否在资产负债表上恰当地披露。

二、短期借款的实质性程序

短期借款是指企业向银行或其他金融机构借入的偿还期限在1年以内（含1年）的各种借款。一般而言，短期借款的实质性程序主要包括：

（一）索取或编制短期借款明细表

注册会计师应首先取得短期借款明细表，并将其与短期借款总账及其所属的各明细科目核对相符，查明有无虚构债务等情况，在期末余额较大或注册会计师认为必要时，可向债权人函证。

（二）审查短期借款的合理性

注册会计师应依据借款合同、短期借款的法律文件及各原始凭证，结合市场行情分析审查借款的必要性、合理性，提出改进建议，即审查短期借款是否符合筹资规模和筹资结构的要求，企业是否严格控制有关短期借款的财务风险，降低有关短期借款的资金成本，有无将短期借款用于长期款项支出等不合理的筹措资金使用情况。

（三）函证短期借款

注册会计师应在期末短期借款余额基础上，向银行或其他债权人函证短期借款。

（四）审查短期借款的增加

对年度内增加的短期借款，注册会计师应审查借款合同和授权批准，了解借款数额、借款条件、借款日期、还款期限、借款利率，并与相关会计记录相核对。

（五）审查短期借款的偿还情况

对年度内减少的短期借款，注册会计师应审查相关记录和原始凭证，核实还款数额。验证短期借款账户借方发生额同有关支票存根是否相符，相关的会计记录是否正确；计算企业资产的流动比率和速动比率，验证短期借款的偿还能力。是否有尚未偿还的到期短期借款，如有，应查明企业的持续经营能力。

（六）复核借款利息费用

注册会计师应根据各项借款的日期、利率、还款期限，复核被审计单位短期借款的利息计算是否正确，有无多算或少算利息的情况。如存在上述情况，应作出记录，必要时进行调整。

（七）审查外币借款的折算

注册会计师应审查外币短期借款的增减变动部分是否按业务发生时的市场汇率或期初市场汇率折算为记账本位币；期末是否按市场汇率将外币短期借款余额折算为记账本位币；折算方法前后期是否一致；折算差额是否按规定进行会计处理。

（八）审查短期借款在资产负债表上的反映是否恰当

短期借款通常在资产负债表的流动负债项下单独列示，对于因抵押而取得的短期借款，应在资产负债表附注中披露。

三、长期借款的实质性程序

长期借款是指企业由于扩大生产经营规模的需要，而向银行或其他金融机构借入的、偿还期为1年（不含1年）以上的借款。在股票、债券等金融市场融资受到限制的情况下，长期借款仍是我国多数企业为扩大生产经营规模筹集所需资金的一个重要的手段。长期借款的审计方法同短期借款的审计方法较为相似。长期借款的实质性程序主要包括：

（一）索取或编制长期借款明细表

注册会计师应首先获取长期借款明细表，并与总账、明细账及报表核对，审查账账、账表是否相符。

（二）审查长期借款的合法性、合理性

注册会计师应当仔细审核长期借款明细账中借、贷事项及其有关原始凭证记录，以判断长期借款的筹措是否有必要，筹资规模、筹资结构是否合理，手续是否齐全，是否具备借款的基本条件，有无还款的物质保证；长期借款的使用是否合法、合规，有无效益；长期借款是否按期偿还，对于其没有归还的借款，要查明原因，督促企业还款，以维护企业资信。

（三）向银行或其他债权人函证长期借款

向银行或其他债权人函证。长期借款的函证可以结合银行存款的函证进行。

（四）审查借款期限

审查1年内到期的长期借款是否已转列为流动负债；年末有无到期未偿还的借款；逾期借款是否办理了展期手续。

（五）审查借款的利息支出

计算短期借款、长期借款在各个月份的平均余额，选取适用的利率匡算利息支出总额，并与财务费用的相关记录核对，判断被审计单位是否高估或低估利息支出，必要时进行适当调整。

（六）审查抵押长期借款

企业的长期借款如是抵押长期借款，应审查该抵押的资产所有权是否归属企业，其价值和现实状况是否与抵押契约中的规定一致；如果企业的长期借款以某项资产或收入作担保，该充作担保的财产是否归属企业，其价值是否属实，作担保的收入来源是否可靠等；如果企业或其他机构进行担保，其担保来源条件是否具备等。

（七）审查长期借款费用的会计处理

企业所发生的借款费用，是指因借入资金而付出的代价。它包括借款利息、折价或溢价的摊销和辅助费用，以及因外币借款而发生的汇兑损益等，因专门借款而发生的辅助费用包括手续费等。专门借款是指为购建固定资产而专门借入的款项。《企业会计准则》对借款费用资本化的有关规定如下：

（1）除为购建固定资产的专门借款所发生的借款费用外，其他借款费用均应于发生当期确认为费用，直接计入当期的财务费用。

（2）企业为购建某项固定资产而借入的专门借款所发生的利息，在同时满足以下三个条件时应当予以资本化，计入所购建的固定资产的成本：

① 资产支出（只包括为购建固定资产而以支付现金、转移非现金资产或者承担带息债务形式发生的支出）已经发生。

② 长期借款费用已经发生。

③ 为使资产达到预定可使用状态所必要的购建活动已经开始。

（3）对用于购建固定资产的长期借款手续费，金额较大的，直接计入固定资产成本。因安排专门长期借款而发生的除银行借款手续费以外的辅助费用，如果金额较大的，属于在所购建固定资产达到预定可使用状态前发生的，应当在发生时计入所购建固定资产的成本；在所购建固定资产达到预定可使用状态后发生的，直接计入当期财务费用。

注册会计师特别要注意的是，专门借款的利息费用（扣除尚未动用的借款资金存入银行取得的利息收入或者进行暂时性投资取得的投资收益）及其辅助费用在所购建或者生产的符合资本化条件的资产达到预定可使用或者可销售状态前，应予以资本化。

如果被审计单位在资本化期间占用了公司的一般借款，则根据累计资产支出超过专门借款部分的资产支出加权平均数乘以所占用一般借款的资本化率，计算确定一般借款应予资本化的利息金额。资本化率根据一般借款加权平均利率计算确定（一般借款加权平均利率＝所占用一般借款当期实际发生的利息之和÷所占用一般借款本金加权平均数）。

因此，注册会计师在审计时，应审查企业是否根据会计准则的要求，划清资本性支出和收益性支出，有无混淆资本性支出和收益性支出的界限，或为了调节当期损益，未正确地将借款利息和有关借款费用在购建固定资产的价值和当期损益之间正确地分配等情况。

（八）审查外币长期借款

注册会计师应审查外币长期借款的增减变动部分是否按业务发生时的市场汇率或期初市

场汇率折算为记账本位币；期末是否按市场汇率将外币长期借款余额折算为记账本位币；还应注意审查其记账汇率、账面汇率计算方法是否合规，前后期是否一致，汇兑损益的计算是否正确；为购建固定资产产生的外币长期借款汇兑损益是否正确地在购建固定资产的价值和当期损益间分配等。

企业为购建固定资产而借入的外币专门借款，其借款费用同其他长期借款的借款费用的处理相同，但其每一会计期间所产生的汇兑差额（指当期外币专门借款本金及利息所发生的汇兑差额），在所购建固定资产达到预定可使用状态前，应予以资本化，计入所购建的固定资产的成本；在该项固定资产达到预定可使用状态后，应计入当期财务费用。

（九）审查长期借款在资产负债表上的披露是否恰当

长期借款的期末余额应扣除将于1年内（含1年）到期的长期借款，在资产负债表的非流动负债项下单独列示，该项扣除数则在流动负债项下的"一年内到期的非流动负债"中反映。

注册会计师应根据审计结果，审查长期借款在资产负债表上是否充分反映，并注意长期借款的抵押和担保是否已在财务报表附注中做了充分的说明。

四、应付债券的实质性程序

一般来讲，受国家相关法律法规的制约，公司的应付债券业务极少发生。但是，如果发生了发行债券业务，其数额将是巨大的。因此，注册会计师对应付债券进行审计，一般以实质性程序为主。应付债券的实质性程序包括：

（一）取得或编制应付债券明细表

注册会计师应当获取或编制应付债券明细表，与有关明细账和总账、报表数额核对是否相符。应付债券明细表通常包括债券名称、承销机构、发行日、到期日、债券总额、实收金额、折价或溢价及其摊销、应付利息、担保等内容。

（二）审查债券文件和记录

公司发行债券必须经过股东大会的批准。注册会计师可以从董事会会议记录中获取相关证据。注册会计师审查发行债券的入账原始凭证，并同相关账簿的会计记录核对一致。

（三）函证债券

为了确定应付债券的真实性，注册会计师可以直接向债券的承销机构或债权人函证。注册会计师应对函证结果与账面记录进行比较，如有差异，应进一步调查其原因。

（四）审查应计利息及债券摊销会计处理

注册会计师可以索取或编制债券利息、债券溢价、折价及其摊销的账户分析表，复核应计利息及债券摊销会计处理是否正确。

（五）审查到期债券的偿还

注册会计师对到期债券的偿还，可以审查相关会计记录，看其会计处理是否正确。如果是可转换债券，公司债券持有人行使了转换权利，将其持有的债券转换为股票，则应审查其转换股票的会计处理是否正确。

（六）审查应付债券在报表上是否恰当披露

应付债券在资产负债表上列示于非流动负债项下。该项目应根据"应付债券"账户的期末余额，扣除将于一年内到期的应付债券后的数额填列。该扣除数应当在流动负债项下的"一年内到期的非流动负债"项目中单独反映。注册会计师应根据审计结果，确定被审计单位应付债券在财务报表及其附注上的反映是否充分。

五、财务费用的实质性程序

财务费用是公司使用资金的代价。对公司借款费用的审计和对公司财务费用的审计总是紧密结合在一起的。财务费用的审计目标是：确定财务费用是否确实已经发生；确定财务费用的记录是否完整；确定财务费用的计算是否正确；确定财务费用的披露是否恰当。

财务费用的实质性程序包括：

（一）获取或编制财务费用明细表

注册会计师应当获取或编制财务费用明细表，与报表数、总账数及明细账合计数核对是否相符。

（二）实施分析程序

注册会计师可以将本期、上期财务费用各明细项目作比较分析，必要时比较本期各月份财务费用，如有重大变动和异常情况，应查明原因，扩大审计范围或进一步追查。

（三）实施财务费用的截止测试

注册会计师可以对财务费用实施截止测试：审阅下期期初的财务费用明细账，检查财务费用各项目有无跨期入账的现象。对于重大跨期项目，应作必要调整。

（四）审查重要的财务费用项目

审查利息支出明细项目，确认利息支出的真实性和准确性。审查汇兑损益的计算方法是否正确。检查大额金融机构手续费的真实性和准确性。

（五）审核财务费用的披露是否恰当

注册会计师应注意审核财务费用的明细项目在报表上的披露是否恰当。

第四节　所有者权益审计

公司所有者权益发生的业务频率较低，但金额较大，性质也很重要。根据会计恒等式——资产=负债+所有者权益，如果注册会计师将被审计单位的资产和负债全部审计完结并得出了相应的审计结论，可以从侧面证实所有者权益的正确性。但是，由于现代审计是抽样审计，资产、负债正确的审计结论并不能全面证实所有者权益的正确性。另外，由于所有者权益发生的次数较少，直接测试所有者权益，可能审计效率更高。

一、所有者权益的审计目标

所有者权益的审计目标主要包括以下四个方面：

（1）确定所有者权益是否存在。

（2）确定是否都已将所有者权益的经济业务记录入账，并已在会计账簿上恰当地记录。

（3）确定被审计期间发生的所有者权益项目的增减变动是否符合有关法律、法规的规定。

（4）确定所有者权益在财务报表上是否恰当地披露。

二、股本的实质性程序

股本是股份有限公司按照公司章程、合同的规定向全体股东筹集的资本。股本代表了股东对公司按其投资比例享有对公司净资产的所有权。股本是在核定的注册资本及核定的股份总额的范围内，通过向股东发行股票而筹集的。在通常情况下，股本不发生变化，只有在股份有限公司设立、增资扩股和减资并经有关部门批准后才发生变化。

对股本审计的实质性程序，注册会计师应当通过"股本"账户进行。其实质性程序主要包括：

（一）审阅公司章程、实施细则和股东大会、董事会记录

注册会计师应对公司章程、实施细则、股东大会及董事会的决议进行核查，以明确企业股本发行及融资用途。前已述及，在正常情况下，股本增减等业务均须经股东大会或董事会授权或批准，因此，公司的相关文件和记录是注册会计师进行审计工作所必需的重要资料。此外，国家关于公司证券交易的条件、股票发行的方式以及已发行股份实收价值的反映及其处理等规定，对股本审计都是十分重要的。

因此，注册会计师应重点审计股票发行或股本变动的有关资料，如公司章程中所载明的股本额、发行股票总数、每股面值、发行价格等，以确定股本交易业务是否符合法律规定，是否与账簿记录核对相符，进而判断股本在资产负债表上是否已做了恰当反映。

（二）检查股东是否按照公司章程、合同规定的出资方式、出资比例出资

注册会计师进行股本审计时，应当了解公司章程、合同中的出资方式、出资比例，确定其内容的合法性。然后具体分析企业实际募股时，是否与公司章程、合同的规定存在差异，了解形成差异的原因，将有关的问题与公司有关人员协商。对审计过程及有关问题的处理，以适当的方式记录于审计工作底稿中。

（三）编制股本账户分析表

注册会计师应取得或自己编制股本账户分析表，以分析各种股本账户。该股本账户分析表应包括日期、金额、股数等内容，并应预留余地以供下次核查时增添之用。股本账户分析表不仅可以充分展示被审计期间股本余额的正确程度，还可以借以分析、证实有关股本的增减、股票出售所得或损失等，据以计算期末余额，并可与股票登记簿所示总发行股数、金额及有关总账、明细账核对是否相符。

分析股本时应包括对各种变动性质的分析，并就每次变动的内容与相关原始凭证及账户进行核对。所有序时分录均应已复核，以确定其是否经过适当批准，借贷分录账户是否正确。

如对股本账户作初次审计，注册会计师需对股本自股票发行之日起至被审计之日止的所有股本业务进行慎重的详细分析，以便全盘了解被审计单位股本的整体演变过程。初次审计

后，一般应将股本账户分析表永久保存，以便下次审计时使用。这样，注册会计师下次审计时，只需将当期股本的增减记录计入，并根据该增减变动交易审查原始凭证即可。股本账户分析表的格式见表16-2。

表16-2　　　　　　　　　　　　　　　　股本账户分析表（S公司）

审计日期	股票种类	摘要	核定股数（万股）	每股面值（元）	核定金额（万元）	发行日期	取得资产	发行在外股数（万股）	发行价（万元）	股本溢价（万元）	股本账面价值（万元）
1	2	3	4	5	6	7	8	9	10	11	12
2024年1月13日	普通股	2022年度发行	8 000	1	8 000	2022年6月1日	现金	8 000	320 000△	312 000△	8 000△

注：注册会计师已根据公司章程、董事会会议记录对股票发行情况及其发行价进行了核实。

△：与总分类账、明细分类账和股票登记簿核对无误。

（四）审查股票的变动

股票的发行、收回等交易活动都会引起股本数额的变动。注册会计师应通过审查与股票发行、收回有关的原始凭证和会计记录，验证股本变动的真实性、合法性。应审查的原始凭证包括已发行股票的登记簿，向外界收回的股票、募股清单、银行对账单等。会计记录主要包括银行存款日记账与总账、股本明细账与总账等。

（五）函证发行在外的股票

注册会计师应检查已发行的股票数量是否真实，股东是否均已收到股款或资产。注册会计师在审查已发行的股票数量是否真实时，还可向承销或包销的证券公司函证。按照规定，我国目前股票的发行由企业委托证券公司进行。这些机构一般既了解公司发行股票的总数，又掌握公司股东的个人记录以及股票转让情况，故在审计时可采取向证券公司函证或查阅的方法来验证发行股票的数量，并与股本账面数额相核对，确定是否相符。

（六）审查股票发行费用的会计处理

股份有限公司发行股票支付的手续费、佣金等发行费用，股票溢价发行的，从发行股票的溢价中抵扣；股票发行没有溢价或溢价金额不足以支付发行费用的部分，应将不足支付的发行费用冲减盈余公积和未分配利润。注册会计师应审查相关的原始凭证和会计记录，以确定被审计单位对股票发行费用的会计处理的正确性。

（七）确定股本在资产负债表上是否恰当地披露

股本在资产负债表上应单项列示，并且在财务报表附注中应披露与股本有关的重要事项，如股本的种类、各类股本金额、股票发行的数额、每股股票的面值、本会计期间发行的股票等。注册会计师应审查股本在资产负债表上披露的恰当性、充分性。

三、实收资本的实质性程序

（一）索取被审计单位合同、章程、营业执照及有关董事会会议记录

注册会计师应向被审计单位索取合同、章程、营业执照及有关董事会会议记录，并认真审阅其中的有关规定。企业合同、章程对投资各方的出资方式、出资期限及其他要求作了详细规定，一经国家审批部门批准，就具有法律效力，投资各方不得随意更改，应严格履行合同章程所规定的出资义务。国家授权有关部门的批准证书是批准企业成立的法律性文件，投资各方应遵照执行。营业执照是由国家市场监督管理机关批准发给企业的合法经营许可证，它规定企业成立和终止日期。

（二）索取或编制实收资本明细表

注册会计师应向被审计单位索取或自行编制实收资本明细表，作为永久性档案，以供本年度和以后年度审查实收资本时使用。实收资本明细账应当详细记载实收资本的变动。编制实收资本明细表时需将每次变动情况逐一记载并与有关的原始凭证和会计记录进行核对。

（三）审查出资期限和出资方式、出资额

注册会计师应检查投资者是否已按合同、章程约定的时间缴付出资额，其出资额是否经中国注册会计师验证，已验资者，应查阅验资报告。

（四）审查投入资本的真实性

注册会计师应通过对原始凭证、会计记录的审阅和核对，向投资者函证实缴资本额，对有关财产和实物的价值进行鉴定，确定投入资本的真实存在。审查时，注册会计师应注意审查投入现金是否已确实存入企业的开户银行，是否收到银行的收款通知单；投入的实物资产是否已办理了验收手续，并列具登记清单。对房地产类固定资产应审查其所有权或使用权证明文件；对设备类固定资产应审查采购发票；对融资租入的固定资产应审查其租赁合同；对投入的无形资产应审查是否已办理了其法律手续，是否接收了有关技术资料。

（五）审查实收资本的增减变动

一般而言，公司不得随意增减企业的实收资本，如有必要增减，首先应具备一定的条件。例如，企业减资需要满足以下三个条件：

（1）应首先公告所有的债权人，债权人无异议。

（2）经股东大会决议同意，并修改公司章程。

（3）减资后的注册资本不得低于法定资本的最低限额。

对于实收资本的增减变动，注册会计师应查明原因，查阅其是否与董事会纪要、补充合同以及有关法律文件的规定一致。

（六）审查外币出资时实收资本的核算

以外币出资的，根据有关制度的规定，企业对实际收到的外币出资，可以采用合同约定的市场汇率折算为记账本位币记账；合同没有约定的，按下列原则处理：

（1）登记注册的货币与记账本位币一致时，按收到时的市场汇率折算。

（2）登记注册的货币与记账本位币不一致时，按企业第一次收到出资额时的市场汇率折算（投资人分期出资，各期出资均应按第一期第一次收到出资额时的市场汇率折算）。

由于有关资产账户与实收资本账户所采用的折算汇率不同而产生的记账本位币差额，作为资本公积处理。注册会计师应审查企业所采用的汇率以及会计处理的正确性。

（七）确定实收资本是否已在资产负债表上恰当披露

企业的实收资本应在资产负债表上单独列示，同时应在财务报表附注中说明实收资本期初至期末间的重要变化，如所有者的变更、注册资本的增加或者减少、各所有者出资额的变动等。注册会计师应在实施上述审计程序的基础上，确定被审计单位资产负债表上的实收资本的反映是否正确，并确定有关投入资本是否在财务报表附注中予以分类揭示。

四、资本公积及其他综合收益的实质性程序

资本公积是非经营因素形成的，不能计入实收资本或股本的所有者权益，主要包括投资者实际交付的出资额超过其资本份额的差额（如股本溢价、资本溢价）和其他资本公积等。其他综合收益是指按照会计准则的规定，未在损益中确认的各项利得和损失扣除所得税影响后的净额。资本公积及其他综合收益的审计是指对资本公积及其他综合收益的形成、使用的真实性、合法性所作的审计。

（一）检查资本公积形成的合法性

注册会计师应首先检查资本公积形成的内容及其依据，并查阅相关的会计记录和原始凭证，确认资本公积形成的合法性和正确性。对资本公积形成的审计包括审查资本溢价或股本溢价、审查其他资本公积等。

1.审查资本溢价或股本溢价

对资本溢价应检查是否在企业吸收新投资时形成，资本溢价的确定是否按实际出资额扣除按其投资比例所占的资本额计算，其投资是否经企业董事会决定，并已报原审批机关批准；对股本溢价应检查发行是否合法，是否经有关部门批准，股票发行价格与其面值的差额是否全部计入资本公积，发行股票支付的手续费或佣金等余额是否已从溢价中扣除。

2.审查接受股东的现金和非现金资产捐赠

按照会计准则的规定，公司接受的捐赠，符合确认条件的，通常应当确认为当期收益，在"营业外收入"中核算。但是，如果接受控股股东（或者非控股股东）及其控制的子公司直接或间接的捐赠，从经济实质上判断属于股东对企业的资本性投入，应作为权益性交易，相关利得计入所有者权益（资本公积）。对接受非现金资产捐赠应审查接受捐赠资产是否按规定办理了移交手续，是否经过验收，资产定价是否取得有关报价单或按同类资产的市场价格确认，接受捐赠的固定资产是否应计提折旧，是否存在对捐赠资产不入账等情况。对于接受现金捐赠，注册会计师应注意审查其银行对账单、银行存款日记账和"资本公积"明细账是否相符，接受人是否确实收到有关捐赠款项。

（二）检查其他综合收益形成的合法性

1.审查股权投资价值变动

股权投资价值变动是投资单位对被投资单位的长期股权投资采用权益法核算时，在持股比例不变的情况下，被投资单位除净损益以外所有者权益的其他变动，投资单位按其持股比例计算应享有的份额。企业采用权益法核算长期股权投资时，长期投资的账面价值将随着被投资单位所有者权益的增减而增加或减少，以使长期股权投资的账面价值与应享有被投资单

位所有者权益的份额保持一致。被投资单位净资产的变动除了实际的净损益会影响净资产外，还有其他原因增加的资本利得，企业应按其持股比例计算应享有的份额，借记"长期股权投资——其他综合收益"科目，贷记"其他综合收益"科目。

在审查股权投资价值变动时，注册会计师应结合长期股权投资账户的审计进行。注册会计师在审查时应注意重点审查以下问题：被投资企业有关资本利得增减变动数额是否真实、准确；投资企业的投资比例和依此享有的有关资本利得增减变动数额是否真实、准确。为了审查这两个问题，注册会计师应尽量取得被投资企业经审计的年度财务报表。如果被投资企业是上市公司，其年度财务报表可以从公开渠道获得。否则，注册会计师应与承担被投资企业审计工作的注册会计师或被投资企业联系，函证获得所需的数据。

2.审查其他综合收益

在金融工具确认和计量准则下，允许企业将非交易性权益工具投资（原有的可供出售金融资产）指定为以公允价值计量且其变动计入其他综合收益的金融资产进行处理，但该指定不可撤销，且在处置时不得将原计入其他综合收益的累计公允价值变动额结转计入当期损益，而应计入留存收益。另外，"其他债权投资"科目，反映资产负债表日企业分类为以公允价值计量且其变动计入其他综合收益的长期债权投资的期末账面价值。该项目的发生同样计入其他综合收益。在资产负债表日，以公允价值计量且其变动计入其他综合收益的金融资产的公允价值高于或低于其账面余额的差额，在"其他综合收益"科目核算。例如，对于以公允价值计量且其变动计入其他综合收益的金融资产的公允价值高于其账面余额的差额，贷记"其他综合收益"科目；公允价值低于其账面余额的差额，做相反的会计分录。按照会计准则的规定，自用房地产或存货转换为采用公允价值模式计量的投资性房地产时，其公允价值大于账面价值的差额，应当在"其他综合收益"科目核算；注册会计师在审计时，要注意被审计单位是否按照会计准则的规定进行了账务处理。

3.审查外币报表折算差额

注册会计师在审计时，应注意审查外币报表折算差额是否按照规定计入其他综合收益。

（三）审查资本公积运用的合法性

注册会计师应审查资本公积有无挪作他用；对于资本公积转增资本，注册会计师应审查转增资本是否经董事会决定并报经市场监督管理机关批准，依法办理增资手续；获得批准后，对资本公积进行的账务处理是否及时、准确。

（四）确定资本公积、其他综合收益是否在资产负债表上恰当反映

注册会计师应审查资本公积、其他综合收益是否在资产负债表上单独列示，同时应将资本公积明细账和其他综合收益明细账同"所有者权益变动表"中列示的资本公积、其他综合收益的期末余额及期初余额核对是否相符。

五、盈余公积的实质性程序

盈余公积是指企业按规定从税后利润中提取的积累资金，是具有特定用途的留存收益。盈余公积的审计主要是指对盈余公积的提取、使用以及在资产负债表上列示的盈余公积数额的合法性和真实性所进行的审计。

（一）盈余公积的内容及使用

1.盈余公积的内容

（1）法定盈余公积

法定盈余公积是指企业按照规定的比例从净利润中提取的盈余公积。它一般按照税后利润的10%提取，当法定盈余公积累计金额达到企业注册资本的50%以上时，可以不再提取。

（2）任意盈余公积

任意盈余公积是指企业经股东大会或类似机构批准按照规定的比例提取的盈余公积。任意盈余公积必须在法定盈余公积和应付优先股股利（如有）提取之后才可提取。

2.法定盈余公积、任意盈余公积的使用

法定盈余公积、任意盈余公积主要是用于弥补亏损和转增资本，但需履行一定的审批手续，而且盈余公积转增资本后留存的部分不得少于公司注册资本的25%。

（二）盈余公积的实质性审查程序

1.审查盈余公积提取的合法性

该程序主要应审查盈余公积提取是否符合法律规定，并经过批准，提取手续是否完备，提取的依据是否正确，有无多提或少提的现象。

2.审查盈余公积使用的合法性

该程序主要应审查盈余公积的使用是否符合规定并经过批准，使用是否合理，有无挪作他用的情况。

3.审查盈余公积的提取、使用及其账面价值的真实性

该程序主要应根据盈余公积提取、使用的原始凭证、批准数额，逐步审查凭证和账簿记录，看其是否账证相符、账表相符。

4.确定盈余公积在资产负债表上是否恰当披露

企业的法定盈余公积、任意盈余公积应合并为盈余公积在资产负债表上反映。同时应在财务报表附注中说明各项盈余公积的期末余额及期初至期末间的重要变化。注册会计师对此应重点检查。

六、未分配利润的实质性程序

未分配利润是指公司未作分配的利润。公司年末未分配利润是企业当年税后利润在弥补以前年度亏损、提取盈余公积以后，加上上年年末未分配利润，再扣除向所有者分配的利润后的结余金额。它有两层含义：一是该部分净利润没有分配给投资者；二是该部分净利润未指定用途。对未分配利润的审计实际上包括对实现利润和分配利润的全部有关业务与数据的审计。因此，对未分配利润的审计应与对利润、利润分配的审计结合起来进行。

对未分配利润的实质性程序主要包括：

（一）审查未分配利润的真实性

审查期初未分配利润账户余额是否与上期资产负债表上所列数额一致。如果是未弥补亏损，注册会计师应查明是税前补亏，还是税后补亏，应纳企业所得税的调整数是否正确。将利润分配的总账与明细账相核对，审查本年度未分配利润结转的真实性。

（二）审查未分配利润的合法性

审查利润分配方案、分配方式，查明分配决定有无董事会提出的方案和股东会议的决议记录，利润分配方案有无与法律及公司章程规定相抵触之处。

（三）审查结账日后发生的损益调整项目的账务处理是否合法、准确

由于年终结账日后发生的损益调整项目直接调整有关资产、负债项目和"利润分配——未分配利润"账户，注册会计师应着重审查利润分配的增加额，防止企业虚增未分配利润。

（四）审查未分配利润余额在资产负债表上的披露是否恰当

注册会计师应根据审计结果调整本年损益数，直接增加或减少未分配利润，从而确定调整后的未分配利润在资产负债表上的披露是否恰当。

第五节　投资审计

一、投资的审计目标

投资的审计目标可概括如下：
（1）确定投资是否存在。
（2）确定投资是否归被审计单位所拥有。
（3）确定投资的增减变动及其收益（或损失）的记录是否完整。
（4）确定投资的计价方法（成本法或权益法）是否正确。
（5）确定投资的期末余额是否正确。
（6）确定投资在财务报表及其附注上的披露是否恰当。

二、投资的实质性程序

注册会计师应在对投资内部控制测试和评价的基础上，对投资实施实质性程序。投资的实质性程序主要包括：

（一）取得或编制投资明细表

投资明细表应当按照投资的目的进行分类，其主要包括债权性投资和权益性投资。按照相关会计准则的规定，有些投资根据会计准则中的金融工具准则规范，作为金融资产核算，例如以企业持有金融资产的"业务模式"和"金融资产合同现金流量特征"作为金融资产分类的判断依据，将金融资产分类为以摊余成本计量的金融资产、以公允价值计量且其变动计入其他综合收益的金融资产以及以公允价值计量且其变动计入当期损益的金融资产三类。企业能够控制、共同控制被投资单位以及对被投资单位施加重大影响的投资，作为长期股权投资等。对没有控制、共同控制和重大影响的权益工具投资按照公允价值计量且其变动计入当期损益，列示为交易性金融资产。部分非交易性权益工具投资指定为以公允价值计量且其变动计入其他综合收益的金融资产，列示为其他权益工具投资。该类金融资产的相关股利收入计入当期损益。当其终止确认时，之前计入其他综合收益的累计利得或损失从其他综合收益中转出，计入留存收益。

将企业全部投资项目的有关情况完整、系统地予以列示，注册会计师据此可了解企业投资的全貌。投资明细表的主要内容包括：投资种类及说明、年初余额、本年增加及减少额、年末余额、投资收益等。

（1）对于投资种类，注册会计师应着重审查其完整性，即是否所有的投资项目均已入账。审查方法是，将询证或检查的证券与被审计单位的投资明细账相核对，看是否相符，是否有未入账的投资项目。例如，未经许可向其他企业或关联企业进行资金信贷。

（2）对于各投资项目的年初余额，审查时要注意与上年度审计工作底稿中的年末余额核对相符。如有不符，应要求被审计单位予以说明或进一步调查原因。

（3）对于本年度增加的投资项目，应审核其账面金额是否与有关的原始凭证相符，是否按购入时的实际成本入账。当股票的购入价中包含已宣告而未发放的股利时，应审查其实际成本是否为购入价与股利的差额。

（4）对于投资减少的项目，注册会计师应将由于减少证券而取得的收入与库存现金或银行存款日记账和投资收益明细账相核对。必要时，还应逆查至来自经纪人的通知单等原始凭证，以确认账面记录的真实性和正确性。

（5）对于年末余额，注册会计师只需根据年初余额和本年增减变动数复核即可。

（二）实施分析程序

对投资执行分析程序，主要包括三项内容：

（1）计算长期股权投资中高风险投资所占的比重，分析投资的安全性，要求被审计单位估计潜在的投资损失。

（2）计算投资收益占利润总额的比重。分析被审计单位在多大程度上依赖于投资收益，判断被审计单位盈利的稳定性；将当期确认的投资收益与从被投资单位实际获得的现金流量进行比较分析；将重大投资项目与以前年度进行比较，分析是否存在异常变动。

（3）对比各投资账户的本年余额与上年度余额以及本年投资交易预算数，并且分别比较各投资项目的收益报酬（如利息和股利等）占其投资账户余额比重在本年度与上年度的变化。通过比较，可以确定是否存在重大的波动差异以及潜在的差错或舞弊。如果长期股权投资账户余额显著增加，可能说明有虚构、高估的投资资产，或者存在无授权的超预算交易，以及有高估（或低估）的投资收益。注册会计师可以据此确定审计重点及应采取的审计程序。

（三）询证投资的证券

虽然公司投资的证券没有实物形态，但被审计单位可能将投资的证券委托给独立机构（如证券公司等）代为操盘或者在证券公司开户以便证券的买卖。注册会计师应当以被审计单位的名义向这些机构寄出询证函，要求这些机构将客户在结账日所拥有的投资证券的种类、数量、面值等资料直接回复给注册会计师，据此证实投资证券的真实性。

一般来说，证券机构根据被审计单位的要求，打印被审计单位在其营业部开户并进行买卖的"资金对账单"。该对账单详细记录了被审计单位的资金情况，如客户名称、资产账户、资金余额、可用余额、资产市值以及总资产等。"资金对账单"详细记载了被审计单位买卖证券的情况。"当日持仓清单"详细记载了持仓证券的名称、股份余额、参考成本、参考市值以及参考盈亏等内容。该对账单是注册会计师获取的证明被审计单位投资证券真实性的可靠证据。

（四）审查交易性金融资产

1.审查交易性金融资产的初始计量及确认是否正确

审计人员在审查交易性金融资产初始计量及确认时，应特别关注其是否按照取得时的公允价值作为初始确认金额，相关的交易费用在发生时是否计入当期损益。有无将实际支付的价款中包含已宣告但尚未发放的现金股利或已到付款期但尚未领取的债券利息，计入交易性金融资产初始确认金额。

2.审查交易性金融资产的期末计量是否正确

交易性金融资产的期末计量，是指采用一定的价值标准，对交易性金融资产的期末价值进行后续计量，并以此列示于资产负债表中。交易性金融资产在最初取得时，是按公允价值入账的，反映了企业取得交易性金融资产的实际成本，但交易性金融资产的公允价值是不断变动的，会计期末的公允价值则代表了交易性金融资产的现实可变现价值。根据企业会计准则的规定，交易性金融资产的价值应按资产负债表日的公允价值反映，公允价值的变动计入当期损益。根据上述规定，审计人员应特别关注资产负债表日，交易性金融资产的公允价值高于其账面余额时，企业是否按二者之间的差额，调增交易性金融资产的账面余额，同时确认公允价值上升的收益；如果交易性金融资产的公允价值低于其账面余额，审计人员应检查企业是否按二者之间的差额，调减交易性金融资产的账面余额，同时确认公允价值下跌的损失。

3.审查交易性金融资产的处置是否正确

企业处置交易性金融资产的主要会计问题，是正确确认处置损益。交易性金融资产的处置损益，是指处置交易性金融资产实际收到的价款，减去所处置交易性金融资产账面余额后的差额。其中，交易性金融资产的账面余额，是指交易性金融资产的初始计量金额加上或减去资产负债表日公允价值变动后的金额。如果在处置交易性金融资产时，已计入应收项目的现金股利或债券利息尚未收回，审计人员应注意检查企业是否先从处置价款中扣除该部分现金股利或债券利息之后，确认交易性金融资产的处置损益。

（五）审查其他债权投资

1.审查其他债权投资的初始计量及确认是否正确

审计人员在审查上述投资初始计量及确认时，应特别关注其是否按照取得时的公允价值和相关交易费用之和作为初始确认金额。如果支付的价款中包含已到期但尚未领取的利息，应注意检查其是否单独列入应收项目。对于上述金融资产在持有期间内实现的利息收入，检查其是否按照实际利率和摊余成本计入投资收益。

2.审查其他债权投资的后续计量及终止确认是否正确

审计其他债权投资的后续计量时，应注意审查被审计单位是否将采用实际利率法计算的利息、减值损失或利得及汇兑损益计入当期损益，其他利得或损失计入其他综合收益；审查其终止确认时，注意之前计入其他综合收益的累计利得或损失是否从其他综合收益中转出，计入当期损益。

（六）审查其他权益工具投资

1.审查其他权益工具投资的初始计量及确认是否正确

审计人员在审查其他权益工具投资初始计量及确认时，应特别关注其是否按照取得时的公允价值和相关交易费用之和作为初始确认金额。如果支付的价款中包含已宣告但尚未发放的现金股利，应注意检查其是否单独列入应收项目。对其他权益工具投资在持有期间取得的现金股利，应检查其是否计入投资收益。

2.审查其他权益工具投资的期末计量是否正确

资产负债表日，其他权益工具投资应当以公允价值计量，且公允价值变动计入其他综合收益。对于其他权益工具投资的期末计量的审查，审计人员应特别注意资产负债表日，其他权益工具投资的公允价值高于或低于其账面余额的账务处理是否正确。

3.审查其他权益工具投资的处置是否正确

在审查处置其他权益工具投资时，应注意被审计单位是否将取得的价款与该金融资产账面余额之间的差额计入留存收益；是否将原直接计入所有者权益的公允价值变动累计额（其他综合收益）对应处置部分的金额转出，计入留存收益。

（七）审查长期股权投资

1.审查长期股权投资的初始计量及确认是否正确

（1）企业合并形成的长期股权投资的审计

① 同一控制下企业合并形成的长期股权投资，审查时应注意其在合并日是否按取得被合并方所有者权益账面价值的份额，借记"长期股权投资（投资成本）"，按支付合并对价账面价值，贷记或借记有关资产、负债科目，按其差额，贷记"资本公积"科目；如为借方差额，借记"资本公积——资本溢价（或股本溢价）"科目，"资本公积——资本溢价（或股本溢价）"不足冲减的，应依次借记"盈余公积""利润分配——未分配利润"科目。

② 非同一控制下合并形成的长期股权投资，审查时应注意其在购买日是否根据企业合并准则确定的合并成本，借记"长期股权投资"科目，按支付合并对价的账面价值，贷记或借记有关资产、负债科目，按发生的直接相关费用，贷记"银行存款"等科目，按其差额，贷记"营业外收入"科目。

（2）以其他方式取得的长期股权投资的审计

除企业合并形成的长期股权投资外，企业还可以通过支付现金、发行权益性证券、投资者投入、非货币性资产交换、债务重组等其他方式取得长期股权投资，审查时应注意企业是否根据不同的取得方式，作为入账的依据，分别确定长期股权投资的初始投资成本。

2.审查长期股权投资的核算方法的选用是否恰当

长期股权投资，是指对被投资企业能够实施控制、共同控制或重大影响的长期股权投资。长期股权投资通常可以采用成本法或权益法进行核算。审计人员应首先审查企业有哪些投资项目适合用权益法核算，并通过询问管理层或函证被投资企业等方式，确认企业是否确实对接受投资企业拥有共同控制或重大影响，检查企业是否对这些项目采用了权益法。投资企业能够对被投资企业实施控制的长期股权投资应采用成本法核算。审计人员应获得该投资企业能够控制被投资企业的证据，确定被审计单位采用成本法的合理性。

3.审查长期股权投资的核算方法是否正确

（1）对采用成本法核算的长期股权投资会计处理的审查

对于被审计单位的长期股权投资采用成本法核算的，应按被投资单位宣告发放的现金股利或利润中属于本企业的部分，借记"应收股利"科目，贷记"投资收益"科目；属于被投资单位在取得投资前实现净利润的分配额，应作为投资成本的收回，贷记"长期股权投资"

科目。

（2）对采用权益法核算的长期股权投资会计处理的审查

对于被审计单位的长期股权投资采用权益法核算的，审计人员应当分别下列情况进行审查：

①长期股权投资的初始投资成本大于投资时应享有被投资单位可辨认净资产公允价值份额的，被审计单位是否不调整已确认的初始投资成本；长期股权投资的初始投资成本小于投资时应享有被投资单位可辨认净资产公允价值份额的，是否按其差额，借记"长期股权投资（投资成本）"科目，贷记"营业外收入"科目。

②资产负债表日，被审计单位是否根据被投资单位实现的净利润或经调整的净利润计算应享有的份额，借记"长期股权投资（损益调整）"科目，贷记"投资收益"科目；被投资单位发生亏损、分担亏损份额超过长期股权投资而冲减长期权益账面价值的，是否借记"投资收益"科目，贷记"长期股权投资（损益调整）"科目。

被投资单位以后宣告发放现金股利或利润时，企业计算应分得的部分，是否借记"应收股利"科目，贷记"长期股权投资（损益调整）"科目；收到被投资单位发放的股票股利，是否不进行账务处理，但在备查簿中进行登记。

③发生亏损的被投资单位以后实现净利润的，企业计算应享有的份额，如有未确认投资损失的，是否首先弥补未确认的投资损失；弥补损失后仍有余额的，是否借记"长期股权投资（损益调整）"科目，贷记"投资收益"科目。

④在持股比例不变的情况下，被投资单位除净损益以外所有者权益的其他变动，企业是否按持股比例计算应享有的份额，借记"长期股权投资（其他综合收益）"科目，贷记"其他综合收益"科目。

（3）对长期股权投资核算方法转换会计处理的审查

被审计单位如果根据长期股权投资准则将长期股权投资自成本法转按权益法核算时，应审查其是否按转换时该项长期股权投资的账面价值作为权益法核算的初始投资成本。初始投资成本小于占被投资单位可辨认净资产公允价值份额的差额，是否借记"长期股权投资（投资成本）"科目，贷记"营业外收入"科目。

长期股权投资自权益法转按成本核算的，除构成企业合并的以外，应审查其是否按中止采用权益法时投资的账面价值作为成本法核算的初始投资成本。

4.审查长期股权投资的投资收益的增减额是否正确

投资收益主要指企业投资后，从被投资单位取得的股利或利息。不同的投资，对投资收益的会计处理各不相同。对长期股权投资收益的审查应分别根据成本法和权益法进行。采用成本法核算时，检查投资企业是否按被投资单位宣告发放的现金股利或利润中属于本企业的部分，借记"应收股利"科目，贷记"投资收益"科目；属于被投资单位在取得本企业投资前实现净利润的分配额，应作为投资成本的收回。采用权益法核算长期股权投资时，应主要审查企业投资收益增减额的正确性，即是否按其在被投资企业投资比例来分享投资收益，还应当审查企业实际收到接受投资企业分配来的股利和利润时，是否重复记入"投资收益"科目。

（八）审查投资业务的授权审批情况

审查投资证券应侧重于以下几个问题：首先，审计人员应检查投资证券的购入和售出是否经过管理层的授权和批准。对此，审计人员应当查阅客户董事会或管理层有关证券交易的会议记录或决议加以证实。其次，核对投资支出和收回的金额是否正确无误。审计人员应该核实经纪人通知单、有关投资协议、合同、章程等资料是否与核准文件、现金收支（非现金资产的增减）相符，并与投资总分类账和明细分类账的余额核对，看是否正确、相符。

（九）审查本期发生的重大股权变动

对于当期（尤其是会计年度结束前）发生的重大股权转让，应当审阅股权转让合同、协议、董事会和股东大会决议，分析其是否存在不等价交换，判断被审计单位是否通过不等价股权转让调节利润，粉饰财务情况；对于年内通过并股和参股取得股权的，应分析被审计单位根据被投资单位的净损益确认投资收益时，是否以取得股权后发生的净损益为基础，应特别注意股权转让协议是否存在倒签日期的现象，股权转让涉及的款项是否已经支付或收取。

（十）确定对外投资在资产负债表上是否恰当披露

在财务报表中，审计人员应对以下事项进行审查：

（1）各类投资的年末账面余额和年初账面余额。

（2）被投资单位由于所在国家或地区及其他方面的影响，向投资企业转移资金的能力受到限制，其应披露该受限制的情况、原因和期限等。

（3）当期及累计未确认的投资损失金额。

第六节　其他相关账户审计

一、应收、应付项目审计

（一）其他应收款审计

其他应收款的审计目标为：

（1）确定其他应收款是否存在。

（2）确定其他应收款是否归被审计单位所有。

（3）确定其他应收款增减变动的记录是否完整。

（4）确定其他应收款期末余额是否正确。

（5）确定其他应收款在财务报表上的披露是否恰当。

其他应收款的实质性程序包括：

1.获取或编制其他应收款明细表

（1）复核加计正确与否，并与总账数和明细账合计数核对是否相符，结合"坏账准备"科目与报表数核对是否相符；

（2）了解重大明细项目的其他应收款内容及性质，进行类别分析，重点关注是否存在资金被关联企业（或实际控制人）大量占用、变相拆借资金、隐形投资、误用会计科目、或有损失等现象。

（3）结合应收账款、其他应付款等明细余额，检查是否有同时挂账的项目，核算内容是否重复，必要时作出适当调整。

（4）检查非记账本位币其他应收款的折算汇率及折算是否正确。

（5）分析有贷方余额的项目，查明原因，必要时，作重分类调整。

（6）标识重要明细账户。

2.对其他应收款进行函证

（1）编制"其他应收款函证结果汇总表"，对函证结果进行评价。

（2）对于未回函的其他应收款，应执行替代审计程序。针对重要的其他应收款，编制重要明细账户增减变动表，特别是关联企业（或实际控制人）的增减变动表。必要时，收集该单位资料，并分析其变动的合理性。

（3）如果实施函证和替代审计程序都不能取得充分、适当的审计证据，应当考虑实际情况，实施追加的审计程序。

3.获取或编制其他应收款账龄分析表

（1）测试账龄划分的适当性。要求被审计单位根据资产负债表日后收款情况对账龄分析表进行更新。如果未收款余额不重大，则无须针对每一账户的账龄进行测试，或测试的范围无须太大。

（2）关注审计时已收回的其他应收款金额，对已收回金额较大的款项进行审查，如核对收款凭证等，并注意凭证发生日期的合理性，分析收款时间是否与合同相关要素一致。

4.审查坏账准备

（1）取得或编制坏账准备计算表，复核加计正确与否，与坏账准备总账、明细账合计数核对是否相符。将其他应收款坏账准备本期计提数与资产减值损失相应明细项目的发生额相核对，明确是否相符。

（2）评价计提坏账准备所依据的资料、假设及计提方法。复核其他应收款坏账准备是否按经股东大会或董事会批准的既定方法和比例提取，其计算和会计处理是否正确。

（3）审查其他应收账款坏账准备计提和核销的批准程序，取得相关审计证据。

（4）审查其他应收款中是否存在债务人破产或者死亡，以及破产财产或者遗产清偿后仍无法收回，或者债务人长期未履行偿债义务的情况，如果存在，应提请被审计单位处理。

（5）审查其他应收款转作坏账损失的项目是否符合规定，会计处理是否正确，是否已办妥税务部门审批手续。

（6）若转作坏账损失的项目未经税务部门批准，须调整应纳税所得额。

（7）若实际核销的款项涉及关联方，审查被审计单位是否作出恰当披露。

（8）审查已经确认并转销的坏账重新收回的，其会计处理是否正确。

5.标明应收关联方，包括持股5%以上（含5%）股东的款项，执行关联方及其交易审计程序，并注明合并报表时应予抵消的金额；对关联企业、有密切关系的客户的交易事项作专门核查。

（1）了解交易事项的目的及所应收款项的原因，检查合同等相关文件资料。

（2）向关联方、有密切关系的客户函证，以确认交易的真实性、合理性。

6.审查其他应收款是否已按照企业会计准则的规定在财务报表中作出恰当列报，关注其他应收款是否已按照账龄及单位类别进行披露。

（二）应付股利审计

应付股利的审计目标为：

（1）确定资产负债表中记录的应付股利是否存在。

（2）确定所有应当记录的应付股利是否均已记录。

（3）确定记录的应付股利是不是被审计单位应当履行的现时义务。

（4）确定应付股利的金额是否正确，与之相关的计价调整是否已恰当记录。

（5）确定应付股利在财务报表中是否已作出恰当列报。

应付股利的实质性程序如下：

（1）获取或编制应付股利明细表，复核加计是否正确，并与报表数、总账数及明细账合计数核对是否相符。

（2）审阅公司章程、股东大会和董事会会议纪要中有关股利的规定，了解股利分配标准和发放方式是否符合有关规定并经法定程序批准。

（3）审查应付股利的计提是否根据董事会或股东大会决定的利润分配方案，从税后可供分配利润中计算确定，并复核应付股利计算和会计处理的正确性。

（4）审查股利支付的原始凭证的内容、金额和会计处理是否正确。审查现金股利是否按公告规定的时间、金额予以发放。

（5）向主要股东函证，以确定应付股利的真实性和完整性。

（6）审查董事会或类似机构通过的利润分配方案中拟分配的现金股利或利润，是否按规定作账务处理，并已在附注中披露。

（7）审查应付股利的列报是否恰当，是否按主要投资者列示欠付的应付股利金额并说明原因。

（三）预计负债审计

预计负债，是指支出时间和金额不定，但符合负债确认条件的现时义务。预计负债的审计目标为：确定预计负债是否存在；确定预计负债是否完整；确定预计负债的计量是否符合规定；确定预计负债的会计处理是否正确；确定预计负债的披露是否恰当。

预计负债的实质性程序如下：

（1）获取或编制预计负债明细表，复核加计数是否正确，并与报表数、总账数和明细账合计数核对是否相符。

（2）向相关银行函证担保事项。

（3）对已涉诉并已判决的对外担保，取得并审阅相关法院判决书。

（4）对已涉诉但尚未判决的对外担保，取得被审计单位律师或法律顾问的法律意见书。

（5）检查预计负债的估计是否正确，会计处理是否准确。

（6）检查预计负债在财务报表附注中的披露是否充分。

二、无形资产与长期待摊费用审计

（一）无形资产审计

无形资产是指企业拥有或控制的没有实物形态的非货币性资产。无形资产分为可辨认无形资产和不可辨认无形资产。可辨认无形资产包括专利权、非专利技术、商标权、著作权、土地使用权等；不可辨认无形资产是指商誉。无形资产的审计目标为：

（1）确定无形资产是否存在。

（2）确定无形资产是否归被审计单位所有。

（3）确定无形资产增减变动及其摊销的记录是否完整。

（4）确定无形资产减值准备的计提是否正确。

（5）确定无形资产的年末余额是否正确。

（6）确定无形资产在财务报表上的披露是否恰当。

无形资产的实质性程序为：

（1）索取或编制无形资产明细表，复核加计合计数是否正确，并与报表数、总账数和明细账合计数核对是否相符。

（2）获取无形资产的有关协议和董事会纪要等文件资料，检查无形资产的性质、构成内容、计价依据，其所有权是否归被审计单位所有；检查无形资产各项目的摊销政策是否符合有关规定，是否与上期一致。被审计单位若改变摊销政策，检查其依据是否充分。

（3）检查无形资产的增加。对股东投入的无形资产，检查是否符合有关规定，并经过适当的审查批准。无形资产的价值是否分别与验资报告及资产评估结果确认书或合同协议等证明文件一致，会计处理是否正确。对自行取得或购入的无形资产，检查其原始凭证，确认计价是否正确，法律程序是否完备，会计处理是否正确。

（4）检查无形资产转让的会计处理是否正确。特别要检查转让的是所有权还是使用权。

（5）检查本期摊销额是否正确，会计处理是否正确。

（6）检查无形资产减值准备的计提是否正确。

（7）检查无形资产在财务报表及附注中的披露是否充分。

（二）长期待摊费用审计

长期待摊费用是指企业已经支出，但其影响不限于支付当期，因而应由支付当期和以后各受益期共同分摊的费用支出，如租入固定资产的改良支出以及摊销期限在 1 年以上的其他待摊费用。长期待摊费用的审计目标为：

（1）确定长期待摊费用是否确实存在。

（2）确定长期待摊费用入账和摊销的记录是否完整。

（3）确定长期待摊费用期末余额是否正确。

（4）确定长期待摊费用的摊销政策是否恰当。

（5）确定长期待摊费用减值准备的计提是否正确。

（6）确定长期待摊费用在财务报表上的披露是否恰当。

长期待摊费用的审计程序如下：

（1）获取或编制长期待摊费用明细表，复核其加计数是否正确，并核对其期末合计数与报表数、总账数和明细账合计数是否相符。

（2）抽查重要的原始凭证，检查长期待摊费用增加的合法性和真实性，查阅有关合同、协议等资料和支出凭证，检查其是否经过授权批准，会计处理是否正确，是否存在应计入期间费用的支出。

（3）检查摊销政策是否符合会计准则的规定，复核并计算摊销额及相关的会计处理是否正确，前后期是否保持一致，是否存在随意调节利润的情况。

（4）检查长期待摊费用在资产负债表上的披露是否恰当。

三、管理费用等利润表相关账户的审计

（一）管理费用审计

管理费用是指公司为组织和管理企业生产经营所发生的费用，主要包括公司经费、工会经费、中介机构费用、董事会经费、咨询费、诉讼费、业务招待费、技术转让费、排污费、研发费用（在利润表中单独列示）等。

管理费用的审计目标是：确定管理费用是否确实已经发生；确定管理费用的记录是否完整；确定管理费用的金额是否正确；确定管理费用在利润表上的披露是否恰当。

管理费用的实质性程序为：

（1）获取或编制管理费用明细表，复核其加计数是否正确，并核对其期末合计数与报表数、总账数和明细账合计数是否相符。

（2）检查其明细项目的设置是否符合会计准则规定的核算内容与范围。

（3）将本期、上期管理费用各明细项目作比较分析，必要时比较本期各月份的管理费用，对有重大波动和异常情况的项目，应查明原因，必要时作适当的调整。

（4）选择管理费用中数额较大，以及本期与上期相比变化异常的项目追查至原始凭证。

（5）检查管理费用有无跨期入账的现象，对于重大跨期项目，应作必要的调整。

（6）检查管理费用在利润表上的披露是否恰当。按照财务报表列报的规定，研发费用需要在利润表中单独列报。

（二）营业外收入审计

营业外收入，是指企业取得的与生产经营活动没有直接关系的各种收入，主要包括罚没收入、与企业日常活动无关的政府补助、捐赠利得及无法支付的应付款项等。

营业外收入的审计目标是：确定营业外收入是否发生；确定营业外收入的记录是否完整；确定营业外收入的计算是否正确；确定营业外收入在利润表的披露是否恰当。

营业外收入的实质性程序如下：

（1）获取或编制营业外收入明细表，复核其加计数是否正确，并与报表数、总账数和明细账合计数核对是否相符。

（2）检查营业外收入明细项目的设置是否符合规定的核算内容与范围，是否划清营业外收入与其他收入的界限。

（3）结合递延收益审计，检查政府补助的批准文件，复核收入的性质、金额、入账时间是否正确，是否有记入"其他收益"科目的政府补助仍然记入了本科目。

（4）结合相关资产的盘点及监盘资料，检查盘盈金额计算是否正确，是否获得必要的审批程序，抽查相关原始凭证，审核其内容的真实性和依据的充分性，检查会计处理是否符合相关规定。审计时注意，是否有固定资产或存货盘盈错误记入本科目——固定资产盘盈应当按照重置成本记入"以前年度损益调整"科目；存货盘盈应当冲减"管理费用"科目。

（5）检查与捐赠利得相关的原始凭证，确定相应的税费是否提取，金额计算及账务处理是否正确。

（6）结合相关科目审计，检查其他与营业外收入相关的入账金额及会计处理是否正确。

（7）抽取资产负债表日前后____天的____张凭证，实施截止测试，若存在异常迹象，应考虑是否有必要追加审计程序，对于重大跨期项目，应作必要调整。

(8) 检查营业外收入是否已按照企业会计准则的规定在财务报表中作出恰当列报。

(三) 营业外支出审计

营业外支出，是指企业发生的与生产经营活动没有直接关系的各种支出，主要包括罚款支出、公益性捐赠支出、非常损失、非流动资产毁损报废损失以及其他应记入本科目的支出等。

营业外支出的审计目标是：确定营业外支出是否发生；确定营业外支出的记录是否完整；确定营业外支出的计算是否正确；确定营业外支出的披露是否恰当。

营业外支出的实质性程序如下：

(1) 获取或编制营业外支出明细表，复核其加计数是否正确，并与报表数、总账数和明细账合计数核对是否相符。

(2) 检查营业外支出明细项目的设置是否符合规定的核算内容与范围，是否划清营业外支出与其他费用的界限。

(3) 检查公益性捐赠支出的会计处理是否正确，注意公益性捐赠资产已计提的减值准备是否结转。检查公益性捐赠是否按税法的规定进行企业所得税纳税调整。

(4) 对非常损失应详细检查被审计单位实际损失和保险理赔情况及审批文件。检查会计处理是否正确。

(5) 对于因固定资产盘亏、非流动资产毁损发生的净损失，检查是否按管理权限报经批准后处理，会计处理是否正确。

(6) 检查公益性捐赠支出、税收滞纳金、罚金、罚款支出、各种赞助费支出是否进行应纳税所得额调整。

(7) 抽取资产负债表日前后____天的____张凭证，实施截止测试，若存在异常迹象，应考虑是否有必要追加审计程序，对于重大跨期项目，应作必要调整。

(8) 检查营业外支出是否已按照企业会计准则的规定在财务报表中作出恰当列报。

(四) 所得税费用审计

所得税费用，是指根据企业会计准则的要求确认的应从当期利润总额中扣除的所得税费用，包括当期所得税费用和递延所得税费用（或收益）。

所得税费用的审计目标是：确定利润表中记录的所得税费用是否已发生，且是否与被审计单位有关；确定所有应当记录的所得税费用是否均已记录；确定与所得税费用有关的金额及其他数据是否准确；确定所得税费用是否记录于正确的会计期间；确定被审计单位记录的所得税费用是否记录于恰当的账户；确定所得税费用是否已按照企业会计准则的规定在利润表中作出恰当列报。

所得税费用的实质性程序主要包括：

(1) 获取或编制所得税费用明细表，复核加计是否正确，并与报表数、总账数和明细账合计数核对是否相符。

(2) 检查被审计单位所得税费用核算所采用的会计政策是否为资产负债表债务法。

(3) 根据审计结果和税法的规定，核实当期的纳税调整事项，确定应纳税所得额，结合对应交税费——应交所得税的审计，计算当期所得税费用，检查会计处理是否正确；应纳税所得额为负数的，应检查形成负数的年份与金额，必要时，取得经税务机关审核的前5年应纳税所得额，以确定可以以当期利润弥补的亏损额。

（4）根据资产及负债的账面价值与其计税基础之间的差异，以及未作为资产和负债确认的项目的账面价值与按照税法的规定确定的计税基础的差异，结合递延所得税资产和递延所得税负债的审计，计算递延所得税资产、递延所得税负债期末余额，并根据递延所得税资产、递延所得税负债的期初余额，倒轧出递延所得税费用（收益）本期发生额，并检查会计处理是否正确。

（5）检查被审计单位当期所得税和递延所得税作为所得税费用或收益计入当期损益中，是否包括下列不应计入当期损益的所得税，如有，应提请被审计单位调整：

① 企业合并。

② 直接在所有者权益中确认的交易或者事项。

（6）将当期所得税费用与递延所得税费用之和与利润表上的"所得税费用"项目金额核对。

（7）检查所得税费用是否已按照企业会计准则的规定在财务报表中作出恰当列报：

① 所得税费用（收益）的主要组成部分。

② 所得税费用（收益）与会计利润关系的说明。

📖 复习思考题

1. 短期借款和长期借款的实质性程序有哪些？

2. 财务费用的实质性程序有哪些？

3. 如何实施股本或实收资本的实质性程序？

4. 资本公积、盈余公积、未分配利润的实质性程序有哪些？

5. 如何实施投资的实质性程序？

6. 如何实施所得税费用的实质性程序？

第十七章

货币资金审计

第一节　货币资金与业务循环概述

一、货币资金的特点

货币资金是企业流动性最强的资产，是企业进行生产经营必不可少的物质条件。企业的生产经营过程，实质上就是货币资金的垫支、支付过程和货币资金的收回、分配过程的结合。因此，企业的全部经营活动都可以通过货币资金表现出来，同时货币资金也是不法分子盗窃、贪污、挪用的重要对象。

货币资金项目审计是企业资产负债表审计的一个重要组成部分，主要包括库存现金、银行存款和其他货币资金的审计。由于货币资金较容易产生舞弊，因此，货币资金的审计风险较高，需要花费的时间较长，涉及面也较广。

二、货币资金涉及的凭证和会计记录

货币资金涉及的凭证和会计记录主要包括：

（1）库存现金盘点表。

（2）银行对账单。

（3）银行存款余额调节表。

（4）有关科目的记账凭证（如库存现金收付款凭证、银行收付款凭证）。

（5）有关会计账簿（如库存现金日记账、银行存款日记账）。

三、货币资金审计同交易循环测试之间的关系

货币资金的余额同各交易循环中的业务活动存在着密切的关系。一些最终影响货币资金的错误只有通过销售、采购、投资和筹资的交易循环的审计测试才会发现。例如，未给顾客开发票、未按销售额开发票、两次支付卖方发票或支付未经验收的货物或劳务等，在现金余额测试中都不会发现。但是限制货币资金付款和货币资金收款的错误可在货币资金的业务控制测试中发现，或通过对其余额测试程序发现。例如，对已记录的现金支出通过缺省支票达到贪污的目的，或现金的截止期错误，这些均可通过检查现金业务发现。货币资金审计同各

交易循环审计之间的关系如图17-1所示。

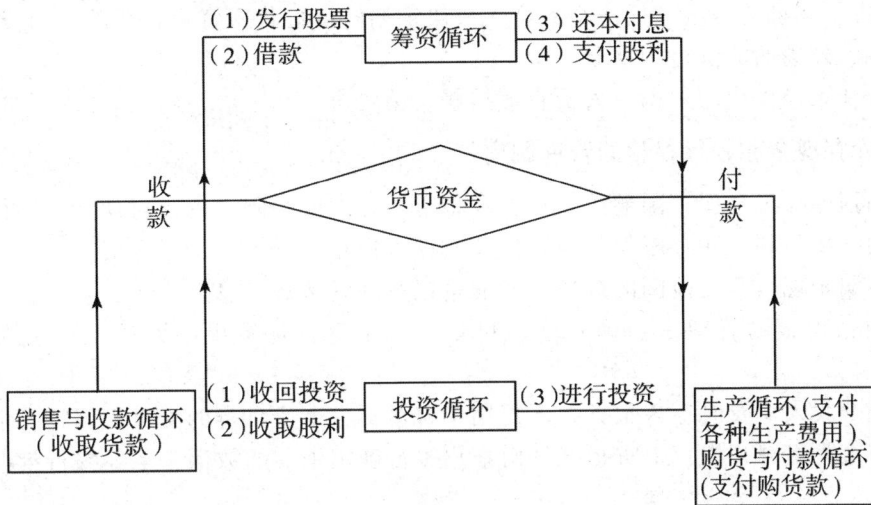

图17-1　货币资金审计同各交易循环审计之间的关系

第二节　货币资金内部控制及其测试

一、内部控制要点

为了确保货币资金的安全与完整，保证货币资金的收付符合国家的有关规定，保证货币资金的会计记录正确、可靠，被审计单位应当根据国家有关法律、法规的规定，结合本部门或系统有关货币资金内部控制的规定，建立适合本单位业务特点和管理要求的货币资金内部控制，并组织实施。一般而言，货币资金内部控制包括：

（一）岗位分工及授权批准制度

（1）建立货币资金业务的岗位责任制，明确相关部门和岗位的职责、期限，确保办理货币资金业务的不相容岗位相互分离、制约和监督；出纳人员不得兼管稽核，会计档案保管和收入、支出、费用、债权、债务账目的登记工作；不得由一人负责货币资金业务的全过程。

（2）配备合格的人员办理货币资金业务，并定期进行岗位轮换。

（3）对货币资金业务建立严格的授权批准制度，明确审批人对货币资金业务的授权方式、权限、程序、责任和相关控制措施，规定经办人员办理货币资金业务的职责范围和工作要求。

（4）审批人应当根据货币资金授权批准制度的规定，在授权范围内进行审批，不得超越审批权限。经办人应当在职责范围内，按照审批人的批准意见办理货币资金业务。未经授权的部门和人员一律不得办理货币资金业务。

（5）货币资金收入必须及时入账，不得私设"小金库"，不得账外设账，严格禁止收款不入账的违法行为。经办销售业务的人员不得同时经办收款业务。

（6）按照规定的程序（如支付申请、支付审批、支付复核、办理支付）办理货币资金支付业务。

（7）对于主要货币资金支付业务，应当实行集体决策和审批制度，停止对货币资金支付"一支笔"决策审批的做法。任何个人都无权决定划转巨额货币资金，严防货币资金的挪用、贪污、侵占、外逃的非法行为。

（8）严禁未经授权的机构或人员直接接触货币资金。

（二）库存现金和银行存款的管理制度

（1）加强库存现金库存限额的管理，在银行核定的库存限额内支付现金，不得任意超过库存现金的限额，超过库存限额的现金应及时存入银行。

（2）不属于现金开支范围的业务一律通过银行办理转账结算。

（3）加强现金的管理，明确收款、付款、记录等各环节出纳人员与相关人员的职责权限。

（4）现金收入应及时存入银行，不得用于直接支付单位自身的支出，因特殊情况需坐支现金的，应事先报开户银行审查批准，由开户银行确定坐支的数额，未经银行批准，严禁坐支现金。

（5）一个单位只能选择一家银行的一个营业机构开立一个基本存款账户，办理存款、取款和转账结算。企业不得在多家银行机构开立基本存款账户，也不得在同一个银行的几个分支机构开立一般存款账户。

（6）除了按规定留存的库存现金以外，所有货币资金都必须存入银行，单位一切收付款项，除制度规定可用现金支付的部分外，都必须通过银行办理转账结算。

（7）遵守银行结算纪律，不准签发没有资金保证的票据或远期支票套取银行信用；不准签发、取得和转让没有真实交易和债权债务的票据，套取银行和他人现金；不准无理拒绝付款，任意占用他人资金；不准违反规定开立和使用银行账户。

（8）及时核对银行账户，确保银行存款账面余额与银行对账单相符。对银行账户核对过程中发现的未达账项，应查明原因，及时处理。

（9）定期和不定期地进行现金盘点，确保现金账面余额与实际库存相符。不得以白条抵库和挪用现金。

（三）票据及有关印章的保管制度

（1）单位应加强货币资金票据（银行汇票、银行本票等）的管理，明确各种票据的购买、保管、领用、注销等环节的职责权限和程序，并专设登记簿进行记录，防止空白票据的遗失和盗用。

（2）单位应加强银行预留印鉴的管理。财务专用章应由专人管理，个人名章必须由本人或其授权人员保管。严禁一人保管支付款项所需的全部印章。

（四）监督检查制度

单位应当建立对货币资金业务的监督检查制度，明确监督检查机构或人员的职责权限，定期或不定期地对货币资金的安全进行检查。

二、控制测试

（一）了解货币资金的内部控制

注册会计师在进行货币资金的控制测试时，首先要通过查阅被审计单位的有关规章制度等重要文件，现场观察被审计单位的有关业务活动，询问被审计单位有关人员等方法获取被审计单位内部控制的资料（如为再度审计，还可查阅以前年度有关的审计工作底稿），以掌握被审计单位有关内部控制的情况，并对所掌握的情况进行适当的记录（或称描述）。通常，被审计单位若是大中型企业，由于其货币收支的业务量较大，人员分工较细，故可采用编制货币资金的内部控制流程图的方法来记录被审计单位货币资金内部控制的情况；对于小型企业，由于其业务处理流程较为简单，则可以用文字叙述的方法对其内部控制情况予以记载。

表 17-1 列示了货币资金内部控制调查表的格式。

表17-1

货币资金内部控制调查表

2022年1月12日

提出问题	是	否	不适用	备注
1.每日收入是否及时存入银行				
2.现销是否核对发票、销货单				
3.银行加盖印章的送款单回单联是否退还给非编制送款单人员				
4.是否核对送款单回单联与现金记录				
5.是否由独立人员复核收入明细账和会计记录				
6.出纳人员是否参与：				
（1）编制销售发票				
（2）核准折让和销售退回				
（3）签发应收票据				
（4）签发支票				
7.是否所有支票均事先按顺序编号				
8.是否将作废支票加盖"作废"印章以防止重复使用				
9.未使用支票是否恰当控制				
10.签发支票是否经过授权				
11.签发支票时是否依据核准的发票或其他必需文件				
12.签发支票人员是否参与：				
（1）核准现金支出				
（2）记录现金收入				
（3）管理备用金				
13.支票签发后是否将所附发票或其他文件加盖"付讫"印章				
14.填制支票与核准发票是否由两名不同人员执行				
15.是否每月调节银行对账单				
16.编制调节表人员是否：				
（1）核验所有支票号码				
（2）审查签章现金支票				
17.银行间资金转账是否被适当、及时地记录				

注册会计师签字：　　　　　　　　　　　被审计单位复核人员签字：

（二）初步评价内部控制的风险

注册会计师在重点了解是否存在货币资金业务不相容岗位混岗的现象、是否存在审批手续不健全、是否存在越权审批等内部控制不完善的现象，并对其固有风险进行评估之后，应对货币资金账户和交易（如记录是否完整，金额或金额的计价是否正确，披露是否充分）所涉及的控制风险作出初步评估。在对控制风险作出初步评估的时候，注册会计师应当遵循稳健性的原则，宁可高估风险不可低估风险。如果控制风险不可接受，注册会计师应该不实施控制测试，直接进行实质性程序。

（三）测试货币资金的内部控制

货币资金的内部控制一般包括如下内容：

1. 检查一定期间的库存现金、银行存款日记账及其相关账户的记录

在检查某一特定时期的库存现金、银行存款日记账时，注册会计师应根据日期和凭证号栏的记载，查明是不是以记账凭证为依据逐笔序时登记并结出余额，有无前后日期和凭证号前后顺序颠倒的情况；根据摘要栏、金额栏和对方科目栏的记载，判断经济业务的会计处理、会计科目的使用是否恰当；根据结存余额栏的记录，查明是否有异常红字，原因是什么。在检查日记账的过程中，还应注意库存现金和银行存款日记账提供的线索，审查总账的库存现金、银行存款、应收账款、应付账款等有关账户的记录。库存现金与银行存款日记账审查的范围和广度，视内部控制流程图和其他各方面的情况综合考虑而定；如果在检查中发现严重问题，注册会计师应视情况扩大工作范围或改变实质性程序。

2. 抽取并审查收款凭证

在检查库存现金与银行存款日记账的基础上，还必须按货币资金收款凭证的类别，选取适当的样本量，进行如下检查：

（1）将收款凭证与销售发票等相关的原始凭证核对。

（2）将收款凭证与库存现金、银行存款日记账的收入金额、日期核对。

（3）将收款凭证与银行存款簿、银行对账单核对。

（4）将收款凭证与应收账款等相关明细账的有关记录核对。

3. 抽取并审查付款凭证

为测试货币资金付款的内部控制，注册会计师还必须按货币资金付款凭证的类别，选取适当的样本量，进行如下检查：

（1）检查付款的授权批准手续是否符合规定。

（2）将付款凭证与购货发票、报销单据等相关的原始凭证核对。

（3）将付款凭证与库存现金、银行存款日记账的支出金额、日期核对。

（4）将付款凭证与银行对账单核对。

（5）将付款凭证与应付账款等相关明细账的有关记录核对。

4. 抽取一定期间的银行存款余额调节表，查验其是否按月正确编制并经复核

为证实银行存款记录的正确性，注册会计师必须抽取一定期间的银行存款余额调节表，将其同银行对账单、银行存款日记账及总账进行核对，确定被审计单位是否按月编制并复核银行存款余额调节表。

5. 检查外币资金的折算方法是否符合有关规定，是否与上年度一致

对于有外币货币资金的被审计单位，注册会计师应检查其外币库存现金日记账、外币银行存款日记账及"财务费用""在建工程"等账户的记录，确定企业有关库存现金、银行存款的增减变动部分是否按业务发生时的市场汇率或业务发生当期期初的市场汇率折算为记账本位币，选取方法是否前后期保持一致；检查企业的外币库存现金、银行存款账户

的余额是否按期末市场汇率折算为记账本位币金额，有关汇兑损益的计算和记录是否正确。

（四）评价货币资金的内部控制

注册会计师在完成上述控制测试程序后，即可对被审计单位货币资金的内部控制及其实施情况进行评价。在评价过程中，既要分析其内部控制过程中的薄弱环节和缺点，又要确定其内部控制过程中的较强环节和优点，并据此对原定的审计程序加以修改和变动，最后确定实质性程序的具体审计程序和重点。

第三节　现金审计

一、现金审计目标

现金是指企业的库存现金，包括人民币现金和外币现金。现金是企业流动性最强的资产，尽管现金在企业资产总额中所占的比重不大，但企业发生的许多舞弊事件大都与现金有关，因此，对现金的审计通常是注册会计师不可忽视的环节。

现金审计的目标包括：

（1）确定被审计单位现金在财务报表日是否存在，是否为被审计单位所拥有。

（2）确定被审计单位在特定期间内发生的现金收支业务是否均已记录，有无遗漏。

（3）确定现金余额是否正确。

（4）确定现金在财务报表上的披露是否恰当。

二、现金的实质性程序

现金的实质性程序一般包括如下：

（一）核对库存现金日记账余额与总账余额是否相符

注册会计师在审查库存现金余额时，首先应做的是核对库存现金日记账余额与总账余额两者是否相符。如果不相符，注册会计师应查明原因，将其作为继续审查库存现金余额的基础。

（二）分析程序

注册会计师应比较现金余额的本期实际数与预算数以及上年度账户余额的差异变动，还要比较有关项目的一些比率（如流动比率、速动比率、现金比率等）的变动情况。对本期数字与上期实际数或本期预算数的异常差异或显著波动必须进一步追查原因，确定审计重点。

（三）监督盘点库存现金

监督盘点库存现金是证实资产负债表所列库存现金是否存在的一项重要程序。注册会计师通常采用突击检查的方式会同被审计单位会计主管人员和出纳员盘点库存现金，并编制"库存现金监盘表"（见表17-2）。

表17-2　　　　　　　　　　　　　库存现金监盘表

被审计单位：S公司	索引号：6101—1—1
项目：库存现金监盘表	财务报表截止日：2023年12月31日
编制：吴军	复核：孙仁
日期：2024年1月12日	日期：2024年1月13日

检查盘点记录				实有库存现金盘点记录				
项　目	项　次	人民币元	美　元	面额	人民币		美　元	
					张	金额	张	金额
上一日账面库存余额	①	8 394.00		100	80	8 000.00		
盘点日未记账传票收入金额	②			50	6	300.00		
盘点日未记账传票支出金额	③			10	6	60.00		
盘点日账面应有金额	④=①+②-③	8 394.00		5	2	10.00		
盘点实有库存现金数额	⑤	8 394.00		2				
盘点日应有与实有差异	⑥=④-⑤	0		1	24	24.00		
差异原因分析	白条抵库（张）			0.5				
				0.2				
				0.1				
				合计		8 394.00		
追溯调整	报表日至审计日库存现金付出总额	631 974.00						
	报表日至审计日库存现金收入总额	640 000.00						
	报表日库存现金应有余额	368.00						
	报表日账面汇率							
	报表日余额折算本位币金额	368.00						
	本位币合计	8 394.00						

出纳员：略　　会计主管人员：略　　　监盘人：吴军　　检查日期：2024年1月12日

审计结论：

针对库存现金，我们采取了突击监盘的方式。

经检查没有发现：账外资金、充抵库存现金的借条、未提现支票、未作报销的凭证。

截至2023年12月31日库存现金账实相符

"库存现金监盘表"须分币种、面值列示库存现金的数量及金额，并将盘点余额同库存现金日记账核对，如有差异，应查明原因，并作出记录或适当调整。对于盘点中发现的充抵库存现金的借条、未提现支票、未作报销的收据和发票，要在"库存现金盘点表"中加以说明或作出必要的调整。一般而言，现金盘点日在结账日（资产负债表日）之后，故注册会计师还需根据结账日至盘点日所有现金收支倒推计算出结账日金额。

注册会计师在监盘库存现金时，应该注意如下问题：

（1）监盘包括现场监督被审计单位现金保管人员的盘点和注册会计师的必要复盘。

（2）注册会计师或其助理人员在复盘时，必须让现金保管人员始终在场，盘点表应有盘点完毕交回库存现金保管人的说明。

（3）不同地点的库存现金应同时监盘。

在盘点之前，所有的库存现金、可流通的票据和有价证券应置于注册会计师或其助理人员的控制之下，直到库存现金盘点完毕，以防止经办人员转移这些资产或用其掩盖现金短缺。

（四）验证现金收支的截止日期，并审查截止日期前后的现金收支情况

被审计单位资产负债表上的库存现金（列示于资产负债表的货币资金项下）的数额，应以结账日实有数额为准。因此，注册会计师必须审查验证被审计单位库存现金收支的截止日期，以防止将属于本期的库存现金收支记入下期，或将属于下期的库存现金收支记入本期，从而防止被审计单位高估或低估库存现金的余额，以达到隐瞒某些事实真相的目的。为了达到上述审计目标，注册会计师首先应做好被审计单位结账日的库存现金盘点工作，然后对结账日前后的一段时间内的库存现金收支凭证进行审计，以确定其是否存在跨期现象。

（五）审查外币现金的折算是否正确

对于有外币现金收支业务的被审计单位，注册会计师应审查被审计单位对外币现金的收支是否按所规定的汇率折算为记账本位币金额；外币现金的期末余额是否按期末市场汇率折算为记账本位币金额；外币折算差额是否按规定记入有关账户。

（六）抽查大额库存现金收支

注册会计师应抽查大额的库存现金收支的原始凭证内容是否完整，有无授权批准，并核对相关账户的记账情况，如有与被审计单位生产经营无关的收支事项，应查明原因并作适当的记录。

（七）确定现金是否在资产负债表上恰当地披露

根据企业会计准则的规定，库存现金应在资产负债表上的"货币资金"项目下同银行存款及其他货币资金合并反映。注册会计师在实施上述审计程序后，确定库存现金账户的期末余额是否正确，是否在资产负债表上的"货币资金"项目下恰当地披露。

第四节 银行存款审计

一、银行存款审计目标

银行存款是指企业存放在银行或其他金融机构的货币资金。按照国家有关规定，凡是独立核算的企业都必须在当地银行开设账户。企业在银行开设账户以后,除按核定的限额保留库存现金外,超过限额的现金必须存入银行;除了在规定的范围内可以用现金直接支付的款项外,在经营过程中所发生的一切货币收支业务,都必须通过银行存款账户进行结算。

银行存款审计目标包括:

(1) 确定被审计单位银行存款在资产负债表日是否存在,是否为被审计单位所拥有。

(2) 确定被审计单位在特定期间内发生的银行存款收支业务是否均已记录完毕,有无遗漏。

(3) 确定银行存款余额是否正确。

(4) 确定银行存款在财务报表上的披露是否恰当。

二、银行存款的实质性程序

银行存款的实质性程序一般包括以下几个方面:

(一) 核对银行存款日记账余额与总账余额是否相符

注册会计师在审查银行存款余额时,首先应做的是核对银行存款日记账余额与总账余额两者是否相符。如果不相符,注册会计师应查明原因,将其作为继续审查银行存款余额的基础。

(二) 分析程序

注册会计师应比较银行存款的本期实际数与预算数,以及上年度账户余额的差异变动,对本期数与上期实际数或本期预算数的异常差异或显著波动必须进一步追查原因,确定审计重点。尤其应注意的是银行存款中定期存款所占的比重,以确定企业是否存在高息资金拆借。如存在高息资金拆借,应进一步分析这些资金的安全性。

(三) 审查银行存款余额调节表

审查结算日银行存款余额调节表是证实资产负债表所列货币资金中银行存款是否存在的一个重要方法。注册会计师对银行存款余额调节表的审计主要包括:

1.核实银行存款余额调节表数据计算的正确性

注册会计师对银行存款余额调节表数据计算正确性的核实,主要应从以下几个方面来进行:

(1) 将银行对账单、银行存款日记账和总账上的结账日余额与银行存款余额调节表上调节前的相应余额相核对,验证调节表上的列示是否正确。

(2) 将银行对账单记录与银行存款日记账逐笔核对,核实调节表上各调节项目的列示是否真实、完整,任何漏记、多记调节项目的现象都应引起注册会计师的高度警惕。

(3) 在核实银行存款日记账账面余额和银行对账单余额的基础上,复核上述未达账项及其加减调节情况,并验证调节后两者的余额计算是否正确、是否相符。如不相符,说明其中一方或双方存在记账差错,应进一步追查原因、扩大测试范围。

2.调查未达账项的真实性

未达账项的真实性调查主要包括以下几个方面:

(1) 列示未兑现支票清单,注明开票日期和收款人姓名或单位,并调查金额较大的未兑现支票、可提现的未兑现支票,以及注册会计师认为较为重要的未兑现支票。

（2）追查截止日期银行对账单上的在途存款，并在银行存款余额调节表上注明存款日期。

（3）审查直至截止日银行已收、被审计单位未收的款项的性质及其款项来源。

（4）审查直至截止日银行已付、被审计单位未付的款项的性质及其款项来源。

对于未达账项（包括银行方面和企业方面），一般应追查至此年初的银行对账单，查明年终的银行对账单和未达账项，并从日期上进一步判断业务发生的真实性，注意有无利用未达账项来掩饰某种舞弊的行为。

一般而言，银行存款余额调节表应由被审计单位编制，并向注册会计师提供，但在某些情况下（如被审计单位内部控制比较薄弱），注册会计师也可以亲自编制银行存款余额调节表，以证实被审计单位所列货币资金中所含银行存款的金额。银行存款余额调节表审计工作底稿的格式见表17-3。

表17-3　　　　　　　　　　　**银行存款余额调节表**

单位名称：S公司　　　　　开户银行：工行　账号：略　　　　　　　　单位：元

项　目	金　额	备　注
银行对账单余额	930 000	
加：企业已收，银行尚未入账金额	54 000	
其中：1.		
2.		
3.		
减：企业已付，银行尚未入账金额	134 000	
其中：1.		
2.		
3.		
调节后银行对账单余额	850 000	
企业银行存款日记账余额	841 200	
加：银行已收，企业尚未入账金额	50 800	
其中：1.		
2.		
3.		
减：银行已付，企业尚未入账金额	42 000	
其中：1.		
2.		
3.		
调节后企业银行存款日记账余额	850 000	

经办会计人员（签字）：　　　　　　　　　　　　　　会计主管（签字）：

审计结论：

S公司工行拥有6个银行账户，截至2023年12月31日，S公司工行各银行账户的银行存款日记账余额与银行对账单余额，经调节一致。

需要指出的是，对于其他货币资金，为了确定其真实性，同样可以向被审计单位或其开户银行索取对账单，核对各种存款的账面余额，对其未达账项编制其他货币资金余额调节表进行调节并加以审查，其具体审查方法同上述银行存款的审查方法无异。

（四）函证银行存款余额

函证银行存款余额是证实资产负债表所列货币资金（库存现金、银行存款、其他货币资金）是否存在的又一重要方法。通过向往来银行函证，注册会计师不仅可以了解被审计单位资产的存在情况，还可以了解被审计单位所欠银行的债务，发现被审计单位未登记的银行负债，以及被审计单位应披露的或有负债等。

虽然注册会计师可以从被审计单位内部获取银行对账单，了解其银行存款的实有数额，但一般而言，要确定某一特定日期银行存款的金额，注册会计师仍需向被审计单位的开户银行进行函证。为了全面调查被审计单位的银行存款数额，注册会计师应向被审计单位在本年度的所有开户银行（包括被审计单位银行存款账户余额为零或已结清的开户银行）同时发函，询证被审计单位的银行存款实有数额。被审计单位银行存款账户余额为零，可能是由于串户或其他差错等所致；即使被审计单位的某个开户银行已经结清，也可能存在贷款尚未归还的情况。

根据关于进一步规范银行函证及回函工作的通知（自2021年1月1日起施行）文件，各商业银行、政策性银行、外资银行以及非银行金融机构要在收到符合规定的询证函之日起10个工作日内，根据函证的具体要求，及时回函，并可按国家有关规定收取询证费用。向被审计单位开户银行的询证函参考格式（适用于财务报表审计业务）见表17-4。

表17-4　　　　　　　　　　　　　　　审计业务银行询证函

编号：

××（银行）：

本公司聘请的_____会计师事务所（特殊普通合伙）正在对本公司____年度（或期间）的财务报表进行审计，按照中国注册会计师审计准则的要求，应当询证本公司与贵行相关的信息。下列第1～14项信息出自本公司的记录：

（1）如与贵行记录相符，请在本函"结论"部分签字、签章；

（2）如有不符，请在本函"结论"部分列明不符项目及具体内容，并签字和签章。

本公司谨授权贵行将回函直接寄至_____会计师事务所（特殊普通合伙），地址及联系方式如下：

回函地址：　　　　　　　　　　　　　　　邮编：

联系人：　　电话：　　　传真：

电子邮箱：

本公司谨授权贵行可从本公司_____账户支取办理本询证函回函服务的费用。

截至____年__月__日，本公司与贵行相关的信息列示如下：

1.银行存款

金额单位：元

账户名称	银行账号	币种	利率	账户类型	余额	起止日期	是否用于担保或存在其他使用限制	备注
S公司	340020370902420	人民币	0.35%	基本户	18 656 818.55	活期	否	
S公司	34002037091126	美元	0.05%	基本户	1 639 801.91	活期①	否	

---

① "起止日期"一栏仅适用于定期存款，如为活期或保证金存款，可只填写"活期"或"保证金"字样。

续表

除上述列示的银行存款外，本公司并无在贵行的其他存款。

2.银行借款

金额单位：元

借款人名称	银行账号	币种	本息余额	借款日期	到期日期	利率	抵（质）押品/担保人	备注①
S公司	340020390202256	人民币	20 000 000.00	2016-03-05	2025-02-20	4.35%	无	
S公司	340020510203758	人民币	20 000 000.00	2016-04-24	2025-04-24	4.75%	无	

除上述列示的银行借款外，本公司并无自贵行的其他借款。

3.自　　年　月　日起至　　年　月　日期间内注销的账户

账户名称	银行账号	币种	注销账户日
无			

4.本公司作为贷款方的委托贷款

账户名称	银行账号	资金借入方	币种	利率	余额	贷款起止日期	备注
无							

5.本公司作为借款方的委托贷款

账户名称	银行账号	资金借出方	币种	利率	金额	贷款起止日期	备注
无							

6.担保（包括保函）

（1）本公司为其他单位提供的、以贵行为担保受益人的担保

被担保人	担保方式	担保余额	担保到期日	担保合同编号	备注②
无					

（2）贵行向本公司提供的担保

被担保人	担保方式	担保金额	担保到期日	担保合同编号	备注
无					

7.本公司为出票人且由贵行承兑而尚未支付的银行承兑汇票

银行承兑汇票号码	承兑银行名称	结算账户账号	票面金额	出票日	到期日
无					

8.本公司向贵行已贴现而尚未到期的商业汇票

商业汇票号码	付款人名称	承兑人名称	票面金额	出票日	到期日	贴现日	贴现率	贴现净额
无								

① 此项仅函证截至资产负债表日本公司尚未归还的借款。
② 如采用抵押或质押方式提供担保，应在备注中说明抵押或质押物情况。

续表

9.本公司为持票人且由贵行托收的商业汇票

商业汇票号码	承兑人名称	票面金额	出票日	到期日
无				

10.本公司为申请人，由贵行开具的、未履行完毕的不可撤销信用证

信用证号码	受益人	信用证金额	到期日	未使用金额
无				

11.本公司与贵行之间未履行完毕的外汇买卖合约

类别	合约号码	买卖币种	未履行的合约买卖金额	汇率	交收日期
贵行卖予本公司					
本公司卖予贵行					
无					

12.本公司存放于贵行的有价证券或其他产权文件

有价证券或其他产权文件名称	产权文件编号	数量	金额
无			

13.本公司购买的由贵行发行的未到期银行理财产品

产品名称	产品类型	认购金额	购买日	到期日	币种
无					

14.其他

此项应填列注册会计师认为重大且应予函证的其他事项，如欠银行的其他负债或者或有负债、除外汇买卖外的其他衍生交易、贵金属交易等。

（预留印鉴）

　　　　　　　　　　　　　　　　　　　　　　　　　年　月　日
　　　　　　　　　　　　　　　　　　　　　　经办人：
　　　　　　　　　　　　　　　　　　　　　　职　务：
　　　　　　　　　　　　　　　　　　　　　　电　话：

以下由被询证银行填列

结论：

　　经本行核对，所函证项目与本行记载信息相符。特此函复。
　　　年　月　日　　　　　　经办人：　　　职务：　　　电话：
　　　　　　　　　　　　　　复核人：　　　职务：　　　电话：
　　　　　　　　　　　　　　　　（银行盖章）

　　经本行核对，存在以下不符之处。

　　　年　月　日　　　　　　经办人：　　　职务：　　　电话：
　　　　　　　　　　　　　　复核人：　　　职务：　　　电话：
　　　　　　　　　　　　　　　　（银行盖章）

注册会计师可根据审计的需要，从本函所列第1~14项中选择所需询证的项目，对于不适用的项目，应当将该项目中的表格用斜线划掉。应当注意的是，为了确保函证的可靠性，银行询证函应由被审计单位加盖骑缝章。

在审计实践中，由于被审计单位开户银行一般都在同城，可以采取审计人员由被审计单位出纳陪同亲自到被审计单位开户银行函证的方式进行，但是审计工作底稿要明确记录跟函的过程并由相关人员签字。

（五）验证银行存款收支的截止日期

验证银行存款收支的截止日期，并审查截止日期前后的银行存款收支情况。被审计单位资产负债表上的银行存款的数额，应以结账日实有数额为准。因此，注册会计师必须审查验证被审计单位银行存款收支的截止日期，以防止将属于本期的银行存款收支记入下期，或将属于下期的银行存款收支记入本期，从而防止被审计单位高估或低估其银行存款的数额，以达到隐瞒某些事实真相的目的。

为了达到上述审计目标，注册会计师应确定结束日签发的最后一张支票的顺序号码，并查询在此号码之前所有签发的支票是否均已交付被审计单位的有关客户。注册会计师还应向被审计单位开户银行索取由银行编制的以结算日后7~10天为截止日的银行对账单，以查明是否存在下述情况：

（1）年终未兑现的支票的实际付出日期是否离签发日期过长。

（2）当被审计单位在多家银行开户时，是否存在挪用补空的现象。

所谓挪用补空是指，故意在结算日将银行存款从一家银行转移到另一家银行，利用存款和收款的时间间隔造成银行存款余额暂时高估，以掩饰货币资金短缺或达到粉饰财务报表的目的。一般而言，注册会计师通过结算日前后一周左右时间的银行存款调拨表（见表17-5），即可查出被审计单位的挪用补空问题。下面举例说明挪用补空的几种情况。

表17-5　　　　　　　　　　　　　　　**银行存款调拨表**

被审计单位：ABC有限公司　　　　　　结账日：2023年12月31日　　　　　　　　　单位：元

银行账户				支付日期		收入日期	
支票号码	来自	转入	金额	企业记账日	银行支付日	企业记账日	银行收入日
1120391	工行户	中行户	800 000	12月29日	12月30日	12月29日	12月31日
1120392	工行户	中行户	650 000	12月29日	12月30日	1月6日	12月31日
1120393	工行户	中行户	400 000	1月3日	12月29日	12月29日	12月30日
1120394	农行户	交行户	900 000	1月5日	12月30日	12月31日	12月31日

审查人员：梅林　　执行日期：2024年1月13日　　复核人员：海涛　　复核日期：2024年1月17日

第一种情况，挪用补空掩饰资金短缺。上例1120392号支票就是被审计单位出纳人员为掩饰资金短缺而实施挪用补空手法的例子。11月10日，该单位出纳人员利用职务之便，私自将650 000元拆借给其亲友，而账面上却未作反映。由于其亲友直到年末仍未将款项归还，致使企业账面出现亏空。为掩饰这一事实，其便开出上述支票，将企业银行存款日记账的收款日延至下年，本年只记支出，方使银行存款日记账与银行对账单的金额保持一致。

第二种情况，挪用补空用于高估货币资金、粉饰财务状况。1120393号支票被用于被审计单位从工商银行调度 400 000 元到中国银行。从企业银行存款账上看，企业的收款日期是本年度 12 月 29 日，反映为本年度银行存款增加；但企业支付记账日却为下年 1 月 3 日，本年度的货币资金并未减少。这样就使企业本年度货币资金虚增了 400 000 元（为了保持借贷平衡，同时增加了流动负债），使原来的存款不足现象得以粉饰。

第三种情况，挪用补空用于虚增经营成果。1120394 号支票被用于被审计单位从农业银行调度 900 000 元到交通银行。从企业银行存款账上看，企业的收款日期是本年度 12 月 31 日，这样本年度货币资金增加 900 000 元；由于企业银行存款日记账上记载的付款日期为 1 月 5 日，故货币资金的减少并未反映在本年度。同时，为了维持本年度的借贷平衡，企业又凭空贷记产品销售收入 900 000 元，从而使企业当期的经营成果虚增 900 000 元。

尽管企业挪用补空的目的、手法有好几种，但注册会计师只要认真编制结账日前后的银行存款调拨表，全面揭示结账日前后银行存款的调拨情况，详细比较企业银行存款的入账日期和银行对账单上反映的银行实际收付日期，就可对上述情况予以充分揭露。

（六）审查外币银行存款的折算是否正确

对于有外币银行存款收支业务的被审计单位，注册会计师应审查被审计单位对外币银行存款的收支是否按所规定的汇率折算为记账本位币金额；外币银行存款的期末余额是否按期末市场汇率折算为记账本位币金额；外币折算差额是否按规定记入有关账户。

（七）抽查大额银行存款收支

注册会计师应抽查大额的银行存款收支的原始凭证，看其内容是否完整，有无授权批准，并核对相关账户的进账情况，如有与被审计单位生产经营无关的收支事项，应查明原因，作适当的记录。

（八）确定银行存款是否在资产负债表上恰当地披露

在资产负债表上，库存现金、银行存款和其他货币资金通常合并为货币资金项目一项，列在流动资产类下。一般而言，银行存款属于不受限制可自由提取的资产，故凡受限制的部分（包括银行定期存款、各种保证金、押金等），均不得在货币资金项下的银行存款列示。

第五节　其他货币资金审计

一、其他货币资金审计目标

其他货币资金包括企业到外地进行临时或零星采购而汇往采购地银行开立采购专户的款项所形成的外埠存款，企业为取得银行汇票按照规定存入银行的款项所形成的银行汇票存款，企业为取得银行本票按照规定存入银行的款项所形成的银行本票存款，企业为取得信用卡按照规定存入银行的款项所形成的信用卡存款，采用信用证结算方式的企业为开具信用证而存入银行信用证保证金专户的款项所形成的信用证保证金存款，及为买卖有价证券而存入证券公司的资金等。

其他货币资金的审计目标包括：

（1）确定被审计单位其他货币资金是否存在。

（2）确定其他货币资金是否为被审计单位所拥有。

（3）确定被审计单位在特定期间内发生的其他货币资金业务是否均已记录，有无遗漏。

（4）确定其他货币资金余额是否正确。

（5）确定其他货币资金在财务报表上的披露是否恰当。

二、其他货币资金的实质性程序

其他货币资金的实质性程序一般包括：

（1）核对外埠存款、银行汇票存款、银行本票存款、信用卡存款、信用证保证金存款等各明细账期末合计数与总账数是否相符。

（2）函证外埠存款户、银行汇票存款户、银行本票存款户、信用卡存款户、信用证保证金存款户等的期末余额。

（3）验证其他货币资金的截止日期，并审查截止日期前后的其他货币资金的收支情况，以防止高估或低估其他货币资金的数额。

（4）对于非记账本位币的其他货币资金，检查其是否按规定的折算汇率折算为记账本位币金额，是否将其期末余额折算为记账本位币金额。

（5）抽取一定样本量的原始凭证进行测试，检查其经济内容是否完整，有无适当的审批授权，并核对相关账户的进账情况。

（6）审查其他货币资金是否在资产负债表上恰当地披露。

☐ 复习思考题

1. 现金的盘点程序和存货监盘程序有何区别？

2. 银行存款的函证与应收账款的函证有何区别？

3. 银行存款的审计目标是什么？如何实施银行存款的实质性程序？

4. 审查银行存款余额调节表的目的何在？审查的重点是什么？

第十八章

特殊项目审计

第一节 期初余额审计

在注册会计师执行的财务报表审计业务中，有许多属于注册会计师首次接受被审计单位委托的情况。注册会计师首次接受被审计单位委托的情况主要有两类：一是被审计单位首次接受审计。例如：（1）被审计单位是新成立的公司制企业，在年终时，根据《公司法》和其他有关法律、法规的规定和要求，委托注册会计师对其财务报表进行审计；（2）进行股份制改造或申请公开发行股票的企业，根据《公司法》或上市条例的规定，委托注册会计师对其财务报表进行审计，而这些企业以前未接受过注册会计师审计。二是在上期财务报表由前任注册会计师审计的情况下接受的审计委托，即被审计单位更换注册会计师。概括来说，注册会计师的首次审计业务，是指上期财务报表未经审计，或上期财务报表由前任注册会计师审计的业务。

注册会计师首次接受被审计单位委托对其财务报表进行审计，必然要对财务报表的期初余额进行审计，因为期初余额是本期财务报表的基础，往往会对本期财务报表产生重要的影响。对期初余额进行审计，关键是要把握适当的度。如果不对期初余额进行适当的审计，则会影响注册会计师对本期财务报表的审计意见。但是如果审计过于详细，势必会增加审计成本，延长审计时间，并给被审计单位带来过重的审计费用等负担。根据《中国注册会计师审计准则第1331号——首次审计业务涉及的期初余额》，注册会计师在符合上述两类条件的情况下，应当对被审计单位的期初余额进行审计。

一、期初余额的含义

期初余额是指期初已存在的账户余额。也就是说，期初余额是指注册会计师首次接受委托时，所审计的财务报表在期初已经存在的余额。期初余额以上期期末余额为基础，反映了以前期间的交易和上期采用的会计政策的结果。我们应该从以下几个方面理解期初余额的含义：

（1）期初余额与注册会计师首次接受委托相联系，即只有在被审计单位首次接受审计或上期财务报表由前任注册会计师审计的情况下才涉及期初余额审计。

（2）期初余额是所审会计期间期初已存在的余额。期初已存在的余额是由上期结转至本期的金额，或是上期期末余额调整后的金额。期初余额是上期账户结转至本期账户的余额，一般与上期金额相等，但有时受上期期后事项、会计政策诸因素的影响，上期期末余额结转至本期时，需经过调整或重编。

（3）期初余额反映了以前期间的交易和上期采用的会计政策的结果，即以前期间发生的交易按照上期采用的会计政策进行处理的结果。

二、期初余额的审计目标

注册会计师对首次接受委托的财务报表审计业务，应当获取充分、适当的审计证据，以证实：

（1）期初余额是否包含对本期财务报表产生重大影响的错报，即期初余额中是否存在足以影响或改变财务报表使用者决策的错报。

（2）期初余额反映的恰当的会计政策是否在本期财务报表中得到一贯运用，或会计政策的变更是否已按照适用的财务报告框架作出恰当的会计处理和适当的列报。

注册会计师在确定有关期初余额的审计证据的充分性和适当性时，应当考虑下列事项：一是被审计单位运用的会计政策。注册会计师收集的审计证据应该能够证明会计政策的选用是否恰当以及是否一贯运用，会计政策的变更是否合理。二是上期财务报表是否经过审计。如果经过审计，审计报告是否为非标准审计报告。三是账户的性质和本期财务报表中的重大错报风险。四是期初余额对于本期财务报表的重要程度。对性质特殊以及在本期财务报表中出现重大错报的风险较高的账户，以及期初余额对本期财务报表有重大影响的项目，应当提高对审计证据充分性和适当性的要求。

三、期初余额的审计程序

为了完成期初余额的审计目标，注册会计师对期初余额的审计程序通常包括：

1.阅读财务报表和审计报告。注册会计师应当阅读被审计单位最近期间的财务报表和前任注册会计师出具的审计报告（如果被审计单位接受过审计），获取与期初余额相关的信息，包括相关披露。

2.注册会计师应当通过采取下列措施，获取充分、适当的审计证据，以确定期初余额是否包含对本期财务报表产生重大影响的错报：

（1）确定上期期末余额是否已正确结转至本期，或在适当的情况下已作出重新表述。

（2）确定期初余额是否反映对恰当会计政策的运用。

（3）实施一项或多项审计程序。

注册会计师实施的一项或多项审计程序包括：

（1）如果上期财务报表已经审计，注册会计师应当考虑通过查阅前任注册会计师工作底稿，获取有关期初余额的审计证据，但要考虑前任注册会计师的独立性和专业胜任能力，以判断获取证据的充分性和适当性。

注册会计师与前任注册会计师联系，应征得被审计单位同意。前任注册会计师与后任注册会计师联系是一项十分重要的工作。后任注册会计师可通过查阅前任注册会计师的工作底稿来了解被审计单位期初余额的情况，查阅的工作底稿通常限于对本期审计有重大影响的事项，如上年度前任注册会计师发表审计意见的类型、审计计划及总结、管理建议书的要点以及其他有关事项。前任注册会计师知悉后任注册会计师与其联系，应当提供必要的帮助。

如果上期财务报表已由前任注册会计师审计，并发表了非无保留意见，注册会计师应当按照《中国注册会计师审计准则第1211号——重大错报风险的识别和评估》的规定，在评估本期财务报表重大错报风险时，评价导致发表非无保留意见的事项的影响。

（2）评价本期实施的审计程序是否提供了有关期初余额的审计证据。注册会计师可以通过本期实施的审计程序获取审计证据加以证实。例如，应收账款或应付账款的期初余额通常在本期内即可收回或支付，检查并确认这一事实即可视为其期初余额存在的适当证据。

（3）实施其他专门的审计程序，以获取有关期初余额的审计证据。对存货项目的期初余额，如果注册会计师未能对上期期末存货实施检查，且该存货对本期财务报表存在重大影响，应当实施下列一项或多项审计程序，以获取充分、适当的审计证据：①复核上期存货盘点记录及文件。②检查上期存货交易记录。③运用毛利百分比法等进行分析。

对非流动资产和非流动负债项目，注册会计师通常检查形成期初余额的会计记录和其他信息，就可以获取比较充分、适当的审计证据。例如，对期初固定资产余额，审查与固定资产有关的原始发票及验收资料等，就可以确认固定资产期初余额的存在和计价的准确性。

在某些情况下，注册会计师可向第三方函证期初余额，以获取充分、适当的审计证据。例如，对被审计单位的期初长期借款余额，可向贷款银行直接发函确认其期初余额。

如果获取的审计证据表明期初余额存在可能对本期财务报表产生重大影响的错报，注册会计师应当实施适合具体情况的追加的审计程序，以确定其对本期财务报表的影响。

如果认为本期财务报表中存在这类错报，注册会计师应当按照《中国注册会计师审计准则第1251号——评价审计过程中识别出的错报》的规定，就这类错报与适当层级的管理层和治理层进行沟通。

3.注册会计师应当获取充分、适当的审计证据，以确定期初余额反映的会计政策是否在本期财务报表中得到一贯运用，以及会计政策的变更是否已按照适用的财务报告框架作出恰当的会计处理和适当的列报。

四、期初余额审计结论及对审计报告的影响

注册会计师应当根据已获取的审计证据，形成对期初余额的审计结论，在此基础上确定其对本期财务报表审计意见的影响。

（1）如果实施相关审计程序后无法获取有关期初余额的充分、适当的审计证据，注册会计师应当出具保留意见或无法表示意见的审计报告。

（2）如果期初余额存在对本期财务报表产生重大影响的错报，注册会计师应当告知管理层，提请被审计单位进行调整或列报；如果上期财务报表由前任注册会计师审计，注册会计师还应当考虑提请管理层告知前任注册会计师。

如果被审计单位不接受注册会计师的建议，错报的影响未能得到正确的会计处理和恰当的列报，注册会计师应当出具保留意见或否定意见的审计报告。

（3）如果与期初余额相关的会计政策未能在本期得到一贯运用，会计政策的变更也未能得到恰当的会计处理和适当的列报，且被审计单位不接受注册会计师的调整或披露建议，注册会计师应当出具保留意见或否定意见的审计报告。

（4）如果前任注册会计师对上期财务报表出具了非无保留意见审计报告，注册会计师应当考虑该审计报告对本期财务报表的影响。

如果导致出具非无保留意见审计报告的事项对本期财务报表的影响仍然相关和重大，注

册会计师应当对本期财务报表出具非无保留意见审计报告，即保留意见、否定意见或无法表示意见的审计报告。

第二节 比较信息审计

一、比较信息的含义

根据《中国注册会计师审计准则第1511号——比较信息：对应数据和比较财务报表》的规定，比较信息，是指包含于财务报表中的、符合适用的财务报告框架的、与一个或多个以前期间相关的金额和披露。它包括对应数据和比较财务报表。

（一）对应数据

对应数据，属于比较信息，是指作为本期财务报表组成部分的上期金额和相关披露，这些金额和披露只能和与本期相关的金额和披露（称为"本期数据"）联系起来阅读。对应数据列报的详略程度主要取决于其与本期数据的相关程度。

（二）比较财务报表

比较财务报表，属于比较信息，是指为了与本期财务报表相比较而包含的上期金额和相关披露，但如果已经审计，则将在审计意见中提及。比较财务报表包含信息的详略程度与本期财务报表包含信息的详略程度相似。

财务报表中列报的比较信息的性质取决于适用的财务报告框架的要求。比较信息包括对应数据和比较财务报表，相应地，注册会计师履行比较信息的报告责任有两种不同的方法。采用的方法通常由法律法规规定，但也可能在业务约定条款中作出约定。

注册会计师履行比较信息的报告责任的两种方法导致审计报告存在下列主要差异：

（1）对于对应数据，审计意见仅提及本期。

（2）对于比较财务报表，审计意见提及列报的财务报表所属的各期。

一般来说，在审计实务中，注册会计师出具的多数审计报告是针对对应数据的，亦即审计意见仅仅提及本期，而非提及列报的财务报表所属的各期。比较财务报表的审计原理与对应数据的审计相同，主要区别在于比较财务报表的审计报告要提及列报的财务报表的各期。所以，我们仅对对应数据的审计进行阐述。

二、审计目标和审计程序

（一）对应数据的审计目标

注册会计师的审计目标是：

（1）获取充分、适当的审计证据，确定在财务报表中包含的对应数据是否在所有重大方面按照适用的财务报告框架有关对应数据的要求进行列报。

（2）按照注册会计师的报告责任出具审计报告。

（二）对应数据的审计程序

注册会计师应当确定财务报表中是否包括适用的财务报告框架要求的对应数据，以及对应数据是否得到恰当分类。

基于上述目的，注册会计师应当实施下列审计程序：

（1）对应数据是否与上期财务报表列报的金额和相关披露一致，如有必要，应比较相关信息是否已经重述。核对对应数据与上期财务报表反映的金额和相关披露是否一致；如不一致，是否已经作出适当调整和充分披露。

一般情况下，对应数据与上期财务报表反映的金额和相关披露应当一致，但发生下列情况之一，则两者可能不一致：一是会计准则和会计制度发生变化，或者相关法律法规对信息披露提出了新的要求，导致了财务报表格式和内容发生了重大变化；二是被审计单位经营业务性质发生了重大变化，变更财务报表项目的列报能够提供更可靠、更相关的会计信息；三是上期财务报表存在重大差错。

如果两者不一致，注册会计师应当实施以下程序：①查明出现不一致的原因，并分析其合理性。②查明是否已作出适当调整，包括报表项目的重新分类和归集、附注中前期对应数据的调整等。③是否已在附注中充分披露对应数据作出调整的原因和性质，以及对应数据受影响的项目名称和更正金额。④如果发现对应数据的调整缺乏合理依据，应当提请管理层对对应数据作出更正，并视更正情况出具恰当意见类型的审计报告。

（2）在对应数据中反映的会计政策是否与本期采用的会计政策一致，如果会计政策已发生变更，这些变更是否得到恰当处理并得到充分列报。注册会计师应当分析对应数据采用的会计政策与本期数据采用的会计政策是否一致；如不一致，是否已经作出适当调整和充分披露。

根据企业会计准则的规定，企业采用的会计政策应当保持前后一致，不得随意变更。如果对应数据所采用的会计政策与本期数据采用的会计政策不一致，注册会计师通常应当查明：①变更是否恰当，即变更理由是否满足企业会计准则和相关会计制度规定的条件。②变更是否经过了审批，即是否经过了被审计单位有权限机构的批准。③会计处理是否正确，即是否采用追溯调整法或未来适用法进行了恰当会计处理。④相关披露是否恰当，即是否已在本期财务报表附注中披露了与会计政策变更有关的下列信息：会计政策变更的性质、内容和原因；当期和各个列报前期财务报表中受影响的项目名称和调整金额；对无法进行追溯调整的，说明事实和原因以及开始应用变更后的会计政策的时点、具体运用情况等。

（3）在实施本期审计时，如果注意到对应数据可能存在重大错报，注册会计师应当根据实际情况实施必要的追加的审计程序，获取充分、适当的审计证据，以确定是否存在重大错报。如果上期财务报表已经审计，注册会计师还应当遵守《中国注册会计师审计准则第1332号——期后事项》的相关规定。如果上期财务报表已经得到更正，注册会计师应当确定对应数据与更正后的财务报表是否一致。

（4）注册会计师应当按照《中国注册会计师审计准则第1341号——书面声明》的规定，获取与审计意见中提及的所有期间相关的书面声明。对于管理层作出的、更正上期财务报表中影响对应数据的重大错报的任何重述，注册会计师还应当获取特定书面声明。

三、审计报告

（一）总体要求

由于审计意见是针对包括对应数据在内的本期财务报表整体发表的，因此，注册会计师无须在审计报告中提及对应数据。但如果以前针对上期财务报表出具了非无保留意见（保留意见、无法表示意见或否定意见）的审计报告，且该事项仍未解决；如果注册会计师已经获取上期财务报表存在重大错报的审计证据，而以前对该财务报表发表了无保留意见，且对应数据未经适当重述或恰当披露；如果上期财务报表未经审计，针对上述三种情形，注册会计师应当在审计报告中提及对应数据。

（二）审计意见

（1）如果以前针对上期财务报表发表了保留意见、无法表示意见或否定意见，且导致出具非无保留意见的审计报告的事项仍未解决，注册会计师应当对本期财务报表发表非无保留意见的审计报告。

在审计报告的导致非无保留意见的事项段中，注册会计师应当分下列两种情况予以处理：

① 如果未解决事项对本期数据的影响或可能的影响是重大的，注册会计师应当在导致非无保留意见事项段中同时提及本期数据和对应数据。

② 如果未解决事项对本期数据的影响或可能的影响不重大，注册会计师应当说明，由于未解决事项对本期数据和对应数据可比性的影响或可能的影响，因此发表了非无保留意见。

（2）如果注册会计师已经获取上期财务报表存在重大错报的审计证据，而以前对该财务报表发表了无保留意见的审计报告，且对应数据未经适当重述或恰当披露，注册会计师应当就包括在财务报表中的对应数据，在审计报告中对本期财务报表发表保留意见或否定意见。

（3）如果上期财务报表未经审计，注册会计师应当在审计报告的其他事项段中说明对应数据未经审计。但这种说明并不减轻注册会计师获取充分、适当的审计证据，以确定期初余额不含有严重影响本期财务报表错报的责任。

（4）如果上期财务报表已由前任注册会计师审计，并且法律法规不禁止注册会计师提及前任注册会计师对对应数据出具的审计报告，当注册会计师决定提及时，应当在审计报告的其他事项段中说明：

① 上期财务报表已由前任注册会计师审计。

② 前任注册会计师发表的意见的类型（如果是非无保留意见，还应当说明发表非无保留意见的理由）。

③ 前任注册会计师出具审计报告的日期。

第三节　期后事项审计

一、期后事项的含义与种类

（一）期后事项的含义

期后事项，是指资产负债表日至审计报告日之间发生的事项以及注册会计师在审计报告日后知悉的事实，具体包括三种情况：截至审计报告日发生的事项；审计报告日后至财务报表报出日前知悉的事实；财务报表报出后知悉的事实。审计报告日一般不应早于注册会计师

获取充分、适当的审计证据（包括公司董事会、管理层认可对财务报表的责任且已批准财务
报表的证据），并在此基础上对财务报表形成审计意见的日期。财务报表报出日是指被审计
单位对外披露已审计财务报表的日期。期后事项可能会影响被审计单位财务报表的公允性，
进而影响注册会计师对财务报表的审计意见，所以注册会计师必须充分考虑期后事项对财务
报表的影响。图18-1列示了期后事项的各个时段。

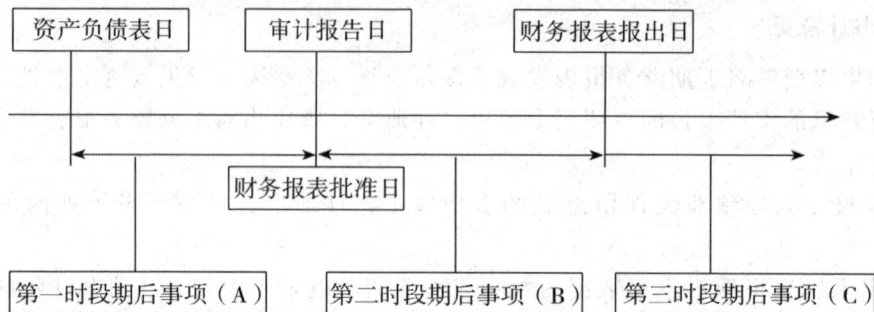

```
┌──────────┐      ┌──────────┐      ┌────────────┐
│ 资产负债表日 │      │  审计报告日  │      │ 财务报表报出日 │
└────┬─────┘      └────┬─────┘      └─────┬──────┘
     │                │                  │
     ├───────────────┼──────────────────┼──────────►
     │                │                  │
     │         ┌───────────┐            │
     │         │ 财务报表批准日 │            │
     │         └───────────┘            │
┌────────────────┐  ┌────────────────┐  ┌────────────────┐
│ 第一时段期后事项（A）│  │ 第二时段期后事项（B）│  │ 第三时段期后事项（C）│
└────────────────┘  └────────────────┘  └────────────────┘
```

图18-1　期后事项分段示意图

从上面的内容可以看出，资产负债表日后的时期被分成了三个阶段，如图18-1所示，
即资产负债表日至审计报告日（A段）、审计报告日至财务报表报出日（B段）以及财务报
表报出日以后（C段），相应地，期后事项被划分为三种情况。注册会计师对审计报告日前
后的期后事项的责任有所不同。

在审计报告日前，注册会计师应当实施必要的审计程序，获取充分、适当的审计证据，
以确定截至审计报告日发生的、需要在财务报表中调整或披露的事项是否均已识别。也就是
说，注册会计师有责任主动实施审计程序或进行专门查询，以发现截至审计报告日发生的期
后事项。在审计报告日后，注册会计师没有责任针对财务报表实施审计程序或进行专门查询
以识别期后事项。在审计报告日后至财务报表报出日前，被审计单位管理层有责任告知注册
会计师可能影响财务报表的事实。如果管理层在财务报表报出日前告知注册会计师发生了可
能对财务报表产生重大影响的事实，注册会计师就应当考虑是否需要提请被审计单位修改财
务报表，并与管理层讨论，同时根据具体情况采取适当措施。

财务报表报出后知悉的事实属于一种特殊情况，是指在财务报表报出以后，注册会计师
知悉审计报告日前漏查了在审计报告日已经存在的、可能对财务报表产生重大影响的期后事
项，而且该事项可能导致注册会计师修改审计报告。对此，注册会计师应当考虑是否需要修
改财务报表，与管理层讨论，并根据具体情况采取适当措施。需要说明的是，注册会计师对
在财务报表报出日前后知悉的期后事项可能采取的措施并不相同，具体内容将在本节后面的
内容中讲述。

（二）期后事项的种类

根据期后事项对财务报表的影响不同，可以将期后事项分为两类，即资产负债表日后调
整事项和资产负债表日后非调整事项。

1.资产负债表日后调整事项，是指对资产负债表日已经存在的情况提供了证据的事项

这类事项需要提请被审计单位调整被审计年度的财务报表。这类事项的主要情况出现在
被审计单位资产负债表日之前，因此其带来的财务影响应当在被审计年度的财务报表中反映
出来。如果这类期后事项的金额重大，注册会计师就应当提请被审计单位对被审计年度财务

报表进行调整。资产负债表日后调整事项通常包括下列事项：

（1）资产负债表日后诉讼案结案，法院的判决证实了企业在资产负债表日已经存在现时义务，需要调整原先确认的与该诉讼案件相关的预计负债，或确认一项新负债。例如，被审计单位由于某种原因被起诉，法院于资产负债表日后判决被审计单位应赔偿对方损失。因这一负债实际上在资产负债表日之前就已存在，所以，如果赔偿数额很大，注册会计师应考虑提请被审计单位增加资产负债表有关负债项目的金额，并加以说明。

（2）资产负债表日后取得确凿证据，表明某项资产在资产负债表日发生了减值或者需要调整该项资产原先确认的减值金额。例如，资产负债表日被审计单位认为可以收回的大额应收款项，因资产负债表日后债务人宣告破产而无法收回。在这种情况下，注册会计师应当考虑提请被审计单位增加计提坏账数额，调整财务报表有关项目的金额。

（3）资产负债表日后进一步确定了资产负债表日前购入资产的成本或售出资产的收入。例如，在资产负债表日以前或资产负债表日，被审计单位根据合同规定将商品发出，当时认为符合收入确认的条件要求，所以确认了收入并结转了相关成本，并在财务报表上进行列报。但资产负债表日后取得的证据证明，该批已确认为销售的商品确实已经退回。如果金额较大，注册会计师应提请被审计单位调整财务报表有关项目的金额。

（4）资产负债表日后发现了财务报表舞弊或差错。例如，注册会计师在资产负债表日后发现或知悉，舞弊或差错导致财务报表中存在错报。如果注册会计师认为错报金额较大，就应当提请被审计单位调整财务报表有关项目的金额。

2.资产负债表日后非调整事项，是指表明资产负债表日后发生的情况的事项

这类事项不需要调整被审计年度财务报表，但注册会计师应当提请被审计单位在财务报表附注中就重要的事项披露其性质、内容，及其对财务状况和经营成果的影响。这类事项的主要情况出现在被审计单位资产负债表日之后，因此不影响财务报表的金额。但这些事项如果不加以反映，可能会影响报表使用者对财务报表的正确理解。

被审计单位在资产负债表日后发生的非调整事项通常包括下列事项：重大诉讼、仲裁、承诺；资产价格、税收政策、外汇汇率发生重大变化；因自然灾害导致资产发生重大损失；发行股票和债券以及其他巨额举债；资本公积转增资本；发生巨额亏损；发生企业合并或处置子公司等。

注册会计师应当严格区分这两类期后事项，不能混淆。区分这两类期后事项的关键是看该事项的主要情况是出现在被审计单位的资产负债表日前还是资产负债表日后。如果确认某事项的主要情况在资产负债表日前发生，就应当根据重要性概念考虑提请被审计单位调整被审计年度财务报表；如果某事项的主要情况发生在资产负债表日后，就不应当在被审计年度财务报表中反映该事项的财务影响，注册会计师只需要提请被审计单位在财务报表附注中进行适当披露。需要注意的是，这两类期后事项的划分不受期后事项发生时间的影响，也就是说，这两类期后事项都有可能出现在审计报告日前，也有可能出现在审计报告日后。

二、期后事项的审计程序

对于期后事项，注册会计师的审计目标是：

（1）获取充分、适当的审计证据，以确定财务报表日至审计报告日之间发生的、需要在财务报表中调整或披露的事项是否已经按照适用的财务报告编制基础在财务报表中得到恰当反映。

（2）恰当应对在审计报告日后注册会计师知悉的，且如果在审计报告日知悉可能导致注册会计师修改审计报告的事实。

注册会计师对期后事项的审计，主要是针对其实施专门的审计程序。另外还可以结合对财务报表项目执行的实质性程序进行。

（一）针对期后事项实施的专门审计程序

注册会计师应当尽量在接近审计报告日时，实施专门的审计程序，以识别需要在财务报表中进行调整或披露的事项。这些程序包括：

（1）了解被审计单位管理层建立的用于确保识别期后事项的程序。

（2）向管理层询问是否发生可能影响财务报表的期后事项。询问的内容主要包括：①根据初步或尚无定论的数据作出会计处理的项目的现状。②是否发生新的担保、借款或承诺。③是否出售或购进资产，或者计划出售或购进资产。④是否已发行或计划发行新的股票或债券。⑤是否已签订或计划签订合并或清算协议。⑥资产是否被政府征用或因不可抗力而遭受损失。⑦在风险领域和或有事项方面是否有新进展。⑧是否已作出或考虑作出异常的会计调整。⑨是否已发生或可能发生影响会计政策适当性的事项。

（3）查阅股东大会、董事会及其专门委员会在资产负债表日后举行的会议的纪要，并在不能获取会议纪要时询问会议讨论的事项。

（4）查阅最近的中期财务报表，如认为必要和适当，还应当查阅预算、现金流量预测及其他相关管理报告。

注册会计师如果在审计报告日后知悉被审计单位发生了可能对财务报表产生重大影响的期后事项，应当考虑是否需要修改财务报表，并与管理层讨论，同时根据具体情况采取适当措施。

（二）结合对财务报表项目执行的实质性程序审计期后事项

注册会计师在对财务报表的某些项目执行实质性程序时，截止测试通常是需要执行的一项审计程序。例如，为确定本期主营业务收入的发生额以及存货的期末余额是否正确，需要审计期后的销售和采购业务；为确定期末应收账款和应付账款的余额是否正确，需要对期后的货币资金收付业务进行审查。在进行截止测试时，注册会计师显然会涉及许多资产负债表日后发生的交易或事项，并接触到许多相关资料，因而能从中发现、确认可能存在的或发生的期后事项。尽管这些程序在本质上属于财务报表年末余额审计的一部分，但从实际效果上看，仍不失为期后事项审计的一种有效程序。

注册会计师应当按照《中国注册会计师审计准则第1341号——书面声明》的规定，要求管理层和治理层（如适用）提供书面声明，确认所有在财务报表日后发生的、按照适用的财务报告编制基础的规定应予调整或披露的事项均已得到调整或披露。

三、对期后事项审计结果的处理

（一）审计报告日前识别的期后事项

对于审计报告日前识别的期后事项，注册会计师首先应当根据其主要情况出现的时间确定期后事项的类型。如果期后事项对财务报表的公允性有重大影响，就应当根据期后事项的类型提请被审计单位调整财务报表或在财务报表附注中进行适当的披露。如果被审计单位不接受调整或披露建议，注册会计师应当发表保留意见或否定意见。

（二）审计报告日后至财务报表报出日前知悉的期后事项

在审计报告日后，注册会计师没有义务针对财务报表实施任何审计程序。

对于在审计报告日后至财务报表报出日前知悉的可能对财务报表产生重大影响的期后事项，注册会计师应当考虑是否需要修改财务报表，并与管理层讨论，同时根据具体情况采取如下措施：

（1）如果管理层修改了财务报表，注册会计师应当根据具体情况实施必要的审计程序，以确认修改后的财务报表是否公允，并针对修改后的财务报表修改审计报告或出具新的审计报告。注册会计师出具新的或经修改的审计报告，应当在强调事项段或其他事项段中说明注册会计师对期后事项实施的审计程序仅限于财务报表相关附注所述的修改。

需要强调的是，如果管理层对财务报表的修改仅限于导致修改的期后事项的影响，被审计单位的董事会、管理层或类似机构也仅对有关修改进行批准，注册会计师可以选择下列两种处理方式之一来出具审计报告。

① 修改审计报告，针对财务报表修改部分增加补充报告日期，从而表明注册会计师对期后事项实施的审计程序仅限于财务报表相关附注所述的修改。这表明，注册会计师可以签署双重审计报告日期，以便厘清注册会计师的责任。补充报告日期文字列示如下：原审计报告日，除附注×所述事项外，该事项的日期为仅针对附注×所述修改的审计程序完成日期。当然，审计报告的双重报告日期也可以表述如下：除附注×外，审计报告日均为原审计报告日，附注×的日期为仅针对附注×所述修改的审计程序完成日期。

② 出具新的或经修改的审计报告，在强调事项段或其他事项段中说明注册会计师对期后事项实施的审计程序仅限于财务报表相关附注所述的修改。这时，注册会计师需要在新的审计报告中确定新的审计报告日。新审计报告日不应早于其根据充分、适当的审计证据对财务报表形成新的审计意见的日期，且不应早于董事会或类似机构批准修改后的财务报表的日期。而且，在原审计报告日前所实施的旨在识别期后事项的审计程序也要延伸至新的审计报告日，也就是说，注册会计师要在新的审计报告日前实施适当的程序，以发现原审计报告日至新审计报告日之间所发生的其他期后事项。

例如，注册会计师于3月15日根据收集的审计证据对管理层认可并批准的财务报表草拟了审计报告，3月20日（财务报表尚未报出）得知被审计单位于3月18日收购了另一家公司。对此，注册会计师与管理层进行了沟通，被审计单位在财务报表附注中披露了该收购事项。注册会计师对该期后事项实施了适当的审计程序，并于3月23日对修改后的财务报表形成了新的审计意见，拟定了新的审计报告。在新的审计报告中，注册会计师应当将形成新审计意见的日期即3月23日作为新的审计报告日。在此基础上，注册会计师应该实施适当的审计程序，以识别3月15日至3月23日之间有无其他期后事项发生。

（2）如果注册会计师认为应当修改财务报表而管理层没有修改，并且审计报告尚未提交给被审计单位，注册会计师应当出具保留意见或否定意见的审计报告。

（3）如果注册会计师认为应当修改财务报表而管理层没有修改，并且审计报告已提交给被审计单位，注册会计师应当通知管理层和治理层不要将财务报表和审计报告向第三方报出。如果财务报表仍被报出，注册会计师应当根据自身的权利和义务以及向律师征询的法律意见，采取适当的措施防止财务报表使用者信赖该审计报告。

（三）财务报表报出后知悉的事实

在财务报表报出后，注册会计师没有义务针对财务报表实施任何审计程序。

在财务报表报出后，如果知悉在审计报告日已经存在的、可能导致修改审计报告的期后事项，注册会计师应当考虑是否需要修改财务报表，并与管理层和治理层讨论该事项，同时根据具体情况作如下处理：

（1）如果管理层修改了财务报表，注册会计师应当根据具体情况实施必要的审计程序，复核管理层采取的措施能否确保所有收到原财务报表和审计报告的人士了解这一情况，并针对修改后的财务报表出具新的审计报告。新的审计报告应当增加强调事项段或其他事项段，提请财务报表使用者注意财务报表附注中对修改原财务报表原因的详细说明，以及注册会计师出具的原审计报告。在原审计报告日前所实施的旨在识别期后事项的审计程序也要延伸至新的审计报告日，也就是说，注册会计师要在新的审计报告日前实施适当的审计程序，以发现原审计报告日至新审计报告日之间所发生的其他期后事项。新的审计报告日期不应早于董事会或类似机构批准修改后的财务报表的日期。

（2）如果管理层既没有采取必要措施确保所有收到原财务报表和审计报告的人士了解这一情况，又没有在注册会计师认为需要修改的情况下修改财务报表，注册会计师应当根据自身的权利和义务以及征询的法律意见，采取适当的措施防止财务报表使用者信赖该审计报告，并将拟采取的措施通知治理层和管理层。如果临近公布下一期财务报表，且能够在下一期财务报表中进行充分披露，注册会计师应当根据法律法规的规定确定是否仍有必要提请被审计单位修改财务报表，并出具新的审计报告。

第四节　会计估计和相关披露审计

会计估计通常是被审计单位在缺乏精确计量手段的情况下，以最近可利用的信息为基础所作的判断，比如，确定固定资产的折旧年限和估计残值、无形资产摊销年限、坏账准备计提比例等。有时，企业赖以进行估计的基础发生了变化，或者由于取得新信息、积累更多经验以及后来的发展变化，还可能需要对会计估计进行修订。由于会计估计通常是被审计单位在不确定的情况下作出的，且存在着较大的主观因素，因此发生重大错报的风险较高。为了最大限度地保证会计信息的可比性，提高会计信息的有用性，注册会计师在财务报表审计业务中应当对会计估计和相关披露给予足够的关注。

一、会计估计的含义及审计目标

（一）会计估计的含义

会计估计，是指根据使用的财务报告编制基础的规定，计量涉及估计不确定性的某项金额。由于经营活动具有内在不确定性，某些财务报表项目只能进行估计。进一步讲，某项资产、负债或权益组成部分的具体特征或财务报告编制基础规定的计量基础或方法可能导致有必要对某一财务报表项目作出估计。

注册会计师的点估计或区间估计，是指注册会计师得出的、用于评价管理层的点估计的某项金额或金额区间。

估计不确定性，是指会计估计在计量时易于产生内在不精确性。

管理层偏向，是指管理层在编制和列报信息时缺乏中立性。

管理层的点估计，是指管理层在财务报表中确认和披露会计估计时选择的金额。

会计估计的结果，是指会计估计涉及的交易、事项或情况在了结或者确定时的实际金额。

会计估计一般包括：（1）存货跌价准备；（2）固定资产折旧；（3）投资性房地产的估值；（4）金融工具的估值；（5）未决诉讼的结果；（6）金融资产减值准备；（7）保险合同负债的估值；（8）产品质量保证义务；（9）职工退休福利负债；（10）股份支付；（11）企业合并中取得的资产或负债的公允价值，包括商誉和无形资产的确定；（12）长期资产的减值；（13）独立各方之间进行的非货币性资产（或负债）交换；（14）针对长期合同确认的收入。

（二）审计目标

注册会计师的目标是，获取充分、适当的审计证据以确定依据适用的财务报告编制基础，财务报表中的会计估计和相关披露是否合理。

二、风险评估程序和相关活动

在按照《中国注册会计师审计准则第1211号——重大错报风险的识别和评估》的规定，了解被审计单位及其环境、适用的财务报告编制基础、被审计单位的内部控制体系时，注册会计师应当了解与被审计单位会计估计相关的下列方面：

（1）可能需要作出会计估计并在财务报表中确认或披露，或者可能导致会计估计发生变化的交易、事项或情况。

（2）适用的财务报告编制基础，包括：

①适用的财务报告编制基础中与会计估计相关的规定，包括确认标准、计量基础以及有关列报（包括披露）的规定；

②结合被审计单位的具体情况，如何运用上述规定，以及固有风险因素如何影响认定易于发生错报的可能性。

（3）与被审计单位会计估计相关的监管因素，包括相关的监管框架。

（4）根据对上述第（1）项至第（3）项的了解，注册会计师初步认为应当反映在被审计单位财务报表中的会计估计和相关披露的性质。

（5）被审计单位针对与会计估计相关的财务报告过程的监督和治理措施。

（6）对是否需要运用与会计估计相关的专门技能或知识，管理层是怎样决策的，以及管理层怎样运用与会计估计相关的专门技能或知识，包括利用管理层的专家的工作。

（7）被审计单位如何识别和应对与会计估计相关的风险

（8）被审计单位与会计估计相关的信息系统，包括：

①对于相关交易类别、账户余额和披露涉及的会计估计和相关披露，有关信息是如何在被审计单位的信息系统中传递的；

②对于相关交易类别、账户余额和披露涉及的会计估计和相关披露，管理层作出会计估计的过程，包括：

A.管理层如何根据适用的财务报告编制基础，确定适当的方法、假设和数据来源及其是否需要作出变化，包括：如何选择或设计并运用方法（包括模型）；如何选择假设（包括考虑替代性的假设）并确定重大假设；如何选择数据。

B.管理层如何了解估计不确定性的程度，是否考虑了可能发生的计量结果的区间。

C.管理层如何应对估计不确定性，包括如何选择财务报表中的点估计并作出相关披露。

（9）在控制活动中识别出的、针对上述第（8）项第2点所述的"管理层作出会计估计的过程"实施的控制。

（10）管理层如何复核以前期间会计估计的结果以及如何应对该复核结果。

三、识别和评估重大错报风险

按照《中国注册会计师审计准则第1211号——重大错报风险的识别和评估》的规定，识别和评估与会计估计和相关披露有关的认定层次重大错报风险（包括分别评估固有风险和控制风险）。

识别和评估的重大错报风险，注册会计师应当作出职业判断，确定其是否为特别风险。如果存在特别风险，注册会计师应当识别针对该风险实施的控制，评价这些控制的设计是否有效，并确定其是否得到执行。

四、应对评估的重大错报风险

按照《中国注册会计师审计准则第1231号——针对评估的重大错报风险采取的应对措施》的规定，注册会计师应当针对评估的认定层次重大错报风险，在考虑形成风险评估结果的依据的基础上，设计和实施进一步审计程序。注册会计师应当实施下列一项或多项审计程序：

（1）从截至审计报告日发生的事项获取审计证据；

（2）测试管理层如何作出会计估计；

（3）作出注册会计师的点估计或区间估计。

根据获取的审计证据，如果认为管理层没有为了解和应对估计不确定性采取适当措施，注册会计师应当：

（1）要求管理层实施追加程序以了解估计不确定性，或者要求管理层重新考虑对点估计的选择或就估计不确定性作出额外披露以应对估计不确定性，并评价管理层的应对措施；

（2）如果管理层的上述应对措施不能充分应对估计不确定性，则在可行的范围内，作出注册会计师的点估计或区间估计；

（3）评价是否存在内部控制缺陷，如果存在内部控制缺陷，则按照《中国注册会计师审计准则第1152号——向治理层和管理层通报内部控制缺陷》的规定进行沟通。

五、披露及审计工作记录

（一）与会计估计相关的披露

注册会计师应当针对所评估的、与会计估计相关披露有关的认定层次重大错报风险，设计和实施进一步审计程序，以获取充分、适当的审计证据。

（二）书面声明

对于管理层就财务报表中的会计估计所作的判断和决策，注册会计师应当评价是否有迹象表明可能存在管理层偏向，即使这些判断和决策孤立地看是合理的。如果识别出可能存在管理层偏向的迹象，注册会计师应当评价这一情况对审计的影响。如果是管理层有意误导，则管理层偏向具有舞弊性质。

（三）实施审计程序之后的总体评价

注册会计师应当根据已经实施的审计程序以及获取的审计证据，作出下列评价：

（1）认定层次重大错报风险的评估结果是否仍然适当（包括识别出可能存在管理层偏向的迹象时）；

（2）管理层对于财务报表中会计估计的确认、计量和列报（包括披露）作出的决策，是否符合适用的财务报告编制基础的规定：

（3）是否已经获取充分、适当的审计证据。

如果无法获取充分、适当的审计证据，注册会计师应当评价这一情况对审计的影响，或者按照《中国注册会计师审计准则第1502号——在审计报告中发表非无保留意见》的规定，评价这一情况对审计意见的影响。

注册会计师应当确定，依据适用的财务报告编制基础，会计估计和相关披露是否合理。如不合理，则构成错报。

注册会计师应当对被审计单位作出的与会计估计相关的披露是否足以使财务报表整体实现公允反映进行评价。

（四）书面声明

注册会计师应当要求管理层和治理层（如适用）就以下事项提供书面声明：根据适用的财务报告编制基础有关确认、计量或披露的规定，管理层和治理层（如适用）作出会计估计和相关披露时使用的方法、重大假设和数据是适当的。

注册会计师还应当考虑是否需要获取关于特定会计估计（包括所使用的方法、假设或数据）的书面声明。

（五）与治理层、管理层以及其他相关机构和人员的沟通

按照《中国注册会计师审计准则第1151号——与治理层的沟通》和《中国注册会计师审计准则第1152号——向治理层和管理层通报内部控制缺陷》的规定，与治理层或管理层进行沟通时，注册会计师应当根据形成重大错报风险评估结果的依据，考虑是否需要沟通与会计估计相关的事项。此外，在特定情况下，法律法规可能要求注册会计师就特定事项与其他相关机构和人员（如监管机构）进行沟通。

（六）审计工作底稿

注册会计师应当遵守《中国注册会计师审计准则第1131号——审计工作底稿》的规定，并就下列事项形成审计工作底稿：

（1）通过风险评估程序和相关活动了解到的要点；

（2）进一步审计程序与评估的认定层次重大错报风险之间的联系，包括考虑形成认定层次重大错报风险评估结果的依据；

（3）在管理层没有采取适当措施以了解和应对估计不确定性的情况下，注册会计师的应对措施；

（4）与会计估计相关的、可能存在管理层偏向的迹象，以及就这一情况对审计的影响作出的评价；

（5）依据适用的财务报告编制基础，注册会计师为确定会计估计和相关披露是否合理，而作出的重大判断。

第五节　关联方及其交易审计

近年来，一些企业特别是上市公司，往往利用非公平交易基础上的关联方交易来粉饰财务报表。修订后的《中国注册会计师审计准则第1323号——关联方》规范了关联方及其交易的审计。许多关联方交易是在正常经营过程中发生的，与类似的非关联方交易相比，这些关联方交易可能并不具有更高的财务报表重大错报风险。但是，在某些情况下，关联方关系及其交易的性质可能导致关联方交易比非关联方交易具有更高的财务报表重大错报风险。例如，关联方可能通过广泛而复杂的关系和组织结构进行运作，相应增加关联方交易的复杂程度；信息系统可能无法有效识别或汇总被审计单位与关联方之间的交易和未结算项目的金额；关联方交易可能未按照正常的市场条款和条件进行，例如，某些关联方交易可能没有相应的对价。因此，注册会计师有必要对关联方及其交易进行审计，以确定被审计单位是否按照企业会计准则的要求披露所有关联方及关联方交易的相关信息。

一、关联方及其交易的含义

一方控制、共同控制另一方或对另一方施加重大影响，以及两方或两方以上同受一方控制、共同控制或重大影响的，构成关联方。《企业会计准则第36号——关联方披露》规定，下列各方构成企业的关联方：该企业的母公司；该企业的子公司；与该企业受同一母公司控制的其他企业；对该企业实施共同控制的投资方；对该企业施加重大影响的投资方；该企业的合营企业；该企业的联营企业；该企业的主要投资者个人及与其关系密切的家庭成员；该企业或其母公司的关键管理人员及与其关系密切的家庭成员；该企业主要投资者个人、关键管理人员或与其关系密切的家庭成员控制、共同控制或施加重大影响的其他企业。

关联方交易，是指关联方之间转移资源、劳务或义务的行为，而不论其是否收取价款。按照会计准则的规定，关联方交易的类型通常包括下列各项：购买或销售商品；购买或销售商品以外的其他资产；提供或接受劳务；担保；提供资金（贷款或股权投资）；租赁；代理；研究与开发项目的转移；许可协议；代表企业或由企业代表另一方进行债务结算；关键管理人员报酬。

二、关联方及其交易的审计目标

按照企业会计准则的要求识别、会计处理和披露关联方和关联方交易是被审计单位管理层的责任；实施适当的审计程序，获取充分、适当的审计证据，以确定被审计单位管理层是否按照企业会计准则的要求识别、会计处理和披露关联方和关联方交易是注册会计师的责任。

按照相关审计准则的要求，在财务报表审计中，注册会计师对关联方及关联方交易进行审计，主要目标在于：

1. 无论适用的财务报告编制基础是否对关联方作出规定，充分了解关联方关系及其交易，以便能够确认由此产生的、与识别和评估舞弊导致的重大错报风险相关的舞弊风险因素

（如有）；根据获取的审计证据，就财务报表受到关联方关系及其交易的影响而言，确定财务报表是否公允反映。

2.如果适用的财务报告编制基础对关联方作出规定，获取充分、适当的审计证据，确定关联方关系及其交易是否已按照适用的财务报告编制基础得到恰当识别、会计处理和披露。

三、实施风险评估程序并识别重大错报风险

审计项目组应当按照《中国注册会计师审计准则第1211号——重大错报风险的识别和评估》和《中国注册会计师审计准则第1141号——财务报表审计中与舞弊相关的责任》的规定进行内部讨论。进行内部讨论时，项目组应当特别考虑由于关联方关系及其交易导致的舞弊或错误使得财务报表存在重大错报的可能性。

注册会计师在审计过程中，可以采用询问、检查的审计程序实施风险评估程序。

（一）询问程序

注册会计师应当向管理层询问下列事项：

（1）关联方的名称和特征，包括关联方自上期以来发生的变化。

（2）被审计单位和关联方之间关系的性质。

（3）被审计单位在本期是否与关联方发生交易，如发生，询问交易的类型、定价政策和目的。

如果管理层建立下列与关联方关系及其交易相关的控制，注册会计师应当询问管理层和被审计单位内部的其他人员，实施其他适当的风险评估程序，以获取对相关控制的了解：

（1）按照适用的财务报告编制基础，对关联方关系及其交易进行识别、会计处理和披露。

（2）授权和批准重大关联方交易和安排。

（3）授权和批准超出正常经营过程的重大交易和安排。

（二）检查程序

注册会计师应当检查下列记录或文件，以确定是否存在管理层以前未识别或未向注册会计师披露的关联方关系或关联方交易：

（1）注册会计师实施审计程序时获取的银行和律师的询证函回函。

（2）股东会和治理层会议的纪要。

（3）注册会计师认为必要的其他记录或文件。

某些安排或其他信息可能显示管理层以前未识别或未向注册会计师披露的关联方关系或关联方交易，在审计过程中检查记录或文件时，注册会计师应当对这些安排或其他信息保持警觉。在实施审计程序时，如果识别出被审计单位超出正常经营过程的重大交易，注册会计师应当向管理层询问这些交易的性质以及是否涉及关联方。例如，注册会计师应当对下列安排或其他信息保持警觉：

（1）注册会计师获取的来自第三方的函证。

（2）公司所得税纳税申报表。

（3）公司提供给法律机构的资料。

（4）股东登记册，以便识别公司主要的股东。

（5）管理层和治理层利益冲突的声明。

（6）公司投资以及福利计划的记录。

（7）同主要管理层或者治理层签订的合同和协议。

（8）公司非普通经营事项的重大合同和协议。

（9）来自公司专业咨询师的特定发票和回应。

（10）公司要求的人寿保险条款。

（11）公司在被审计期间重新谈判达成的重大合同。

（12）内部审计报告。

（13）公司提交给证券监管机构的文件（如说明书）。

上述安排或信息可能说明存在先前未被识别或未披露的关联方关系或关联方交易。

（三）识别重大错报风险

注册会计师应当按照《中国注册会计师审计准则第1211号——重大错报风险的识别和评估》的规定，识别和评估关联方关系及其交易导致的重大错报风险，并确定这些风险是否为特别风险。在确定时，注册会计师应当将识别出的、超出被审计单位正常经营过程的重大关联方交易导致的风险确定为特别风险。

如果在实施与关联方有关的风险评估程序和相关工作中识别出舞弊风险因素，包括与能够对被审计单位或管理层施加支配性影响的关联方有关的情形，注册会计师应当按照《中国注册会计师审计准则第1141号——财务报表审计中与舞弊相关的责任》的规定，在识别和评估舞弊导致的重大错报风险时考虑这些信息。

四、应对措施

注册会计师应当按照《中国注册会计师审计准则第1231号——针对评估的重大错报风险采取的应对措施》的规定，针对评估的与关联方关系及其交易相关的重大错报风险，设计和实施进一步审计程序，以获取充分、适当的审计证据。

如果识别出可能表明存在管理层以前未识别或未向注册会计师披露的关联方关系或关联方交易的安排或信息，注册会计师应当确定相关情况是否能够证实关联方关系或关联方交易的存在。

如果识别出管理层以前未识别出或未向注册会计师披露的关联方关系或重大关联方交易，注册会计师应当：

① 立即将相关信息向项目组其他成员通报。

② 在适用的财务报告编制基础对关联方作出规定的情况下，要求管理层识别与新识别出的关联方之间发生的所有交易，以便注册会计师作出进一步评价；询问与关联方关系及其交易相关的控制为何未能识别或披露关联方关系或交易。

③ 对新识别出的关联方或重大关联方交易实施恰当的实质性审计程序。

④ 重新考虑可能存在管理层以前未识别出或未向注册会计师披露的其他关联方或重大关联方交易的风险，如有必要，实施追加的审计程序。

⑤ 如果显示管理层不披露关联方关系或关联方交易可能是有意的，并显示可能存在舞弊导致的重大错报风险，评价这一情况对审计的影响。

对于识别出的超出正常经营过程的重大关联方交易，注册会计师应当：

① 检查相关合同或协议（如有）。

② 获取交易已经恰当授权和批准的审计证据。

如果检查相关合同或协议，注册会计师应当评价：

① 交易的商业理由（或缺乏商业理由）是否表明被审计单位从事交易可能是为了对财务信息作出虚假报告或为了隐瞒侵占资产的行为。

② 交易条款是否与管理层的解释一致。

③ 关联方交易是否已按照适用的财务报告编制基础得到恰当会计处理和披露。

如果管理层在财务报表中作出认定，声明关联方交易是按照等同于公平交易中通行的条款执行的，注册会计师应当就该项认定获取充分、适当的审计证据。

五、对评价识别出的关联方关系及其交易的会计处理和披露

当按照《中国注册会计师审计准则第1501号——对财务报表形成审计意见和出具审计报告》的规定对财务报表形成审计意见时，注册会计师应当评价：

1. 识别出的关联方关系及其交易是否已按照适用的财务报告编制基础得到恰当会计处理和披露。

2. 关联方关系及其交易是否导致财务报表未实现公允反映。

《企业会计准则第36号——关联方披露》明确规定：企业无论是否发生关联方交易，均应当在财务报表附注中披露与母公司和子公司有关的下列信息：

（1）母公司和子公司的名称。母公司不是该企业最终控制方的，还应当披露最终控制方名称；母公司和最终控制方均不对外提供财务报表的，还应当披露母公司之上与其最相近的对外提供财务报表的母公司名称。

（2）母公司和子公司的业务性质、注册地、注册资本（或实收资本、股本）及其变化。

（3）母公司对该企业或者该企业对子公司的持股比例和表决权比例。

企业与关联方发生关联方交易的，应当在附注中披露该关联方关系的性质、关联方交易类型及交易要素。披露的交易要素至少包括：

（1）交易的金额。

（2）未结算项目的金额、条款和条件，以及有关提供或取得担保的信息。

（3）未结算应收项目的坏账准备金额。

（4）定价政策。

关联方交易应当分别关联方以及交易类型予以披露。类型相似的关联方交易，在不影响财务报表阅读者正确理解关联方交易对财务报表影响的情况下，可以合并披露。企业只有在提供确凿证据的情况下，才能披露关联方交易是公平交易。

六、书面声明以及与治理层的沟通

如果适用的财务报告编制基础对关联方作出规定，注册会计师应当向管理层和治理层（如适用）获取下列书面声明：

① 已经向注册会计师披露了全部已知的关联方名称和特征、关联方关系及交易。

② 已经按照适用的财务报告编制基础的规定，对关联方关系及交易进行恰当的会计处理和披露。

另外，除非治理层全部成员参与被审计单位的管理，注册会计师应当与治理层沟通审计工作中发现的与关联方相关的重大事项。

七、对关联方及其交易审计结果的处理

注册会计师应当根据获取的审计证据，形成对关联方及其交易的审计结论，并确定其对审计意见的影响。

注册会计师如果因审计范围受到限制，未能就对财务报表产生重大影响的关联方及关联方交易获取充分、适当的审计证据，应当考虑发表保留意见或无法表示意见的审计报告。如果注册会计师有充分、适当的审计证据证明被审计单位对关联方和关联方交易的披露不充分，应当根据其重要程度，发表保留意见或否定意见的审计报告。

注册会计师应当就识别出的关联方名称、关联方关系的性质以及关联方交易类型和交易要素形成审计工作底稿。

第六节　持续经营审计

企业正常的会计核算是在持续经营这一假设下进行的。持续经营与非持续经营下的会计核算、会计原则以及财务报表的内容与格式等都存在着本质上的区别。在竞争日益激烈的市场经济环境下，企业可能因财务危机而面临持续经营问题。如果注册会计师对公司的持续经营能力关注不够，将承担更大的审计风险。因此，在财务报表审计业务中评估被审计单位的持续经营问题是十分必要的。

一、持续经营假设可能无法成立的情况

(一) 持续经营假设的概念

持续经营假设，是指被审计单位在编制财务报表时，假定其经营活动在可预见的将来会继续下去，不拟也不必终止经营或破产清算，可以在正常的经营过程中变现资产、清偿债务。可预见的将来通常是指资产负债表日后12个月。

(二) 持续经营假设可能无法成立的情况

被审计单位在财务、经营以及其他方面存在的某些事项或情况可能导致注册会计师对持续经营假设产生重大疑虑。注册会计师对此应当予以充分的关注。

(1) 被审计单位在财务方面存在的可能导致注册会计师对持续经营假设产生重大疑虑的事项或情况主要包括：①无法偿还到期债务。②无法偿还即将到期且难以展期的借款。③无法继续履行重大借款合同中的有关条款。④存在大额的逾期未缴税金。⑤累计经营性亏损数额巨大。⑥过度依赖短期借款筹资。⑦无法获得供应商的正常商业信用。⑧难以获得开发必要新产品或进行必要投资所需资金。⑨资不抵债。⑩营运资金出现负数。⑪经营活动产生的现金流量净额为负。⑫大股东长期占用巨额资金。⑬重要子公司无法持续经营且未进行处理。⑭存在大量长期未作处理的不良资产。⑮存在因对外巨额担保等或有事项引发的或有负债。

(2) 被审计单位在经营方面存在的可能导致注册会计师对持续经营假设产生重大疑虑的事项或情况主要包括：①关键管理人员离职且无人替代。②主导产品不符合国家产业政策。③失去主要市场、特许权或主要供应商。④人力资源或重要原材料短缺。⑤出现非常成功的

竞争者。

（3）被审计单位在其他方面存在的可能导致注册会计师对持续经营假设产生重大疑虑的事项或情况主要包括：①严重违反有关法律法规或政策。②异常原因导致停工、停产。③有关法律法规或政策的变化可能造成重大不利影响。④经营期限即将到期且无意继续经营。⑤投资者未履行协议、合同、章程规定的义务，并有可能造成重大不利影响。⑥因自然灾害、战争等不可抗力因素遭受严重损失。

另外，衍生金融工具潜在的损失可能足以引起注册会计师对被审计单位持续经营能力的重大疑虑，注册会计师应当考虑被审计单位持续经营假设的合理性。

当出现上述事项或情况时，企业的正常生产经营可能会受到影响。如果影响巨大，持续经营假设将失去其合理性，财务报表的编制基础也应当随之改变。

二、注册会计师的责任

注册会计师的责任是，就管理层在编制财务报表时运用持续经营假设的适当性获取充分、适当的审计证据并得出结论，并根据获取的审计证据就是否存在与被审计单位持续经营能力相关的重大不确定性得出结论。即使编制财务报表时采用的财务报告编制基础没有明确要求管理层对持续经营能力作出专门评估，注册会计师的这种责任仍然存在。

如果存在可能导致被审计单位不再持续经营的未来事项或情况，审计的固有限制对注册会计师发现重大错报能力的潜在影响会加大。注册会计师不能对这些未来事项或情况作出预测。相应地，注册会计师未在审计报告中提及与被审计单位持续经营能力相关的重大不确定性，不能被视为对被审计单位持续经营能力的保证。

三、持续经营假设的审计目标

被审计单位管理层的责任是根据适用的会计准则和相关会计制度的规定评估持续经营能力。管理层对持续经营能力的评估涉及在特定时点对事项或情况的未来结果作出判断，这些事项或情况的未来结果具有不确定性。注册会计师的责任是，针对管理层在编制和列报财务报表时运用持续经营假设的适当性获取充分、适当的审计证据，并就持续经营能力是否存在重大不确定性得出结论。

另外，管理层对持续经营能力的评估是注册会计师考虑持续经营假设的一个重要组成部分。

注册会计师对持续经营假设进行审计的主要目标是：

（1）就管理层编制财务报表时运用持续经营假设的适当性，获取充分、适当的审计证据。

（2）根据获取的审计证据，就可能导致注册会计师对被审计单位持续经营能力产生重大疑虑的事项或情况是否存在重大不确定性得出结论。

（3）按照审计准则的规定出具审计报告。

四、管理层对持续经营能力的评估

管理层对持续经营能力的评估涉及在特定时点对事项或情况的未来结果作出判断，这些事项或情况的未来结果具有固有不确定性。下列因素与管理层的判断相关：（1）某一事项或情况或其结果出现的时点距离管理层作出评估的时点越远，与事项或情况的结果相关的不确定性程度将显著增加。因此，明确要求管理层对持续经营能力作出评估的大多数财务报告编制基础规定了管理层应当考虑所有可获得信息的期间。（2）被审计单位的规模和复杂程度、经营活动的性质和状况以及被审计单位受外部因素影响的程度，将影响对事项或情况的结果作出的判断。（3）对未来的所有判断都以作出判断时可获得的信息为基础。

管理层作出的判断在当时情况下可能是合理的，但之后发生的事项可能导致事项或情况的结果与作出的判断不一致。

五、风险评估程序

注册会计师按照规定实施风险评估程序时，应当考虑是否存在可能导致注册会计师对被审计单位持续经营能力产生重大疑虑的事项或情况。在进行考虑时，注册会计师应当确定管理层是否已对被审计单位持续经营能力作出初步评估。

如果管理层已对持续经营能力作出初步评估，注册会计师应当与管理层进行讨论，并确定管理层是否已识别出单独或汇总起来可能导致注册会计师对被审计单位持续经营能力产生重大疑虑的事项或情况。如果管理层已识别出这些事项或情况，注册会计师应当与其讨论应对计划。

如果管理层未对持续经营能力作出初步评估，注册会计师应当与管理层讨论其拟运用持续经营假设的基础，询问管理层是否存在单独或汇总起来可能导致注册会计师对被审计单位持续经营能力产生重大疑虑的事项或情况。

针对有关可能导致注册会计师对被审计单位持续经营能力产生重大疑虑的事项或情况的审计证据，注册会计师应当在整个审计过程中保持警觉。

六、评价管理层的评估

注册会计师应当评价管理层对被审计单位持续经营能力作出的评估。

在评价管理层对被审计单位持续经营能力作出的评估时，注册会计师的评价期间应当与管理层按照适用的财务报告编制基础或法律法规（如果法律法规要求的期间更长）的规定作出评估的涵盖期间相同。

如果管理层评估持续经营能力涵盖的期间短于自财务报表日起的12个月，注册会计师应当提请管理层将其至少延长至自财务报表日起的12个月。

在评价管理层作出的评估时，注册会计师应当考虑管理层作出的评估是否已包括注册会计师在审计过程中注意到的所有相关信息。

注册会计师在评价管理层对其持续经营能力作出的评估时，还应当询问管理层是否知悉超出评估期间的、可能导致注册会计师对持续经营能力产生重大疑虑的事项或情况。

七、识别出事项或情况时实施追加的审计程序

注册会计师如果识别出可能导致其对持续经营能力产生重大疑虑的事项或情况，应当通过实施追加的审计程序，包括考虑缓解因素，获取充分、适当的审计证据，以确定是否存在重大不确定性。这些程序应当包括：

（1）如果管理层尚未对被审计单位持续经营能力作出评估，提请其进行评估。

（2）评价管理层与持续经营评估相关的未来应对计划，这些计划的结果是否可能改善目前的状况，以及管理层的计划对于具体情况是否可行。

（3）如果被审计单位已编制现金流量预测，且对预测的分析是评价管理层未来应对计划时所考虑的事项或情况的未来结果的一个重要因素，评价用于编制预测的基础数据的可靠性，并确定预测所基于的假设是否具有充分的支持：

① 考虑被审计单位生成相关信息的信息系统的可靠性。

② 考虑管理层作出现金流量预测所依赖的假设是否存在充分的依据。

③ 将最近若干期间的预测性财务信息与实际结果进行比较。

④ 将本期的预测性财务信息与截至目前的实际结果进行比较。

（4）考虑自管理层作出评估后是否存在其他可获得的事实或信息。

（5）要求管理层和治理层（如适用）提供有关未来应对计划及其可行性的书面声明。

八、审计结论与报告

注册会计师应当评价是否就管理层编制财务报表时运用持续经营假设的适当性获取了充分、适当的审计证据，并就运用持续经营假设的适当性得出结论。

注册会计师应当根据获取的审计证据，运用职业判断，确定是否存在与事项或情况相关的重大不确定性，且这些事项或情况单独或汇总起来可能导致其对被审计单位持续经营能力产生重大疑虑。

（一）持续经营假设适当，但存在重大不确定性

如果注册会计师根据职业判断认为，鉴于不确定性潜在影响的重要程度和发生的可能性，为了使财务报表实现公允反映，有必要适当披露该不确定性的性质和影响，则表明存在重大不确定性。

如果认为运用持续经营假设适合具体情况，但存在重大不确定性，注册会计师应当确定：

1. 财务报表是否已充分描述可能导致其对持续经营能力产生重大疑虑的主要事项或情况，以及管理层针对这些事项或情况的应对计划。

2. 财务报表是否已清楚披露可能导致其对持续经营能力产生重大疑虑的事项或情况存在重大不确定性，并由此导致被审计单位可能无法在正常的经营过程中变现资产和清偿债务。

如果运用持续经营假设是适当的，但存在重大不确定性，且财务报表对重大不确定性已作出充分披露，注册会计师应当发表无保留意见，并在审计报告中增加以"与持续经营相关的重大不确定性"为标题的单独部分，以：（1）提醒财务报表使用者关注财务报表附注中所述与持续经营相关的具有重大不确定性的事项的披露；（2）说明这些事项或情况表明存在可能导致对被审计单位持续经营能力产生重大疑虑的重大不确定性，并说明该事项并不影响发表的审计意见。

如果运用持续经营假设是适当的，但存在重大不确定性，且财务报表对重大不确定性未作出充分披露，注册会计师应当发表保留意见或否定意见。注册会计师应当在审计报告"形成保留（否定）意见的基础"部分说明，存在可能导致对被审计单位持续经营能力产生重大疑虑的重大不确定性，但财务报表未充分披露该事项。

（二）被审计单位将不能持续经营

如果判断被审计单位将不能持续经营，但财务报表仍然按照持续经营假设编制，注册会计师应当出具否定意见的审计报告。注册会计师应当在审计报告"形成否定意见的基础"部

分说明，被审计单位将不能持续经营，但财务报表仍然按照持续经营假设编制。

（三）管理层或治理层不愿对持续经营能力作出评估对审计报告的影响

在审计过程中，注册会计师如果注意到，管理层不愿对持续经营能力作出评估、存在超出管理层评估期间的可能导致其对持续经营能力产生重大疑虑的事项或情况，或者管理层评估持续经营能力涵盖的期间少于自资产负债表日起的12个月，注册会计师应当提请管理层对持续经营能力作出评估，或将评估期间延伸至自资产负债表日起的12个月。

如果管理层拒绝注册会计师的要求，注册会计师应当将其视为审计范围受到限制，考虑出具保留意见或无法表示意见的审计报告。

（四）管理层或治理层在财务报表日后严重拖延对财务报表的批准

如果管理层或治理层在财务报表日后严重拖延对财务报表的批准，注册会计师应当询问拖延的原因。如果认为拖延可能涉及与持续经营评估相关的事项或情况，注册会计师应当实施追加的审计程序，并考虑被审计单位持续经营存在重大不确定性对审计结论的影响。

☐ 复习思考题

1. 期初余额的审计目标是什么？注册会计师在什么情况下需要对期初余额进行审计？
2. 如何根据期初余额的审计结论确定其对本期审计意见的影响？
3. 什么是期后事项？期后事项分为哪两种类型？对财务报表各有何影响？
4. 关联方及其交易的审计目标是什么？简要说明通常需要执行哪些专门的审计程序进行关联方及其交易的审计？
5. 会计估计的审计目标是什么？如何实施会计估计的审计？
6. 持续经营的审计目标是什么？如何实施公司的持续经营审计？
7. 持续经营假设对审计意见有何影响？

本版修订参考法规

[1] 中华人民共和国审计法（2021年10月23日第十三届全国人民代表大会常务委员会第三十一次会议修订版 中华人民共和国主席令〔2021〕第一〇〇号）.

[2] 中华人民共和国公司法（2023年12月29日第十四届全国人民代表大会常务委员会第七次会议修订版 中华人民共和国主席令〔2023〕第十五号）.

[3] 中华人民共和国证券法（2019年12月28日第十三届全国人民代表大会第十五次会议修订版 中华人民共和国主席令〔2019〕第三十七号）.

[4]《中华人民共和国会计法》（2024年6月28日第十四届全国人民代表大会常务委员会第十次会议修订版 中华人民共和国主席令〔2024〕第二十八号）.

[5]《中共中央关于进一步全面深化改革 推进中国式现代化的决定》（2024年7月18日中国共产党第二十届中央委员会第三次全体会议通过）.

[6] 财政部 证监会关于强化上市公司及拟上市企业内部控制建设 推进内部控制评价和审计的通知（财会〔2023〕30号）.

[7] 财政部 证监会关于进一步提升上市公司财务报告内部控制有效性的通知（财会〔2022〕8号）.

[8] 关于进一步规范财务审计秩序 促进注册会计师行业健康发展的意见（国办发〔2021〕30号）.

[9] 关于加大审计重点领域关注力度 控制审计风险 进一步有效识别财务舞弊的通知（财会〔2022〕28号）.

[10] 关于进一步加强财会监督工作的意见（中央办公厅、国务院办公厅，2023年2月15日）.

[11] 国务院办公厅转发中国证监会等部门《关于进一步做好资本市场财务造假综合惩防工作的意见》的通知（国办发〔2024〕34号）.

[12] 财政部会计司编写组. 企业会计准则汇编2021［M］. 北京：经济科学出版社，2021.

[13] 财政部会计司编写组. 企业会计准则应用指南汇编2024［M］. 北京：中国财政经济出版社，2024.

[14] 财政部关于印发《中国注册会计师审计准则第1101号——注册会计师的总体目标和审计工作的基本要求》等18项准则的通知（财会〔2019〕5号）.

[15] 财政部关于印发《会计师事务所质量管理准则第5101号——业务质量管理》等3项中国注册会计师执业准则的通知（财会〔2020〕17号）.

[16] 财政部关于印发《中国注册会计师鉴证业务基本准则》等11项准则的通知（财会〔2022〕1号）.

［17］财政部关于印发《中国注册会计师审计准则第1211号——重大错报风险的识别和评估》等准则的通知（财会〔2022〕36号）.

［18］中国注册会计师协会关于印发《中国注册会计师职业道德守则》（2020）和《中国注册会计师协会非执业会员职业道德守则》（2020）的通知.

［19］中国注册会计师协会关于印发《〈中国注册会计师审计准则第1101号——注册会计师的总体目标和审计工作的基本要求〉应用指南》等34项应用指南的通知，2023年4月.